Kirsten A. Seaver
DIE GUDRID-SAGA

Kirsten A. Seaver

DIE GUDRID-SAGA

Roman

Aus dem Norwegischen
von Ingrid Sack und
Åse Birkenheier

LIMES

Die Originalausgabe erschien 1994 unter dem Titel
Gudrids Saga bei Gyldendal Norsk Forlag, Oslo.

Zeichnung der Vorsatzkarten
»Der Nordatlantik« und »Gudrids Island«:
Achim Norweg

Die Übersetzung wurde von
NORLA gefördert.

1 2 3 4 5   99 98 97

© 1994 Gyldendal Norsk Forlag A/S, Oslo
© 1997 für die deutsche Ausgabe
Limes Verlag GmbH, München
Satz: Greiner & Reichel, Köln
Druck und Bindung: Wiener Verlag, Himberg
Alle Rechte vorbehalten. Printed in Austria
ISBN 3-8090-2415-5

*Dieses Buch ist meinem Mann
Paul S. Seaver gewidmet –
meinem geduldigen Begleiter
in Grönland und in Island,
in Norwegen und in Nordamerika.*

INHALT

ERSTER TEIL
Der Traum ist ausgeträumt 11
Der Tod lauert 28
Die Seherin von Herjolfsnes 50
Thorsopfer und Kirchgang 66
Der Hügelgrab-Bauer zeigt sich 85
Arne Schmied 107
Ein gutes Omen und ein Ehehandel 126
Thorbjørns Schutzgeist sitzt auf dem Dachfirst 144
Nachrichten aus Vinland 163
Der Traum kehrt zurück 184
Der Hügelgrab-Bauer bekommt ein Geschenk 203
Die guten Mächte lenken 224
Begegnung mit einer fremden Welt 233
Freyjas Geschenk 256
Unruhe 276
Böse Mächte lauern 292
Die Schatten werden länger 303

ZWEITER TEIL
Die Kräfte in König Olafs Reich 327
Freyja spielt 343
Der Kuckuck lockt im Hofbaum 362
Ein Gespräch unter vier Augen 374
Begegnung mit Gudrun Osvivsdatter 392
Verstümmelung 408
Eine Eiterbeule platzt 428
Der Traum vom Wiedersehen 444

Nachwort der Autorin 455
Chronologie 459

ERSTER TEIL

DER TRAUM IST AUSGETRÄUMT

Im Morgengrauen herrschte ein großes Durcheinander auf dem Hof Hellisvellir. Saumpferde schnaubten und stampften ungeduldig, und Rufe und Hundegebell gellten durch die stille, klare Luft, während die Dienstleute mit Bündeln und Ballen, Fässern und Säcken zwischen den Häusern umherliefen.

Gudrid blinzelte mit trockenen, müden Augen in die Richtung des ersten dünnen Sonnenstreifens im Osten und versuchte, die Ohren vor dem Krach zu verschließen. Sie hatte in dieser letzten Nacht in Island nicht viel geschlafen, im Gegensatz zu Vaters Haushälterin, die in der sicheren Gewißheit, daß sie zu einem ganz gewöhnlichen Arbeitstag aufstehen konnte, ausgiebig neben ihr geschnarcht hatte. Auf dem Hof sollte das Leben so weitergehen, als wären Gudrid und der Vater nie dagewesen. Als wäre es selbstverständlich, daß fast dreißig Menschen hier aus der Umgebung alles, was sie an Hab und Gut und Vieh besaßen, an Bord eines Schiffes unterbrachten und sich hinaus ins Ungewisse wagten.

Verwirrt dachte Gudrid, daß sie ebensogut wieder hineingehen und eine Weile in der ruhigen Stube sitzen könnte, auch wenn Polster und Messinglampen und andere Symbole des Reichtums fehlten, die der Vater verschleudert oder dem Bruder zusammen mit dem Hof verkauft hatte. Als sie gerade umkehren wollte, hörte sie die volle Stimme der alten Thorkatla hinter sich: »Geh nicht rein, Gudrid – es bringt Unglück, wenn du zurückschaust, jetzt, wo dein ganzes Eigentum vor dir hinausgetragen worden ist! Hat deine Pflegemutter dir das nicht gesagt?«

Mit zwei riesigen Bündeln unter den rundlichen Armen drängte sich Thorkatla in der Türöffnung geschäftig an ihr vorbei. Gudrid nahm sich zusammen und griff nach dem einen Bündel der Magd.

»Das ist zu schwer für dich, Thorkatla. Hättest du nicht einen Knecht bitten können, es herauszubringen?«

Thorkatla warf ihr einen verärgerten Blick zu. »Unsere besten Küchengeräte lasse ich nicht aus den Augen, bis ich sie neben einer ordentlichen Feuerstelle in Grönland aufhängen kann! Hier sind die Käseformen von deiner Mutter, und du glaubst doch nicht, daß ich das geschnitzte Butterfaß zurücklasse. Deine Mutter liebte schöne Dinge, und schön war sie selbst – schön und klug.« Die Magd blinzelte zornig mit den rotgeränderten Augen.

Gudrid wußte, daß es keinen Sinn hatte, Thorkatla zu drängen, wenn sie von ihrer jungen Hausherrin sprach, die nun schon viele Jahre unter der Erde ruhte. Hallveig hatte zu den Menschen gehört, die die Leute mochten und die sie beschützen wollten. Sogar die strengen Gesichtszüge von Gudrids Pflegemutter, der praktischen und vernünftigen Halldis auf Arnastape, wurden weich, wenn sie von Hallveig erzählte.

»Deine Mutter war schön, mein Kind, und sie war die klügste und tüchtigste Frau hier auf der Halbinsel Snæfellsnes. Sie schaffte es immer, die Vorräte so einzuteilen, daß sie den ganzen Winter über reichten. Du ähnelst ihr sehr, obwohl du die graugrünen Augen von deinem Vater hast. Hüte dich nur davor, so verschwenderisch zu werden wie er! Thorbjørn war seinerzeit reich genug ...«

Gudrid wußte, daß sie viele Eigenschaften von ihrem Vater geerbt hatte, und sie war in der Gewißheit aufgewachsen, daß die Großzügigkeit und das Erscheinungsbild des gutaussehenden, stolzen Vaters auch Glanz auf sie warf. Obwohl Thorbjørn Ketilsson jetzt sechsundvierzig Winter zählte, war er doch so rank und schlank wie ein Jugendlicher, und der gepflegte Bart und das dichte Haar waren noch immer haselnußfarben. Bevor er Hallveig geheiratet hatte, war er außer Landes auf Wikingerfahrt gewesen und hatte genügend Reichtum und Ehre erworben, um sich die Machtansprüche eines Häuptlings zu sichern und auf Hellisvellir ein großes Haus zu führen. Viele bewaffnete Männer begleiteten ihn und seinen Bruder, wenn sie jeden Sommer zum Althing ritten.

Aber je mehr Gudrid von der Pflegemutter eine gute Haushaltsführung lernte, desto öfter dachte sie über die vielen Männer nach, die sich auf Thorbjørns Kosten rundum satt aßen und dazwischen nur ein wenig auf Robbenjagd oder zum Fischfang gingen. Als sie vollends begriff, wohin das führte, war es zu spät. Bei seinem letzten Frühjahrsgelage hatte der Vater verkündet, daß er beabsichtige, seinen gesamten Besitz zu verkaufen und nach Grönland auszuwandern, wozu Erik der Rote und sein Sohn Leif ihn ermutigt hätten.

Noch war Thorbjørn Hausherr auf Hellisvellir, und er war so freigebig wie eh und je, denn er machte seinen Gästen teure Geschenke. Keiner sollte Mitleid mit ihnen haben. Als aber der letzte Gast davongeritten war, sagte Thorbjørn, sie solle mit ihm ausreiten, er müsse mit ihr sprechen.

Gudrid fror, obwohl es für die Jahreszeit nicht sonderlich kalt war. Vielleicht war er mit einem der Gäste über einen Ehehandel einig geworden, damit er sich ihretwegen keine Sorgen mehr machen mußte ...

Gudrid und Thorbjørn waren wortlos nach Westen geritten, bis sie an dem Hügel von Laugarbrekka vorbeikamen und über die verzerrte Wüste aus Lava, Sand und Moos sehen konnten, die sich bis zum Wasser hinunter erstreckte, wo die Lavasäulen von Londrangar standen. Eine blasse Sonne schwamm in einem rötlichen Dunst tief über dem Meer. Sie hielten die Pferde an, und Thorbjørn räusperte sich und glättete die Mähne seines Hengstes, ehe er sagte: »Da draußen liegt das weite Meer, und jenseits davon ist Grönland ... Wie du sicher gehört hast, habe ich vor, mir von Erik dem Roten Land geben zu lassen. Ich will nicht als armer Knecht in Island leben. Und auch für dich habe ich Pläne!«

Gudrid starrte über das Meer und schluckte den Aufschrei, der ihr in der Kehle steckte, hinunter. Sie hatte Angst, daß die Tränen fließen würden, wenn sie nur blinzelte. Noch nie hatte sie sich dem Willen des Vaters so ausgeliefert gefühlt.

Der Vater fuhr fort: »Grönland verheißt auch dir Gutes, Gudrid. In dem neuen Land mangelt es an tüchtigen Frauen, und ein Grundbesitzer dort fordert keine große Mitgift, wenn der Handel ihm eine gut erzogene Frau aus angesehenem Geschlecht verschafft. Erik der Rote hat außer Leif noch zwei tüchtige Söhne, und wie ich kürzlich erfuhr, ist noch keiner von beiden verheiratet. Es wäre eine angemessene Heirat für dich – ein Sohn des Häuptlings auf Brattahlid!«

Sie hätte erleichtert sein sollen, weil der Vater nicht beabsichtigte, sie vor der Reise mit einem wildfremden Mann zu verheiraten, aber statt dessen sollte sie einen unbekannten Grönländer heiraten! Aus war es jetzt mit dem heimlichen Traum von dem breitschultrigen jungen Mann mit dem schmalen Gesicht und den dunkelblauen, ernsten Augen, die auf dem Althing im vorigen Jahr tief in die ihren geblickt hatten.

Endlich glaubte Gudrid, ihre Stimme in der Gewalt zu haben, und wandte sich an den Vater: »Kommt Schneefried mit?«

»Nein, Jungtiere brauchen weniger Platz auf der Fahrt. Aber wenn Schneefrieds nächstes Fohlen ebenso vielversprechend wird wie das letzte, nehmen wir es mit. Ich bin sicher, daß Ingvill sehr gern deine Stute übernimmt, und ich werde dafür sorgen, daß mein Bruder mir das Geld in abgezählten Silbermünzen gibt, die ich als einen Teil deiner Mitgift zurücklegen werde.«

Gudrid mochte ihre Base sonst richtig gern, aber plötzlich haßte sie Ingvill, weil sie sowohl ihre Mutter als auch ihren Vater noch hatte und weil sie in Island bleiben durfte, vor allem aber, weil sie Schneefried bekommen sollte. Die schöne weiße Stute, die der Pflegevater Orm auf Arnastape Gudrid gegeben hatte, als sie anfing, jeden Monat zu bluten und erwachsen zu werden. Schneefried, die immer wußte, was Gudrid dachte, und die in den beiden unruhigen Sommerwochen dabeigewesen war, als Thorbjørn die heiratsfähige Tochter zum Althing mitgenommen hatte, um sie dort vorzuzeigen.

※

Abgesehen von dem kohlrabenschwarzen Stutenfohlen, das Schneefried ein paar Monate später bekommen hatte, war nur für die beiden besten Kälber und ein paar kräftige Lämmer, Zicklein und Ferkel Platz an Bord. Alles übrige Vieh sollte als Teil von Thorbjørns Handel mit dem Bruder auf dem Hof bleiben. Der Hofverwalter, ein freigelassener Sklave, der Gandolf hieß und mit Thorkatla verheiratet war, hatte die Tiere für die Grönlandreise ausgesucht.

Jetzt, am Tag des Aufbruchs, stand Thorbjørn vor dem Stall und zählte die Tiere, die nacheinander herausgetrieben wurden. Gandolf stand neben ihm und musterte mit erfahrenem Blick jedes einzelne Maul und jedes blanke, ängstliche Auge, um die Gewißheit zu haben, daß keine kranken Tiere an Bord kamen.

Mit Gudrid auf den Fersen schlurfte Thorkatla mit ihrem Bündel hinauf zu den Männern. Thorbjørn merkte es nicht einmal, aber Gandolf sagte schroff und ohne sich umzudrehen: »Stör mich nicht, Frau. Wenn du Hilfe brauchst, wende dich an die Dienstleute hier auf dem Hof.«

»Die sind zu überhaupt nichts zu gebrauchen«, sagte Thorkatla sauer und setzte ihren Kurs auf zwei von Thorbjørns Sklaven fort, die mit nach Grönland fahren sollten. Eilig banden diese gerade die mit Wolle vollgestopften Leinensäcke zu, aber sie schauten auf und lächelten, als sie Gudrid an Thorkatlas Seite erblickten.

Ehe die Magd ihre schlechte Laune an den Sklaven auslassen konnte, sagte Gudrid schnell: »Rotohr, kannst du dich darum kümmern, daß diese Küchensachen mit in die Traglasten kommen? Und bitte die Leute, sorgfältig mit den beiden Bündeln umzugehen ...«

»Gib nicht mir die Schuld, wenn etwas zu Bruch geht«, brummte Thorkatla und zog den dicken Schal fester um sich. »Ich weiß, wie es kommen wird – die Mannsleute glauben, daß Hausgerät die gleiche Behandlung verträgt wie Häute und Felle. Du müßtest mal unten am Strand von Budir stehen und zusehen, wenn die großen Handelsschiffe aus Norwegen und Irland ihre Ladung löschen ...«

»Ich *habe* es gesehen«, sagte Gudrid friedfertig. »Oft! Schneefried kennt den Weg nach Budir im Schlaf.« Der Gedanke an die Stute schmerzte sie. Welch schönes Gefühl war es immer, wenn sie den warmen, kräftigen Rücken des Pferdes unter sich spürte. Sie sah den Reitweg vor sich, der in östlicher Richtung an der Küste entlang und weiter zu den fruchtbaren Gegenden im Inland und zum Althing führte, wo Gesetze und Intrigen ebenso schnell geschmiedet wurden, wie über das Schicksal einzelner Männer entschieden wurde. Wo die Leute mit Waren handelten und Neuigkeiten austauschten und manche Frau ihren Bräutigam zum ersten Mal traf. Gudrid hatte sehnlichst gehofft, daß es auch ihr so bestimmt wäre.

Nein, sie mußte jetzt stark und ruhig sein! Das sei die erste Pflicht der Bauersleute, sagte die Pflegemutter immer. Und nun, da Gudrid an der Schwelle zu ihrem siebzehnten Winter stand und nicht mehr bei Orm und Halldis auf Arnastape aufwuchs, konnte der Vater mit Recht erwarten, daß sie ihren Teil der Verantwortung für Menschen und Tiere übernahm.

Sie spähte über den Hof und sah, daß Stein, der Waffenträger, dem der Vater am meisten vertraute, im Begriff war, die erste Gruppe mit Packpferden loszuschicken. Ihr wurde plötzlich warm ums Herz, und sie war froh, daß Stein sich entschlossen hatte, mit nach Grönland zu fahren. Er hatte ihr das Reiten beigebracht und mit Pfeil und Bogen zu schießen, und stets war er wachsam neben ihr geritten, wenn der Vater und sie zu einem Gastmahl eingeladen waren. Seine untersetzte Gestalt wirkte wie immer zuverlässig und unerschütterlich, als er die Reihenfolge der Pferde bestimmte und Warnungen rief, wenn ihm eine Ladung nicht stabil genug erschien.

Die Hufe klapperten feierlich über den Hof, als die ersten Packpferde sich auf den Weg machten. Stein sah dem Zug einen Augenblick nach, drehte sich um, sagte etwas zu einem der Sklaven und ging dann zu Gudrid und Thorkatla.

»Gudrid, ich habe Schwarzbart weggeschickt, um Schneefried für dich zu satteln – es dauert jetzt sicher nicht mehr lange, bis Thorbjørn das Zeichen zum Aufbruch gibt.«

Thorkatla schnaubte: »Wahrhaftig! Ein solches Durcheinander habe ich seit dem letzten Erdbeben nicht mehr erlebt!«

»Dann mußt du dich ein bißchen genauer umschauen«, sagte Stein gelassen. »Jetzt, wo viele Pferde vom Hof sind, wird schnell Ordnung einkehren. Hauptsache ist, daß wir alles an Bord verstaut bekommen, so daß wir bei dem schönen Wetter bald losfahren können. Der Wind wird wohl im Laufe des Tages auffrischen – ich hoffe, du hast dich warm angezogen, Gudrid!«

Gudrid sah vielsagend auf die Lagen von Lodenstoff herab und auf die neuen Lederschuhe, die sie angezogen hatte. Es waren Kleidungsstücke, die Wind und Wetter auf See aushielten, die allerdings nicht dazu geeignet waren, sie als die heiratsfähige Tochter eines reichen Mannes auszuweisen. Ihre restliche Habe war sorgfältig in einer Truhe verpackt, deren Eisenbeschläge Thorbjørn eigenhändig geschmiedet hatte – darin lagen ein tiefblauer Umhang, den sie auf dem Althing getragen hatte, das Haarnetz, das für den gleichen Anlaß aus Silberspitze hergestellt worden war, der dicke goldene Armreif, den ihr der Vater geschenkt hatte, und viele andere schöne Dinge, die sie vielleicht dort in der entlegenen Gegend nie würde gebrauchen können.

Als ob er ihre Gedanken erraten hätte, schmunzelte Stein und sagte: »Sie halten sicher ein Festmahl für Thorbjørn, wenn wir nach Brattahlid kommen – da kannst du dich schmücken, soviel du möchtest.«

»Glaubst – glaubst du, daß Erik und Thjodhild sich freuen, wenn wir kommen, Stein?«

»Es wäre eine große Schmach, wenn die Brattahlid-Leute nicht Wort hielten. Dein Vater hat Erik dem Roten treu gedient, als Erik sein Häuptling war ... Aber du weißt vielleicht nicht mehr, daß Leif Eriksson hier war und Thorbjørn an Eriks Angebot erinnerte. Du warst damals noch ein kleines Mädchen.«

O doch, dachte Gudrid, an diesen Besuch würde sie sich bis an das Ende ihrer Tage erinnern. Sie hatte als erste das Schimmern der Waffen und des Pferdegeschirrs bereits von weitem gesehen, als sie eines Tages zu Hause auf dem väterlichen Hof zu Besuch war. Als Thorbjørn mit den Gästen hereinkam, stand sie schon voller Ernst mit einer silbergefaßten Holzschale bereit, die sie zum Händewaschen herumreichte. So konnte der Vater sehen, daß sie bei Halldis eine gute Erziehung genoß. Sie erkannte Snorri Thorbrandsson vom Svanefjord, einen alten Freund ihres Vaters und Erik des Roten, aber die beiden anderen kannte sie nicht – einen Jungen von dreizehn, vierzehn Wintern und einen Mann Mitte zwanzig, groß, kräftig, braungebrannt von Sonne und Meer.

Snorri hatte Gudrid geküßt und gesagt: »Dies ist Thorbrand, mein Sohn. Und Leif Eriksson hier ist gerade von Grönland gekommen, sein Schiff liegt in Budavik, er hat mir eine Nachricht nach Svanefjord geschickt und mir und meinem Bruder angeboten, zusammen mit ihm nach Norwegen zu fahren oder nach Grönland auszuwandern, wir können uns dort unter Eriks Schutz stellen. Aber zuerst sind wir hierhergekommen, um zu sehen, wie es Thorbjørn und seinem kleinen Mädchen geht.«

Im nachhinein erinnerte sich Gudrid an die Heiterkeit in Snorris Augen, als sie altklug antwortete: »Du und dein Gefolge, ihr seid herzlich willkommen bei uns, Snorri Thorbrandsson. Nun setzt euch und nehmt mit dem wenigen vorlieb, das wir anzubieten haben.«

Als die Männer gegessen und getrunken hatten und das Gespräch zu verebben begann, erhob sich Leif und sagte: »Thorbjørn, wir leben gut in Grönland, mit saftigen Weiden, fettem Wild und anderen Reichtümern. Bald werden wir nach Norwegen weiterfahren, um König Olaf Tryggvasson zu sagen, daß mehr Handelsschiffe zu uns segeln sollten, denn die Reise ist der Mühe wert. Im Beisein dieser Zeugen erneuere ich Vaters Versprechen für Land und Unterstützung, wenn du dich eines anderen besinnst und die Entscheidung triffst, dich in Grönland niederzulassen.«

Langsam hatte Thorbjørn sich erhoben und Leif die Hand hingestreckt. »Solche Worte sind eine große Ehre, aber ich habe hier noch eine Aufgabe, und viele Menschen sind von mir abhängig. Grüße Erik und sage ihm, falls sich etwas ändert, würde ich lieber bei ihm in Grönland sein als anderswo.«

Gudrid war ganz schwindelig geworden. Island verlassen!

Und jetzt war der Augenblick gekommen.

Sie war so in Gedanken versunken, daß sie zusammenzuckte, als es warm und ungeduldig in ihr Ohr schnaubte. Schneefried stand neben ihr, kaute auf ihrem Zaum, betrachtete Schwarzbart und schien zu überlegen, ob sie ihn um ihrer alten Bekanntschaft willen treten sollte. Der Sklave überließ Gudrid eilig die Zügel. Schneefrieds schwarzes flauschiges Fohlen tanzte steifbeinig um die Mutter herum, und die Stute folgte ihm mit dunklen Augen unter langen Wimpern, während sie langsam ausatmete. Stein zurrte schnell den Bauchgurt fester und half Gudrid auf das Pferd in den schön geschnitzten und verzierten Frauensattel, der ihrer Mutter gehört hatte. Thorbjørn hatte gemeint, sie könne ihn mit nach Grönland nehmen.

Gudrid setzte sich bequem zurecht, den rechten Fuß auf der Fußstütze, und blickte ein letztes Mal über den Hof. Thorbjørn hatte ihn bis zum Schluß in gebührendem Zustand gehalten, so daß die grünen Torfdächer schwer und sicher auf den soliden Wänden aus Torf und Stein ruhten. Die reich verzierten Giebelhölzer über dem Haupteingang waren frisch geölt und der Zaun schlängelte sich in der bleichen Morgensonne makellos um die Hauswiese. Leise hörte man weiter draußen die Kuhglocken, und am Berghang blökte ein Lamm – das Geräusch hallte in der stillen Luft wie das Echo in einem Traum. Über der Tür des Badehauses hing noch der alte Kuhschädel, den Thorbjørns Leute gewöhnlich als Schießscheibe benutzten, und vor dem Küchenhaus saß die graugestreifte Katze und leckte sich träge. Gudrid sog den Geruch von Morgenfrische und zertrampeltem Boden ein und dachte, daß sie dies nicht aushalten könne. Es müßte eigentlich hageln, und die Erde müßte beben an einem solchen Morgen, an dem das Leben der Menschen in Stücke gerissen wurde.

Das letzte Packpferd war beladen, und nachdem Thorbjørn den Zurückbleibenden die letzten Anweisungen gegeben hatte, schwang er sich in den Sattel. Die Elchhündin Hilda wedelte einschmeichelnd mit dem buschigen Schwanz und sprang von hinten an ihm hoch, als er ihr ein Zeichen gab, daß sie mitdurfte. Dann streifte er die lederne Kalotte ab und hielt sie mit der linken Hand gegen die Brust, während er mit der rechten das Kreuzzeichen machte. Mit lauter, fester Stimme sprach er ein Abschiedsgebet.

»Wir bitten den allmächtigen Christ, daß er uns eine sichere und schnelle Reise gewährt und daß er über diejenigen wacht, die zu Hause bleiben. Er möge diesen Hof und alles, was hier lebt und wächst, segnen. Im Namen des Vaters, des Sohnes und des Heiligen Geistes.«

Er setzte die Kalotte wieder auf und ließ die Augen über sein Gefolge schweifen, als wolle er sich vergewissern, daß sich alle bekreuzigten. Soweit Gudrid sehen konnte, taten es alle, aber sie wußte auch, daß manch eine Faust vorsichtshalber das Thorsamulett oder einen anderen altbekannten Götterschutz umschloß. Unwillkürlich tätschelte sie den kleinen Lederbeutel, in dem der kleine Thorshammer von ihrer Mutter lag. Solange sein Hausstand nach außen hin dem neuen Christus gehorchte, schien der Vater zufrieden, obwohl sie wußte, daß er sich in Gedanken oft mit dem Christentum beschäftigte.

Thorbjørn hatte Gudrid und Thorkatla den Befehl gegeben, mitten im Gefolge zu reiten, und als es soweit war, trieb Gudrid ihre Stute an. Das Fohlen tanzte neben der Mutter her, und bald war das ganze Gefolge in Reih und Glied auf dem Weg. Gudrid heftete den Blick auf Thorkatlas rundliche Gestalt vor sich und sah nicht mehr zurück, nachdem sie der Haushälterin und den anderen, die noch auf dem Hof standen, ein Lebewohl zugewinkt hatte.

Sie dachte, auch wenn sie lange leben würde, könnte sie noch jede Kleinigkeit von der Umgebung ihrer Kindheit aus ihrem Gedächtnis hervorholen. Wie Laugarbrekka und Hellisvellir mit Wiesen und Weiden und dem Grabhügel, in dem Gudrids neugeborener Bruder in den Armen der Mutter begraben worden war – sie war nach einem einfachen und würdigen Abschied von ihrem Hausstand einen Tag nach der Geburt gestorben. Als Snorri Godi auf seinem Hof eine Kirche baute, hatte Thorbjørn die sterblichen Überreste von Hallveig und dem kleinen Sohn ausgegraben und war damit über die Halbinsel zum Friedhof Helgefell geritten. Aber den Grabhügel von seinem Schwiegervater Einar auf Laugarbrekka rührte er nicht an – denn wie durch Zauberkraft von Einars Mutter Hildigunna blieb der Hügel das ganze Jahr über grün.

Gudrid wußte, daß sie einige Eigenschaften von der Urgroßmutter geerbt hatte; sie müßten gezähmt werden, wenn sie Gudrid nicht in die Irre führen sollten, hatte der Vater einmal gesagt. Lange bevor die Hunde anschlugen, spürte sie es, wenn fremde Leute auf den Hof kamen, und von klein auf hatte sie die Angewohnheit, den Leuten Dinge in die Hand zu geben, an die jene gedacht, aber um die sie noch nicht gebeten hatten. Es war deshalb lange darüber geredet worden, daß sie auf Arnastape erzogen werden sollte. Halldis kannte sich in der Runen- und Heilkunst gut aus, ohne jemals der Schwarzen Kunst beschuldigt worden zu sein. Sie war außerdem eine über alle Maßen tüchtige Hausfrau, und Orm, ihr Ehemann, war mit Thorbjørn auf Wikingerfahrt gewesen. So war Thorbjørn nach dem Gedenkmahl für Hallveig mit Gudrid und ihrer alten irischen Kinderfrau den kurzen Weg an der Küste entlang zu Orms Hof geritten.

So weit Gudrid zurückdenken konnte, hatte sie Halldis und Orm gekannt. Sie waren älter als der Vater und bedeutend geduldiger, und als sie bei ihnen wohnte, gewann sie sie mit der Zeit sehr lieb. Sie und die Kinderfrau schliefen auf Arnastape, wie auch zuvor auf Hellisvellir, in einem Bett, und sie besuchte ihr altes Zuhause oft, damit sie sich dort nicht fremd fühlte. Das einzige, was sie bei Halldis und Orm vermißte, war die kleine Bucht von Laugarbrekka, in der sie schwimmen und rudern gelernt hatte und in der sie oft Treibholz gesammelt hatte, das spannende Spuren von der Arbeit fremder Menschenhände aufwies. Hoch über der Bucht erstreckte sich ein zum Wasser hin leicht geneigtes und mit Blumen übersätes Gelände – von dort hatte sie im Sommer auf Hunderte von Dreizehenmöwen hinunterschauen können, die ihre gefräßigen Jungen fütterten, oder auf Männer, die in Lederriemen an den steilen Felswänden hingen und Eier und junge Vögel sammelten. Wenn sie den Blick nach oben wandte, sah sie das Stapafell mit Schutt und Steinlawinen nach allen Seiten schräg abfallen.

Am allerschönsten war es, wenn die Wolken sich plötzlich teilten und die große weiße Kuppel des Snæfellsgletschers zum Vorschein kam. Der Gletscher war ein Anhaltspunkt für die Seeleute, wenn sie nach Westen fuhren, so wie Gudrid jetzt ... Ungeduldig zwinkerte sie die Tränen weg, die ihren Blick verschleierten, und schaute hinauf. Der Gletscher glitzerte so stark in der Morgensonne, daß es in den Augen weh tat – es war sicher ein gutes Omen für die Reise. Draußen auf dem Meer deuteten weiße Wirbel auf die gefährlichen Riffe in der Nähe der Küste hin, ein paar farbenprächtige Segel tanzten weiter draußen an den Wellenbergen entlang, und nach Osten wogte die zerklüftete Küste der Halbinsel dem Festland entgegen, so weit das Auge reichte. So schön war es, so schön!

Orm und Halldis hatten sich entschlossen, dem Sohn und der Schwiegertochter den Hof zu übergeben, so daß sie selbst mit nach Grönland fahren konnten. Als Thorbjørns Gefolge sich Arnastape näherte, warteten sie mit ihren Leuten bereits auf dem Reitweg. Orm ritt an die Seite von Gudrids Vater, und die beiden Männer hoben den Arm, um die Leute auf dem Hof ein letztes Mal zu grüßen.

Halldis und ihre beste Dienstmagd, Turid Vierhändig, schlossen sich Gudrid und Thorkatla an und grüßten stumm. Gudrid sah, daß Halldis unter der braungebrannten Haut blaß war, aber ansonsten verriet sie mit keiner Miene, was sie fühlte. Wenn es nicht um etwas Nützliches ging, das sie jemand anderem beibringen wollte, war Halldis eher wortkarg, es hatte Gudrid jedoch nie gestört. Selbst an diesem aufreibenden Morgen wirkte die Pflegemutter so sicher und beschützend wie der wuchtige Berg, welcher der kleinen Küstensiedlung den Namen gegeben hatte.

Ja, sogar sicherer, dachte Gudrid und schielte unwillkürlich hinauf zu dem spitzen Gipfel des Stapafell, wo die Adler hausten.

Halldis hatte Gudrid einen Hundewelpen geschenkt, als sie nach Arnastape kam, damit sie sich heimisch fühlte und nicht so viel an die Mutter dachte. Das kleine Tier folgte ihr auf Schritt und Tritt, bis es abends erschöpft auf ihrem Bett einschlief. Eines Tages, als Gudrid draußen stand und frisch gewaschene Leinenkleider auf Bretter wickelte, nahm sie einen großen Schatten hinter sich wahr und hörte gleich darauf ein erschrockenes Bellen. Sie drehte sich blitzschnell um und konnte gerade noch sehen, wie ein Adler mit ihrem schreienden Welpen in den Fängen davonflog. Das Blut schoß aus dem Hundefell. Der Adler strich so dicht an Gudrid vorbei, daß sie den Wind durch die Flügelfedern sausen hörte, als der Vogel einen großen Bogen machte und mit der Beute Kurs auf den Berggipfel nahm. Sie war einen Augenblick starr vor Entsetzen, dann stürzte sie ins Haus, um ihren Kummer an Halldis' grobem Arbeitskleid hinauszuschluchzen.

»Du hättest besser auf ihn aufpassen müssen«, sagte Halldis. Gudrid hatte sich diese Worte gemerkt – sie gehörten zu den Dingen, die ein Erwachsener wissen mußte. Und falls das Glück ihnen auf der Reise und in Grönland hold war, konnte sie noch viel von Halldis lernen. Und von Turid Vierhändig.

Gudrid wußte selbst am besten, daß sie nicht nur deswegen froh war, die tüchtige und fingerfertige Magd jetzt im Gefolge zu haben. Solange sie in der Nähe war, schienen Gudrids Träume und Erinnerungen nicht nur ein Luftschloß zu sein. Turid Vierhändig war in den beiden glückverheißenden, erwartungsgeladenen Wochen auf dem Althing im Jahr zuvor dabeigewesen – hatte Blumenkränze für Gudrids offenes Haar geflochten und ihr jedesmal zugehört, wenn sie wieder ein neues und spannendes Erlebnis zu erzählen hatte. Und Turid hatte das große Gefolge von gut gekleideten Reitern gesehen, die an ihnen vorbeitrabten, während Thorbjørn vor seiner Unterkunft vom Pferd stieg. Gudrid erinnerte sich an jede noch so geringe Kleinigkeit.

Viele der Fremden hatten Thorbjørn und sein Gefolge höflich begrüßt, und Orm sagte zu Gudrid: »Das sind Männer aus dem Skagafjord im Norden. Der kräftige Mann mit dem roten Hemd, der voranreitet, ist Halldor, der neue Häuptling auf Hov, und der daneben mit dem grünen Umhang, das ist sein Verwandter Thorfinn Thordsson, der gerade von einer Handelsfahrt zurückgekehrt ist. Seine Mutter ist die Schwester von Snorri Thorbrandsson, und von Vaters Seite ist er mit vielen vortrefflichen Geschlechtern verwandt, so daß nur wenige Männer in Island sich mit ihm messen können. Er und Halldor können ihre Geschlechter bis zu Ragnar Lodenhose zurückverfolgen.«

Was Halldor auf Hov betraf, so hatte Gudrid gerade noch einen gut geschnittenen schwarzen Bart über dem roten Gewand erkennen können. Aber Halldors junger Verwandter Thorfinn hatte Gudrid angesehen, und ihre Blicke waren sich kurz begegnet. Sein Gesicht über den kräftigen Schultern war hager und bronzefarben.

Die ernsten dunkelblauen Augen unter den hervorstehenden Brauen hatten einen forschenden Ausdruck, als versuche er zu erraten, wer Gudrid sein möge und was in ihr stecke.

Sie hätte gern gewußt, was Thorfinn Thordsson denken würde, wenn er sie jetzt sähe! Die Tochter eines Bauern war sie, der seinen Reichtum verspielt hatte – eines Auswanderers, an den keiner hier in Island einen Gedanken mehr zu verschwenden brauchte. Der Zorn ließ sie erbeben, und sie ertappte sich dabei, zu überlegen, ob sie sich nur aus lauter Verwirrung eingebildet hatte, daß Thorfinn Thordssons Augen Gefallen an ihr verraten hatten. Wenn dem so war, dann war es einfach töricht, sich Hoffnungen zu machen. Sie richtete sich im Sattel auf und gab Schneefried einen Klaps auf das glattgestriegelte Hinterteil.

Die Stute hatte die Strecke nach Budir so oft zurückgelegt wie Gudrid und trabte jetzt energisch zu dem großen Hafen, in dem die Handelsschiffe gewöhnlich anlegten, beladen mit Eisen, Sklaven, Krügen mit Wein und Honig, Ledersäcken mit Malz und Korn und Stoffen, so schön, daß man kaum glauben konnte, daß sie von Menschenhand gewebt waren. Aber so spät im Sommer lag nur Thorbjørns großes Segelschiff in der Bucht vor Anker. Die »Meeresstute« wirkte beunruhigend groß und dunkel, sie glich einem mächtigen, bösen Stier, der an der Kette zerrte, dachte Gudrid.

So plötzlich, als ob sie Treibsand betreten hätte, bremste Schneefried ihren gleichmäßigen Trab und sah hinüber zum Schiff. Ihr Fohlen blieb ebenfalls jäh stehen, zurückgehalten von dem unsichtbaren Strick, der es noch an die Mutter band. Gudrid beugte sich vor und flüsterte der Stute ins Ohr: »So ist das nun mal, Schneefried. Ich werde gut auf deine Tochter aufpassen – vielleicht wird sie sich mit dem Hengst des Häuptlings auf Brattahlid paaren.«

∞

Wie Thorbjørn es vorhergesehen hatte, wollten außer Orm und Halldis noch andere ihr Glück in Grönland versuchen. Zusammen mit Thorbjørns Männern, die ihm weiterhin dienen wollten, mit allen Sklaven, die keine andere Wahl hatten, gingen insgesamt dreißig Menschen auf die Reise. Unten am Strand taten die vielen Verwandten und Freunde der Auswanderer ihr Bestes, um den Männern nicht im Wege zu stehen, die die Nahrungsmittel und die bewegliche Habe an Bord der »Meeresstute« trugen.

Ein kalter Wind wehte gleichmäßig von Norden.

»Das ist gute, sagte Thorbjørn. »Wenn dieser Wind anhält, werden wir keine Schwierigkeiten haben, den nötigen Abstand zu den Schiffen in Küstennähe zu wahren. Nur raumer Wind, bis das Fahrwasser klar ist.«

Zwei von Orms Leuten trugen große runde Steine auf das Schiff. Gudrid fragte erstaunt: »Vater, warum nehmen wir Steine mit nach Grönland?«

»Ich hoffe, daß sich nicht die Notwendigkeit ergeben wird, diese Frage zu beantworten, meine Tochter. Es ist wahr, wenn wir erst in Grönland sind, wird es uns an Steinen nicht fehlen.«

Gudrid hatte ihren Vater noch nie zuvor in so guter Stimmung gesehen. In Kittel und Hosen aus dickem schwarzem Wollstoff, mit soliden Schuhen und kegelförmigem Lederhut ohne Rand sah er zehn Jahre jünger aus, und seine Augen hafteten ununterbrochen mit einem Ausdruck von Sehnsucht und Stolz am Schiff. Gudrid wußte, daß Thorbjørns seemännisches Geschick in jungen Jahren weit und breit bekannt gewesen war und daß die Leute von der norwegischen Küste bis nach Schottland und zu den Färöer Inseln sich noch daran erinnern konnten, wie erfahren und kühn er sich auf Wikingerfahrt gezeigt hatte. Er hatte seine Jugend an Bord großer Schiffe verbracht, stets auf der Jagd nach Abenteuer und Reichtum. Die ständigen Sorgen der Bauern hatten ihn nie bekümmert.

Angesteckt von des Vaters guter Stimmung, spürte Gudrid ihr Herz schneller schlagen. Sie stellte sich neben Schneefried und ergriff jede ausgestreckte Hand, dankte für jeden höflichen Wunsch für eine gute Reise.

Ja, es sei eine große Veränderung – es mußte aber so kommen, wie es kam; nein, sie würde sie nicht vergessen, alle miteinander – gesegnete Reise; ja, sie hatten Glück, daß sie mit Eriks Freundschaft auf Brattahlid rechnen konnten, gesegnete Reise ...

Gesegnet, gesegnet, bless, bless – es hörte sich immer häßlicher an, das neue englische Wort, das nun viele Leute anstelle von »Lebewohl« benutzten.

Gudrid war erleichtert, als sie den Vater mit Stein, Ingvill und deren Eltern kommen sah. Sie nahm der Stute den Sattel ab und gab ihn Stein, damit er ihn an Bord bringen konnte. Dann strich sie über Schneefrieds samtweiches Maul.

»Lebe wohl, Schneefried. Jetzt gehörst du Ingvill.«

Sie gab der Base die Zügel und sah, daß Stein dem Fohlen das Halfter bereits angelegt hatte und dabei war, es wegzuführen. Sie hatte nicht gemerkt, wie still die Menschenmenge ringsum geworden war, bis das verzweifelte Wiehern der Stute die Luft zerriß.

Schnell nahm Ingvills Vater der Tochter die Zügel ab und sagte: »Ingvill, sage Gudrid und Thorbjørn Lebewohl. Der Wind und die Tiden warten auf niemanden.«

Gudrid umarmte und küßte der Reihe nach Onkel, Tante und Base – sie nahm den vertrauten Geruch jedes einzelnen wahr und prägte sich ihre Gesichter fest ein. Dann wandte sie sich ab und ging rasch über den gelbroten, grüngesprenkelten Strand und über den Landungssteg, gefolgt von ihrem Vater, Orm und Halldis.

Gudrid starrte nach unten auf den Meeresboden, der sich zu einer dunklen Wassermasse voll undeutlicher, wogender Schatten vertiefte. Als sie endlich aufsah, bemerkte sie, daß die massiven Seiten des Schiffes vor Robbenöl glänzten und daß der Hafen voller kleiner Boote war, deren Insassen winkten und Lebewohl riefen. Die Auswanderer standen an der Reling und winkten Verwandten und Freunden zu, Hallorufe und übermütige Scherze flogen in alle Richtungen.

Als Gudrid den Fuß auf Deck setzte, erspähte sie unter einer Plane die Pfosten von Vaters Ehrensitz und ihren eigenen Sattel. Sie hatte nicht geahnt, daß man so viel in ein Schiff hineinpferchen konnte. Lebensmittel und Werkzeuge waren überall aufgestapelt. Die Tiere standen in der Mitte des Schiffes in einem in das Deck eingelassenen, offenen Laderaum – nur Hunde und Katzen durften frei herumlaufen.

Stumm suchte Gudrid Trost bei Halldis, als sie den Vater mit langen Schritten zum Steuerruder gehen sah. Er streifte die Lederkalotte ab und sah zum Land, wo der Snæfellsgletscher über niedrigen, zerrissenen Wolken in der Luft schwamm. Darüber leuchtete der Himmel so tiefblau wie Veilchen, die an schattigen, verborgenen Stellen wachsen. Die Augen zum Berg gerichtet, dichtete Thorbjørn:

»Schön umschließt Gottes Schätze
das gefrorene Gebirge.
Möge Christus' Lampe dort leuchten
und leihen uns ihr Licht.
Weis uns den Weg nach Grönland,
wo Weiden warten;
laß so leicht uns landen
wie die Lerche auf lichtem Gras!«

Einen Augenblick stand er da, ohne etwas zu sehen oder zu hören, dann bekreuzigte er sich langsam. Tief in ihren eigenen Schmerz versunken, erinnerte sich Gudrid, daß es das erste Mal seit dem Tod der Mutter war, daß der Vater gedichtet hatte.

DER TOD LAUERT

Der Wind füllte die großen rot-weiß karierten Segel der »Meeresstute«, und mit einem Ruck durchschnitt das Schiff die Wellen und begann, zufrieden im Rückenwind zu schaukeln. Gudrid wandte den Blick vom Strand ab und ließ die Augen über das Wasser schweifen. Die Leute in den Booten, die ihnen aus dem Hafen folgten, winkten und riefen noch – es kam eine richtige Feststimmung auf, die dafür sorgte, daß die Traurigkeit von ihr abfiel. Sie winkte allen, die sie sah, und drehte sich um, damit sie den Vater besser beobachten konnte, der die geschnitzte Ruderpinne fest im Griff hatte und das Segel und alle vorausfahrenden Boote genau im Auge behielt. An seiner Seite stand der Lotse Øyolf der Erbärmliche – er war im vorigen Herbst mit einem norwegischen Handelsschiff nach Island gekommen und verdiente sich jetzt, nach einigen Jahren im Ausland, als ortskundiger Lotse die Heimreise nach Grönland.

Eine in Weiß gestickte Stute schmückte die rechte obere Ecke des Segels, das sich voll im Wind blähte und zeigte, daß es gute Segelmacherarbeit aus erstklassigem dichtgewebtem Segeltuch war. Gut verstaut zwischen allen Bündeln und Ballen lagen fast zweihundert Ellen Segeltuch aus Nessel und Wolle, an dem Gudrid eifrig mitgewebt hatte. Sie hoffte, daß das Segeltuch auf der Überfahrt nicht gebraucht werden würde, da sie nach ihrer Ankunft in Grönland wohl kaum Zeit finden würden, am Webstuhl zu arbeiten.

Ihre Gedanken wurden von einem Lamm unterbrochen, das unten im Tierverschlag jämmerlich blökte. Bald hörte man einen ganzen Wirrwarr von Tönen, die sonst nur auf dem Land zu vernehmen waren. Ein kleines Kind begann so laut zu schreien, als wäre es fest entschlossen, auch auf der Überfahrt sein Gewohnheitsrecht einzuklagen. Die Elchhündin Hilda, die zu Thorbjørns Füßen lag, machte sich mit einem lauten »Wau« bemerkbar, und die anderen Hunde an Bord, die sich ebenso selbstverständlich zurechtgefunden hatten wie ihre Besitzer, waren schlau genug, auf einem Schiff, auf dem Hilda herrschte, Stillschweigen zu bewahren. Die langhaarige norwegische Wildkatze, die Halldis gehörte, spielte auf dem Kielschwein mit zwei räudigen Katzen, die Gandolf mitgenommen hatte, weil sie so gute Mäusefänger waren, und Gudrid dachte, wenn sich das Schiff unter ihr nicht bewegt und der Wind nicht in den Segeln gekracht hätte, so hätte sie sich einbilden können, daß sie in des Nachbarn kleiner Stube zu Gast sei.

Halldis und Turid Vierhändig kamen zu ihr.

Halldis sagte: »Gudrid, könntest du Sigrid Bårdsdatter, der Tochter des alten Bård, zur Hand gehen, während wir das Essen für die anderen zubereiten? Ihr Säugling schreit, ihren kleinen Jungen mußten wir bereits dreimal von den Ferkeln wegholen, und sie selbst ist seekrank. Turid fühlt sich auch nicht besonders gut ...«

Gudrid nickte. »Ich werde nach Sigrid sehen.«

Sigrid und ihr Mann, Ulf der Linkshänder, hatten ihren kleinen Bauernhof bei einem Lehmrutsch im vorigen Herbst verloren. Zum Zeitpunkt des Unglücks waren sie selbst und die meisten ihrer Familienangehörigen zu einem Herbstgelage gefahren, so daß die Leute meinten, sie hätten großes Glück gehabt. Selbst Thorbjørn hielt es für ein gutes Omen, sie mit auf seiner Fahrt zu haben.

Auf dem Weg in den vorderen Bereich des Schiffes stellte Gudrid fest, daß sie schon weit auf dem Meer waren. Snæfellsnes wirkte nicht mehr grün, sondern schwarz und rot und braun, abgesehen von der stolzen weißen Haube des Gletschers. Das Schiff hielt auf Nordwesten zu, um sich ganz von der Halbinsel freizusegeln, und sie erkannte die schwarze Sandsichel von Dritvik – einige Boote waren unterwegs zum abendlichen Fischfang. Vielleicht würde sich Sigrids Seekrankheit etwas geben, wenn die »Meeresstute« die Wellen mit straffem Segel durchschnitt, dachte sie und duckte sich unter die vordere Lederplane.

Sigrid lag an ein paar Wollsäcke gelehnt. Der Säugling saugte zufrieden, und der zweijährige Einar ruhte zusammengerollt bei der Mutter und lutschte am Daumen. So unerwartet friedlich war das Bild, daß Gudrid lächelte, als sie fragte, wie es Sigrid ginge.

»Ungefähr so wie immer, wenn ich auf See bin – ich fühle mich wie ein Stück Treibholz, zu nichts nütze, bis ich an Land geschwemmt werde und irgend jemand mich aufsammelt ...« Sigrid netzte die Lippen und versuchte zu lächeln. »Hat keinen Sinn, sich deswegen zu beunruhigen. In Island gibt es für uns keine Zukunft, und nach Grönland kommen wir nicht auf einem Pferderücken.«

Gudrid sagte zögernd: »Wir werden etwas Essen austeilen, Sigrid. Was möchtest du haben?«

Sigrid schloß die Augen und sank zurück an die Säcke, während ihr der kalte Schweiß auf Oberlippe und Stirn ausbrach. Vorsichtig legte sie das Kind an die andere Brust.

»Vielleicht schaffe ich es später, etwas zu essen, aber jetzt nicht.«

Als das Essen fertig war, übergab Thorbjørn Orm das Ruder und setzte sich zusammen mit den anderen unter die hintere Lederplane. Ebenso selbstverständlich wie er zu Hause auf dem Ehrensitz Platz nahm, ließ er sich mit gekreuzten Beinen nieder, nahm die Schale mit Wassermolke, die Gudrid ihm gab, hob sie hoch, warf einen munteren Blick in die Runde und sagte: »Wir sind unterwegs! Und diese erste Mahlzeit an Bord der ›Meeresstute‹ weihen wir Christus.« Er trank, bekreuzigte sich und gab die Schale weiter.

Gudrid sah in die bekannten Gesichter. Da saßen Thorbjørns Sklaven – die beiden jungen wendischen Brüder und eine bulgarische Frau in den Dreißigern, die viele im stillen verdächtigten, Hexenkünste zu betreiben. Diese Efti spürte es, wenn eine Sau auf ihre Nachkommen losgehen wollte, und sie wußte Mittel gegen Krankheiten, die böse Geister den Tieren anhexten. Thorbjørn schätzte ihre Fertigkeiten und hatte ihr versprochen, ihr nach zwei Wintern und einem Sommer auf Grönland die Freiheit zu geben. Das gleiche hatte er den beiden Wenden versprochen.

Jetzt schienen alle Sklaven einen Kopf größer zu sein, und sie langten zu, als ob die dünnen Streifen Trockenfisch saftiger, frisch gekochter Lachs wären. Gudrid wußte, daß der Gedanke an die Freiheit Thorbjørns und Orms Sklaven beschäftigte, selbst wenn sie die schlimmsten Arbeiten an Bord ausführen mußten, vom Ausleeren der Kloeimer bis zum Klettern über die Reling, wenn das Schiff von außen inspiziert werden mußte – die Freiheit und das Versprechen, ein Stückchen Land zur eigenen Bewirtschaftung zu erhalten. Sie würden ihr Möglichstes tun, damit die »Meeresstute« wohlbehalten in Grönland ankam. Thorbjørn konnte sich auf seine Leute voll und ganz verlassen, und die anderen an Bord würden ebenfalls ihr Bestes tun, um Zank und Streit zu vermeiden. Der Vater hatte immer ein gutes Gespür bewiesen, die richtigen Leute für dieses oder jenes auszuwählen.

Die frohe, entspannte Stimmung, die Thorbjørn geschaffen hatte, schien alle an Bord angesteckt zu haben. Gudrid dachte, daß sie jedesmal, wenn sie mit anderen Jugendlichen aus der Nachbarschaft in den Bergen gewesen war, um Moos für das Winterfutter zu sammeln, das gleiche unbeschreibliche Gefühl von Kameradschaft und Freiheit empfunden hatte wie jetzt. Gewiß waren sie auf dem Weg zu einem neuen und besseren Leben! Sie war einfach dumm gewesen, als sie geglaubt hatte, es sei schlimm, das alte zu verlassen. Sie konnte bestimmt damit rechnen, daß der Vater für eine ebenso gute Heirat im neuen Leben sorgen würde, wie er es getan hätte, wenn sie in Island geblieben wären – die beiden anderen Söhne von Erik dem Roten waren sicher ebenso nett wie Leif ...

Sie nahm ein paar Schluck aus der Schale und reichte sie weiter an einen Mann, der Weiß-Gudbrand hieß, weil er schon seit seiner Jugend ganz weißhaarig war. Weiß-Gudbrand trank kräftig und reichte die Schale seiner Frau Thorni. Mit gespieltem Entsetzen schaute diese in die Schale.

»Hier ist Zauberei am Werke – plötzlich ist nichts mehr zu trinken drin. Gudni, geh und fülle etwas nach!«

Die rothaarige Tochter erhob sich mit der ganzen Würde, die sie mit ihren elf Jahren aufbringen konnte, und Thorbjørn rief ihr nach: »Gib Orm beim Ruder etwas zu trinken, ehe du mit der Schale zurückkommst!«

Gudbrand sah Gudni liebevoll nach und sagte: »Mit einem solchen Fahrtwind wird es nicht lange dauern, bis wir Grönland erreichen – oder was meinst du, Thorbjørn?«

»Øyolf der Erbärmliche hat uns keine falschen Hoffnungen gemacht«, sagte Thorbjørn bestimmt. »Der Nebel kann schlimm werden auf dieser Strecke. Wir können nur auf Christus und auf alles Glück vertrauen, das so vielen von uns an Bord hold ist – dir auch, Gudbrand. Ich habe mancherlei Geschichte darüber gehört, daß du Seuchen überlebt hast, die speziell bei langen Seereisen häufig vorkommen.«

Gudbrand sah zufriedener aus denn je. »Ja schon, ich habe alles mögliche auf diesen Reisen erlebt, das kann ich wohl sagen. Besonders erinnere ich mich an das erste Jahr, als ich als Wikinger in fremde Länder einfiel! Wir zogen nach Spanien und brauchten wegen des schlechten Wetters unheimlich viel Zeit. Da wurde ich krank und tatsächlich wieder gesund, und seitdem bin ich nie mehr von irgendwelchen Krankheiten geplagt worden, egal wie viele Menschen um mich herum dran glauben mußten.«

Sein fünfzehnjähriger Sohn Olaf sah ihn stolz und hingebungsvoll an, und Thorbjørn warf einen anerkennenden Blick auf den Jungen. Treue und Gemeinschaftsgefühl waren der Leim, der die Menschen zusammenhielt, hatte Gudrid den Vater sagen hören, so weit sie zurückdenken konnte, und auf dieser Reise fehlte der Leim gewiß nicht.

Sie strich Butter auf ein paar Fischstreifen und nahm sie mit nach vorne zu Sigrid Bårdsdatter, zusammen mit dem, was noch von der Wassermolke übrig war. »Schau her – wegen des Kindes mußt du etwas essen.«

Sigrid ließ den schlafenden Säugling auf die Wollsäcke gleiten und trank zögernd ein paar Schlückchen, ehe sie wieder zurücksank, die Augen geschlossen, die Fischstreifen in der schlaffen Hand. Als Gudrid sich umdrehte, um zu gehen, sah sie den Schäferhund von Ulf und Sigrid zielbewußt zu seiner Herrin und dem Fisch schleichen.

Unten im Laderaum der Tiere schauten Schneefrieds Fohlen und das hellbraune Füllen von Weiß-Gudbrand über die solide

Einzäunung aus Walroßseilen. Als Gudrid zu ihnen hinunterkam, legte ihr Fohlen den Kopf an ihre Brust und atmete leise, ohne sich zu rühren. Sie streichelte das kleine Tier und bemerkte zufrieden, daß schwellende Muskeln zwischen den Knochen und unter dem weichen schwarzen Haar wuchsen.

»Es ist Zeit, daß es einen Namen bekommt«, sagte Gandolf hinter ihr. »Es ist vielversprechend, das Kleine da – du mußt mit Bedacht wählen.«

Gudrid hörte ihre eigene Stimme sagen: »Es soll Thorfinna heißen.«

Gandolf hob die Augenbrauen. »Das ist aber ein seltsamer Name für ein Pferd.«

Gudrid wurde rot, blieb aber dabei. »Er paßt sehr gut, finde ich. Thor schützt alle auf See – besser kann es doch nicht sein.«

»Vernünftige Rede für ein Mädchen«, brummte Gandolf. »Dieser neue Gott ist sicher außergewöhnlich mächtig, sonst würde Thorbjørn ihn nicht anbeten, aber auf einer solchen Reise brauchen wir jede Hilfe, die wir bekommen können.«

Gudrid nickte und schaute auf Ondverdarnes ganz am Ende von Snæfellsnes. Der Gletscher dort schien sich zu ihr hinzudrehen, egal aus welcher Richtung sie ihn anschaute. Sie versuchte, die Erinnerung an zwei dunkelblaue Augen von sich zu schieben, die sie nie wiedersehen würde. Sie hatte Schneefrieds Fohlen nicht Thor geweiht, sondern einem großen bronzehäutigen jungen Mann, der mit ihrem Pferd auf einer weiten, friedlichen Wiese geredet hatte – vor einem Jahr und einem Leben.

∞

Gleich am ersten Tag auf dem Althing hatte sie gefühlt, daß etwas im Gange war, das sie persönlich betraf. Hatte es so sicher und selbstverständlich gefühlt, wie wenn ein »Vorspuk« Gäste ankündigte. Eines Abends hatte Turid Vierhändig einen dicken Blumenkranz aus Butterblumen, Vergißmeinnicht und Stiefmütterchen geflochten und zu Gudrid gesagt: »Diese Blumen passen sehr gut zu dem grünen Seidenhemd, das dein Vater dir gerade gekauft hat. Ich denke, du wirst vielen von diesen trefflichen jungen Männern den Kopf verdrehen, wenn du heute abend tanzt.«

Gudrid hatte nur gelächelt und sich bedankt. In Wahrheit konnte sie die reichen Bauernsöhne, die sie getroffen hatte, seitdem sie angekommen war, noch nicht einmal auseinanderhalten, sie fand keinen von ihnen besonders anziehend. Thorfinn Thordsson aus Skagafjord war ihr seit dem ersten Tag nicht mehr begegnet; jedesmal, wenn es so aussah, als ob er auf dem Weg zu ihr und den anderen war, mit denen sie auf dem Thingplatz zusammenstand, war er von irgendwelchen Leuten daran gehindert worden.

Thorbrand Snorrison ging mit ihr hinunter zum Reigentanz. Er und Gudrid waren gute Freunde, seit er als linkischer Vierzehnjähriger mit seinem Vater nach Norwegen fahren mußte und ihr anvertraut hatte, daß er im stillen um eine Bauerntochter warb, die so reich war, daß ihr Vater wohl niemals in eine Heirat einwilligen würde. Wie sein Vater war Thorbrand ebenso arm an Hab und Gut, wie er stark und mutig war. Aber Thorbrands Tante oben in Skagafjord müßte doch reich genug sein, dachte Gudrid, während sie darauf wartete, daß der Fidelspieler und der Vorsänger sich über die erste Weise einig wurden. Vielleicht könnte sie Thorbrand über seinen Vetter, Thorfinn Thordsson, ausfragen ...

Der Fidelspieler stimmte an und Gudrid widmete sich dem Tanz. Während sie den Kehrreim mitsang, ließ sie die Augen träumend über die schimmernden grünen Wiesenflächen zu einer Gruppe weidender Pferde gleiten. In der hellen klaren Sommernacht war es leicht, Dinge auch aus weitem Abstand zu unterscheiden. Auf einmal erkannte sie, daß eines der Pferde dort drüben Schneefried war – ihr schwarzes Fohlen lag im Gras neben ihr. Ein Mann stand bei Schneefried, hatte die Hand auf ihren Rücken gelegt und beugte seinen Kopf hinunter zu dem des Pferdes. An der Haltung des Mannes und an seinem grünen Umhang erkannte Gudrid, daß es Thorfinn Thordsson aus Skagafjord war.

Ehe sie Zeit hatte, sich darüber zu wundern, was Thorfinn mit ihrem Pferd vorhatte, ging er von Schneefried fort und schloß sich Thorbrands Vater Snorri und einigen anderen Männern an, die einem Ringkampf zuschauten. Snorri grüßte Thorfinn so freundlich, daß Gudrid wieder ausatmen konnte. Wenn dieser junge Mann von dem ehrenhaften Snorri derartig anerkannt wurde, gehörte er wohl nicht zu der Sorte, die Schneefried schaden wollte. Sie wagte sich kaum zu fragen, ob Thorfinn wußte, daß Schneefried *ihr* Pferd war. Würde er wohl einen Vorwand finden, um mit ihr selbst zu reden? Sie spürte, wie ihr Magen sich vor Spannung und Sehnsucht zusammenzog – als ob sie plötzlich gewahr würde, daß sie hungrig war wie ein Wolf.

Aber Thorfinn kam in den zwei Tagen, die das Thing noch dauerte, nicht zu ihr.

༄

Der günstige Fahrtwind hielt an. Das Schiff wurde zu einer kleinen Welt für sich, wo der Zeitfaden anders gezwirnt wurde als auf dem Land. Gudrid spann die meiste Zeit, während sie im Kopf Gedichte formte. Sie wußte, daß sich viele Männer auf langen Seereisen die Zeit damit vertrieben, Reime und Kenninge für den späteren Gebrauch zu schmieden, wie auch Gudrid es normalerweise zu tun pflegte. Niemand hatte etwas dagegen, daß eine Frau dichtete, solange ihre Gedichte schicklich waren. Eines Tages wollte sie ihren ganzen Mut zusammennehmen, ihrem Vater ein paar Verse vortragen und ihn fragen, was er davon hielte, denn er hatte den Ruf, ein tüchtiger Skalde zu sein.

Plötzlich spürte sie, wie ein heftiges Zittern sich von den Decksplanken bis in ihren Rücken fortpflanzte. Es war, als ob das ganze Schiff sich krümmte und sich einer großen Herausforderung stellen mußte, ehe es die Fahrt beschleunigte. Sie stand auf und schaute zum Ruderplatz, wo der Vater den freien Arm schwenkte und Befehle brüllte. Die Besatzung hantierte eilig mit Tiefenlot, Schoten und der großen Sprietstange, bis die »Meeresstute« laut Thorbjørns Peilscheibe auf genau westlichem Kurs wieder zur Ruhe kam. Der Wind war kälter und schärfer geworden, die Luft hatte einen anderen Geruch und sogar das Wasser hatte eine andere Farbe bekommen. Es sah tiefer, dunkler und schwerer aus ...

Orms Gesicht war ein einziges großes Lächeln, als er zu den drei Frauen kam. »Jetzt ist Schluß mit unseren Kinderstreichen!

Jetzt haben wir keinen Schutz mehr vom Land, und wir sind in den kalten Meeresstrom gekommen, dem wir größtenteils auf dem Weg nach Grönland folgen werden. Ungefähr wenn wir Snæfellsnes aus dem Blick verlieren, müssen wir Blåserk auf Ostgrönland sehen können – du wirst bald wieder festen Boden unter den Füßen haben, Turid.«

Während Orm redete, saß Turid Vierhändig mit geschlossenen Augen da, den Kopf gegen die zitternde Schiffswand gelehnt. Sie hatte es nicht geschafft, Essen bei sich zu behalten, seit sie Budir verlassen hatten, aber sie weigerte sich, unter der vorderen Lederplane zu ruhen, außer nachts, wenn der Platz voll von Hängematten und Schlafsäcken war und es so warm wurde, daß sie schlafen konnte. Gudrid war nicht seekrank, aber sie sehnte sich nach warmer Suppe und Milchbrei und träumte von Kräutern, die sie ausprobieren wollte, wenn sie wieder über eine Feuerstelle verfügte.

Sigrids Seekrankheit war noch genauso schlimm wie anfangs, als sie die Segel hißten. Sie wankte einige Male mit ihrem Säugling nach draußen, um frische Luft zu schnappen, und kroch dann wieder in ihren Schlupfwinkel zurück. Sie vertraute darauf, daß der hohe Bootsrand und die Aufmerksamkeit der anderen ihren Zweijährigen daran hindern würden, ins Wasser zu fallen. Niemand versuchte mehr, ihn von den Ferkeln fernzuhalten, denn Junge und Ferkel unterhielten sich gegenseitig. Nicht selten futterte Klein-Einar Trockenfisch und Laub aus dem Schweinetrog, aber Sigrid sagte, daß er das auch oft zu Hause tue.

Seit sie in den kalten Strom gekommen waren, nahm der Wind allmählich zu, und Thorbjørn war so angestrengt und beschäftigt, daß Gudrid eher vor einem zornigen Bullen stehen wollte, als ihren Vater mit Fragen zu belästigen. Eine eiskalte Windböe nach der anderen fegte von Norden über sie hinweg, und an dem sich verdunkelnden Spätsommerhimmel verschwand ein Stern nach dem anderen. Thorbjørn raffte das Segel und übernahm selbst die Nachtwache, segelte mit dem Wind, während er die Länge und die Steigung jeder dunklen Wassermauer berechnete und nach einem Riß in der Wolkendecke spähte, der ihm den Leitstern zeigen konnte. Der Regen trommelte gegen die Robbenfellkleidung, die er und die Mannschaft angezogen hatten. Gudrid beneidete sie – es war schwierig, sich in den steifen Schafsfellen zu bewegen, die die Frauen anzogen, wenn sie ihren Schlupfwinkel vorne verließen.

∽

Wie gerädert von dem Rollen des Schiffes und völlig übernächtigt sah Gudrid auf Deck einen grauschwarzen Morgen aufziehen. Sigrids Säugling hatte unablässig gewimmert, ohne sich von einem Tuchlutscher mit einem Stück Speck beruhigen zu lassen. Es war nirgendwo Land zu sehen, auch kein beruhigender weißer Schimmer vom Snæfellsgletscher. Das Deck war glatt von der Gischt, und die »Meeresstute« zitterte in jedem Wellental, bevor sie den nächsten Wogenkamm emporstieg. Thorbjørn schlief unter dem Lederverschlag auf dem Achterdeck, während Orm und Weiß-Gudbrand abwechselnd am Ruder standen und ein paar von Thorbjørns Männern das Schiff lenzten. Gandolf hatte gerade ein verschrecktes Ferkel eingefangen und war dabei, die Tiereinzäunung sicherer zu machen.

Gudrid sah sich nach Stein um und fand ihn verstört auf einem Lederballen sitzend. Das Blut strömte ihm aus einem Schnitt in der Stirn hinunter in die Augen, und er merkte kaum, daß sie neben ihm stand.

Endlich hatte sie etwas Nützliches zu tun, dachte sie und spürte, wie sie auflebte. An Bord waren es sonst die Mannsleute, die sich um alles kümmerten, während die Frauen mit Spinnen und Handarbeiten beschäftigt waren und nur die Verantwortung für das Austeilen des Essens hatten. Ihnen fehlte die Entscheidungsgewalt, die mit allen Aufgaben auf dem Hof verbunden war. Sie hatte immer gewußt, daß es so war, so sein mußte, aber es war schlimm, so untätig zu sein, besonders jetzt, wenn sonst von ihr erwartet wurde, daß sie sich wie eine Erwachsene benahm. Als sie sich einmal bei ihrer Pflegemutter beklagte, sagte Halldis trocken, sie müßten die Ruhe genießen, die sich bot, denn wenn sie nach Grönland kämen, würden sie genügend in Anspruch genommen werden. Sie könne ihr gern ein paar Geschichten über Seereisen erzählen, wo so viele Männer starben, daß die Frauen die harte Arbeit auf den Schiffen übernehmen mußten!

»Ich glaube, ich kann das Blut stillen, Stein – warte hier ...«
Gudrid ging nach vorn und holte Halldis. Zusammen wuschen sie Steins Wunde aus und wickelten Wollappen um seinen Kopf, um die klaffende Wunde zusammenzuhalten, die er sich durch einen Sturz gegen die Reling zugezogen hatte.

Stein grinste: »Jetzt bekommen die anderen einen Schreck, wenn sie aufwachen. So wie ich aussehe, werden sie glauben, daß wir Besuch von den Seeräubern von Serkland bekommen haben! Aber bei der Geschwindigkeit, mit der wir gen Süden segeln, erreichen wir ohnehin bald unser Ziel.«

Sie segelten schon ein paar Tage vor dem Wind, um dem stürmischen Nordwind zu entkommen – jedenfalls meinte Thorbjørn, daß es noch von Norden blies. Anfangs hatte Øyolf geglaubt, das Unwetter auf diese Weise umgehen zu können. Da sie sowieso früher oder später nach Süden abdrehen müßten, um Grönlands Südspitze zu umrunden, würden sie kaum Zeit verlieren – aber das war noch, als sie glaubten, der Sturm würde sich schnell legen.

Der Wind flaute ebenso plötzlich ab, wie er zugenommen hatte, und das Segel hing schlaff und nutzlos in dem milchig-weißen Nebel. Gudrid dachte daran, daß Erik der Rote und seine Gefolgsleute, die mit fünfundzwanzig Schiffen nach Grönland fuhren, viele davon in riesigen Wellen verloren hatten, die von nirgendwoher kamen und sie verschluckten. Waren diese Wellen aus einem solchen Nebel herausgestürzt, in dem die »Meeresstute« jetzt trieb? Und was sonst lauerte noch in der großen unbekannten Weite und wartete darauf, sie zu überfallen?

Tagelang trieben sie so umher. In der bedrohlichen Stille der Meereseinöde schienen ihre Stimmen aneinanderzustoßen, und wenn Stein auf seiner Maultrommel spielte, hörten sich die leisen, zittrigen Töne unsagbar traurig an. Von Zeit zu Zeit stimmte die Elchhündin Hilda ein Geheul an, das die anderen Hunde aufschreckte und Sigrids Säugling zu fürchterlichem Geschrei veranlaßte. Die Essensvorräte schwanden dahin, und Thorbjørn gab den strengen Befehl, mit dem Trinkwasser hauszuhalten.

Nur Sigrid Bårdsdatter und Turid Vierhändig freuten sich über die Meeresstille. Die anderen hielten unablässig Ausschau nach dem geringsten Anzeichen von Wind. Zum ersten Mal, seit sie Island verlassen hatten, konnten sie ruhig dasitzen, sich gemütlich unterhalten und Geschichten erzählen, und das gefiel Gudrid, Gudni und Olaf zunächst, aber es dauerte nicht lange, bis sie sich von der Geistesabwesenheit der Erwachsenen und von der nassen Kälte, die bis ins Mark hineindrang und dort blieb, verunsichert fühlten.

Weder Øyolfs Berichte von seinen Reisen noch das, was Thorkatla und Halldis von hoffnungsloser Liebe, Verrat und Eifersucht zu Hause in Island erzählen konnten, machte einen sonderlichen Eindruck auf Gudrid. Wie der Mittsommerduft von blühenden Birken und regennassen Wiesen gehörten solche Dinge in eine andere Welt, wo schwere Zeiten mit einem anderen Gewicht gewogen wurden. Das einzige, was hier an Bord zählte, war, zu überleben.

Das Schiff, das vorher so solide und sicher gewirkt hatte, war jetzt nur eine verräterische Nußschale, die mitten im Meer schwamm und sie vom Land trennte. Das am Anfang so schöne volle Segel und das zitternde, lebende Holz des Schiffes waren so schlaff und kraftlos wie Gudrids sabbernde, alte Kindermagd, ehe der Tod sie holte. Der Tod ... Oft sah Gudrid die verschlossenen Gesichter von Gudni und Olaf und fragte sich, ob sie auch daran dachten, daß ihr Leben schon zu Ende sein könnte, ehe sie ausprobieren durften, was es eigentlich hieß zu lieben, Kinder zu bekommen und einen eigenen Hof zu bewirtschaften.

∽

Die Seuche schlug zu, als sie fast zwei Wochen unterwegs waren. Thorbjørns wendische Sklaven, die Brüder Rotohr und Schwarzbart, waren die ersten, die krank wurden.

Gudrid war mit Thorfinna auf Deck gegangen, um das Fohlen zu bewegen, als sie sah, daß Rotohr einen Kloeimer über das Deck zog, anstatt ihn ordentlich zu tragen. Stein wollte den Sklaven gerade scharf zurechtweisen, als sowohl er als auch Gudrid sahen, daß Rotohrs Augen vor Fieber glänzten.

Stein legte den Arm um den Sklaven, um ihn zu stützen, und sagte verbissen: »Hol deinen Vater, Gudrid! Ich halte dein Fohlen – aber beeil dich!«

Thorbjørn stand vor dem Mast und erörterte mit Weiß-Gudbrand, wie sicher die Mastplatte war; er reagierte ärgerlich auf die Unterbrechung: »Gudrid, das gehört sich nicht, so auf mich zuzustürzen, wenn ich mit jemandem rede.«

»Das weiß ich, Vater – aber Stein hat mich mit der Nachricht geschickt, daß Rotohr krank ist. Sehr, sehr krank – ich habe es selbst gesehen!«

Ohne ein Wort schritt Thorbjørn achteraus. Stein hatte Rotohr auf einen Ballen gesetzt und einem von Orms Sklaven befohlen, den Inhalt des Kloeimers auszuleeren. Jetzt überließ er Gudrid Thorfinnas Halfterstück und sagte zu Thorbjørn: »Rotohr erzählt, daß sein Bruder sich nicht auf den Beinen halten kann. Weißt du, ob auch andere sich schlecht fühlen?«

»Keiner«, sagte Thorbjørn schroff. »Ich hoffe, ich kann das gleiche auch morgen und an den folgenden Tagen sagen. Was hältst du davon, Gudbrand?«

Weiß-Gudbrand richtete sich auf, nachdem er den Sklaven untersucht hatte. »Er hat hellrote Flecken auf der Brust. Für mich sieht es so aus wie die sogenannte ›Schädelspalter-Krankheit‹, wie wir sie nannten, als ich auf Wikingerfahrt war.«

Thorbjørn nickte und wandte sich an Gudrid: »Gib Gandolf dein Fohlen und hole Halldis. Dann werden wir sehen, ob ihr zwei genug Künste beherrscht, um Rotohr und Schwarzbart zu heilen – und wer auch sonst noch krank werden könnte ...«

Während Thorbjørn redete, zitterte Rotohr wie ein einsames Blatt im Herbstwind und quälte sich mit einem krächzenden Husten.

※

»Wir versuchen es zuerst mit Vogelmiere«, sagte Halldis. »Das schadet auf keinen Fall. Wir müssen deinem Vater sagen, daß wir Feuer an Bord brauchen, ob er will oder nicht.«

Widerwillig erlaubte ihnen Thorbjørn, Feuer in dem großen Kessel zu entzünden, den er benutzte, um Haileber und Robbenspeck zu kochen. Anfangs tat Rotohr der warme Trank anscheinend gut, über den Halldis viele Zaubersprüche murmelte und Gudrid nicht nur ein- sondern zweimal das Kreuzzeichen machte, wohl wissend, daß Thorbjørn sie scharf beobachtete. Rotohrs Fieber und Kopfschmerzen wurden in den folgenden Tagen jedoch ständig schlimmer. Als Halldis ihm sagte, daß er sterben würde, war er beinah froh. Er schaffte es gerade noch, seinem Bruder die Hand hinzustrecken, ehe er das Bewußtsein verlor. Am gleichen Abend starb er, und Schwarzbart sah mit fieberglänzenden Augen zu, wie der Bruder in seinen Umhang gehüllt und ein großer Stein aus der Heimat an seinen Füßen festgezurrt wurde. Zwei Männer ließen das Bündel über die Reling gleiten, nachdem Thorbjørn das Kreuzzeichen über dem Toten gemacht hatte. In dem Augenblick, als die Leiche die Wasseroberfläche traf, flog eine Seeschwalbe über die Mastspitze und verschwand im Nebel. War der Vogel Rotohrs Folgegeist gewesen, fragte sich Gudrid, oder näherten sie sich dem Land?

Schwarzbart kam durch, aber einer von Thorbjørns Knappen starb und wurde am gleichen Tag wie Sigrid Bårdsdatter und ihr ausgehungerter Säugling dem Meer übergeben. Danach ging Ulf der Linkshänder hinunter zu dem Schweinekoben und trennte Klein-Einar von seinen Spielkameraden, damit er den Sohn mit sich herumtragen konnte, wo er ging und stand.

Weiß-Gudbrand schlief kaum, denn seine Familie lag zitternd vor Fieber unter der vorderen Lederplane, und wenn er nicht damit beschäftigt war, sie zu füttern oder zu pflegen, stand er für Thorbjørn oder Orm am Ruder. Gudrid wußte, daß man an Land immer geglaubt hatte, Gudbrand sei zu sorglos und zu leicht zu lenken. Aber hier erwies er sich als Vorbild von einem Mann, und genau das sagte sie auch seiner Frau Thorni, während sie ihr die Läuse aus dem langen Haar mit den Silberstreifen kämmte.

Thorni lächelte dankbar. »Ich wurde mit Gudbrand verheiratet, als ich siebzehn Winter alt war, und er war immer gut zu mir. Das können nur wenige Frauen von ihrem Hausherrn sagen. Ich hoffe, er findet eine gute Frau auf Grönland.«

Gudrid antwortete nicht. Thornis eingesunkene Augen und

der rasselnde Husten verrieten ihr, was die andere schon längst wußte.

Efti, Thorbjørns bulgarische Sklavin, lag in der Nähe. Sie hatte jetzt zu große Schmerzen, um Gandolf mit den Tieren zu helfen, gab jedoch keinen einzigen Jammerlaut von sich. Ihre blutunterlaufenen dunkelbraunen Augen fingen Gudrids Blick ein, und sie zeigte auf Thorni und schüttelte den Kopf. Dann zeigte sie auf Gudni und Olaf, die zu beiden Seiten der Mutter lagen und im Schlaf leise stöhnten, und nickte, so energisch sie in ihrem Zustand konnte. Gudrid erwiderte ihr Nicken. Ja, sie spürte, daß die Kinder von Thorni und Gudbrand überleben würden, wenn überhaupt jemand an Bord übrigblieb.

∞

Efti starb, als Gudrid und der Vater schon einige Tage in Fieberphantasien lagen. Als Gudrids Fieber allmählich sank, sah sie das ängstliche Gesicht der Pflegemutter mit müden Augen in blauschwarzen Höhlen über sich schweben. Sie fragte: »Und du, Pflegemutter, bist du noch gesund? Und der Vater und Orm?«

»Thorbjørn und du, ihr seid gleichzeitig krank geworden. Sein Fieber sank gestern. Auch Orm ist einige Tage nicht auf den Beinen gewesen. Turid Vierhändig starb gestern – sie hat gesagt, daß du die Nadel erben sollst, die sie benutzte, um Leinenschnüre zu häkeln. Noch zwei von Thorbjørns Knappen sind gestorben, aber Stein ist zum Glück bei Kräften geblieben und hilft Gudbrand bei allen Arbeiten an Bord. Hier, iß das ...«

»Ich bekomme keinen Bissen runter«, sagte Gudrid und schauderte.

»Du mußt es versuchen. Thorkatla geht es gut, weil sie verständig genug ist zu essen«, sagte Halldis und lächelte der noch kugelrunden Magd zu.

Thorkatla schmierte Butter auf ein Stück Trockenfisch und sagte friedlich: »Ja, sicher. Sobald ich fertig gegessen habe, stehe ich auf und helfe euch.«

Halldis suchte ihre Sachen zusammen und erhob sich. Gleich draußen vor der Plane stürzte sie mit dem Gesicht nach unten aufs Deck. Entsetzt wand sich Gudrid aus dem Schlafsack. Sie war schwach wie ein Katzenjunges, und sie fühlte sich so, als hätte ein Gaul sie in den Rücken und in die Beine getreten.

Thorkatla half ihr, Halldis auf den Rücken zu drehen – die Pflegemutter war glühend heiß und bewußtlos.

»Sie muß mit dem Kopf aufs Deck geschlagen sein«, sagte Gudrid, und sie wußte, daß jetzt Halldis an der Reihe war.

Mit viel Mühe legten sie sie in den Schlafsack und Thorkatla blieb bei ihr, während Gudrid achteraus ging, um nach dem Vater und Orm zu sehen.

Thorbjørn war auf, fröstelte aber in seinen Robbenfellkleidern, während er, an die Schiffswand gelehnt, mit Øyolf dem Erbärmlichen sprach. Hilda lag daneben, kaute auf einem Stück Trokkenfisch und wedelte zufrieden mit dem Schwanz, als sie Gudrid sah.

Ohne ein Wort zu sagen, vergrub Gudrid ihr Gesicht an des Vaters Brust. Geistesabwesend legte er den Arm um sie und tätschelte ihren schmerzenden Kopf, wie er es gemacht hatte, als sie noch klein war. Zu Øyolf sagte er: »Ich meine, der Nebel hätte sich, während ich im Fieber lag, ein wenig gelichtet, und ich spüre auch einen Zug in der Luft. Noch können wir peilen, wo wir sind, und vielleicht irgendwo an Land kommen.«

Gudrid hob den Kopf und witterte. Doch, es roch anders – salziger sozusagen. Die Hoffnung, die in ihr aufwallte, gab ihr neue Kräfte, und sie drückte schnell die Hand des Vaters, bevor sie unter der Lederplane verschwand, die das Achterdeck abschirmte, auf dem Orm lag.

Der Pflegevater lag im Fieberwahn und erkannte Gudrid nicht, aber der Sklave Harald Roßhaar, der an der Seite seines Herrn hockte, lächelte erleichtert, als er sie sah.

»Hast du Zauberwasser für Orm dabei?«

»Nein – doch, einen Augenblick ... Glaubst du, daß er es schafft, etwas zu trinken?«

»Nicht trinken ... aber wir können ihm das Gesicht damit waschen.«

»Aber so wird es keine Wirkung haben ...«

Gudrid hatte oft gedacht, daß Haralds Mutter, die, in Gefangenschaft geraten, auf der Reise nach Island starb, ohne zuvor ein Wort über ihre Herkunft verloren zu haben, versäumt hatte, ihrem neugeborenen Sohn die Fähigkeit zum Denken zu vererben. Es hatte sich ergeben, daß Orm an dem Tag in Budir war, als das Handelsschiff mit dem mutterlosen Sklavenkind vor Anker ging. Er hatte den Säugling gratis bekommen und Halldis gebeten, eine Amme zu suchen. Harald wuchs zu einem starken und treuen Mann heran, gestählt für jedes Wetter und jede Tätigkeit – solange ihm jemand sagte, was er machen sollte.

Gudrid schaute auf die struppige braune Mähne mit den hellen Strähnen, der er auch seinen Spitznamen verdankte. Für gewöhnlich waren seine Haare sehr gepflegt, das verlangte Orm von seinem Hausstand, jetzt aber waren sie verfilzt von Gischt und Läusen. Haralds breites Gesicht und sein kräftiger Nacken waren so mit Geschwüren bedeckt, daß die Haut aussah wie entfärbtes Leder.

Gudrid sagte: »Harald, wenn ich mit dem stärkenden Wasser für Orm zurückkomme, werde ich etwas Salbe für deine Eiterbeulen mitbringen.«

»Vielen Dank, Gudrid, aber das ist nicht nötig. Sie öffnen sich sowieso«, versicherte ihr Harald. »Aber vielleicht kann der kleine Einar Ulfsson ein wenig Zauberfett bekommen, denn er hat mehr Eiterbeulen als ich, und er weinte letzte Nacht so schrecklich, daß keiner von uns hier hinten schlafen konnte.«

Gudrid sah sich um und spürte, wie die Kräfte sie verließen, ausgesaugt wurden von den hämmernden Kopfschmerzen und dem Fieber, das sie immer noch hatte. Zwei von Thorbjørns Gefolgsleuten lagen ebenfalls am Boden und starrten sie, die eigentlich ihre Hausherrin sein sollte, mit stummer Bitte an.

Unsicher stand sie auf und ging zu ihnen, zwang sich zu einem Lächeln und sagte: »Ein bißchen Essen hilft sicher. Ich komme gleich wieder – muß nur erst nach Halldis sehen ...!«

Auf dem Weg nach vorn sah sie Ulf den Linkshänder und den kleinen Einar steuerbords an der Reling stehen. Ulf zeigte dem Sohn etwas unten im Wasser, und als sie zu ihnen trat, wandte er ihr das erschöpfte Gesicht entgegen und sagte: »Sieh da unten, Gudrid, und schöpfe neuen Mut. Jetzt wissen wir, daß wir uns noch in nördlichem Fahrwasser befinden.«

Gudrid schaute über die Reling, und ihr Herz hörte beinahe auf zu schlagen. Gleich unter der Wasseroberfläche schwappte die größte Qualle, die sie jemals gesehen hatte. Folgte sie ihnen – wartete sie darauf, daß noch eine Leiche über Bord geschoben wurde ...? Es wurde ihr schwindelig, und sie schloß kurz die Augen, während sie sich an die Reling klammerte.

»Diese gewaltigen Kerle gedeihen nur im kalten, offenen Fahrwasser weit im Norden – das sind gute Nachrichten, Gudrid! Nicht wahr, Klein-Einar?«

Der Junge sog zitternd die Luft ein und vergrub sein Gesicht an des Vaters Hals, allerdings erst nachdem Gudrid die entzündeten Beulen gesehen hatte, die das kleine Gesicht und den dünnen Kinderhals bedeckten. Seine Hände waren ebenfalls eine einzige geschwollene Masse unter glänzender, gestraffter Haut.

Sie sagte: »Ulf, wenn du Einar zu unserem Verschlag nach vorne trägst, werde ich nachschauen, ob ich eine Salbe für seine Beulen finde. Halldis liegt jetzt dort, und es ist einfacher, wenn ich sie und Einar in einem versorgen kann.«

Klein-Einar weinte in dieser Nacht nicht. Er starb nach der Abendmahlzeit in Gudrids Armen. Ulf wickelte seinen Sohn in einen Schal von Sigrid und legte genügend Steine in das Bündel, ehe er achteraus ging und es über die Reling gleiten ließ. Einen Augenblick lang blieb er mit gesenktem Kopf stehen, dann übernahm er seinen Törn am Segel, das zum ersten Mal seit undenklichen Zeiten anfing, sich im Wind zu blähen.

Als Gudrid spätabends hinaus aufs Deck ging, sah sie, daß der Himmel klar war und daß der Vater und Øyolf dabei waren, den Kurs nach dem Leitstern zu berechnen.

∽

Halldis kam wieder zu Bewußtsein und versuchte sich aufzurichten, um Gudrid und Thorkatla Ratschläge für die Versorgung von Orm und den anderen zu geben, dann aber verließen sie die Kräfte und sie sank in einen fiebrigen Halbschlaf, aus dem sie erst erwachte, als Orm tot war.

Bevor Thorbjørn die Leiche des Freundes dem Meer übergab, stand er einen Augenblick stumm bei dem grauen Bündel, das

Gudrid viel zu klein für den kräftigen, gestählten Körper des Pflegevaters vorkam. Dann dichtete er mit angestrengter, lebloser Stimme:

>»Hart schlägt die Hand des Schicksals zu!
>Ehrenhaft und höfisch,
>Wohlerprobt in allem Wandel
>War Orm, mein Wikingfreund.
>Des Meeres großer Grabhügel
>Schließt sich schnell und still
>Um der Seuche Sammelwerk,
>Aber der Verlust bleibt bestehen.«

Er bekreuzigte sich und schlug das Kreuz über Orm, ehe er das Zeichen gab, das Bündel über die Reling zu heben. »Im Namen des Vaters und des Sohnes und des Heiligen Geistes!«

Gudrid dachte, daß Orm ein Gebet an Thor vielleicht vorgezogen hätte, aber der Vater kannte sich damit sicher am besten aus. Halldis hatte keiner gefragt, denn sie war so schwach, daß Gudrid sich nicht sicher war, ob sie Orms Tod überhaupt begriffen hatte.

Als Gudrid am nächsten Morgen aufwachte, entdeckte sie, daß Halldis sie mit der wohlvertrauten sicheren Ruhe im Blick ansah, und sie spürte, daß ihr Herz sich vor Freude überschlug. Halldis netzte die Lippen und sagte mit schwacher, aber fester Stimme: »Pflegetochter, heute sterbe ich. Ich habe dich so lieb gehabt, als wärest du ein Teil meines eigenen Körpers, und ich habe dich alles gelehrt, was ich kann. Nutze es gut. Hole Thorbjørn und die anderen hierher, bitte, denn ich brauche Zeugen für das, was ich euch zu sagen habe.«

Die Überlebenden an Bord scharten sich hinter Thorbjørn zusammen, während Halldis erläuterte, wie das Erbe von ihr und Orm zu verteilen sei. Thorbjørn sollte Harald Roßhaar und seinen Mitsklaven Stotter-Thjorfe bekommen, er müßte allerdings versprechen, ihnen an dem Tag die Freiheit zu schenken, an dem er auch seinen eigenen Sklaven Schwarzbart aus der Unfreiheit entließ. Gudrid bekam das gesamte persönliche Eigentum von Halldis, einschließlich Bronzespiegel und Bernsteinkette, nicht aber das flämische Wollkleid, das sollte Thorkatla haben. Die Zuchttiere und das Futter, das sie und Orm mit an Bord genommen hatten, seien zwischen Weiß-Gudbrand und Ulf dem Linkshänder aufzuteilen. Gudni und Olaf sollten den englischen Honigkrug erhalten.

∽

Wie gelähmt vor Verzweiflung stand Gudrid an der Reling und beobachtete, wie das Bündel mit Halldis auf die schweren, alles verschlingenden Wassermassen traf, die am Schiff vorbeiglitten.

Sie fühlte sich so klein und verloren wie an dem Tag, an dem sie mit Thorbjørn und der Kindermagd den väterlichen Hof nach dem Tod der Mutter verlassen hatte.

Das Fußende mit dem Stein begann zu sinken, aber ehe das Bündel gänzlich verschwand, löste sich die Wolldecke um Halldis' Kopf, und das letzte, was Gudrid sah, ehe sie ohnmächtig wurde, war eine lange, flatternde Locke silbergrauen Haars.

Als sie wieder zu Bewußtsein kam, schimpfte Thorkatla mit ihr, weil sie nicht darauf geachtet hatte, ordentlich zu essen. Aber Gudrid konnte an nichts anderes mehr denken als an die vielen Bündel, die von der »Meeresstute« und unzähligen anderen Schiffen über Bord geschoben worden waren. Vielleicht standen alle Bündel aufrecht auf dem Meeresgrund, verankert mit ihren Steinen, während die Haare um sie herum wallten und sie mit ihren toten Augen vor sich hinstarrten.

∽

Obwohl nur wenig Wasser und Proviant vorhanden waren, stieg die Hoffnung an Bord, da nun endlich klares Wetter herrschte, sie guten Wind hatten und das Schiff wieder lebendig wurde. Eine Weile sah es auch so aus, als wären sie die Seuche losgeworden.

Gandolf starb ganz plötzlich. Er sank eines Tages auf Deck zusammen, als er und Harald Roßhaar die Tiere versorgten. Thorkatla setzte sich zu ihm und nahm den Kopf des Mannes in ihren Schoß. Sie sagte vor sich hin: »Manchmal hat er gesagt, er habe das Gefühl, als würde seine Brust zerbrechen. Das hat sie wohl zum Schluß getan.«

Sie hatten Ostwind, der ihnen für eine Weile eine gute Fahrt bescherte, dann aber schlug der Wind nach Westen um, und Thorbjørn sah immer grimmiger aus, je mehr das Trinkwasser abnahm. Øyolf der Erbärmliche dagegen wurde immer freundlicher, auch wenn Gudrid argwöhnte, daß Fieberglanz in seinen Augen lag. Er meinte, daß sie das Inlandeis von Grönland bald sichten würden – es gab viele Anzeichen, daß sie sich dem Land näherten. Längere Zeit waren sie schon von Klappmützen umgeben, und jetzt tummelten sich Schnabelwal und Schwertwal um das Schiff.

Am späten Nachmittag kam Øyolf achteraus zu Thorbjorn gesprungen und rief: »Hör gut zu! Das dort ist Eis – richtige Eisschollen, die aneinanderstoßen! Was habe ich gesagt? Wenn du den Kurs so halten kannst, daß wir genügend Abstand zum Eis haben, wird es uns gegen Wellen und Wind schützen. Ich habe ein Mädchen in Ketilsfjord. Warte nur, bis sie sieht, was ich ihr aus dem Ausland mitgebracht habe!«

Am nächsten Tag sahen sie das erste zartrosa Glitzern des Inlandeises bei Sonnenaufgang. Øyolf aber bemerkte weder das Glitzern noch die Freudenrufe der Schiffsgefährten. Die Seuche, die sie überstanden zu haben glaubten, hatte ihn erwischt und wütete erneut so heftig, daß Thorbjørn keine Hilfe mehr von seinem Lotsen erwarten konnte. Øyolf starb und wurde in der Eiswelt, die er kannte und liebte, versenkt.

Sie segelten so nah wie möglich am Land entlang, aber oft zwangen der Wind und die starken Strömungen sie wieder hinaus aufs Meer. Jeden Morgen, wenn Gudrid aufwachte, erwartete sie, daß der Nebel sich von neuem um sie schließen und sie in einer Welt einsperren würde, in der die einzigen Geräusche, abgesehen von ihren eigenen Stimmen, das langsame Knirschen und die scharfen Donnerschläge des Eises waren, wenn es Risse bekam. Aber jeden Tag legte die »Meeresstute« eine weitere Strecke des großen, unwirtlichen Landes an der Steuerbordseite zurück, ohne daß sie es aus den Augen verloren.

Schon als sie noch weit vom Land entfernt waren, konnte Gudrid erkennen, wie sich Herjolfsnes gleichsam als Willkommensgruß deutlich vom Wasser abhob, und allmählich machte sie Häuser und Boote aus, die den Hang zum Wasser hinunter säumten. Zusammen mit Gudni und Thorkatla stand sie an der Reling und spürte weder Wind noch Kälte, während sie sich bemühte, kleine Schafherden im Gelände und Menschen am Strand zu entdecken. Sie glaubte, nie etwas Farbigeres gesehen zu haben als das Birkengestrüpp, das in den geschützten Mulden wucherte, oder die grünen Grasbüschel, die das tiefer gelegene Gelände bedeckten. Es war kurz vor der Winternacht, Mitte Oktober.

Ein Windstoß von Süden warf sie beinahe auf den Strand von Herjolfsnes. Als Gudrid an der Reihe war, von Bord zu gehen, ging sie schwerfällig und mühsam den Landungssteg hinunter und blieb unschlüssig stehen, das Gesicht den vielen Leuten zugewandt, die aus den Häusern herbeigeströmt waren, um die Ankömmlinge zu empfangen. Es war ungewohnt und schwierig, auf dem ruhigen und stillen Boden unter ihren Füßen zu gehen, und die Kleider waren so steif vom Salz, daß sie gegen die Haut rieben.

Starke Hände halfen ihr, als sie neben einem Stück Treibholz in die Knie sank, das direkt neben ihr auf den Strand gespült worden war und noch von nassen Tangbüscheln glänzte. Sie und vierzehn andere hatten die Reise überlebt.

DIE SEHERIN VON HERJOLFSNES

»Gudrid! Gudrid Thorbjørnsdatter!«

Gudrid nahm ihr Bündel fester in den Griff und wandte den Blick ab von der sich verdunkelnden Bucht, wo das Schiff des Vaters auf den Strand hinaufgezogen worden war und der weiße Schaum längs des Ufers das letzte bleiche Tageslicht einfing. Schnell tastete sie nach ihrem Gürtel, um sicherzugehen, daß sie den Schlüssel des Vorratshauses noch hatte, den ihr die strenge Haushälterin auf Herjolfsnes anvertraut hatte.

»Gudri-i-id!« Die Stimme war näher gekommen und klang deutlich ungeduldig. Gudrid drehte sich mit dem Rücken zu dem kalten, salzgesättigten Wind und ging langsam hinauf zu der Häusergruppe, die dort im Schutz des niedrigen Berges lag. Ragnfried Bjarnisdatter kam den steinigen Pfad heruntergelaufen und machte Gudrid ein Zeichen, daß sie sich beeilen solle.

»Mein Bruder hat mich gebeten, dich zu suchen – er und Thorbjørg die Seherin streiten sich deinetwegen mit deinem Vater.«

Gudrid verspürte ein gereiztes Prickeln. Obwohl Ragnfried ein Jahr älter war als sie, hatte sie sich vom ersten Tag an so aufgeführt, als sei Gudrid die ältere. Gudrid dachte zunächst, daß es sich vielleicht unbeholfen vorkam, dieses junge Mädchen, das sein ganzes Leben auf Grönland verbracht hatte, bis ihr schließlich aufging, daß Ragnfried mit ihrem kindlichen Wesen bislang gut gefahren war, und zwar sowohl bei Vater und Bruder als auch bei dem stetigen Strom stattlicher isländischer und norwegischer Seeleute, die im Laufe der Jahre den ersten grönländischen Hafen von Herjolfsnes angelaufen hatten.

❦

»Streiten meinetwegen?« sagte Gudrid erstaunt. »Ich kann mir keinen Grund dafür vorstellen – und du?«

»Nein. Mir würden sie ihn vermutlich auch gar nicht nennen, oder? Am besten findest du ihn selbst heraus – sie stehen draußen und warten auf dich, obwohl es saukalt ist!« Ragnfried schaute hinauf zu den Bergen in der Nähe und schauderte, als befände sie sich oben auf einem der windgepeitschten Gipfel.

»Thorkel hat mir nicht einmal Zeit gelassen, einen warmen Umhang anzuziehen. Jetzt will ich zurück an meinen Webstuhl.« Und mit diesen Worten lief sie zu dem Langhaus, aus dessen Rauchloch einladend der Rauch quoll und sich in dem schwindenden Tageslicht auflöste.

Behindert durch ihr Bündel, mühte Gudrid sich den Hang hinauf, den Blick auf die drei Gestalten an der Südwand des Hauses gerichtet – den Vater, die plumpe, runde Figur der Seherin und das umfangreiche Muskelpaket, das ihren Wirt Thorkel Bjarnisson darstellte.

Thorbjørg die Seherin hatte den gleichen blauen Umhang an wie am Abend zuvor, als sie auf den Hof gekommen war. Das weiße Katzenfell an der Kapuze gab dem runzeligen braunen Gesicht beinahe das Aussehen eines neugeborenen Kindes, und selbst in dem schwachen Licht glänzten die blanken farbigen Steine und Glasperlen an ihrer Kleidung um die Wette mit dem Messingknopf auf ihrem Langstab.

Als sie Gudrid am Ellenbogen faßte und sie näher zu sich heranzog, schaute diese auf die drei Gesichter und hatte den Eindruck, sie könne den Streit nahezu riechen, der in der Luft hing.

»Hier ist sie, sie soll ihre Meinung äußern!« sagte die Seherin mit einem Seitenblick auf Gudrids Vater.

»Ich wiederhole noch einmal – Zauberverse zu singen ist nichts für die Tochter eines christlichen Mannes! Sie ist nach dem christlichen Brauch getauft und mit anderen Gedanken als an diese – diese heidnische Wildnis erzogen worden.« Thorbjørn spuckte die letzten Worte beinahe auf den Boden.

»Ich habe gehört, daß sie sich auf alte und neue Künste versteht«, sagte die Seherin standhaft. »Als Pflegetochter von Halldis auf Arnastape hat sie sicher die gleichen Zauberlieder gelernt, die Halldis' Mutter und ich zusammen zu Hause in Island gesungen haben. Und jetzt brauche ich ein Mädchen, um die richtigen Götter heranzulocken und so unser Schicksal voraussehen zu können, wie Bauer Thorkel es von mir erwartet.« Sie warf den Kopf zurück und sah in Thorbjørns wütende graugrüne Augen, ehe sie sanft zu Gudrid sagte: »Du machst es, nicht wahr? Du meisterst die Lieder, die dazu gehören.«

»Verdreh ihr nicht den Kopf«, sagte Thorbjørn leise und zornig. »Sie macht, was ich sage. Sie soll einen guten Mann heiraten und das Geschlecht weiterführen – glaub nur nicht, daß sie dem allen den Rücken kehrt, um Seherin zu werden. Sie singt nicht für dich.«

Während dieses Wortwechsels sah der junge Thorkel aus, als wage er kaum, die frostschwangere Luft einzuatmen, auch wenn er der Hausherr auf Herjolfsnes war. Es fehlte die gewohnte Würde, die er sonst an den Tag legte, um zu zeigen, daß Bjarni Herjolfsson nicht eher gestorben war, als daß sein Sohn zu einem Mann mit Verstand und Wissen herangereift war.

Die Seherin blickte verstohlen zu den beiden Männern und blinzelte Gudrid zu. »Ich glaube, daß du uns hilfst, obwohl du Christus anbetest. Du spürst in deinem Inneren, daß du mitmachen kannst, ohne deinem Schicksal zu schaden.«

Bezaubert von dem weichen Rhythmus von Thorbjørgs Worten, sah Gudrid der uralten Frau in die Augen. Sie waren grün und glitzerten wie Eisberge, nicht rot und trübe vom Rauch vieler Winter wie bei anderen alten Frauen. Gudrid zitterte vor Spannung, und eine ungestüme Wut packte sie. Hier behandelte der Vater sie wie ein Kind, während andere sie als eine Erwachsene ansahen, und er scheute nicht einmal davor zurück, diese freundlichen Grönländer zu kränken. Außerdem trug er selbst die Schuld daran, daß Gudrid nun in dieser Zwickmühle steckte.

Zu sagen, daß sie Christus anbetete, nur weil sie getauft war, hatte ebensoviel für sich, wie Kuhschwänze an Schafe zu binden und sie als Großvieh zu bezeichnen. Sie bekreuzigte sich so, wie es von ihr erwartet wurde, kümmerte sich aber nicht darum, wie weit Christus *sie* beachtete, wenn sie mit ihrem Alltag beschäftigt war. Christus kümmerte sich um die Angelegenheiten der Männer, nicht um die der Frauen ...

Gudrid war gerade elf Sommer alt gewesen, als sie getauft wurde. Ungefähr das einzige, woran sie sich erinnerte, waren die ekelhaft nassen Kleider nach dem Untertauchen und der Stolz auf ihren Paten Snorri Godi. Der Vater hatte dafür gesorgt, daß der ganze Hausstand sofort getauft wurde, als er vom Althing nach der allgemeinen Bekehrung nach Hause kam, aber er hatte nie erklärt, warum er sich mit dem neuen Glauben nicht nur abfand, sondern sogar von ihm angezogen wurde. Für ihn hatte wohl am schwersten gewogen, daß Christus der mächtigste Häuptling von allen war und denen helfen wollte, die an ihn glaubten und sich ihm anschlossen. Das mit der Macht war wichtig für den Vater.

Gudrid umklammerte ihr Bündel fester und spürte mit jeder Faser ihres Körpers, daß die alte Thorbjørg wußte, sie würde zustimmen. Sie wartete nur darauf, daß die Seherin Thorbjørn mit ihrer Autorität in die Enge treiben würde, damit Gudrid dem Vater nicht zu widersprechen brauchte, wenn andere zuhörten.

In die Stille, die folgte, sagte Thorbjørg: »Gudrid, dein Vater läßt dich heute abend helfen, denn er weiß, daß du ihm und Christus auch weiterhin gehorchen wirst. Nicht wahr?«

Thorbjørn nickte langsam und sah aus, als sei er im Begriff, aus einem Traum zu erwachen. Bauer Thorkel lächelte breit und sagte: »Es ist in Ordnung – sag nur, was du brauchst, Thorbjørg, dann wirst du es bekommen!«

Thorbjørg zeigte auf die schön verzierte Tasche an ihrem Gürtel und gluckste zufrieden. »Das meiste von dem, was ich brauche, habe ich hier! Und ich glaube, deine Leute haben da drinnen bereits alles vorbereitet. Gudrid, sage Gerda Arnfinnsdatter, daß du heute bei der Zubereitung der Abendmahlzeit nicht dabeisein kannst. Und zieh deine guten Kleider an.«

Erleichtert, daß sie wieder zu alltäglichen Dingen zurückgefunden hatte, neigte Gudrid höflich den Kopf gegen die drei Erwachsenen und ging hinüber zum Küchenhaus, wo sie Thorkels Haushälterin mit ihren Küchensklavinnen schimpfen hörte. Ihr Spitzname Lederlippe war wohlverdient!

Als Gudrid mit ihrem Bündel eintrat, drehte Gerda Lederlippe sich zu ihr um und fragte mürrisch: »Wo in aller Welt warst du so lange? Leg den Trockenfisch neben die Feuerstelle und fang an – ich kann diese unzuverlässigen Faulpelze den Fisch nicht ohne Aufsicht weichklopfen lassen. Die Hälfte würde verschwinden, ehe das Essen auf den Tisch kommt.«

Sie hielt inne, um Luft zu holen, und Gudrid legte das Bündel mit dem Trockenfisch friedfertig ab und blies auf ihre verfrorenen Hände, während sie entschuldigend die ältere Frau anlächelte. Sie wußte, daß Gerda einem Hund glich, der lieber bellte als biß. Wenn Seeleute zu Hause in Island von Auseinandersetzungen mit Gerda Lederlippe erzählten, waren die Geschichten meist von einem gutmütigen Lachen begleitet.

»Hier hast du deinen Schlüssel wieder, Gerda. Ich habe mich verspätet, weil – weil die Seherin Thorbjørg will, daß ich heute abend Zauberlieder für sie singe. Sie hat gesagt, ich soll fragen, ob du ohne meine Hilfe für die Abendmahlzeit auskommst. Es – es tut mir leid.«

Das letztere stimmte nicht ganz, das gestand sich Gudrid selbst ein. Sie freute sich und war gespannt, ob sie etwas von den Kenntnissen gebrauchen könnte, die ihr die Ziehmutter so geduldig vermittelt hatte. Sie hatte das Gefühl, wenn sie sich jetzt umdrehte, würde Halldis dort stehen und *ihr* zulächeln, anstatt ihr Totenlächeln auf etwas Unbekanntes und Grauenhaftes unten auf dem Meeresgrund zu richten.

Gerda Lederlippe holte schnell aus und gab dem Jungen, der das Feuer am Leben erhalten sollte, eine Ohrfeige. »Du sitzt da und schläfst wie gewöhnlich! Paß auf das Feuer auf, du Dummkopf – ich brauche glühendheiße Steine.«

Verwirrt plapperte der Sklave etwas in einer fremden Sprache. Gudrid dachte, daß ihr Stammvater, der Brite Vifil, der von vornehmer Herkunft gewesen war, wohl niemals eine so jämmerliche Gestalt abgegeben hätte wie dieser dünne, verängstigte Sklave mit den matten schwarzen Haaren, obwohl auch Vifil gefangengenommen worden war und viele Jahre als Sklave hatte leben müssen. Königin Aud die Tiefsinnige hätte wohl nicht jedem x-beliebigen Trottel Land gegeben, als sie sich in Island niederließ ...

Die Haushälterin fuhr mürrisch fort: »Die Helfer, die ich heutzutage bekomme, sind zu nichts zu gebrauchen. Bauer Herjolf hätte nie Ordnung gehabt auf diesem Hof mit solchen wie dem da. Es ist besser, Ragnfried zu bitten, heute abend das Essen auszuteilen, wenn die Tische aufgestellt sind – sage ihr, daß sie mit der Butter sparen soll, die dein Vater uns gab, obwohl wir Hochgestellte zu Besuch haben. Die Seherin Thorbjørg bekommt sowieso gutes Essen – sogar Fleisch von den Tieren, die wir schlachten mußten, damit wir ihr Gericht aus verschiedenen Herzen zubereiten können. Das muß ein schönes Leben sein, so herumzuziehen und sich bedienen zu lassen.«

Gerda hielt inne, um Luft zu holen, und schenkte Gudrid ein Lächeln, so schnell und weich wie eine Katzenzunge. »Ich kümmere mich schon um das Fischklopfen – geh und mach dich zurecht, Mädchen.«

In der verräucherten Stube saßen bereits viele Menschen vor der Feuerstelle. Ein paar Frauen kochten hinten auf der Kochgrube Brei in Specksteintöpfen, andere waren dabei, Bretter auf Böcke zu legen, während die Männer mit ihnen scherzten und die Kinder widerstrebend ihre Spielsachen wegräumten.

Eine Tranlampe spendete Ragnfried Bjarnisdatter Licht, die an der Querwand am anderen Ende des Raumes stand und webte. Ihr Rücken sagte deutlich, daß das, womit die anderen sich beschäftigten, sie nichts anging. Gudrid ging zu ihr und sagte: »Ragnfried, die Seherin will, daß ich ihr heute abend helfe, deswegen muß ich mich jetzt umziehen. Gerda läßt fragen, ob du etwas dagegen hast, die Abendmahlzeit auszuteilen – sie sagte, du hättest den Verstand, gerecht zu verteilen.«

Ragnfried legte Webschwert und Webschiffchen sorgfältig beiseite und glättete ihr schwarzes Wollkleid. »Vielleicht sollte ich mich auch umziehen ...«

»Deine guten Kleider könnten in dem Gedränge beschädigt werden«, sagte Gudrid. »Thorkel hat alle in der Nachbarschaft eingeladen, um Thorbjørg zu hören. Ich würde mich auch nicht umziehen, wenn ich nicht Angst hätte, die Geister zu reizen.«

Ragnfried lächelte, als erwarte sie Mitleid. »Ich werde das tun, worum man mich bittet. Ich wünschte, ich könnte Zauberlieder singen! Und ich wünschte, Thorkel würde bald eine Frau finden, damit ich nicht so hart arbeiten müßte.«

Das Lächeln, das Gudrid unterdrückte, kam eher aus Mitleid als aus Belustigung. Sie hatte längst gemerkt, daß Ragnfried weder Mutter noch Ziehmutter gehabt hatte, um zu lernen, was sich für ein wohlhabendes Mädchen geziemte. Wer einem so großen Haushalt vorstehen sollte, mußte mehr können als alle anderen Frauen im Haus zusammen, hatte Halldis stets gesagt. Gudrid versuchte, sich den Ausdruck im Gesicht ihrer Ziehmutter vorzustellen, wenn diese Ragnfrieds Klagen über ihre ungebührlichen Mühen gehört hätte.

Sie schaute verstohlen zu ihrem eigenen Webstuhl. Es war nicht viel mehr Gewebe in der Kette als bei ihrer Ankunft auf Grönland. Sobald sie sich von der Reise erholt hatte, hatte sie sich angeboten, die vielen Herjolfsnes-Leute zu pflegen, die noch an Schweißausbrüchen und Hustenanfällen litten. Die Seuche hatte gewütet, kurz bevor Thorbjørns Schiff nach Herjolfsnes gekommen war, und sie hatte Bjarni Herjolfsson das Leben gekostet, gleich nachdem er und sein Sohn Thorkel von einem Besuch bei Jarl Erik in Norwegen zurückgekommen waren. Die dankbaren Gesichter, die Gudrid begrüßten, wenn sie ihre Runde mit Haferbrei und Kräutertrank machte, gaben ihr das gute Gefühl, nützlich zu sein, aber sie hätte auch gern Zeit zum Weben und Nähen gehabt.

Das Leben in diesem fremden Land war bisher so verwirrend gewesen, daß sie sich jetzt danach sehnte, von Thorbjørg zu erfahren, was die Zukunft in sich barg, obwohl der Gedanke daran sie auch erschreckte.

Eine junge Frau lag im Fieberhalbschlaf auf einem erhöhten Teil des Fußbodens in dem Schlafalkoven, den Gudrid mit Gerda Lederlippe und den anderen unverheirateten freigeborenen Frauen auf dem Hof teilte. Von Zeit zu Zeit zuckte die Kranke, aber sie merkte nicht, daß andere im Raum waren. Gudrid zog die Decke über ihr zurecht, schloß ihre Truhe auf und legte den Seidenschal, der ihrer Mutter gehört hatte, vorsichtig zur Seite. Darunter lag ein langärmliges Leinenhemd mit Falten, die bis hinunter auf den Boden reichten. Wenn sie das unter dem ärmellosen Kleid aus dünner blauer englischer Wolle mit den Schulterbändern aus Seide anzog, müßte sie stattlich aussehen – vielleicht würde der Vater von ihrem Anblick bessere Laune bekommen.

Sie tastete über den Boden der Truhe und fischte einen Lederbeutel mit dem goldenen Armband und ihrem anderen Schmuck heraus. Die beiden vergoldeten Silberbroschen, die der Großvater Einar Laugarbrekka ihrer Mutter geschenkt hatte, waren von einem der besten Silberschmiede in Dublin angefertigt worden, und sie hatte eine Fibel in dem gleichen Muster. Gudrid drehte die Schmuckstücke in der Hand herum, während das sorgfältig gewundene Metall die Flammen der kleinen Feuerstelle widerspiegelte. Sie stellte sich vor, sie wäre mit dem reichen Einar Thorgeirsson verheiratet worden, der im vorigen Jahr um sie geworben hatte – in dem Fall würde sie noch in Island wohnen und hätte genug Gelegenheiten, ihre schönen Sachen zu zeigen.

Einar, ein junger Kaufmann, wohnte eine Weile auf Arnastape, während er mit seinen mitgeführten Waren in dieser Gegend Handel trieb. Er sei ein tüchtiger Handelsmann, sicher schon reicher als sein Vater, sagte Halldis – der einzige Haken bei ihm sei sein Vater, ein freigegebener Sklave.

Gudrid fand das nicht so schlimm. Wenn Einar jedoch nach dem Abendessen von Menschen erzählte, die ihm begegnet waren, und von Begebenheiten, deren Zeuge er geworden war, dann tat er es nur, um zu beweisen, wie geistesgegenwärtig und einzigartig er selbst war, und sie spürte, wie die Langeweile in ihr zappelte. Etwas Aufdringliches in Einars bewunderndem Blick, mit dem er sie ansah, gab ihr außerdem eine böse Vorahnung. Er versuchte unermüdlich, jedesmal mit ihr ins Gespräch zu kommen, wenn sie sich begegneten, und sie war ebenso beharrlich mit Entschuldigungen, daß sie etwas anderes tun mußte. Sie mochte den Mann nicht – es war, als ob er sie mit den Augen befühlte. Die Unruhe wuchs in ihr, und als sie hörte, daß Einar den Ziehvater bat, für ihn bei Thorbjørn um sie zu freien, wurde ihr abwechselnd heiß und kalt. Zum Glück wurde der Vater wütend und gab Einar ein ausdrückliches Nein – seine Tochter sollte nicht mit diesem Pfau von einem Sklavensohn verheiratet werden, auch wenn er noch so reich war.

Sie putzte den Bronzespiegel, rieb einen Rußfleck auf ihrer kurzen, geraden Nase weg und löste das Haar. Als Einars Frau wäre sie jetzt wohl schon zum zweiten Mal schwanger, so hungrig, wie er nach ihr gewesen war. Schon bei dem Gedanken an ihn bekam sie Gänsehaut. Es wäre schlimm, wenn sie für den Rest ihres Lebens einem Mann wie Einar Thorgeirsson gehorchen müßte! Ihr Vater konnte ziemlich launisch sein, aber im großen und ganzen rechnete sie damit, daß er nur ihr Bestes wollte.

Gudrid sah, daß Thorkel sie von seinem erhöhten Ehrensitz aus beobachtete, wo er mit Thorbjørg zu seiner Rechten und Thorbjørn zu seiner Linken saß. Die Seherin lächelte ein wenig und richtete den Blick der Reihe nach auf jedes Gesicht, während Thorbjørn aussah, als hätte er verdorbenes Fleisch gegessen. Mit keiner Miene ließ er sich anmerken, daß die Tochter ihm Ehre machte.

Nachdem Gudrid mitgeholfen hatte, das Essen und die Getränke aufzutragen, und sich schließlich setzte, um zu essen, beugte sich Ragnfried zu ihr und sagte: »Es ist schade, daß du nicht reich bist, Gudrid, denn mein Bruder läßt dich nicht aus den Augen.«

Gudrid war so voller Spannung, daß ihr die schlechte Laune des Vaters ausnahmsweise nicht naheging, und an Ragnfrieds Benehmen hatte sie sich gewöhnt. Sie wußte, daß sie sich gut ausnahm und daß sie die Aufgabe, die Zauberlieder zu singen, ehrenvoll bewältigen würde. Sie wußte ebensogut, daß Thorkel sie nicht zur Frau haben wollte, er schaute nach einer mit großer Mitgift. Ihr tat es nicht leid – sie hatte keine Lust, den Rest ihres Lebens in dem windgepeitschten Herjolfsnes zu verbringen. Außerdem machten Thorkel und Ragnfried immer soviel Aufhebens davon, daß sie auf Grönland geboren waren, während sie und der Vater von auswärts kamen! Und Thorkels Augen waren hellblau und etwas einfältig, nicht dunkelblau und forschend, wie bei einem bestimmten jungen Mann, den sie gesehen hatte ...

Sorgfältig strich sie Butter auf ein Stück weichgeklopften Trockenfisch, steckte das Messer zurück in die Scheide und sagte ruhig zu Ragnfried: »Wenn mein Vater und ich reich wären, säßen wir wohl nicht hier. Wir wären in Island geblieben.«

Ragnfried kicherte und beugte sich näher, kindlich vertraulich flüsterte sie: »Weißt du, ich würde jetzt gern heiraten, ehe Thorkel mit einer Frau nach Hause kommt – und er sagt, er hält Ausschau nach einem Hausherrn für mich. Aber der einzige Mann, den *ich* brauchbar finde, ist Leif Eriksson auf Brattahlid.«

»Magst du ihn oder nur seinen Ruf?« Gudrid hatte längst entdeckt, daß diese Art Offenherzigkeit bei Ragnfried humorvoll gemeint war.

Ragnfried kicherte wieder und sann auf eine Antwort: »Natürlich mag ich seinen Ruf – Leif ist berühmt, weil er stark und tüchtig ist ... und der Sohn des Häuptlings auf Brattahlid ist eine vortreffliche Partie, auch wenn es bedeutet, das Haus mit der alten Streitaxt Thjodhild zu teilen! Aber die Leute sagen, daß er nicht wieder heiraten will – er hat seine Frau bestimmt sehr geliebt und war zutiefst betrübt, als sie starb. Deshalb hat er auch die großen Fahrten wieder aufgenommen.«

Das wenige, woran sich Gudrid noch erinnerte, als Leif sie und den Vater damals zu Hause in Island besucht hatte, ließ sie daran zweifeln, daß er aufs Geratewohl davonfuhr, nur um traurigen Gedanken zu entgehen. Und das erste, wovon sie und der Vater gehört hatten, als sie Grönland erreichten, war Leif Erikssons Fahrt zu den weiter westlich gelegenen Ländern, die Ragnfrieds und Thorkels Vater gesehen hatte, als er vor zwanzig Jahren auf dem Weg nach Grönland vom Kurs abgekommen war. Leif hatte den »Wellenschlucker« gekauft, Bjarnis großes Schiff – vielleicht meinte er, das Schiff wäre verzaubert, so daß es ihn zu den neuen Ländern führen würde? Er hoffte sicher, dort Reichtum zu finden, und nicht etwa Erleichterung fürs Gemüt.

Gudrid fröstelte. Ob es an dem Gedanken an das Unbekannte lag, das Leif, viele Tagereisen entfernt, soeben erforschte, oder daran, daß sich die Zeit für Thorbjørgs Weissagung näherte, war nicht auszumachen. Sie zog Mutters Seidenschal fest um sich und sah hinüber zum erhöhten Ehrensitz. Thorkel war aufgestanden, jetzt räusperte er sich, strich über seinen dichten Bart und sagte: »Leute, nun danken wir Gerda Arnfinnsdatter für die Mahlzeit und der Seherin Thorbjørg dafür, daß sie uns voraussagen wird, wann wir bessere Zeiten zu erwarten haben. Böse Mächte arbeiten an allen Ecken und Enden gegen uns – unsere Jäger kehrten dieses Jahr sowohl aus dem Norden als auch aus den unbewohnten Gegenden im Osten mit leeren Händen zurück. Wenn sie überhaupt zurückkamen! Einige sagen, daß in diesem Land noch nie so viele Männer und Schiffe in einem Sommer verlorengegangen sind. Und hier zu Hause ist das Gras kurz und das Heu erbärmlich. Dann kam die große Seuche, die wir noch immer nicht überstanden haben. Ich habe gerade erfahren, daß es schlecht um Erik auf Brattahlid steht – wir wollen hoffen, daß er noch lebt, wenn das Eis sich öffnet.«

Thorkel schwieg und wischte sich den Schweiß von der Stirn. Gudrid sah verstohlen zum Vater hinüber. Sein schönes, scharfgeschnittenes Gesicht war ganz ausdruckslos, während er sich unauffällig bekreuzigte. Sie beeilte sich, seinem Beispiel zu folgen, denn sie wußte, was er dachte. Er war nach Grönland gekommen, um Schutz und Hilfe bei seinem alten Häuptling zu suchen, so wie es ihm vor vielen Jahren versprochen worden war, als er Erik nach dessen Ächtung geholfen hatte, Island wohlbehalten zu verlassen. Jetzt mußte Thorbjørn mit seiner Schiffsbesatzung den ganzen Winter auf Herjolfsnes sitzen, ohne zu wissen, welcherart Willkommen sie im nächsten Frühjahr auf Brattahlid erwartete.

Bauer Thorkel fuhr fort: »Es fehlt an Robben und auch der Kabeljau bleibt aus. Wir müssen erfahren, was das für ein Fluch ist und wann Schluß damit ist. Wenn die Tische beiseite geräumt sind, werden wir uns um Thorbjørg versammeln. Ich habe einige Leute gebeten, aufzupassen, daß die Türen, wegen der bösen Geister, die da draußen auf der Lauer liegen, nicht geöffnet werden. Und jetzt grüße ich Thor, Njord, Freyr und Freyja.«

Als Thorkel sich setzte, wurde die tiefe Stille, die während seiner Rede geherrscht hatte, unterbrochen von schwerem Husten und dem Krach, der beim Wegräumen der Tischbretter und

Böcke entstand, aber keiner sagte ein Wort, und die Spannung im Raum stieg. Ein großer Mann zog sein Schwert und stellte sich an den Eingang, während die Leute sich langsam der Erhöhung im hinteren Teil des Raumes näherten. Viele Männer lagen noch krank auf den Bänken, einige vermochten schon seit mehreren Wochen nicht mehr aufzustehen. Bleiche Gesichter schimmerten im flackernden Licht des Feuers und der Öllampen in der Stube, und die steigende Wärme erzeugte einen aufdringlichen Geruch nach verschwitzten Kleidern.

Gudrid stand im Kreis der Frauen um Thorbjørg und sah den Vater in dem kleinen Raum verschwinden, den die Männer benutzten, wenn sie Fischernetze reparierten und Pfeile schnitten. Sie schluckte die Enttäuschung darüber hinunter, daß er ihre Künste nicht anerkennen wollte.

Die Seherin sank auf ihr kostbares Kissen aus Hühnerfedern und winkte Gudrid zu sich. »Stell dich links von mir hin. Singe, so laut du kannst, und verbanne alles andere aus deinem Sinn.«

Das wußte Gudrid selbst nur zu gut. »Die Geister hören nur die stärksten Stimmen«, hatte die Ziehmutter oft gesgt. »Und du brauchst Platz im Kopf, um die Geister zu hören.«

Mit einer Handbewegung wies Thorbjørg die Frauen an, sich zu setzen, dann legte sie die Hände auf die nach außen gewandten Knie, hob das Kinn und schloß die Augen. Gudrid atmete tief ein, warf die Haare nach hinten, hob die Brüste mit beiden Händen und füllte die Stube mit einer so kräftigen Stimme, daß man ihre Worte wie einen Faustschlag gegen den Gaumen spürte:

>»Ai-iiiiiii!
>Freyjas Gestalt ist nahe
>Und sagt, bald ist Freyr selbst hier!
>Komm, Freyrmähne, gutes Futter wartet,
>Wenn du deinen Meister holst!
>Jetzt, während das Land ist im Winterschlaf,
>Kann Freyr wohl allen Hunger verzögern!«

Die wohlbekannten Worte kamen von selbst. Gudrid konzentrierte sich darauf, die Stimme in der richtigen Tonhöhe und im

Rhythmus zu halten, während sie so weich und einladend wie möglich Handbewegungen gegen Brust und Hüften machte.

Nach den ersten Worten begannen die Frauen, zu dem mitreißenden Rhythmus in die Hände zu klatschen. Gudrid zitterte vor Machtfreude, als sie einen neuen Lockruf mit kürzeren Strophen und noch hitzigerem Rhythmus begann, während die Frauen so gehorsam im Takt klatschten, als wären sie Fische im Schleppnetz. Thorbjørg hatte die Augen geöffnet und richtete sie auf etwas, das den anderen verborgen blieb, während sie langsam die Tasche an ihrem Gürtel öffnete und den Inhalt neben sich auf den Boden streute.

Als Gudrid mit dem letzten Lockruf beginnen wollte, spürte sie an ihrem Kinn eine Luftströmung und roch den guten, süßen Duft eines wohlgestriegelten Pferdes. Sie ließ die Stimme tief sinken und in der Nase widerhallen, bis sie das Gefühl hatte, daß ihr das Gesicht zerspringen würde, während sie übertrieben langsam sang:

>»Der Geist ist fort; der Tag ist neu.
>Das Wissen wurde im Morgengrauen geboren –
>Kind der Götter, das wir säugen sollen.
>Dessen Namen kennst du und darfst
>   ihn nicht verschweigen.«

Gudrid rief die letzten Worte mit weit ausgestreckten Armen und drehte sich sogleich zu der Seherin um. Die alte Frau blinzelte mit den Augen und lächelte, als hätte sie gerade ein Gericht aus süßen Beeren verzehrt. Dann machte sie sich daran, die verschiedenen kleinen Dinge, die verstreut um sie herumlagen, zu untersuchen – Vogelmist, Holzleisten mit eingeritzten Runen, einen Klumpen Schwefel, einen vertrockneten Fuchsphallus und andere Dinge, von denen Gudrid nichts verstand. Es war ganz still in der dicht besetzten Stube. Endlich erhob sich Thorbjørg.

»Thorkel Herjolfsson, ich habe in die Zukunft gesehen. Du und die meisten deiner Leute werden am Leben sein, wenn es an den Hängen grünt, und der Sommer wird warm und sonnig. Die

Leute, die du in das Landesinnere geschickt hast, um Rentiere zu jagen, werden mit gutem Fang vor dem Mittwinter zurückkommen, und das nächste Mal, wenn du einige fortschickst, um Robben auf dem Eis zu fangen, werden sie zusätzlich einen weißen Bären finden. Im Sommer wird das Meer voller Fisch sein, und das Heu wird lang und süß. Erik der Rote wird beim nächsten Thingtreffen auf Brattahlid noch am Leben sein. Die große Seuche wird bald erlöschen, aber nicht, bevor sie und der Hunger noch ein paar Leben gekostet haben. Und jetzt werde ich das Schicksal jedes einzelnen wahrsagen – ich beginne mit den Leuten, die zu schwach sind, um hier heraufzukommen.«

Sie trat leichtfüßig von der Erhöhung herunter und gab Gudrid ihre Ledertasche. »Du hast gut gesungen, genauso wie ich es von Halldis' Ziehtochter erwartet habe. Deshalb darfst du meine geheimnisvollen Sachen aufsammeln. Wenn du damit zu mir kommst, werde ich dir dein Schicksal verraten.«

Gudrid streckte die Hand nach der Tasche aus und merkte, daß sie vor Erschöpfung zitterte. Halldis hatte sie nie davor gewarnt, daß man viel Kraft verlor, wenn man diese Dinge im Ernst verrichtete. Ihr kam es vor, als wäre ihr Körper fortgespült worden, während sie selbst nur noch Stimme und Wort war, und jetzt bemühte sich der Rest von ihr, wieder mit ihr zu verschmelzen.

Sie hob eine Holzleiste auf und betrachtete sie in dem flakkernden Licht der Tranlampe. Mit kleinen, zierlichen Runen stand auf der einen Seite: »Thorbjørg machte mich«, und auf der anderen: »Freyr zur Ehre«. Die Leiste fühlte sich in ihrer Hand glühendheiß an, und Gudrid beeilte sich, die anderen Zaubersachen aufzusammeln und in die Felltasche zu legen.

Während sie sich in der dunklen Stube einen Weg bahnte, um die Seherin in dem Gedränge zu finden, ging sie unter in einem Durcheinander von Stimmen. Die Erleichterung über die guten Nachrichten hatte allen die Zunge gelöst. Sie fand Thorbjørg über einen jungen Mann gebeugt, der nichts essen und trinken konnte, seit er krank geworden war. Er hustete rostfarbigen Schleim, und seine fieberglänzenden Augen wichen nicht von Thorbjørg, als sie sagte: »Ein Schneehuhn sitzt bei dir, bis du mit dem Leben in nicht allzu langer Zeit fertig bist. Du bekommst einen leichten Tod.«

Der Mann nickte schwach und griff nach dem grauen Wollumhang, der seine Decke war. »Ich habe gedacht, daß es so kommen mußte. Aber ich hätte gerne vorher noch etwas Großes vollbracht – ich sollte im Sommer zusammen mit meinem Bauern auf die Jagd gehen. Aber es wird wohl so kommen, wie es kommen soll.«

Er bekam einen so schrecklichen Hustenanfall, daß Gudrid dachte, Thorbjørgs Prophezeihung würde sofort in Erfüllung gehen. Als er zurücksank, strich Thorbjørg ihm sanft und rhythmisch über die Stirn, und bald entspannte er sich und schlief ein. Die Seherin schaute zu Gudrid auf und ergriff ihre Hand, nachdem sie ihre Tasche entgegengenommen hatte.

»Ich will, daß alle, die um uns herumstehen, hören, was ich dir zu sagen habe, Gudrid Thorbjørnsdatter. Dein Vater hört uns auch, er sitzt hier. Dies sehe ich in deinem Schicksal: Du wirst gut verheiratet – vielleicht mehr als einmal. Du bist weit gereist, aber du wirst eine noch längere Reise unternehmen, denn du bist jung und stark und wirst nicht so leicht von Krankheit und Furcht ergriffen. Die Nornen haben einen langen Faden für dein Leben gesponnen.«

Thorbjørg war bereits wieder von Leuten mit neugierigen Fragen umringt, ehe Gudrid ihre Weissagung ganz erfaßt hatte. Sie kam nicht dazu zu antworten und wollte gerade zu ihrem Vater gehen, als Ragnfried sich zwischen den Dachpfosten und einem mit Robbenfell bekleideten Fischer hindurchzwängte, um sie zu fragen: »Glaubst du, daß Thorbjørg mir etwas genauso Gutes verkünden kann? War es nicht großartig von Thorkel, sie hierher zu bitten? Und hattest du keine Angst, als du da oben gestanden und gesungen hast? Hast du Lust, Seherin zu werden?«

Weil Gudrid auf all diese Fragen keine passende Antwort finden konnte, lächelte sie nur und sagte: »Thorbjørg kann gut voraussehen, das kann sie wirklich.«

Und sie selbst konnte es auch, glaubte Gudrid. Sie hatte ebenfalls das Schneehuhn gesehen, und von dem Augenblick an, als der junge Mann krank wurde, hatte sie geahnt, daß er sterben würde. Sie hätte nur gewünscht, daß sie die Grenze erkennen könnte zwischen angemessener Wahrsagerei und dem, was vernünftige Leute zu Hause in Island für Schwarze Kunst hielten. Es konnte doch nichts Schlechtes sein, den Sinn für unbekannte Kräfte zu öffnen, wie die Ziehmutter es sie gelehrt hatte.

Sie sehnte sich danach, daß der Abend ein Ende nehmen würde, damit sie ihr Schaffell über den Kopf ziehen und Thorbjørgs Voraussage mit dem verbinden konnte, was jetzt um sie herum geschah, und mit dem Leben in Island, wo alles noch bekannt und sicher war.

THORSOPFER UND KIRCHGANG

An dem Morgen nach Thorbjørgs Abreise von Herjolfsnes ging Gudrid schon vor Tagesanbruch hinaus auf den Hof. Schneeflocken schwirrten in dem graublauen Himmel, wie wenn eine Flunder den Sandboden aufwirbelte, und das ewige Meeresrauschen hörte sich weiter entfernt an als gewöhnlich. Selbst das hungrige Muhen oben im Stall klang gedämpft.

Gudrid hatte sich vorgenommen, zu dem halb zugedeckten Gehege zu gehen, in dem die Pferde die Nacht verbrachten. Sie hatte sich nach ihrem Fohlen gesehnt, seit die ganze Aufregung um die Seherin begonnen hatte. Die Kapuze tief in die Stirn gedrückt, stolperte und rutschte sie über den Hof in Richtung der Geräusche von Pferdehufen, Schnauben und starken Kiefern, die Trockenfischreste und Moos zermalmten.

Sie stützte die Ellenbogen auf die Einzäunung, richtete den Blick auf die undeutlichen Gestalten, die sich da drinnen bewegten, und lockte leise: »Thorfinna?«

Das laute Kauen wurde nur einen Augenblick unterbrochen. Kein weiches, junges Maul berührte ihre ausgestreckte Hand.

Sie versuchte es noch einmal: »Thorfinna? Schläfst du?«

Sie wirbelte erschrocken herum, als sich eine Hand von hinten auf ihre Schulter legte. Wie ein Troll aus dem Gebirge, das sie umgab, stand Harald Roßhaar in seinem zerschlissenen Umhang und mit einem Stück Sackleinen auf dem Kopf vor ihr.

»Thorfinna ist nicht hier, Gudrid.«

»Was meinst du? Wo soll sie denn sonst sein?«

»Ach, wohl vermutlich im Küchenhaus.«

»Im Küchenhaus?« Gudrid hatte das Gefühl, als hätte sie einen Faustschlag in den Magen bekommen.

»Ja. Das Trollweib wollte eben ihr Herz essen.«

Außerstande, ein Wort hervorzubringen, starrte Gudrid Harald mit offenem Mund an. Beklommen fuhr er fort: »Dein Vater hat mich gebeten, dein Fohlen zu töten, sonst hätte ich es nicht getan. Es war so ein schönes Fohlen.«

»Ja«, sagte Gudrid tonlos. »Ja, es war ein schönes Fohlen.«

Der Weg zurück zum Langhaus kam ihr unüberwindlich vor. Gudrids Füße und Kopf waren wie mit kleinen Steinen gefüllt, und jetzt merkte sie endgültig, wie dunkel und kalt es um sie herum war.

Schweigend half sie Gerda Lederlippe im Haus, während sie hoffte, später am Tag ein paar Augenblicke mit ihrem Vater allein zu sein. Er war ihr ausgewichen, seit sie für Thorbjørg gesungen hatte, und jetzt war er mit Thorkel und Weiß-Gudbrand auf die Jagd gegangen. Allmählich verwandelte sich Gudrids starre Trauer in einen heftigen Zorn. War das eine Art, sie zu behandeln, wenn sie nur einander hatten und obendrein nur aus Gnade in dem Haus eines fremden Mannes wohnten!

∽

Am späten Nachmittag kam Thorbjørn in das Küchenhaus und legte ein Bündel Schneehühner hin. Schnell ging Gudrid ihm nach, hinaus in den kalten blaßroten Nachmittag, und sagte: »Vater, heute habe ich erfahren, daß Thorfinna für das Herzgericht geschlachtet wurde, das Thorbjørg haben wollte. Ist das wahr?«

»Es war das wenigste, was wir für Thorkel nach all seiner Gastfreundschaft tun konnten«, sagte Thorbjørn, ohne sie anzusehen.

»Es war *mein* Fohlen ...«

»Das *mein* Futter fraß, oder was noch davon übrig war. Wäre es besser gewesen, Thorkel hätte zwei von seinen eigenen Pferden schlachten müssen? Thorbjørg mußte unbedingt zwei Herzen von jeder Tierart hier auf dem Hof haben – ein männliches und ein weibliches. Weiß-Gudbrand opferte sein hellbraunes Fohlen.« Thorbjørns Stimme war heftig geworden, und jetzt sah er die Tochter endlich direkt an. »Ich habe von Gandolf erfahren, daß du dein Fohlen Thor geweiht hast, da paßte es ja gut, es für einen heidnischen Zweck zu opfern.«

Gudrid erwiderte seinen Blick, ohne auszuweichen, und merkte kaum, daß sie vergessen hatte, den Umhang umzuhängen, bevor sie hinausgelaufen war. Sie hörte ihre eigene Stimme sagen:

»Ein Traum war es, der starb ...
Die Tage werden schwer,
Jetzt, da Schneefrieds Lebenskraft
Erstarrte. Groß ist meine Trauer.
Glanz bekommt nicht der Gott,
Der nach deiner Gabe griff;
Ein *Menschenname* war es,
mit dem ich Andenken pflegte!«

Thorbjørn strich sich müde über die Stirn. Seine Augen wurden weicher, aber seine Stimme war noch schroff, als er sagte: »Gudrid, wir wissen nicht, ob dein Fohlen bis zum Sommer durchgekommen wäre. Außerdem sind die Verhältnisse hier anders als in Island. Ich habe Thorkels Aufseher gefragt, warum dieser Hof hier so wenig Pferde hat, und er sagte, die Leute hier holen das meiste Heu mit dem Boot nach Hause, nicht mit dem Saumpferd, und sie setzen sich nicht so ohne weiteres auf einen Pferderücken, wie wir es zu Hause tun.«

Gudrid schluckte, aber bewahrte Schweigen, und Thorbjørn fuhr fort, während der Schatten eines Lächelns um seine Augen spielte: »Es scheint, als würdest du verstehen, welche Macht im Wort liegt, Gudrid. Ab und zu solltest du ein christliches Gebet sprechen.«

»Ich kann kein christliches Gebet, Vater.«

Thorbjørns Verwirrung dauerte nur einen Augenblick. »Bis zum Frühjahr werde ich dafür sorgen, daß du das *Paternoster* ebenso gut beherrscht wie die Lockrufe, die du für Thorbjørg gesungen hast.«

༄

Als der Frühling kam, konnte Gudrid das *Paternoster* sprechen und wußte, was es in ihrer Sprache bedeutete, aber sie verstand ebensowenig wie vorher, was den Vater an dem neuen Glauben anzog. Aufgrund der vielen Arbeit hatte sie bisher nicht über diese Seite des Vaters gegrübelt, denn als die Schweiß- und Hustenseuche endlich nachließ, wurden die Leute der Umgebung von einer Fieber- und Magenseuche niedergeworfen. Bei einigen lösten sich die Zähne, und die Haut wurde trocken und schuppig. Auf zwei kleineren Höfen, die Gudrid besuchte, waren alle Kinder unter fünf Jahren gestorben. Weil diese grönländischen Fischer und Bauern anscheinend dachten, ihre Kräutergetränke nützten nichts, wenn sie nicht Kraftsprüche über sie sprach, hatte sie sich ihnen gefügt und gehofft, daß niemand glaubte, sie treibe Schwarze Kunst. Das Gerede der Leute konnte sie wirklich nicht gebrauchen, besonders jetzt nicht, da ihr und dem Vater die gewisse Sicherheit fehlte, die ein eigenes Haus und ein eigener Hof mit sich brachten.

Allmählich besserte sich die Versorgung mit Nahrungsmitteln, genau wie Thorbjørg es vorausgesagt hatte. Thorkels Leute kehrten mit zwei mageren Rentieren von der Jagd zurück, und die ersten Robbenfänger töteten noch dazu einen Eisbären. Thorbjørn bekam den Bärenpelz, weil er der Häuptling von Ulf dem Linkshänder war, der den Bären zur Strecke gebracht und bei dem Kampf das Leben verloren hatte. Harald Roßhaar und Stotter-Thjorfe hoben sein Grab aus, und Thorbjørn sprach ihm zu Ehren ein Gedicht. An Vaters angestrengter Stimme erkannte Gudrid, daß er Angst hatte, noch mehr Männer zu verlieren, ehe sie die Küste hinauf nach Brattahlid segeln konnten. Weiß-Gudbrands Sohn versprach Gutes für die Zukunft, aber Ersatz für einen erfahrenen Mann war er nicht.

Thorkel hatte Thorbjørn davor gewarnt, die Reise zu früh im Jahr fortzusetzen. Man ließ sich so nahe am Meer leicht von den Verhältnissen täuschen – drinnen im Eriksfjord lagen Eis und Schnee oft bis weit in den Vorsommer hinein. Als aber die ersten Herjolfsleute zur Jagd nach Osten aufbrachen, machte Thorbjørn sein Schiff flott. Die Luft unten am Strand war wegen des ausgelassenen Robbenspecks, der auf das Schiff gestrichen wurde, beinahe undurchdringlich, und Gudrid und die anderen Frauen flickten das Segel und nahmen sich der salzigen Kleider an, die auf eine Wäsche gewartet hatten, seit die »Meeresstute« in Herjolfsnes angekommen war.

Der Anblick von dem vielen frischgewaschenen Leinen und der Wolle, die zum Trocknen ausgebreitet waren, tat so gut, daß Gudrid kaum merkte, daß ihre Hände rotgescheuert waren von dem kalten Wasser und von der Pisse, die sie benutzt hatte, um die Sachen sauber zu bekommen. Gerda Lederlippe hatte gesagt, daß auf dem Weg nordwärts nach Eriksfjord eine Insel mit warmen Quellen lag und daß Gudrid vielleicht lieber dort die große Wäsche machen sollte, aber Gudrid wußte, daß der ungeduldige Thorbjørn unterwegs nicht lange auf einem Rastplatz bleiben würde. Es würde jedenfalls herrlich sein, gut und lange in dem warmen Wasser zu baden, genauso, wie sie es von Island gewohnt war.

༄

Gudrid wurde nicht enttäuscht. Als sie endlich in einem der warmen Teiche schwamm und die Aussicht auf große, farbenprächtige Eisberge draußen im Fjord genoß, empfand sie eine starke, warme Freude darüber, daß sie lebte und daß sie und der Vater bald wieder ihren eigenen Grund und Boden bekommen würden. Ein so großes Land mußte ja viele unbenutzte große Wiesen haben, und außerdem hatten sie Eriks Versprechen für eigenen Grundbesitz!

Sie schielte von Thorkatlas rundlichem Körper mit den blauen Adern hinüber zu Gudni. Das Mädchen paddelte langsam auf dem Rücken, mit offenen roten Haaren, die wie Tangbüschel um sie herum wogten. Ihre Brüste begannen gerade, sich zu runden, und sie tat so, als wäre sie ganz damit beschäftigt, das kleine Dreieck aus rotgoldenen Haaren, das sie kürzlich bekommen hatte, zu studieren. Gudrid schaute an ihrem eigenen Körper herunter, an dem alles weiß und hell war, und erinnerte sich an die Zeit, als sie von der gleichen Verwunderung gefesselt gewesen war. Sie war noch etwas dünn, aber sie fühlte sich stark genug, einem Hof vorzustehen. Dem des Vaters zuerst – und später vielleicht dem Hof eines der Erikssöhne.

Es fiel ihr ein, daß sie nicht einmal die Namen der zwei Brüder von Leif wußte. Ob sie ihm wohl glichen? Waren sie auf seiner Entdeckungsfahrt mit dabei? Ragnfried Bjarnisdatter hatte deren Mutter eine alte Streitaxt genannt – sie sollte vielleicht den Vater fragen, was Ragnfried damit gemeint hatte!

Sie ergriff die Gelegenheit, als sie abends nach dem Verzehr eines Robbenjungen, das die Schiffsleute im Netz gefangen hatten, um das Feuer versammelt waren. Ein frisch gebadeter und satter Thorbjørn war besonders zugänglich, und Gudrid setzte sich neben ihn und die Elchhündin Hilda.

»Vater, wie heißen die beiden anderen Söhne von Erik dem Roten?«

»Nun, zuerst haben wir Thorvald – sowohl er als auch Leif waren noch zu klein, um mit nach Grönland zu fahren, als der Vater geächtet wurde und sich für Jahre dorthin zurückzog. Und dann ist da noch Thorstein; er wurde auf Grönland geboren und ist wohl drei Winter älter als du. Sowohl Leif als auch seine Brüder gelten als kühne und unternehmungslustige Männer. Außerdem bekam Erik eine Tochter mit einer anderen Frau, als Thjodhild kränklich war. – Freydis heißt das junge Mädchen.«

»Und – und Thodhild Jørundsdatter, wie ist sie? Ragnfried Bjarnisdatter nannte sie eine Streitaxt.«

»Wirklich, hat sie das gesagt? Ja, Thodhild ist es gewohnt, ihren Willen zu bekommen. Es ist nicht gerade leicht, gegen jemanden aufzumucken, der sowohl mit den norwegischen Königen als auch mit dem mächtigen Geschlecht des ersten Siedlers in Øyafjord verwandt ist. Die Reiselust hat sie im Blut – Schneebjørn der Eber und andere Seeleute sind auch mit ihr verwandt. In Eriks Geschlecht gibt es ebenfalls viele Entdecker, denn der Bruder seines Ururgroßvaters war Naddodd der Wikinger – der Stammvater deiner Mutter, wie du weißt –, und ein Verwandter von Erik entdeckte die Gunnbjørninseln bei Grönland, *bevor* Schneebjørn der Eber so weit segelte. Also sind Leif und seine Brüder aus gutem Geschlecht. Und Thjodhild – ja, Erik der Rote war wohl der einzige in Island, der sie im Zaum halten konnte.«

Thorbjørn redete sich ganz warm, wenn er von seinem alten Häuptling sprach, und seine Augen leuchteten. Die anderen in der Runde um das Feuer lauschten seinen Erzählungen begierig, und ihr neuer Lotse, ein junger Mann aus dem inneren Herjolfsnes, der weiter nördlich mit den Leuten von Brattahlid auf die

Jagd gehen sollte, äußerte ebenfalls seine Meinung: »Hier in der Gegend heißt es, daß Erik sich glattweg weigert, Christ zu werden, obwohl Thjodhild und viele andere von ihren Hausleuten von dem englischen Priester getauft wurden, der vor etlichen Jahren hierherkam. Deshalb will Thjodhild nicht mehr das Bett mit ihrem Hausherrn teilen, sagen die Leute.«

Das Licht erlosch in Thorbjørns Augen, und er stand auf.

»Das Geschwätz der Leute ist meist Unsinn. Es ist Zeit, daß wir uns zur Ruhe begeben, dann kommen wir morgen auch zeitig fort – wir haben schon viel zuviel Zeit hier und in Ketilsfjord verloren.«

Auf dem Weg nach Norden waren sie ein gutes Stück in den Ketilsfjord hineingesegelt, denn Thorbjørn wollte die Familie von Øyolf dem Erbärmlichen aufsuchen und dessen Braut die griechischen Ohrringe geben, die Øyolf für sie mitgebracht hatte. Øyolfs Vater nahm die Botschaft vom Tod des Sohnes entgegen, ohne eine Miene zu verziehen, aber er hörte aufmerksam zu, als Thorbjørn Øyolf lobte. Man schickte nach seiner Braut und ihren Eltern, und das Beste, was es auf dem Hof gab, wurde den Gästen vorgesetzt. Gudrid meinte, sie hätte noch nie etwas so Gutes gegessen wie den ersten Löffel saure Milch, seit sie Island verlassen hatten.

Zu der jungen Frau hatte sie gesagt: »Wie traurig, daß du Øyolf nicht wiedersiehst!«

Die andere hatte die Achseln gezuckt, zu den steilen Hängen geschaut und gemurmelt: »Ich kann mich kaum an ihn erinnern. Drei Winter war er fort – und nur ein Winter hier reicht, um alles zu vergessen, was vorher geschah.«

Mutlosigkeit überkam Gudrid. Was war das für ein Leben, in das sie sich jetzt schicken mußte, nur weil der Vater seinen Lebensstil zu Hause in Island nicht hatte einschränken wollen? Würde sie mit der Zeit so werden wie Øyolfs Braut?

∽

Thorbjørn trieb die »Meeresstute« in dem beständigen Wind voran. Nachts wachte Gudrid oft davon auf, daß das Eis dumpf gegen den Schiffsrumpf schlug und die Tiere auf dem Schiff begannen, unwillig im Chor zu blöken und zu grunzen. Die Tage waren ebenfalls voller lauter Geräusche, brütende Seevögel kreischten zu Hunderten aufgeregt um das Schiff, und im Laufe des Tages stürzten die Eisberge mit Gepolter und Getöse in die wütenden Wellen.

Mehr als nur einmal knurrte Thorkatla: »Ich hoffe, dieser Kinderarsch von einem Lotsen kennt den Weg! Ich möchte wieder auf festen Boden kommen, solange es noch möglich ist, mit einer Handarbeit draußen zu sitzen.«

Der Lotse hatte sich jedoch durchaus Kost und Überfahrt verdient, denn ohne besondere Verspätung erreichten sie seichteres Wasser, gleich nachdem sie die Einfahrt in den Einarsfjord passiert hatten. Bald danach kamen sie zu einer Strecke, wo die Eisberge aus einem schmalen dunklen Fjord auf der Steuerbordseite herausströmten und eine Art Abgrenzung bildeten. Bis hierher hatten Thorbjørn und sein Gefolge wenig Boote gesehen, aber innerhalb des Gürtels von Eisbergen lagen alle möglichen Fahrzeuge um sie herum im Wasser, und die »Meeresstute« wurde aus einiger Entfernung angepreit: »Wo kommt ihr her, wo wollt ihr hin und wer ist euer Häuptling an Bord?«

»Dies ist Thorbjørn Ketilssons Schiff von Snæfellsnes in Island mit Kurs auf Brattahlid.«

Es lagen mehrere ziemlich große Höfe auf der Westseite des Eriksfjords. Die Wiesen dort wirkten besonders üppig gegenüber den fernen, schneebedeckten Bergen, die einem überall die Sicht versperrten. Als der Fjord sich wieder weitete, gab der Lotse den Befehl, das Schiff von den steilen, dunklen Bergwänden auf der Steuerbordseite wegzusteuern, und die »Meeresstute« glitt langsam zur Westseite des Eriksfjords. Ein Stück weiter oben an dem schimmernden grünen Hang erblickte Gudrid einen stattlichen Hof, und in der Nähe des Ufers lag eine ebene Fläche mit einem großen Packhaus. Diese Stelle mußte der Thing- und Handelsplatz von Brattahlid sein.

Während Thorbjørn und die Mannschaft das Segel herabließen und das Schiff klar machten zum Abfieren, kam ein älterer, kräftiger Mann den Strand entlanggeritten. Sein Kopf war ein einziges Dickicht von krausen rotgrauen Haaren und ebensolchem Bart. Hinter ihm lief ein Junge von etwa sieben Jahren, der feuerrotes Haar hatte. Unten am Strand standen viele Kinder und ein paar starke junge Männer mit Sicheln und Spaten. Ein großer Hund tanzte um sie herum, während er unaufhörlich bellte und jedesmal aufgeregt mit dem Schwanz wedelte, wenn das Hundeecho auf der »Meeresstute« antwortete.

Umsichtig studierte Thorbjørn die Gezeitenmarkierungen, und als der Bug der »Meeresstute« genau den Strand berührte, bekreuzigte er sich und gab den Befehl, den Anker achteraus zu werfen und die Taue an Land zu hieven. Dann tauschte er seine Lederkalotte mit einem großen breitrandigen Filzhut, warf sich den seidengefütterten Umhang über die Schultern und bat Stein, das Boot zu Wasser zu lassen.

Diejenigen, die sich auf dem Land um den alten Reiter versammelt hatten, beobachteten die Vorgänge schweigend und aufmerksam, nur der kleine rothaarige Junge lief den Kieshang hinunter, bis er mit den Knien im Wasser stand, und als das Boot anlegte, griff er behende zum Bug und zog, so fest er konnte.

»Vielen Dank, Thorkel Leifsson«, sagte Thorbjørn und schwang die langen Beine herunter aufs Trockene. Mit ausgestreckten Händen ging er auf den alten Mann zu. »Erinnerst du dich noch an mich, Erik? Jetzt bin ich gekommen, um bei dir auf Grönland zu bleiben.«

Erik der Rote öffnete die Arme so weit, als wollte er Thorbjørn umarmen. Aus den rotgeränderten alten Augen rannen Tränen.

»Thorbjørn Ketilsson! Die Stimme würde ich überall erkennen, selbst wenn ich nicht bereits erfahren hätte, daß du auf dem Weg in den Fjord hinauf bist. Aber ich bin fast blind, und die schlimme Krankheit, die ich jetzt im Herbst bekam, bin ich noch immer nicht losgeworden, deshalb steige ich ungern vom Pferd ab, bevor ich wieder beim Haus bin. Gib mir die Hand, alter Freund, ich heiße dich willkommen. Wie viele Leute befinden sich in deinem Gefolge?«

»Gudrid, meine Tochter, außerdem noch eine Frau und ein ganz junges Mädchen und zwölf Männer außer mir. Unseren Lotsen von Herjolfsnes habe ich schon mitgerechnet.«

»Bleibt alle bei mir auf Brattahlid, bis ihr Land gerodet und

Häuser gebaut habt. Leif hat viele von unseren Leuten mitgenommen, um neues Land weiter im Westen zu entdecken, deshalb haben wir hier genug Platz.«

Er schaute verstohlen zu den Häusern hinauf und lachte ein wenig.

»Thjodhild wird sich sicher freuen, neue Gesichter zu sehen und Frauengesellschaft zu bekommen! Schick deine Tochter gleich mit mir hinauf, am besten, noch ehe du das Schiff entlädst und in tieferem Wasser ankerst. Du kannst mein Packhaus hier auf dem Thingplatz benutzen, bis wir alles Hab und Gut nach oben verfrachten können. So zeitig im Jahr kommen nur die Kaufleute, die den Winter in Herjolfsnes verbracht haben – und man sagt, daß du der einzige gewesen bist, der dort den Winter über mit seinem Schiff gelegen hat.«

Zitternd vor Aufregung beeilte sich Gudrid, das Kleid zu wechseln und den blauen Umhang anzuziehen.

Bevor Stein sie an Land gerudert und der Vater sie Erik vorgestellt hatte, waren die beiden Söhne des Alten dazugekommen. Beide waren mittelgroß wie der Vater, aber während der dunkelhaarige Thorvald trotz gut entwickelter Muskeln schlank war, sah Thorstein aus, als wäre er aus hellem Lehm geformt worden, ohne daß man sich besonders angestrengt hätte, den Nacken von den Schultern zu trennen. Selbst seine weite Arbeitskleidung konnte die schwellenden Muskeln nicht verbergen. Unterhalb der aufgerollten Hemdsärmel spielte das Licht in rotgoldenen Haaren; die lockigen Haare und der Bart waren auch rotgolden, und als er Gudrid anlächelte, um sie willkommen zu heißen, sah sie, daß seine Augen in dem offenen gutmütigen Gesicht dunkelbraun waren.

Sie schaute sich genau um, während sie zwischen den beiden jungen Männern zu den Häusern hinaufging. Auf der gegenüberliegenden Seite des Fjords lag eine große kiesbedeckte Ebene, die von steilen Bergen begrenzt wurde; das heisere Krächzen der Raben war ununterbrochen zu vernehmen. Ein mächtiger Berg nach dem anderen versperrte den Blick nach Norden, aber es schien richtig gute Wiesen auf den Hügeln in der Nähe der Küste zu geben und genügend Birken- und Weidengestrüpp.

Gudrid stieß einen Ruf des Erstaunens aus, als sie sah, wie lang und üppig das Gras in dem großen Umfeld von Brattahlid wuchs. Thorstein lächelte zufrieden.

»O ja, es ist besser als alles, was Vater in Island besaß! Auch diesen Winter haben wir es geschafft, sechzehn Rinder durchzubringen.«

»Gibt es hier viele Fische?« fragte Gudrid und sah über die blaue Fläche mit den schwimmenden Eisbergen.

»Ja doch, meistens. Es gibt viele Robben und auch Wale. Und in den Flüssen weiter drinnen im Fjord gibt es den fettesten Saibling, den du dir vorstellen kannst – Mutter wird ihn sicher frisch und geräuchert auftischen, da kannst du es selbst schmekken! Aber im Sommer sind Fischfang und Jagd in den weiter nördlich gelegenen Gebieten noch wichtiger – mancher Mann ist reich geworden durch Pelze und Walroßzähne von da oben. Jetzt, wo Leif nicht zu Hause ist und der Vater kränkelt, muß einer von uns auf dem Hof bleiben, aber Thorvald fährt in ein paar Tagen nach Norden – da drüben siehst du Vaters Schiff schon fertig vorbereitet liegen.«

Er deutete hinüber auf die andere Seite des Fjords, wo sich Eriks frisch gestrichenes Schiff zwischen einem Haufen Fischerboote wie ein Pfau in einer Gänseschar ausnahm.

»Das Glück fährt sicher mit diesem Schiff, und weit ist es schon gereist!« sagte Gudrid und wandte sich lächelnd an Thorvald.

»Das Glück hängt von dem Häuptling ab. Aber es ist noch immer ein gutes Schiff, und es wird Zeit, daß ich wegfahren kann«, sagte Thorvald. Er zog es deutlich vor, dem Bruder das Gespräch zu überlassen, aber er war nicht unfreundlich, und Gudrid spürte, daß sie willkommen war.

Links von ihnen, bevor sie zu den ersten Häusern des Hofes kamen, lag eine kleine Kirche mit einem Friedhof, umgeben von einem niedrigen Steinzaun. Thorstein sagte: »Wir nennen das da Mutters Kirche – Vater setzt nie einen Fuß hinein. Du bist doch aber getauft, wie mittlerweile alle anderen in Island?«

»Ja, doch, aber ...« Verwirrt fragte sich Gudrid, was sie sagen sollte, nachdem ihr Lotse erzählt hatte, daß Erik und Thjodhild sich über den neuen Glauben nicht einigen konnten. »Vater hat mich das christliche Gebet gelehrt, und ich weiß, was es in nordischer Sprache bedeutet, aber dennoch begreife ich den Sinn nicht.«

Thorvald sah weg, aber Thorstein lachte und sagte gutmütig: »Das macht nichts, warum solltest du dir den Kopf darüber zerbrechen?«

Der Hofplatz summte vor Geschäftigkeit, und die Dienstleute liefen zwischen den Häusern hin und her, um alles für die Gäste vorzubereiten. Erik stieg gerade mit Hilfe eines Hofknechtes vom Pferd, und nach einem mächtigen Hustenanfall ging er langsam hinüber zum Langhaus. Der Haupteingang mit einem schön geschnitzten Giebel war zum Fjord hin ausgerichtet – niemand konnte sich Brattahlid nähern, ohne daß Erik und seine Leute im voraus Bescheid wußten, dachte Gudrid.

Die Steinplatten auf dem getrampelten Pfad vor dem Haupteingang waren aus rotem Sandstein mit kleinen weißen Rundungen darin, und der gleiche Sandstein erschien auch in der langen Fassade. Das Haus war eines Häuptlings würdig, und die Frau, die jetzt herauskam, um Gudrid willkommen zu heißen, sah aus wie die Hausfrau eines Häuptlings und die Tochter eines Häuptlings. Sie bewegte sich langsam, als ob sie Gliederschmerzen hätte, aber der Rücken war gerade wie ein Mast, und die faltige braune Stirn unter dem Kopftuch aus Leinen war hoch und schön gewölbt.

Sittsam neigte Gudrid den Kopf, und Thjodhild Jørundsdatter sagte: »Willkommen auf Brattahlid, Gudrid Thorbjørnsdatter. Dein Vater half mir und meinen kleinen Söhnen im entscheidenden Augenblick, und es hat mir immer leid getan, daß ich sein Kind nicht zu sehen bekam. Du mußt jetzt müde und hungrig sein – nimm mit einer Kleinigkeit vorlieb, während wir auf Thorbjørn und sein Gefolge warten.«

Sie trat zur Seite und ließ Gudrid in die Stube vorangehen. Gegenüber dem Eingang brannte es munter in der Feuerstelle, und die vielen Öllampen verstärkten noch das Tageslicht, das durch das Rauchloch und ein kleines, mit Haut abgedecktes Fenster hereinsickerte. Gudrid sah, daß die Wände mit Wandteppichen geschmückt waren, und ihr Herz hämmerte vor Spannung und Freude. Es war trefflich, so festlich empfangen zu werden und direkt neben Thjodhild an der Nordwand zu sitzen! Thorstein half Erik, den Ehrenplatz einzunehmen, ehe er sich links vom Vater hinsetzte. Thorvald war sicher zu seiner Arbeit zurückgegangen, bei der er unterbrochen worden war.

Gudrid war so damit beschäftigt, einen guten Eindruck zu machen, daß sie fast die Wasserschale umstieß, die Thjodhild ihr zum Händewaschen hinhielt. Sie blickte auf ihren Schoß und wagte nicht eher wieder aufzusehen, bis Thjodhild ihr eine Schale mit frisch geseihter Milch gab. Gudrid bekreuzigte sich und nahm einen kleinen, respektvollen Schluck.

Thjodhild sagte: »Trink ordentlich, Kind! Da du Christin bist, weißt du sicher, daß Christus uns gebietet, uns gegen andere so zu verhalten, wie wir es gerne möchten, daß sie sich uns gegenüber verhalten. Als ich zuerst nach Brattahlid kam, wünschte ich mir nichts sehnlicher als einen Trunk frische Milch.«

Erik schnaubte verärgert. »Red dem Mädchen nicht einen solchen Unsinn ein. Ha-ha, ich meine noch, den armseligen Kerl von einem Priester zu hören, mit dem Leif ankam. Er erzählte mir, daß die Welt flach sei, das lehre seine Kirche! Nur ein blinder Trottel sagt so etwas zu einem Seemann. Ich verschloß auf der Stelle die Ohren und hätte den Burschen sofort von meinem Hof jagen sollen – das hätte mir später eine Menge Unannehmlichkeiten erspart.«

Eriks Glucksen ging in einen Hustenanfall über, niemand sagte etwas, bis er vorbei war und der Häuptling erschöpft und zusammengesunken in dem Ehrensitz saß. Thorsteins großes, freundliches Gesicht sah bekümmert aus.

»Vater, ich gehe gern hinauf nach Gamle, um bei Grima nachzufragen, ob sie ein Mittel hat, das du noch nicht probiert hast.«

Erik antwortete mürrisch: »Was nützt das denn? Vielleicht ist Grima eine Hexe, wie die Leute meinen, aber ich gebe nicht viel auf ihre Künste. Sie kann nicht einmal richtige Runen ritzen. Ihre Salben und Tränke haben kein bißchen geholfen. Ich muß mich damit abfinden, daß ich alt werde.«

Zögernd fragte Gudrid: »Hast du Enzian probiert, Erik Thor-

valdsson? Auf dem Weg hier herauf habe ich gesehen, daß viel davon am Rande deiner Wiesen steht. Auch Stiefmütterchen und Huflattich sind gut gegen Husten. Meine Ziehmutter hat mir gute Zaubersprüche dazu beigebracht ...«
Sie hielt plötzlich inne und errötete. Sie wagte nicht, Thjodhild anzusehen, vielleicht hatte sie etwas gegen die alten Heilkünste, wenn sie dem neuen Glauben in ihrer eigenen Kirche anhing.

»Bedien dich mit Rauchfleisch, Gudrid«, sagte Thjodhild mit fester Stimme. »Bald werde ich mit dir über den Hof gehen und dir zeigen, wo du deine Heiltränke kochen kannst, während du darauf wartest, daß deine Gerätschaften ausgepackt werden. Es fällt mir mittlerweile schwer, mich über das Feuer zu beugen und dergleichen zuzubereiten.«

Matt vor Erleichterung sah Gudrid auf und begegnete Thorsteins zustimmendem Blick. Vielleicht war sie vor den anderen auf den Hof gebeten worden, damit er und die Eltern sie als mögliche Ehefrau begutachten konnten. Der Gedanke war Thorbjørn und ihr nicht fremd, und Thorstein sah zumindest gutmütig aus ...

Sie sah sich in der prächtigen Stube um: mit Holz verkleidete Wände, gerade Deckenstützen und ein ebener Fußboden mit gestampftem Kies. Sie lobte das Haus und fügte hinzu, daß die Stube ganz neu wirke.

»Ja«, sagte Erik zufrieden, »sie wurde im vorigen Sommer wieder aufgebaut, weil wir einen Brand hatten. Eines von Thjodhilds albernen Dienstmädchen versäumte es, eine vernünftige Wache an die Tür zu stellen, als es den Stoff von seinem Webstuhl nehmen wollte, und so kamen sie herein, die bösen Geister.«

»Ich – ich wußte nicht, daß es soviel gutes Holz auf Grönland gibt«, sagte Gudrid und schaute auf die breiten Bretter in der Wandverkleidung.

»Du mußt das nehmen, was du findest. Es gibt viel Treibholz – viel von dem, was du hier drinnen siehst, trieb in Stokkanes an Land, auf der anderen Seite des Fjordes, wo ihr, du und Thorbjørn, bauen und wohnen werdet.«

Gudrids Herz tat einen Satz in ihrer Brust. Ihr neuer Hof würde ganz in der Nähe liegen! Sie glühte vor Eifer, mit der Mahlzeit fertig zu werden. Endlich machte Thjodhild Anstalten, die Tafel aufzuheben, und die anderen dankten ihr für das Essen.

Höflich bescheiden ließ Gudrid Thjodhild und Thorstein vorgehen, hinaus in den warmen, sonnigen Tag, während Erik auf seinem Ehrenplatz blieb. Nachdem sie so lange in der halbdunklen, ruhigen Stube gesessen hatte, wurde Gudrid beinahe von der Sonne geblendet, und die Geräusche des Hofes drangen laut an ihre Ohren, als Thjodhild sie an Häusern und Scheunen vorbeiführte bis hin zu einer vorspringenden roten Klippe mit einem guten Blick auf den schmalen inneren Teil des Fjordes. Thjodhild zeigte auf ein paar grüne Landzungen, die sich ihnen entgegenstreckten.

»Dort siehst du dein zukünftiges Heim, Gudrid. Erik hat da drüben Grund und Boden für eine Gelegenheit wie diese freigehalten. Wenn ihr das Gebüsch abgebrannt habt, bekommt ihr dort fruchtbares Weideland und einen guten Bootshafen in der mittleren Bucht. Du kannst es von hier aus nicht sehen, aber südöstlich von Stokkanes mündet der Gletscherfluß in den Fjord. Du wirst schnell lernen, dich von der Strömung in der Flußmündung fernzuhalten – es brodelt dort wie in einem Fleischbrühtopf. Und jetzt werde ich dir meinen Hof zeigen.«

Thjodhild schritt so langsam und ehrwürdig einher, daß Gudrid genug Zeit hatte zu überlegen, wie sie sich in den Haushalt von Brattahlid einfügen könnte, solange sie dort wohnte. Thjodhild hatte in Humpel-Aldis eine gute Haushälterin, das konnte Gudrid an der aufgeräumten Milchkammer und an dem Fleisch und dem Fisch sehen, die über Kochgruben und Feuerstellen fein säuberlich aufgehängt waren. Es schien auch kein Mangel an Dienstleuten und Sklaven zu herrschen, die sich der täglichen Arbeit auf dem Hof annahmen. Alles wirkte so friedlich und gepflegt, daß man nichts anderes glauben konnte, als daß der Hausherr und seine Frau die alltägliche Last einträchtig miteinander trugen.

Nachdem sie Thjodhilds Wolle und Leinen begutachtet hatte, gingen sie zu der kleinen Kirche auf der Anhöhe südlich der

Häuser. Zwei Bäche stürzten den steilen Hang in der Nähe herunter und wurden zu einem Fluß, und Gudrid dachte, daß Erik und Thjodhild wie diese beiden Bäche waren – mit dem Unterschied, daß sie nicht zusammenflossen. Ihre größte Herausforderung hier auf Brattahlid würde es vielleicht werden, Erik in seinem alten Glauben oder Thjodhild in ihrem neuen nicht zu verletzen.

Thjodhild machte das Kreuzzeichen, ehe sie in die Kirche hineinging, und sie ließ die Tür auf der Westseite hinter sich offenstehen. In dem Licht, das durch die Tür und durch ein kleines Fenster in der Ostwand hereinfiel, erkannte Gudrid rote Sandsteinplatten auf dem Boden und ein großes Eisbärenfell, das vor einem Bord mit einem kleinen Kreuz und einer Öllampe lag. Schnell bekreuzigte sie sich und ließ die Augen in der kleinen, einer Holzschachtel ähnelnden Kirche umherwandern.

»Schönes Holz«, sagte sie zu Thjodhild. »Und ich glaube, das ist das größte Bärenfell, das ich jemals gesehen habe ...«

»Es gehörte einem massigen Tier, das vor ein paar Jahren im Winter auf unseren Hof kam. Erik war sehr ungehalten, als er hörte, daß der Bär getötet wurde. Das Holz hier nennt man übrigens geflammtes Birkenholz – es ist noch nicht viele Winter her, daß es mit einem norwegischen Schiff in unsere Gegend kam. Leif war gerade auf dem Heimweg von einer langen Fahrt, als er Leute sah, die vor der grönländischen Küste auf einer Schäre gestrandet waren. Er nahm sie mit hierher und fuhr im nächsten Frühjahr wegen ihrer Holzlast zur Felsinsel zurück, sie selbst brauchten das Holz jedoch nicht mehr – sie hatten zu lange auf der Schäre festgesessen und waren kurz nach ihrer Rettung auf Brattahlid gestorben. Erik war es nicht recht, daß Leif mir das Holz für meine Kirche gab, aber Leif fühlte sich für diesen Ort verantwortlich, weil er es war, der den Priester mit hierher gebracht hatte.«

»Wo ist der Priester jetzt?« fragte Gudrid.

Thjodhild setzte sich auf eine Bank und gab Gudrid ein Zeichen, daß sie sich neben sie setzen sollte. »Ich erzähle dir besser die Geschichte jetzt schon. Leif fuhr zu König Olaf Tryggvasson in Norwegen, nachdem er dich und Thorbjørn in Island besucht hatte. Viele vortreffliche Isländer waren in dem Jahr in Norwegen, und König Olaf überredete einige von ihnen, heilige Männer mit nach Island zu nehmen und die Menschen dort zu dem neuen Glauben zu bekehren. Der König behielt Kjartan Olafsson und einige andere Häuptlingssöhne als Geiseln, aber Leif machte sich um sich selbst keine Sorgen. Wenn bekannt werden würde, daß der König Hand an ihn gelegt hätte, würde die nächste norwegische Mannschaft, die nach Grönland segelte, dem gewissen Tod entgegensehen. Aber König Olaf, ein Verwandter von mir, wollte unbedingt, daß wir den rechten Glauben annehmen, und bat Leif deshalb, einen englischen Priester mitzunehmen, der den Ruf hatte, gelehrt und glaubensstark, aber leider auch streitsüchtig zu sein.«

Thjodhild schlug nach einer Mücke und fuhr fort: »Die Kaufleute, die den Weg hierher finden, führen nicht das beste Korn und das stärkste Eisen mit sich, sie wissen, daß wir dankbar das annehmen, was sie uns bringen. Und genauso war es mit Priester Patrek. Er hätte König Olaf in Island keine Ehre gemacht, deshalb bekam ihn Grönland. Aber er war ein schöner Mann und stark – zu stark. Er sprach die nordische Sprache anfangs nicht besonders gut, aber er hatte eine wunderschöne Stimme und kannte viele Geschichten über Christus. Er hat mich, Thorvald und Thorstein getauft – sie begriffen ebensogut wie ich, daß es so Sitte bei den Leuten ist, die sich zu den Lehren des Christentums bekennen. Leif war ja bereits in Norwegen getauft worden. Aber die Hexe Freydis, die Halbschwester der Brüder, hört nur auf Erik, deshalb hat sie sich natürlich geweigert – sie und ihr Bauer da drüben auf Gardar passen gut zusammen. Patrek versuchte, Erik zu bekehren, aber Erik nannte Patrek einen unwissenden, törichten Menschen.«

»Was – was brachte dich dazu, den neuen Glauben anzunehmen?« Gudrid fragte sich, ob Thjodhild ebenso abweisend sein würde wie Thorbjørn, wenn es um dieses Thema ging.

Thjodhild lächelte schwach. »Patrek war nicht so dumm, wie Erik behauptete. Patrek verstand, daß ich es leid war, meine Nachtruhe von einem brünstigen Mann stören zu lassen – er hielt es für eine gesegnete Tat, wenn ich mich weigerte, das Bett mit einem heidnischen Hausherrn zu teilen. Und er erzählte mir auch von den Wundern, die die heilige Prinzessin Sunniva in der Nähe meiner Verwandtschaft in Norwegen vollbracht hat. Jedes Jahr feiere ich ihren Tag hier in meiner Kirche. Als Patrek abreisen mußte, gab er mir ein kleines Fäßchen mit geweihtem Wasser und sagte, solange ich auf meinen neuen Priester warte, soll ich die Kraft des Wassers dazu benutzen, Menschen zu taufen und zu beerdigen. Diese Kirche und dieser Friedhof wurden vor seiner Abfahrt von ihm eingeweiht.«

»Warum fuhr er fort?« wunderte sich Gudrid.

»Essen und gute Laune kommen leicht zu kurz nach einem langen Winter ... Es machte die Sache nur schlimmer, als Eriks Aufseher allmählich den Anblick von Patrek nicht mehr ertrug. Er ließ keine Gelegenheit aus, zu sagen, daß der Priester nicht einmal ein richtiger Mann und sein Gott nur Betrug sei. Patrek ließ sich nichts anmerken, auch nicht bei Eriks heidnischen Opfern zur Winternacht und zum Mittwintertag, aber als Erik anfing, sein Sommeropfer vorzubereiten, riß meinem Priester die Geduld. Er stürmte in jedes Haus auf dem Hof, machte Kreuzzeichen und rief Verwünschungen, und der Aufseher brüllte, daß Erik Patrek nehmen sollte anstatt der Stute, die er für die heilige Paarung mit seinem Hengst aufgezogen hatte. Bevor man nach ihm schicken konnte, hatte Patrek der Priester ein riesiges Messer an sich gerissen und es dem Aufseher so hart in die Brust gestoßen, daß es fast ganz durch ihn hindurchging. Aus Angst vor der Macht, die Patrek geholfen hatte, wagte nachher keiner, das Messer herauszuziehen, deshalb verloren wir ein wirklich gutes Messer, als wir den Mann hier bei der Südostwand beerdigten. Erik jagte Patrek vom Hof – beförderte ihn nach Gardar im Einarsfjord und sagte, daß er zusehen solle, die Reise nach Süden fortzusetzen, wenn er sein Leben nicht verlieren wolle. Als letztes erfuhren wir, daß er von Hvalsey aus ins Ausland gesegelt war.«

Thjodhild erhob sich steif und tastete an der Halskette nach dem Zündstahl. »Jetzt zünden wir die Tranlampe an, und dann sprechen wir zusammen ein *Paternoster*.«

Gehorsam kniete Gudrid sich auf das weiße Bärenfell neben

Thjodhild. Die rauchende Lampe roch so heimatlich nach dem Tran des Grönlandhais – sie fühlte sich sicher und beinahe glücklich.

Während sie unbeholfen die lateinischen Worte sprach, hörte sie das Getrappel von Pferdehufen auf dem Pfad, der zur Kirche führte. Das rhythmische Klappern, das Geräusch von einzelnen losen Steinen, die gegen einen Pferdehuf knallten, und die Rufe der Treiber stießen Gudrid kopfüber zurück in unerwünschte Erinnerungen. Sie wollte nicht daran denken, wie sie zum letzten Mal Hellisvellir verließ oder zum Althing ritt. Und sie wollte nicht daran denken, daß sie einmal ein weißes Pferd besessen hatte und ein schwarzes Fohlen – jetzt hatte sie nur noch einen überflüssigen Sattel.

Es wurde ihr warm und schwer ums Herz, und sie fragte sich, ob es möglich sei, innerlich zu verbluten.

DER HÜGELGRAB-BAUER ZEIGT SICH

Thorvald und seine Leute fuhren nach Norden, und Weiß-Gudbrand und seine Kinder segelten mit ihnen bis zum Lysefjord in Vestribyggd, auch Westsiedlung genannt, wo Erik der Rote die Hälfte eines großen Hofes in Sandnes besaß. Gudbrand sollte dort wohnen, während er den Grund und Boden rodete, den Erik ihm weiter innen im Land gegeben hatte. Trotz aller Geschäftigkeit vermißte Gudrid Gudbrand und seine Kinder.

Obwohl ihr sämtliche Glieder schmerzten, schien Thjodhild überall gleichzeitig zu sein, den ganzen Tag über sah man, wie sie mal hier und mal dort Anweisungen und Ermahnungen erteilte. Die Sklaven und die Dienstleute auf Brattahlid fürchteten zwar die scharfe Zunge der Hausfrau, arbeiteten aber willig für sie, weil sie ihre exakten Arbeitsanweisungen schätzten. Auch die Arbeiten, die Gudrid in der Milchkammer und am Webstuhl verrichtete, verfolgte sie genau, und Gudrid gewann durch das Gefühl, daß die ältere Frau sie akzeptierte, eine immer größere Sicherheit. Was Thorstein von ihren Talenten als Hausfrau hielt, konnte man nicht mit Bestimmtheit sagen, denn er kam nur zum Essen und zum Schlafen nach Hause.

Er hatte nicht übertrieben, als er sagte, daß in Eriksfjord genügend Nahrungsmittel für Menschen und Tiere vorhanden seien. Aber der Sommer hier war keineswegs so lang, wie Gudrid es von Island gewohnt war, so daß die Leute ununterbrochen damit beschäftigt waren, die Vorräte aufzufüllen. Wenn Thorbjørn und seine Männer keine Sträucher auf dem zukünftigen Weideland in Stokkanes abbrannten oder Steine, Treibholz und Torf zum Hausbau herbeischafften, gingen sie mit Thorstein Eriksson auf die Jagd oder zum Fischfang oder sammelten Futter für die Scheunen auf Brattahlid.

Gudrid erschien es wie ein Wunder, daß die Grönländer sich Zeit nahmen, das Thing abzuhalten, aber um die Mittsommernacht kamen sie zur Brattahlidwiese gerudert, gesegelt oder geritten. Aus den vielen Kochgruben auf der Thingwiese strömte ein angenehmer Duft nach Fleisch und Fisch, und zarte Triebe von Sauerampfer und Engelwurz wurden zusammen mit den gekochten Eiern der Trottellumme, in denen kleine Küken steckten, zum Verkauf angeboten. Aber nirgends konnte Gudrid sehen, daß auch nur eine Schale Dünnbier verkauft wurde. Bier war seit der Zeit, da sie auf Brattahlid weilte, nicht ausgeschenkt worden, und auch nicht auf Herjolfsnes. Nun wußte sie, daß das daran lag, daß die Leute nur selten Korn und Malz im Haus hatten.

Trotz seines lästigen Hustens sorgte Erik dafür, daß alle Klagen schnell und sachkundig behandelt wurden, und an den langen hellen Abenden vergnügten sich die Leute genau wie in Island mit Ringkämpfen, Ballspielen und anderen Sportarten. Eines Abends fand sogar ein Reigentanz statt. Gudrid tanzte zwischen Thorstein Eriksson und Egil Thorleifsson, dem achtjährigen Sohn von Snorri Thorbrandssons Bruder in Kimbavåg.

Sie und Egil Thorleifsson waren längst gute Freunde geworden. Seit Egil zum ersten Mal von ihrer und Thorbjørns Ankunft erfahren hatte, nahm der Junge oft den Weg über den Hügelkamm nach Brattahlid. Er hatte immer Fernweh, und er wurde es nie leid, Gudrid von Oheim Snorri und Vetter Thorbrand, den er grenzenlos bewunderte, erzählen zu hören. Einmal sagte er stolz: »Ich habe noch einen Vetter, er ist Handelsmann – er hat bereits ein eigenes Schiff! Thorfinn Thordsson heißt er und wohnt in Skagafjord. Wenn er hierherkommt, kann ich sicher bei ihm anheuern.«

Als sie seit langer Zeit zum ersten Mal wieder tanzte, entdeckte Gudrid, daß es nicht mehr so weh tat wie vorher, an Thorfinn Thordsson erinnert zu werden, oder an Schneefried und alles andere, was mit ihrem früheren Leben in Island zu tun hatte. Bei dem Leben und Treiben auf der Thingwiese fühlte sie sich beinahe wie zu Hause, und keiner konnte sich eine größere Gastfreundschaft wünschen, als sie und Thorbjørn sie bei den Eigentümern von Brattahlid erfuhren.

Wenn sich nur die Mücken einen anderen Aufenthaltsort gesucht hätten! Selbst an den wärmsten Tagen mußte sie lange Strümpfe unter dem Rock anziehen, damit sie nicht aufgefressen wurde. Sie ließ Thorsteins Hand los, um nach dem Biest zu schlagen, das sich hinter ihrem Ohr vollsaugte. Dann sagte sie lächelnd: »Am ersten Tag, als ich hier war, Thorstein, hast du mir erzählt, wie schön es sei, in Eriksfjord zu wohnen, aber du hast vergessen, damit anzugeben, daß ihr die größten, gierigsten Mücken der gesamten zivilisierten Welt habt!«

Thorstein lachte, munter und freundlich wie immer. »Man hat mich gelehrt, bescheiden zu sein.«

Klein-Thorkel kam angelaufen und zog Thorstein energisch am Ärmel. »Oheim, Großvater sagt, daß du sofort kommen mußt! Sie schlagen sich dort auf dem Felsen am Wasser!«

Thorstein trat aus dem Reigen und zog Gudrid mit sich. »Wer schlägt sich und warum?«

Thorkels rote Haare schlugen beinahe Funken, als er vor Ungeduld auf und ab hüpfte. »Thorgrimm Troll und Håmund aus Einarsfjord streiten mit Freydis' Thorvard und einem seiner Männer – warum, weiß ich nicht!«

Während sie sich beeilten, murmelte Thorstein halblaut zu Gudrid: »Jedesmal, wenn Thorgrimm Troll den Sommer über auf Grönland bleibt, gibt es Ärger. Er und sein Schwager sind die größten Raufbolde hier in der Gegend – ich hoffe nur, *mein* Schwager hat jemanden, der ihn verteidigen kann. Sogar Freydis schwingt die Streitaxt besser als ihr Mann ...«

Das glaubte Gudrid gerne. Mit ihrem runden, mürrischen Gesicht und ihrem stämmigen Körper glich Freydis Eriksdatter einer bösen Robbe. Sie hatte Gudrid zwar gebührend begrüßt, als sie sich das erste Mal trafen, als sie aber merkte, daß Gudrid gut mit Thjodhild auskam und außerdem getauft war, ergriff sie jede Gelegenheit, um spitze Bemerkungen über Leute zu machen, die nach Grönland kamen und großartig auf Kosten anderer lebten. In Eriks Gegenwart hielt sie sich zurück, aber ihren Ehemann Thorvard, den sie nur geheiratet hatte, weil er reich war, respektierte sie nicht.

Jetzt stand Freydis Eriksdatter ganz vorne unter den Zuschauern und beobachtete die vier sich bekämpfenden Männer.

Erleichtert sah Gudrid, daß diese nur mit den Fäusten aufeinander losgingen, ohne irgendwelche Waffen zu benutzen – sie und die andern Frauen hatten seit Beginn des Things die Wunden vieler hitziger Männer behandelt, und sie war der Sache gründlich überdrüssig.

Freydis' Armringe klirrten jedesmal, wenn sie mit geballter Faust drohte, um ihren schmächtigen, schmalschultrigen Mann und seinen Hofjungen anzustacheln.

»Thorvard, versteck dich nicht hinter Gudolf wie ein neugeborenes Kalb! Gudolf, du Schaf, du kannst sie beide verhauen, wenn du dich nur zusammennimmst!«

Erik, wie gewöhnlich zu Pferde, lenkte gerade seinen Hengst auf die vier Männer zu, als Thorstein und Gudrid ankamen. Thorstein drängte sich durch die Zuschauer und stellte sich neben den Vater. Das sonst so gutmütige Gesicht war vor Zorn entstellt.

»Mein Vater und ich finden uns nicht damit ab, daß einige den Frieden hier auf dem Thing brechen! Leute, geht jetzt zurück an eure Beschäftigungen, damit wieder Ruhe einkehren kann. Du auch, Freydis!« Thorstein sah zornig auf seine Halbschwester.

Freydis warf den Kopf in den Nacken, tat aber, was man ihr befahl. Sie nahm Kurs auf Gudrid. »Thorstein will sich nur vor dir zeigen, Gudrid. Und es ist leicht zu sehen, daß du hinter *ihm* her bist!«

Gudrid lächelte und schwieg.

Freydis heftete die runden, hervorstehenden Augen auf sie und setzte noch eins drauf: »Du weißt sicher, daß es sinnlos ist, Leif nachzulaufen – falls er gesund von der Fahrt heimkommt, heiratet er nicht wieder – das hat er selbst gesagt, als ich meinte, er solle Thorvards Schwester heiraten.«

»Mein Vater wird es mit einem Hausherrn für mich nach seinem eigenen Ermessen regeln«, sagte Gudrid ruhig. »Genau wie dein Vater es für dich tat.«

Freydis kochte vor Zorn, entschloß sich aber, besser den Mund zu halten. Gudrid drehte ihr den Rücken zu und schaute über den spiegelblanken Fjord, wo die kleinen Boote wie Laub in einer Wassertonne schaukelten. Diejenigen, die dort draußen saßen, waren sicher Liebespaare, die der Mückenplage entgehen wollten, während sie sich unterhielten ... Vom Ufer schwebten schwache Töne zu ihr herauf. Stein brachte Thorkel bei, Engelwurzflöte zu spielen.

Überwältigt von einer unerklärlichen, nagenden Sehnsucht ging Gudrid langsam hinauf zum Hof. Es war hell genug, die Pracht der Butterblumen, Glockenblumen und Nachtkerzen zu erkennen, aber sie bemerkte kaum die Schönheit um sich herum. Bevor sie das Langhaus betrat, ging sie hinauf zu dem Hügel mit der Aussicht auf Stokkanes. Die Umrisse der Hauswiese und die Grundmauern von Thorbjørns Haus und Scheunen waren gut zu erkennen, aber ohne eine Spur von Leben sah ihr neues Heim unendlich öde und verlassen aus. Ihr wurde das Herz so schwer, daß sie hätte weinen können.

Als sie sich umdrehte, um zu den Häusern zurückzugehen, fiel ihr Blick auf die Birke, die auf dem Hügel bei den Kühen stand. Erik hatte den ungewöhnlich großen Baum stehenlassen, als er Land für seinen Hof rodete, weil er glaubte, daß der Hügelgrab-Bauer von Brattahlid jetzt unter diesem Baum wohnte. Noch schimmerte es blaß in dem Katzensilber, das den Hang rund um den Birkenstamm schmückte, und eine graue, bucklige, kleine Gestalt war neben dem knorrigen Baum gerade noch zu erkennen, bevor sie in dem Hügel verschwand. Gudrid schlug das Kreuzzeichen und beeilte sich, ins Langhaus zurückzukehren.

Thjodhilds Terrier bellte schläfrig, und die Haussklavin Turid Sonnenschein kam heraus, um nach dem Rechten zu sehen. Sie sagte zu Gudrid: »Thjodhild und Thorbjørn sitzen noch zusammen und reden, du brauchst nicht leise zu sein.«

Drinnen war das Feuer für die Nacht zusammengerecht und die Glut lag in der Glutkammer. Das einzige Licht in der großen Stube kam von der Tranlampe in der Nähe von Thjodhilds Schlafnische, so daß Gudrid kaum den Vater und Thjodhild erspähen konnte, die am anderen Ende des Raumes saßen, so aufrecht, als wäre vor ihnen ein Festmahl gedeckt. Sie hörte den Vater sagen: »Gudrid hat eine wirklich gute Ausbildung in der

Haushaltsführung bekommen. Außerdem war ihre Ziehmutter sehr erfahren in der Heilkunst und lehrte Gudrid alles, was sie wußte. Aber auch wenn Gudrid noch so viele Kenntnisse von den alten Künsten hat und tüchtig im Ritzen von Runen ist, würde sie sich doch nie mit Schwarzer Kunst abgeben. Ich selbst war dagegen, daß sie für die Seherin Thorbjørg sang, aber sie wurde von anderen arg bedrängt. Sie ist ein anständiges, christliches Mädchen, das hast du selbst gesehen.«

»Alles mit der Ruhe, Thorbjørn; ich habe eine gute Meinung von deiner Tochter. Alles beweist, daß sie gut erzogen ist – sie ist tüchtig im Küchenhaus und am Webstuhl. Ich glaube sogar, daß ihre Kräutergetränke Erik geholfen haben, obwohl er wohl nie mehr gesund wird. Ich habe das Thema zur Sprache gebracht, weil dieses Weib von Herjolfsnes sich über Thorbjørgs Weissagung und Zauberei ausgelassen hat. Es ist schade, daß Thorkel auf Herjolfsnes auf die Jagd gegangen ist, anstatt zum Thing zu kommen, denn er hätte so einem Klatschweib wohl schnell den Mund gestopft ...«

Thjodhild sah in dem Augenblick auf, als Gudrid sich ungesehen in ihren Alkoven schleichen wollte, in dem sie das Bett mit Thorkatla teilte.

»Ist noch was, Gudrid?«

Gudrid kam sich so durchsichtig vor wie Garnelenbrut. »N-nein, ich bin nur müde, Thjodhild. Aber die Mücken sind noch putzmunter.« Sie versuchte zu lachen. »Thorkatlas Schnarchen verscheucht sie sicher.«

Als wäre er froh, daß das Gespräch mit Thjodhild unterbrochen wurde, sagte Thorbjørn leichthin: »Erik der Rote kündigt viel Wind für morgen an – das wird die Mückenplage dämpfen. Gute Nacht, Gudrid.«

Gudrid ging zu ihm hin und küßte ihn. Er roch frisch und gut nach sonnengebräunter Haut und sauberem Leinen und hatte so freundliche Augen, daß sie ihm, wenn Thjodhild nicht dagewesen wäre, anvertraut hätte, daß sich ihr soeben der Unterirdische gezeigt habe – sie hätte gerne gewußt, was der Vater davon hielt und was für eine Bedeutung sein Erscheinen haben könnte.

»Gute Nacht, Vater. Gute Nacht, Thjodhild.« Sie neigte leicht den Kopf und ging in den Alkoven, um ihre Hälfte des Bettes neben Thorkatlas kräftigem, breitem Rücken in Anspruch zu nehmen.

Halldis' langhaarige Katze schlief am Fußende, und Gudrid kroch leise unter das Fell, um das Tier nicht zu stören, das einzige Lebendige, das sie noch von der Ziehmutter besaß. Sie schloß die Augen, aber der Schlaf wollte nicht kommen. Da draußen umschmeichelte die Sommernacht Frauen und Männer, die danach verlangten, einander zu umarmen, während sie hier neben einer älteren schnarchenden Frau lag, ohne von jemandem vermißt zu werden.

Sie vergrub die nasse Wange im Kissen und versuchte, sich damit zu trösten, daß der Vater sie gegen das Geschwätz verteidigt hatte, sie und die Seherin Thorbjørg hätten zusammen Zauberei betrieben. Und Thjodhild glaubte ihm. Es war dumm von ihr zu erwarten, daß Thorstein oder irgendein anderer um sie freien würde, ehe sie und Thorbjørn sich auf eigenem Grund und Boden niedergelassen hatten und zeigen konnten, welche Fähigkeiten in ihnen steckten.

Am nächsten Tag blies es so gewaltig vom Inlandeis im Nordosten, daß es so aussah, als wäre das Gras auf der Thingwiese in Gefahr, mitsamt den Wurzeln ausgerissen zu werden. Gudrid hatte Kopfschmerzen, und es fiel ihr schwer, Luft zu holen. Als sie sich später am Tag gegen ein Vorratshaus lehnte, um tief durchzuatmen, ritten Erik der Rote und einer seiner Hofjungen langsam an ihr vorbei. Obwohl er so krank und erschöpft war, sah Erik in seinem roten Umhang, der mit einem silberdurchwirkten Band geschmückt war, stattlich aus. Seine Augen waren noch nicht so schlecht, daß er Gudrid nicht erkannte.

»Nun, Mädchen – willst du nicht hinunter auf die Thingwiese zu den anderen jungen Leuten?«

»Ich – ich gehe, sobald ich mich besser fühle. Es hat etwas mit diesem Wetter zu tun, glaube ich ...«

Erik ritt dicht an Gudrid heran, legte die Hand auf ihre Schulter und sah ihr direkt ins Gesicht. »Thjodhilds Narr von einem Priester glaubte, sein Weihwasser könne wetterkranke Leute heilen. Es gibt nur einen Rat bei dieser Krankheit, sage ich, und der lautet, der Wind muß sich drehen! Könnte der Priester das bewerkstelligen, wäre er vielleicht doch noch nützlich für mich, heh – heh!«

Ein Hustenanfall überfiel ihn und erstickte das wiehernde Lachen. Als er wieder zu Atem kam, richtete er sich im Sattel auf und sah Gudrid mit rotumränderten Augen fordernd an.

»Halte mich am Leben, bis Leif wieder zu Hause ist, Mädchen. Ich will wissen, was für ein Land das ist, das da draußen im Westen liegt. Leif wollte mich mitnehmen, aber als es darauf ankam, war es besser, ihn Häuptling auf dieser Reise sein zu lassen.«

Bei all dem Trubel hatte Gudrid Leif und seine Entdeckungsreise vergessen, aber jetzt machten Eriks heftige Ausbrüche sie wieder neugierig. Sie strich seinem Hengst übers Maul und fragte: »Wann glaubst du, daß Leif zurückkommt, Erik?«

»Vor dem Winter, wenn er überhaupt zurückkommt.« Er lächelte schwach. »Ich erwarte nicht, daß du mich durch einen ganzen Winter bringst – und ich könnte deine scheußlichen Getränke auch nicht so lange ertragen!«

Gudrid lachte und merkte, daß die Kopfschmerzen nachließen.

※

In dieser Nacht träumte sie, daß ein großes Schiff nach Brattahlid hereinglitt und daß sie unter denen war, die am Strand standen und warteten. Leif Eriksson kam den Landungssteg herunter, an der Leine einen langhaarigen Hund, so groß wie ein Stier und mit einem Halsband aus purem Gold. Dann kam Thorfinn Thordsson in einem grünen Umhang und mit Schneefried am Zügel, gefolgt von Orm und Halldis, zwischen sich ein kleines Kind, das Thorfinn Thordsson ähnelte.

※

Als das Thing beendet war, waren selbst die niedrigsten Hügel in Nebel und Regen gehüllt. Umsichtig und wortkarg rollten die Thingbesucher die Zeltplanen und Schlafsäcke zusammen und begaben sich auf den Heimweg. Gudrid setzte sich in die Stube von Brattahlid und fühlte eine so große Erleichterung, als wäre eine mächtige Eiterbeule geplatzt. Ihre Hände wurden geschmeidig, als sie Wolle kämmte und um die Handspindel wickelte, und es war, als reichte das lindernde Fett der Wolle bis in ihre Gedanken hinein. Thorkatlas rundlicher Rücken strahlte Zufriedenheit aus, als sie dort beim Webstuhl stand, und Thjodhild hinten bei der Kochgrube wirkte mindestens genau so zufrieden, während sie die Säume eines Leinenhemdes mit warmen Steinen glättete.

Arne Schmied war der einzige im Raum, der sich in dieser nur kurze Zeit anhaltenden Wintergemütlichkeit nicht wohl zu fühlen schien. Er bemühte sich stirnrunzelnd, eine bequeme Stellung für seine verstümmelten Beine zu finden, und schnitzte eifrig an einer Schöpfkelle aus Horn. Gudrid ahnte, daß er es verabscheute, drinnen zu sitzen, während seine Freunde draußen an der frischen Luft waren und körperlich arbeiteten – er hockte am liebsten draußen mit seiner Arbeit und genoß die Aussicht über den Fjord. Er hatte einmal gesagt, daß er gern teilhaben wolle an dem regen Treiben unten am Strand und hatte hinzugefügt, daß ihm seine Schiffsgefährten einen schlechten Dienst erwiesen hätten, als sie ihn weit oben im Norden aus den Fängen eines Eisbären befreit und während des ganzen Heimwegs um sein Leben gekämpft hatten. Er sei seit seiner Rettung nie wieder zu etwas nütze gewesen.

Gudrid hatte protestiert. »Aber du schnitzt doch so schöne Sachen aus Walroßzähnen und andere Dinge.«

»Ja, schon. Aber du bist eine Frau und hast keine Ahnung, wie es da oben im Norden ist! Du wachst an Bord auf und hörst hundert Walrosse in der hellen Sommernacht schnarchen. Oder du siehst das Meer rund um einen Wal kochen, der einen Fischschwarm jagt – eine einzige große Speisekammer ist das da oben! Und dann türmst du Walroßzähne und Narwalhörner an Bord des Schiffes auf, bis du fast vergißt, nach Skrælingen, den Eingeborenen dort, Ausschau zu halten.«

Gudrid wollte wissen, ob er jemals einen Skræling gesehen hatte.

»O ja, ich war ziemlich weit oben an der Küste, denn Eriks Söhne sind unternehmungslustige Männer. Die Skrælinge sind klein und dunkel und neugierig und sicher voller Zauberei, vor allem aber verrückt nach unserem Eisen. Thorvald hätte mir beinahe das Fell über die Ohren gezogen, als ich einmal mein kleinstes Messer gegen drei Narwalhörner tauschen wollte!«

Gudrid fragte sich, ob es in den unbekannten Ländern da draußen im Westen auch Skrælinge gebe. Sie bedauerte Arne Schmied, weil er soviel verloren hatte, aber sie beneidete ihn auch, weil er so viele Dinge gesehen hatte, die sie nie erleben würde.

∽

Arne erblickte als erster Leifs Schiff draußen im Fjord; es war an einem sonnigen Nachmittag, gleich nachdem die Herbstjagd auf die Klappmützen begonnen hatte und das Labkraut wie ein duftender Schal auf Wiesen und Weiden lag.

Die Leute strömten aus allen Ecken herbei, als sie Arnes Rufe hörten. Sie beschatteten die Augen und strengten sich an, die Farbe des Segels zu erkennen, während Eriks großer Hund laut bellend nach seinem Herrn suchte und die anderen Hunde auf dem Hof zum Mitbellen anstachelte. Noch bevor eindeutig zu erkennen war, daß das Segel da draußen blaue und weiße Streifen hatte, half Thorstein dem Vater aufs Pferd und hob den kleinen Thorkel hinter sich hoch. Gudrid wünschte, sie könnte mit ihnen und den anderen Männern zum Strand hinuntereilen, aber die Frauen mußten oben bei den Häusern bleiben, um einen schicklichen Empfang vorzubereiten.

Thjodhild gab Humpel-Aldis Bescheid, ein Bündel Enten zu rupfen und zu braten, und sie schickte die Kinder fort, um Blaubeeren zu pflücken. Zu Gudrid sagte sie: »Es ist ein Glückstag, wenn der Sohn eines Hofes wohlbehalten zurückkehrt. Komm mit mir in die Kirche, dann sprechen wir zusammen ein Dankesgebet.«

Als sie zur Kirche eilten, warf Gudrid einen Blick auf Eriks Landungsplatz. Leif hatte gerade das Segel gefiert und hielt so langsam und stolz Kurs auf den Strand, als säße er auf einem Adler. Gesprächsfetzen flogen mit dem Ostwind zu ihr hinauf, aber die kühlen Wände von Thjodhilds Kirche schlossen sie bald aus. Thjodhild zündete die Öllampe an und legte einige hastig zusammengesuchte Nachtkerzen neben das Kreuz, ehe sie an Gudrids Seite auf die Knie sank.

»Wir danken Christus, daß er uns Leif Eriksson zurück nach Brattahlid schickte. *Paternoster* ...«

∽

Auch die Sklaven aßen sich an diesem Abend satt. Außer den gebratenen Enten gab es reichlich Rauchfleisch und gekochte Robbe, fetten Saibling, Käse, Brei und soviel Butter, saure Milch und Beeren, wie die Leute in sich hineinstopfen konnten.

Neben dem Vater saß Leif auf dem Ehrenplatz. Er hatte Silberstreifen in seinen braunen Haaren und im Bart und war entschieden gealtert, seit Gudrid ihn zuletzt gesehen hatte. Aber jedesmal, wenn er zu dem rothaarigen Jungen hinunterschaute, der an seinem Knie lehnte, wurde das wettergebräunte Gesicht weich, und seine Augen waren ebenso froh wie die von Erik dem Roten.

Gudrid konnte sich gut vorstellen, wie Erik in seiner vollen Manneskraft gewesen war. Selbst jetzt strahlte er eine solche Autorität aus, daß es keinem einfiel, Leif aufzufordern, von seinen Erlebnissen zu erzählen. Erik bestimmte, wann die Zeit dazu gekommen war.

Als die Frauen endlich abgedeckt hatten und sich mit ihrer Spinnarbeit dazusetzten, stand Erik langsam auf und hob ein großes silberbeschlagenes Trinkhorn hoch. Seine Augen funkelten munter unter den buschigen Augenbrauen, während er sich räusperte.

»Im Namen aller danke ich Thjodhild für diese reichhaltige Mahlzeit. Bevor wir uns zu Tisch setzten, haben Thjodhild und ich einen Handel abgeschlossen – sie versprach mir, das kleine Fäßchen Wein zu öffnen, das sie seit seinem Kauf versteckt hält, wenn ich Christus in den Dank an die Götter miteinbeziehen würde. Für Leifs Glück danke ich jetzt Thor, Odin, Njord und Freyr und Christus, wenn er den Dank annehmen will.«

Ein Hustenanfall zwang ihn innezuhalten. Als er wieder Luft bekam, trank er aus dem Horn, übergab es erst Leif und dann

Thorbjørn und gab anschließend Gudrid ein Zeichen, daß sie es herumtragen sollte. Gudrid warf einen verstohlenen Blick auf den Vater. Der Ausdruck in seinen Augen war undurchdringlich, als er sich bekreuzigte.

Thorstein nahm das Horn, das Gudrid ihm reichte, ehrbar entgegen und führte es zum Mund. Mit einem Lächeln sagte er: »Jetzt bist du dran, Gudrid. Hast du jemals Wein probiert?«

Sie schüttelte den Kopf, dunkelrot, weil er ihr vor aller Augen solche Aufmerksamkeit erwies.

»Dann mußt du einen Tropfen trinken, solange noch etwas da ist. Es ist ein großer Tag.«

Gehorsam nippte Gudrid an dem Wein, den er ihr bot. Er schmeckte bittersüß und kalt – sie hatte Löwenzahnabsud getrunken, der schmeckte besser.

Als sie schließlich auf ihren eigenen Platz sank, war sie völlig erschöpft. Ach, wenn sie sich nur wachhalten konnte, während Leif erzählte!

Genau wie sein Vater war Leif ein guter Erzähler. Erst dankte er den Eltern für den vortrefflichen Empfang und der Mannschaft für die gute Arbeit, die sie geleistet hatte, dann überbrachte er einen Gruß von Thorvald. Als er sich bereits wieder in grönländischem Fahrwasser befand, hatte er zufällig das Schiff des Bruders in der Nähe der Bäreninsel getroffen.

»Thorvald bat mich auszurichten, daß die Walroßjagd so gut sei, daß er vor dem Schafezählen nicht nach Hause komme. Sie haben viele gute Pelze und jede Menge Fleisch vorzuweisen, und ich habe selbst den Berg Narwalhörner vor dem Mast gesehen. Wenn ich Thorvalds Reichtümer zu dem dazuzähle, was meine Leute und ich heimgebracht haben, kann ich mit Sicherheit sagen, daß der nächste Handelsmann, der hier nach Brattahlid kommt, dafür sorgen muß, daß er genügend Waren hat.«

Leif steckte die Daumen in den Gürtel und sah schelmisch in die erwartungsvollen Gesichter, ehe er fortfuhr.

»Das erste Land, in das wir kamen, war so flach wie eine riesige Steinplatte, hinter der nichts als Schnee lag. Aber wir gingen trotzdem an Land, niemand soll uns mangelnden Entdeckergeist nachsagen können. Vom Meer aus wirkte es als

Siedlungsland ungeeignet, und als ungeeignet erwies es sich auch an Land. Wiesen gab es keine. Ich nannte es Helleland. Dann segelten wir weiter nach Süden, das Land lag steuerbords. Schließlich schien sich das Landesinnere zu verbessern, und wir legten erneut an. Das Land war niedrig und dicht bewachsen mit einem Wald, der bis hinunter zum Strand reichte. Wir nannten es Markland, dem entsprechend, was das Land bot. Wir wollten das Schiff dort noch nicht mit Holz beladen, außerdem wehte es so gleichmäßig von Nordost, daß wir wieder den Anker lichteten und weiter nach Süden fuhren. Noch fuhren wir mit der Strömung mit, das Land steuerbords. Eines frühen Morgens lag eine Insel mitten in unserem Fahrwasser und dann noch eine, und jenseits war eine Landzunge, die direkt nach Norden ins Meer stach. Wir gingen auf der zweiten Insel an Land, ehe wir weiterfuhren. Süßeres Wasser haben wir nie geschmeckt als den Tau, den wir am Morgen von dem Gras abschüttelten.«

In der Stube hörte man ein bekräftigendes Murmeln von Leifs Mannschaft.

»Weder zu Land noch zu Wasser sahen wir Anzeichen von Menschen – nicht, als wir an der Westküste der Landzunge entlangfuhren, und auch nicht später. Wir kamen sicher an den Inseln und Schären vorbei und landeten bei Niedrigwasser in einer schönen, großen Bucht. An Land sahen wir gewaltige Wiesen und reichlich Strandgerste. Wir hatten keine Lust, auf das Tidenhochwasser zu warten, und fuhren daher mit dem Schiffsboot, so schnell wir konnten, über das seichte Wasser. Später fuhren wir zurück zum ›Wellenschlucker‹ und zogen das Schiff an Land, so daß wir unsere Sachen ausladen konnten. Und weil es gutes Land war, das wir entdeckt hatten, bauten wir Hütten. Ein kleiner Fluß, in dem es Lachs und Forellen gab, entsprang einem kleinen See weiter oben. Flundern gab es reichlich in unserer Bucht, und wir hatten massenhaft Seevögel und Robben gesehen, als wir an der Küste dieses neuen Landes entlangsegelten. Wale gab es ebenfalls zur Genüge, und das Meer in der Nähe strotzte vor Dorsch. Am Strand unserer Bucht fanden wir so viel Treibholz, daß wir mehr als genug zum Häuserbau hatten. Stark war der Torf, in den noch kein Mann vor uns den Spaten gestochen hatte ...«

Gudrid versuchte, sich die Gegend, die er schilderte, vorzustellen. Es hörte sich so an wie das, was der neue Glaube das Paradies nannte und von dem Thjodhild behauptete, daß es noch besser sei als Valhalla.

»Ich bin deinem Rat gefolgt, Vater, und habe das Gefolge in zwei Gruppen geteilt, so daß wir abwechselnd das Haus hüten und die Gegend erforschen konnten. Zuerst wollten wir wissen, ob wir vor Menschen oder Trollen auf der Hut sein mußten. Zunächst aber entdeckten wir, daß es in der Nähe unserer Hütten ein gutes Eisenmoor gab – aber von Menschen oder bösen Geistern fanden wir keine Spur. Später segelten wir bis zur Ostküste der Landzunge, die nach Norden ins Meer ragte. Wir fanden aber nichts, das sich mit dem Ort messen konnte, an dem wir zuerst an Land gegangen waren, deshalb fuhren wir dorthin zurück und bauten ordentliche Häuser für den Winter.

Als wir alles zum Überwintern vorbereitet hatten, segelten wir einige Tage am Festland entlang nach Westen und Süden. Es gab riesige Lachse in den Flüssen, und der Wald war voller gewaltiger Bäume. Und noch immer sahen wir keine Menschen. Da wir nicht wußten, welche Art Landgeister in diesen Gegenden herrschten, opferten wir immer den höchsten Bäumen und den größten Steinen etwas Wild, und wir erlitten keinen Schaden. Alle, die mit mir auszogen, sind wohlbehalten heimgekommen, sogar Ziehvater Tyrkir – obwohl wir für eine Weile dachten, wir hätten ihn verloren!«

Viele drehten sich um und schauten auf den vertrockneten ehemaligen Sklaven, der Leif angelernt hatte, seit dieser so alt war wie Thorkel jetzt. Gudrid hatte selten ein weniger vertrauenerweckendes Gesicht gesehen. Aber Tyrkir, der Deutsche, war für seine Geschicklichkeit bekannt, und außerdem war der Ziehsohn sein ein und alles. Als Leif weitererzählte, wurde allmählich auch klar, daß Tyrkir, jedenfalls in seinen eigenen Augen, die Kunst des Weinherstellens beherrschte.

Leif wartete, bis die Zuhörer und Tyrkir aufhörten zu murmeln.

»Eines Abends kehrte mein Ziehvater mit dem Rest der Gruppe nicht nach Hause zurück, so daß ich mit zwölf Mann auf die Suche ging. Am Waldrand, wo ihn die Leute zuletzt gesehen hatten, kam er uns entgegen, redete ununterbrochen und fuchtelte mit den Armen, als ob ihm jemand einen fürchterlichen Schrecken eingejagt hätte. Aber dann sahen wir, daß er eine tolle Entdeckung gemacht hatte! Er hatte Weintrauben gefunden – schöne und reife, an Ranken, so dick wie die Midgardsschlange. Wir konnten sie bald mit eigenen Augen sehen. Im Waldesinnern war eine sonnenwarme Lichtung, auf der Sträucher mit übervollen Weinranken wuchsen. Wir füllten das Beiboot mit Beeren und schleppten es mit Tauen den ganzen Weg zurück, denn das Holz nahm bereits den Platz auf dem Deck ein. Viele der Weinbeeren aßen wir, wie sie waren, und den Rest ließ Tyrkir in den Ledersäcken gären. Sein Wein schmeckte vielleicht nicht so gut wie der, den wir heute abend probieren durften, aber er war auch fein. Vielleicht waren es andere Weinbeeren, die wir gefunden hatten – aber sie schmeckten.«

Tyrkir fauchte böse aus seiner dunklen Ecke: »Jung war ich, als ich gefangengenommen wurde, aber noch kann ich eine richtige Weintraube wiedererkennen! Und da draußen hat sich schließlich keiner über meinen Wein beschwert.«

Die anderen brachten ihn zum Schweigen, so daß Leif fortfahren konnte. »Zum ersten Mal tranken wir Tyrkirs Wein, als wir den kürzesten Tag des Jahres feierten – selbst an diesem Tag ging die Sonne auf, bevor wir die erste Mahlzeit aßen, und sie ging nicht unter, ehe die Mittagsruhe vorüber war. Solange wir in den Häusern lebten, lag kein Schnee auf der Erde, obwohl einige heftige Stürme tobten und viel Nebel herrschte. Allerlei Wild war in den Wäldern, eßbare Beeren wuchsen überall, und das Gras blieb so grün, daß wir gerne ein paar Rinder bei uns gehabt hätten. Ein herrliches Land ist es, und wir nannten es Vinland.«

Gudrid konnte Tyrkir inmitten all des Hustens und Raschelns, das losbrach, als Leif sich setzte, zufrieden lachen hören.

Erik erhob sich. »Nach dem, was Leif erzählt hat, meine ich, wir sollten Vinlands guten Boden nutzen, so gut wir können. Jetzt werde ich Leif bitten, die Ladung aufzurechnen und dann zu sagen, wie sie geteilt werden soll ...«

Die Hand auf die Schulter seines Sohnes gelegt, stand Leif wieder auf.

»Wie wir uns schon vor einem Jahr geeinigt haben, gehören mir als Eigentümer des ›Wellenschluckers‹ und als Häuptling an Bord zwei Anteile. Der Rest der Ladung wird gleichmäßig auf die Mannschaft verteilt. Zusätzlich zu der Holzlast haben wir eine Menge Pelze mitgebracht: ein Dutzend schwarze vom Bären und ebenso viele weiße, außerdem noch viele Felle von Marder, Otter, Biber und Luchs ...«

Gudrid war so schläfrig, daß sie Leifs Stimme allmählich nur noch als undeutliches Murmeln wahrnahm. Vor ihrem inneren Auge sah sie haufenweise weiche Pelze – Pelze, die sich an den Körper schmiegten, anstatt wilde Tier zu zieren. Pelze, die reiche Leute in den Schlaf wiegen würden – irgendwo weit südlich von Norwegen.

※

Als der norwegische Händler Erling Wellenreiter mit einem Schiff voller Eisen, Malz, Korn, Leinen und Honig in Brattahlid anlegte, war er so beeindruckt von Leifs Pelzen, daß er den Handel mit einem zusätzlichen Sack Malz besiegelte und Thjodhild ein kleines Seidentuch schenkte. Erling versprach, im nächsten Jahr vor seiner Heimreise nach Norwegen wieder in den Eriksfjord zu kommen, um ein paar Walroßzähne und Narwalhörner zu erwerben, die Thorvald mitgebracht hatte. Aber jetzt wollte er zunächst zur Westsiedlung segeln, um dort Handel zu treiben.

Erik hatte Erling deutlich zu verstehen gegeben, welche Preise er da oben für seine Waren nehmen durfte, aber Gudrid hatte gehört, wie Thorstein zu Leif sagte: »Dort segelt ein Mann, der sogar seine Mutter verkaufen würde! Als ich im vorigen Jahr in der Westsiedlung war, sagten die Leute, daß Erlings Preise bei seinem letzten Besuch fast doppelt so hoch waren, wie der Vater es ihm erlaubt hatte.«

Leif zuckte mit den Schultern und lachte. »Na ja, vielleicht meint Erling, daß er den Leuten trotzdem viel für das Geld bietet, da er ihnen ja schließlich auch Neuigkeiten mitbringt!«

Und das waren für gewöhnlich nicht wenige, dachte Gudrid. Erling Wellenreiter war auf seiner Handelsroute auch an Island vorbeigekommen, und am Lagerfeuer auf Brattahlid hatte er der Hausgemeinschaft berichtet, daß die meisten Leute in Südisland vor allem mit dem Streit zwischen den Njålssöhnen auf Bergthorsvoll und Flose Thordsson und seinen Männern beschäftigt seien. Es sehe schlecht aus für den alten Njål ...

Selbst als Gudrid noch auf Snæfellsnes wohnte, hatte sie das Ränkespiel des alten klugen Njål kaum berührt, und jetzt, da die von Gebirgen umschlossene Grönlandlandschaft das erste und letzte war, was sie jeden Tag sah, schienen diese Feindschaften noch weiter entfernt zu sein. Außerdem gehörte Erling Wellenreiter nicht zu denen, die ihren Geschichten Leben einhauchten – er schilderte Neuigkeiten ebenso trocken und nüchtern, wie er das Korn abwog.

Während seiner weitläufigen Erzählung wanderten Gudrids Gedanken zum Schafezählen, das vor der Tür stand. Ob Thorbjørns Tiere wohlgenährt und gesund waren? Und würden alle sicher heimkommen?

∞

An dem Tag, als die Schafe in den Pferch nordwestlich vom Hof getrieben wurden, goß es in Strömen, aber Gudrid merkte bei der ganzen Aufregung kaum etwas vom Wetter. Das Zählen der Schafe ging nicht so methodisch vor sich, wie sie es von Island gewohnt war, aber hier gab es auch nicht so viele verschiedene Höfe. Hofburschen, Hirten und Eigentümer gingen zielstrebig umher und kontrollierten die Ohrmarken der verwirrten Tiere, während sie die Finger am Kerbholz entlanggleiten ließen. Die Luft vibrierte von all dem Blöken, den Menschenrufen und dem Hundegebell.

Thorbjørn und Erik waren mit dem Ergebnis der Zählung sehr zufrieden. Nicht ein einziges ausgewachsenes, gesundes Tier war verlorengegangen. Harald Roßhaar und die anderen Hirten bekamen an diesem Abend die doppelte Ration.

Anschließend begann die Zeit des Schlachtens. Eines Tages, als Gudrid Flechten und Talg für die Blutwürste hackte, fühlte sie, daß bald Besuch nach Brattahlid kommen würde. Aber da niemand anders etwas zu bemerken schien, schwieg sie und vertiefte sich wieder in ihre Arbeit. Nach einer Weile sah sie, daß Thjodhild sich aufrichtete, die Hände an der Schürze abwischte und sich bekreuzigte.

»Hört ihr nicht, was Stein ruft? Thorvalds Schiff ist in Sicht.«

Alle scharten sich vor dem Haus zusammen, um Thorvald in Eriks altem Schiff in den Fjord segeln zu sehen. Das Wasser glitzerte so stark, daß es in den Augen brannte, und Raben und Möwen drehten aufgeregt ihre Runden in der Luft und kreischten, als hätten auch sie etwas zu feiern.

Erik und sein Hengst waren bereits in gesetztem Tempo unterwegs zum Strand, Leif ritt voran und Thorstein hinterher. Gudrid wußte, daß Thorstein die zusammengesunkene Gestalt des Vaters ängstlich im Auge behielt, falls dessen Hengst über etwas stolpern sollte, das die schwachen Augen des Vaters nicht gesehen hatten. Seit Leifs Rückkehr war es sowohl mit Eriks Gesundheit als auch mit seinem Augenlicht ständig bergab gegangen, und Gudrid erkannte, daß Erik nicht gescherzt hatte, als er über Erling Wellenreiters extra Tonne Malz gesagt hatte, daß damit das Bier für seine Beerdigung gebraut werde.

Thorvalds Schiff lag tief im Wasser, offenbar hatte er tatsächlich soviel Glück auf der Fahrt gehabt, wie Leif behauptet hatte. Schnell rechnete Gudrid die Vorräte in Thjodhilds Vorratskammern zusammen. Vielleicht würde der Winter diesmal doch nicht so schlimm werden, da ja nun genügend Nahrungsmittel für Mensch und Vieh vorhanden waren! Es hing natürlich auch davon ab, wie viele von Thorvalds Männern den Winter über auf Brattahlid bleiben wollten.

∞

Acht von Thorvalds Männern verbrachten den Winter auf Brattahlid, und keine weiteren Schiffe legten in diesem Herbst zum Überwintern an. Zur Winternacht hielt Erik ein großes Gelage und opferte seinen liebsten Besitz, den goldbraunen Hengst. Das

Opfermahl sollte den Bewohnern von Brattahlid im nächsten Jahr einen guten Sommer sichern. Mit dem Blut des Tieres wurde jedes Haus und jedes Nebengebäude auf dem Hof bespritzt, und das Glied des Hengstes wurde in dem Hügel unter der großen Birke begraben. Als Erik sich vergewissert hatte, daß alles zu seiner Zufriedenheit ausgeführt worden war, ging er langsam zum Langhaus zurück, gestützt von Thorvald und Thorstein und gefolgt von Leif, der die Opferschale trug.

Erik setzte sich auf den erhöhten Ehrensitz, und Thjodhild reichte ihm das Trinkhorn, das bis zum Rand mit dem Bier gefüllt war, das sie auf seine Bitte hin für das Festmahl gebraut hatte. Er hatte gesagt, sie solle mit nichts sparen, denn er habe Leute von weit her eingeladen. Gudrid war froh, daß sie nicht allein die Verantwortung für eine so große Menge kostbaren Malzes trug, aber Thjodhild versicherte ihr, daß ihre Art des Bierbrauens auf eine lange Familientradition zurückgeführt werden könne, seit mindestens vier Generationen sei niemals etwas mißlungen. Auch diesmal wurde das Bier gut.

Erik blieb auf seinem Ehrenplatz sitzen, die zitternden Hände um das Trinkhorn geklammert. Seine Stimme war leise, aber fest, als er sagte: »Bevor wir dieses Festmahl beginnen, grüße ich die Götter und danke für das lange gute Leben, das sie mir schenkten. Mein Hengst wartet auf mich in Valhalla, und es wird nicht lange dauern, bis ich ihm nachfolge – das spüre ich an der schweren Krankheit in meiner Brust. Wir haben genug zu essen und zu trinken für einen feierlichen Leichenschmaus. Solange ich noch über meinen Verstand verfüge, möchte ich in Gegenwart all dieser Zeugen sagen, wie ich die Dinge nach meinem Tod geordnet haben will. Freydis, meine Tochter, erhielt nach ihrer Hochzeit den ihr zustehenden Grundbesitz, aber sie soll von mir auch die buntscheckige Kuh bekommen und mein Messer mit dem silbernen Griff, das sie ihrem erstgeborenen Sohn geben soll.«

Viele Augen richteten sich auf die hochschwangere Freydis, die mehr denn je einer Robbe glich. Sie sah weder ihren Vater an noch ihren Mann, sondern glotzte nur böse auf ihre Brüder.

»Mein jüngster Sohn Thorstein soll meinen Anteil an dem

Hof oben in Sandnes übernehmen, der ihm ermöglicht, in nicht allzu langer Zeit zu heiraten. Thorvald und Leif aber sollen gemeinsam Brattahlid bewirtschaften, vergeßt aber nicht, daß der Hof eurer Mutter gehört und daß sie, so lange sie lebt und gesund ist, hier die Hausfrau sein wird. Leif, die nächste Vinlandreise soll Thorvald antreten, denn nach mir bist du der Häuptling auf Brattahlid, und es wird für dich genug zu tun geben. Ihr drei bekommt zwei Schiffe – wenn sich herausstellt, daß ihr in dem neuen Land bauen und wohnen könnt, werdet ihr sie gut gebrauchen können. Ich bitte euch, ein Jahr zu warten, bevor ihr eine Ehe eingeht, damit ihr euch an die neuen Verhältnisse hier gewöhnt.«

Gudrid hatte das Gefühl, als würde ihr ein nasser Sack übergestülpt. Jetzt, da sich alles auf Brattahlid veränderte, meinte sie, daß sie mehr denn je die Sicherheit brauchte, die Thorstein ausstrahlte. Und es graute ihr davor, im Frühjahr nach Stokkanes zu ziehen. Auf dem frisch gerodeten Gelände war das Langhaus soweit fertig, unschön und klein und ohne den einladenden Geruch von Rauchfleisch, Milchprodukten und Wolle.

Als Erik wieder zu Atem kam, fuhr er mit so leiser Stimme fort, daß Gudrid sich anstrengen mußte, um ihn zu verstehen: »Damit mein Erbe gerecht verteilt wird, habe ich bereits Thorbjørn Ketilsson und Thorleif Kimbe Thorbrandsson gebeten, das Vieh sowie mein ganzes Eigentum zu schätzen, ausgenommen der Dinge, die Thjodhild persönlich gehören. Hinzufügen möchte ich nur, daß Leif mein bestes Schwert, den Beinbeißer, bekommen muß, weil er das Amt des Häuptlings auf Brattahlid übernehmen wird. Thorkel, der meine roten Haare geerbt hat, soll mein grün-goldenes Stirnband erhalten, das Thjodhild mir gewebt hat, als wir jung waren.«

Gudrid schaute verstohlen auf Thjodhild. Das braune, schmale Gesicht unter der hohen Stirn hatte seinen Ausdruck nicht gewechselt, seit Erik mit seiner Rede begonnen hatte, aber ihre Hände lagen fest zusammengeballt in ihrem Schoß, und ihre Augen wichen nicht von ihrem Mann.

Erik wischte sich mit dem Ärmel über die Stirn und atmete schwer.

»Zu guter Letzt noch eins: Wenn ich aus dem Leben scheide, soll Thjodhild mich mit ihrem Weihwasser segnen, damit ich auf ihrem Friedhof beerdigt werden kann. Ich kenne ihren Dickkopf gut genug, um zu wissen, daß sie selbst dort liegen will, wenn sie an der Reihe ist. Und jetzt wollen wir fröhlich sein!«
Er gab das Trinkhorn weiter, und die Frauen trugen die Schüsseln mit dem Essen herein. Der Lärm in der vollgestopften Stube wurde ohrenbetäubend, je stärker die Leute vom Bier benebelt waren. Erik sagte wenig und aß nichts, aber er trank jedes Mal einen tiefen Schluck, wenn das Horn zu ihm kam. Er sah angeregt und zufrieden aus. Als die Gäste sich endlich zur Nachtruhe zurückzogen, blieb er sitzen, als beabsichtige er, den Abend noch ein Weilchen in die Länge zu ziehen.

Thjodhild flüsterte Gudrid leise zu: »Mein Kind, leg dich noch nicht hin. Es steht jetzt schlecht um Erik.«

Erik sagte verdrießlich: »Ich habe gesagt, daß ich bereit bin zu sterben, jetzt habe ich ein großartiges Festmahl gegeben – einen besseren Abschied kann kein Mann von seinem Leben nehmen, falls ihm nicht gestattet wird, mitten im Kampf zu sterben. Mehr Gebräu und Ratschläge will ich nicht haben – die Krankheit hat lange genug gedauert.« Dann sank er in sich zusammen.

Thorstein hob den Vater hoch und trug ihn ins Bett, und Thjodhild schob einige Eiderdaunenkissen unter seinen Kopf. Sein Atem ging schnell und krächzend, und mit dem Husten kam auch Blut.

Thjodhild hatte Thorvald in die Kirche geschickt, um das Fäßchen mit dem Weihwasser zu holen, und jetzt tauchte sie den Finger in das Wasser und schlug das Kreuz über ihrem Hausherrn: »Im Namen des Vaters und des Sohnes und des Heiligen Geistes!«

Erik öffnete die Augen und lächelte schief. »Darauf hast du lange gewartet, das weiß ich.«

»Noch besser wäre es gewesen, wenn du dich hättest taufen lassen«, brummte Thjodhild. »Aber ich gebe mich auch so zufrieden.«

»Das kannst du. Alles, wozu wir, du und ich, gemeinsam bestimmt waren, haben wir erreicht.«

Er schloß die fast blinden Augen und versuchte, einen Hustenanfall, der in ihm aufwallen wollte, zu unterdrücken. Endlich entspannte er sich, streckte seiner Frau die Hand entgegen und sagte: »Lebe wohl, Thjodhild! Ich kann unsere Söhne jetzt nicht sehen, aber ich weiß, daß sie da sind. Kein Vater hat stattlichere Söhne gehabt ... Sorge dafür, daß sie den alten Brauch und Anstand nicht vergessen.«

Der Häuptling starb, als die Morgengrütze zu kochen begann. In dem Dampf und Rauch sah Gudrid nur schemenhaft den Kopf und die Schultern eines Eisbären, Eriks Folgegeist.

Thjodhild saß aufrecht wie ein Pfahl auf der Bank neben Eriks Bett und starrte auf das verlebte Gesicht mit den Augen, die vergessen hatten, was Blinzeln war. Die Tränen liefen langsam über ihre Wangen, aber es kam kein Laut aus ihrer Kehle. Es war so still in der Stube, daß Gudrid das Gefühl hatte, sie wäre an Bord eines Schiffes, das in dichtem Nebel auf Grund gelaufen war.

∞

Arne Schmied, Tyrkir und Stein zimmerten den Sarg aus Vinlandholz. Dann wurde Erik der Rote an der Südwand von Thjodhilds Kirche begraben, und Thorbjørn sprach ein Gedicht zum Gedenken an den Freund. Diejenigen, die zu Eriks Festmahl im Herbst gekommen waren, feierten jetzt sein Andenken und waren Zeugen, daß sein Erbe nach seinem Willen verteilt wurde. Thjodhild und ihre Söhne gaben ihnen großzügige Geschenke, bevor sie zu ihren Höfen zurückfuhren, um sich auf den langen Winter vorzubereiten.

ARNE SCHMIED

Kurz nach Eriks Beerdigung fror der Fjord zu, und Thjodhild riet Gudrid, warme Kleider aus den Fellen anzufertigen, die Thorbjørn noch besaß. Gudrid hatte noch nie zuvor Kleidungsstücke genäht – zu Hause in Island nahmen sich die Sklaven oder Dienstleute dieser Arbeit an. Als es ihr gelang, wasserdichte Säume zu nähen und den Sehnenfaden anzufeuchten, ohne sich in die Lippe zu schneiden, begann sie, an einem dunklen Robbenfellumhang für sich selbst zu arbeiten. Thorkatla riet ihr, die Kapuze am Rand mit weißen Fuchsschwänzen zu verzieren.

»Es ist ja niemand da, der es bemerkt«, sagte Gudrid sauer. Thorkatla verdrehte die Augen zum Himmel, ohne etwas zu sagen.

Arne Schmied saß am anderen Ende der Stube und schnitzte Faßdauben. Er mischte sich für gewöhnlich nicht in die Gespräche der Frauen ein, aber jetzt sah er von seiner Arbeit auf und sagte zu Gudrid: »Vielleicht kommen die Skrælinge bis hier herunter und nehmen dich mit, wenn sie dich in dem Umhang sehen!«

Gudrid wurde rot, bekreuzigte sich und beugte sich schweigend über die Näharbeit.

Thjodhild sagte scharf: »Damit soll man nicht spaßen, Arne. Als Erik und ich das erste Mal nach Brattahlid kamen, fanden wir viele Hinweise darauf, daß hier früher Skrælinge gewohnt haben. Es wäre schlimm, wenn sie wieder herkämen, und noch schlimmer, wenn sie unsere Frauen raubten.«

Arne Schmieds Augen blitzten, und Gudrid fiel auf, daß er vor dem Unglück ein eindrucksvoller gutaussehender Mann gewesen sein mußte. Er nahm seine Krücken und sagte kurz: »Verzeih, Thjodhild. Es war nicht meine Absicht, jemanden hier in der Stube zu erschrecken. Ich wollte damit nur ausdrücken, daß Gudrids äußere Erscheinung hier reine Verschwendung ist.«

Mühsam zog er sich von der Bank hoch und humpelte zur Tür. In Gudrids Ohren brauste es trotz der Stille, die sich auf die Stube herabsenkte, als sich die Tür hinter ihm geschlossen hatte. Arne hatte gewagt, das laut auszusprechen, was sie selbst kaum zu denken wagte. »Nur ein Winter hier genügt, um die Erinnerung an alles auszulöschen, was vorher geschah«, hatte die Braut von Øyolf dem Erbärmlichen gesagt. Gudrid fragte sich oft, ob sie selbst nicht schon ausgelöscht worden war.

Seit Eriks Tod hatte Thorstein seine ganze Zeit mit den Brüdern verbracht. Im Haus redeten die drei Männer nur über ihre Arbeit auf Brattahlid und die Vorbereitungen für den nächsten Sommer, in dem sich Thorvald an Bord des »Wellenschluckers« auf die Reise nach Vinland begeben sollte. Mit dem anderen Schiff wollte Thorstein nach Norden segeln, um nach seinem Hof auf Sandnes zu sehen, ehe er noch weiter nördlich auf die Jagd ging. Wenn Gudrid Thorstein eine Schüssel mit Essen oder eine Trinkschale reichte, sah er sie geistesabwesend an und bedankte sich höflich, ehe er sich wieder an einen seiner Brüder wandte mit einer Bemerkung wie: »Soweit ich mich erinnere, müßte es ein leichtes sein, die obere Wiese auf Sandnes zu entwässern.«

Falls Gudrids Vater enttäuscht über die Wartezeit war, die Erik seinen Söhnen auferlegt hatte, zeigte er es nicht, und falls er und Erik vor Eriks Tod bereits einen Handel abgeschlossen hatten, sagte Thorbjørn auch darüber nichts. Er war stets zurückhaltend gewesen, und Gudrid erwartete in dieser Hinsicht keinerlei Wandlung.

Aber sie bemerkte andere Veränderungen beim Vater: Das nußbraune Haar war grau geworden, die Furchen in dem schönen Gesicht über dem gut gestutzten angegrauten Bart wurden immer tiefer, und dunkelbraune Leberflecken breiteten sich auf Wangen und Händen aus. Nichtsdestotrotz trieb er seine Leute und sich selbst härter an, als er es jemals in Island getan hatte.

Sobald das Wetter es erlaubte, fuhren Schwarzbart, Harald Roßhaar und Stotter-Thjorfe über das Eis, um Steinzäune um die Wiesen des Stokkanes-Hofes aufzuschichten. Die drei Sklaven betraten den Boden bereits mit festeren Schritten – im Frühjahr würden sie freie Männer sein. Gudrid sah ihnen oft nach und dachte, daß sie im Frühjahr nur mit Hilfe von Thorkatla Hausfrau auf Stokkanes werden sollte. Wenn sie sich auf Brattahlid schon verloren fühlte, wie sollte es dann erst dort drüben werden, wo die Nachbarn so weit entfernt voneinander wohnten? Zum Weihnachtsgelage und zum Mittwintergelage waren Gäste von der anderen Seite des Fjordes und von den Höfen in der Nachbarschaft angereist, aber im täglichen Leben herrschte nicht gerade Trubel. An den kurzen Wintertagen waren lange Fahrten auch für die Männer unmöglich. Außerdem verließen die Brattahlid-Leute nur ungern das Anwesen, sie erwarteten, daß die anderen zu ihnen kamen. Sogar im Sommer war Gudrid nur ein einziges Mal in Kimbavåg gewesen, der Anlaß dazu war ein Festmahl, das Thorleif Kimbe gab, um das seltene Wunder zu feiern, daß seine Frau und eine der Kühe in derselben Woche Zwillinge bekommen hatten.

Mehr als die gegenseitigen Besuche vermißte Gudrid die Landstreicher, die ein fester Bestandteil des isländischen Lebens waren. Allein oder in Gruppen wanderten Leute ohne Arbeit und eigenen Hof durch das Land und bekamen unterwegs Essen und Unterkunft auf den Höfen, im Gegenzug dazu tauschten sie Neuigkeiten und Klatsch mit den Hofbewohnern aus. Besonders erinnerte sich Gudrid an eine hochgewachsene Frau, die Halla Halbtroll hieß. Sie hatte das typische, knallrote Gesicht der Obdachlosen und trug stets zerlumpte, abgelegte Männerkleider, wenn sie wie jedes Jahr gegen Ende der Erntezeit auf Arnastape auftauchte, um die aktuellen Neuigkeiten von den großen Höfen auf der Nordseite von Snæfellsnes zu berichten. Sobald durchsickerte. daß Halla gekommen war, fanden die Leute auf dem Hof einen Vorwand, ihre Arbeit liegenzulassen und sich im Küchenhaus zu versammeln. Dort erzählte Halla mit ihrer heiseren Stimme und stopfte das viele gute Essen in sich hinein, das Halldis ihr vorsetzte, damit es kein Gerede über ärmliche Verhältnisse auf Arnastape gab.

Hier auf Grönland wäre es für Leute wie Halla unmöglich, sich zu behaupten. Trotzdem sickerten Klatsch und Neuigkeiten durch, genau wie Wasser durch Moos. Nach Weihnachten hatte auf Herjolfsnes eine Doppelhochzeit stattgefunden. Ein junger Witwer mit drei kleinen Kindern und einem großen Hof in Einarsfjord hatte Ragnfried Bjarnisdatter geheiratet, und Thorkel, ihr Bruder, hatte sich mit einer Witwe vermählt, die Thorunn hieß. Die Leute sagten, daß Thorunn jung, schön und obendrein reich sei, aber sie sei auch unberechenbar. Gudrid wußte nicht, von wem solche Neuigkeiten stammten. Sie schienen mit dem Knirschen der Füße auf dem Schnee zu kommen, verbreiteten sich mit dem dampfenden Blut von jeder Robbe, die auf dem Eis unterhalb von Brattahlid getötet wurde, und flatterten davon in den flimmernden Bändern des Nordlichts.

Wenn Gudrid und Thorkatla vor dem Zubettgehen draußen auf dem Klo gewesen waren, blieb Gudrid oft einen Augenblick stehen und betrachtete die blaßroten und grünen Himmelsflammen hinter Stokkanes. Als sie eines Abends so dastand und den Blick über den schwarzen Sternenhimmel gleiten ließ, stellte sie fest, daß der rastlos flimmernde nördliche Himmel hinter Stokkanes und dem Inlandeis irgendwie lebendig wirkte. Ein milder Lufthauch erinnerte sie an Island, noch nie hatte sie sich so einsam und verlassen gefühlt. Sie fühlte sich wie eine vollgesogene Wollgrasflocke, die sich auf einer Lache ausbreitete, ehe sie in Spiralen auf den Grund sank. Sie nahm es kaum wahr, daß Thorkatla verkündete, sie wolle schnell zurück ins Haus, ehe sie erfriere.

Eine wuchtige, tief vermummte Gestalt stand plötzlich wie die Fortsetzung eines Alptraums neben ihr. Gudrid bekreuzigte sich und starrte ununterbrochen auf das Nordlicht, so mutlos, daß sie nicht einmal in der Lage war, sich zu ängstigen.

»Gudrid ...?« Thorsteins Stimme klang zögernd, fragend. »Solltest du nicht lieber hineingehen? Ich sah gerade Thorkatla ohne dich zurückkommen und war beunruhigt.«

Warme Dankbarkeit durchströmte Gudrid. Wie gut, daß sich doch noch jemand um sie kümmerte! Sie sah zu Thorstein auf. In seinen Augen las sie, daß sie in der Pelzkapuze mit dem weißen Rand gut aussah. Ach, was war sie doch für ein nörgelnder Dummkopf! Mit einem Lachen in der Stimme sagte sie: »Das Nordlicht hier ist so schön! Ich mußte es einfach eine Weile anschauen. Ich wünschte, ich könnte einen Wandteppich mit diesem Nordlicht als Muster sticken.«

»Ich bin froh, daß es dir auf Grönland gefällt, Gudrid. Es würde dir sicher auch oben in der Westsiedlung gefallen.«

»Ja, sicher!« sagte Gudrid, verwirrt über die plötzliche Andeutung, daß sie mit der Zeit Hausfrau auf Sandnes werden könnte. »Ich – ich habe immer Lust gehabt, fremde Gegenden zu sehen. Warst du schon einmal außerhalb von Grönland?«

»O ja, einmal war ich zusammen mit Leif in Norwegen. Es war schön dort, aber ich fühlte mich nicht so frei wie hier auf Grönland. Weder Leif noch ich könnten uns vorstellen, dem norwegischen König Steuern zu bezahlen, auch wenn er noch so eng mit uns verwandt ist. Ich liebe es, mein eigener Herr zu sein – das hat Vater gewußt, als er mir seinen halben Anteil am Hof Sandnes überließ.«

»Erik war ein Häuptling in jeder Beziehung«, sagte Gudrid.

»Ja, das war er. Die Leute gehorchten ihm, weil er erkannte, wie er in ihrem Sinne die Dinge regeln konnte. Das ist jedenfalls meine Meinung. Aber ich habe keinen Denkerkopf wie dein Vater.«

Thorstein hörte sich so an, als bedauere er diese Tatsache nicht sonderlich, und Gudrid unterdrückte ein Lächeln, als sie erwiderte: »Vater hat zwar, wie du bemerkt hast, einen Denkerkopf, aber ich weiß nie, *was* er denkt.«

»Das macht nichts«, sagte Thorstein. »Du und er, ihr habt vieles gemeinsam. Aber jetzt hetzt er vielleicht noch seinen alten Köter auf mich, wenn ich dich hier draußen noch länger aufhalte!«

Er begleitete sie zurück zum Langhaus und sah sie im Haus verschwinden, ehe er weiter hinauf zu dem Gebäude ging, in dem er, Thorvald und viele andere Männer ihre Schlafstätte hatten. Gudrid fühlte sich seltsam berührt und geehrt, weil er nicht mit ihr zusammen in die Stube gegangen war, womit er die Gerüchteküche in Gang gesetzt hätte. Und sie fühlte sich plötzlich überhaupt nicht mehr mutlos.

Als die Tage länger wurden, wurde Gudrid leichter zumute. Allmählich wurde der Himmel weicher und nahm ein dunkleres Blau an, und mitten am Tag unterstrich die Sonne jede glitzernde Linie in der Landschaft so stark, daß ihre Augen schmerzten. Arne Schmied fertigte für Thorkel eine Art Schlitten mit Kufen aus Walfischknochen an. Er hatte Mast und Segel, und Thorkel war ganz außer sich vor Aufregung, als er Stein half, den Schlitten zum Strand zu tragen. Auch Arne Schmied legte sich mit dem Bauch auf eine steife Stierhaut und rodelte die vereiste Böschung hinunter, während er mit den Armen steuerte und bremste. Als Gudrid kurze Zeit später ihre Arbeit für eine Weile unterbrach, konnte sie das Schlittenboot auf dem zugefrorenen Fjord davonstieben sehen.

Sie ging zu ihrem Webstuhl zurück und lauschte mit einem halben Ohr auf das Geschwätz um sie herum, während sie eines der Webgewichte richtete, einen glatten ovalen Kleberstein, der auf der einen Seite mit einem eingeschnittenen Kreuz und auf der anderen mit einem Thorshammer verziert war. Längs der Außenkante stand in schwach geritzten Runen: »Gudrids Hände werden mich halten.« Das Gewicht war ein Geschenk von Arne Schmied. Gudrid hatte ihm herzlich dafür gedankt und gedacht, wie gut es für Arne war, daß er sich wenigstens mit den Händen auf nützliche Weise beschäftigen konnte.

Um die Mittagszeit wurde die Tür zur Stube mit einem lauten Knall geöffnet, und eine Welle eiskalter Luft kam mit Thorkel Leifsson herein. Die roten Haare hatten sich wild um seine dicke Mütze gelockt, und seine Wangen brannten vor Kälte und Aufregung.

»Thorkel, das ist keine Art, eine Stube zu betreten!« wies ihn Thjodhild zurecht.

Der Junge lief zu ihr und küßte die Großmutter auf die trockene braune Wange.

»Du müßtest mal sehen, wie schön unser Schlittenboot fährt, Großmutter. Arne Schmied ist in Stokkanes geblieben, um Thorbjørn bei etwas zu helfen, und ich soll fragen, ob Gudrid Lust hat, mit mir und Stein zu ihrem Hof hinüberzufahren!«

Gudrid sehnte sich plötzlich heftig danach, aus dem verräucherten Raum in das frische Weiß hinauszukommen. Es schien ihr eine Ewigkeit, bis Thjodhild auf ihre würdige Weise antwortete: »Du fragst Gudrid am besten selbst, ob sie mitmöchte. Es ist jedenfalls lange her, daß sie drüben auf Stokkanes war.«

Thorkel zog Gudrid am Ärmel. »Komm mit, Gudrid! Hab keine Angst. Stein kann hervorragend steuern, und er sagt, daß ich langsam anfange, das Segel in den Griff zu bekommen. Und wir werden uns nicht einmal der Flußmündung nähern – wir haben erst Kurs auf die andere Seite genommen, als wir weit weg von dem gefährlichen Stück waren.«

Gudrid hängte Weberschiffchen und das Webschwert an die Wand und sagte gespielt ruhig: »Ich muß mir nur noch warme Sachen anziehen. Ist Vater auch auf Stokkanes?«

»Ja, und Stein muß ebenfalls dahin zurück. Arne Schmied hilft uns, wieder nach Hause zu segeln.«

Die ausgehöhlten, mit Wolle gefütterten Kuhbeine, die Gudrid als Stiefel benutzte, glitten und rutschten auf dem Weg hinunter zum Strand, aber sie hielten jedenfalls die Füße warm. Sie zog die Kapuze tief ins Gesicht, um die Augen gegen das Schneegeglitzer zu schützen, und sie war froh, daß sie auf dem Weg hinüber nach Stokkanes die Sonne im Rücken hatten. Die Luft war kalt und scharf, aber sie stach nicht mehr in den Lungen, und die heiseren Rabenschreie, die von dem steilen Abhang auf der anderen Seite des Fjordes zu ihnen herüberschallten, versprachen, daß Frühling und Wachstum nicht mehr lange auf sich warten lassen würden. Eine Welle von Erwartung und Freiheitsgefühl wallte so heftig und plötzlich in ihr auf, daß es ihr beinahe schwindelig wurde.

Stein setzte sie vor den Mast. Er selbst hockte sich achteraus nieder und hielt Thorkel zwischen den Knien, damit er ihn anlernen konnte. Als der Ostwind das kleine blaue Segel füllte, ergriff er die spitze Stange, die er zum Steuern und Bremsen benutzte, und brüllte: »Halt gut fest! Laß auf der Steuerbordseite ein wenig nach, Thorkel!«

In Island war Gudrid oft Schlittschuh gelaufen, aber nie hatte sie etwas Ähnliches erlebt wie dieses Eissegeln. Das Fjordeis, das oben vom Haus aus so spiegelglatt ausgesehen hatte, war voller Rillen, und mehrmals war sie davon überzeugt, das Schlittenboot würde umstürzen und sie auf das holprige Eis hinausschleudern. Aber sie hielten sich aufrecht und kurvten elegant in die Bucht von Stokkanes, nachdem sie um das tückische Eis bei der Flußmündung einen großen Bogen gemacht hatten.

Die Elchhündin Hilda kam herunter zum Strand gesprungen und begrüßte sie mit Freudengeheul und wüstem Gebell. Vom Langhaus hörte man Hämmern und Stimmen, es roch nach Rauch und frisch gefälltem Holz, und als Gudrid in die Stube kam, brannte ein munteres Feuer auf der Feuerstelle. Sie setzte sich neben den Vater, schob die Kapuze zurück und zog die Handschuhe aus.

»Es ist gemütlich hier, Vater.«

»Schön, daß es dir gefällt«, sagte Thorbjørn bedächtig. »Es hat sich auch einiges verändert, seit du zuletzt hier warst – Arne hat ein paar Schränke für deine Sachen gebaut. Jetzt macht er gerade die Eisenbeschläge.«

Arne Schmied hatte nicht aufgesehen, als Gudrid hereinkam, aber jetzt begegnete sein Blick ihren Augen. »Du hast so viele kleine Säckchen und Schachteln für deine Heiltränke und Farben, Gudrid, daß ich dachte, du würdest gern Ordnung darin halten. Dann leben auch die Leute in deinem Haus sicherer – wer weiß, was du ihnen sonst in die Suppe tun könntest ...« Er lächelte schief und schlug vorsichtig einen dünnen Nagel ein. »Wenn ich fertig bin, werde ich dich und Thorkel nach Hause bringen.«

Gudrid würde lieber ein dutzendmal aufs Eis geschleudert werden, als die Befürchtung zu äußern, Arne könnte das Schlittenboot ohne Steins Hilfe nicht beherrschen.

⚘

Auf dem Weg zum Strand schlenderte Stein neben Arne her, bereit, den Freund festzuhalten, wenn ihm die Krücken entglitten, aber Arne verlor das Gleichgewicht nicht. Gudrid sah, daß auf seiner Stirn Schweißtropfen standen und daß er die Lippen in dem kurzen schwarzen Bart fest zusammenkniff, aber wenn es ihm schlechtging, so verriet er es nicht einmal mit einem Grunzen. Mit einer Handbewegung bot er ihr an, sich wieder vor den Mast zu hocken. Mit etwas Hilfe konnte er sich achteraus setzen, und Thorkel hielt die Krücken, während Arne das Segel hißte und nach der Steuerstange griff.

Die Sonne versank allmählich hinter den Bergen, und der Wind war so weit abgeflaut, daß Gudrid sich nicht mehr festzuklammern brauchte. Sie drehte sich um und lächelte Arne zu, aber seine Augen hatten einen entrückten Ausdruck angenommen. Sie versuchte, sich vorzustellen, wie seine Zukunft aussehen könnte. Eine Frau mit unbrauchbaren Beinen konnte nicht erwarten, von einem Mann geheiratet zu werden – vielleicht war es für einen behinderten Mann ebenso schwer, eine Frau zu finden? Besonders wenn er nicht mit ihr schlafen konnte. Vielleicht war es ja so, daß mit der Fähigkeit zum Beischlaf auch die Lust wegblieb – sie wußte so wenig darüber ...

Arne richtete plötzlich den Blick auf sie. »Wolltest du mich etwas fragen, Gudrid?«

Sie spürte, wie ihr die Röte in die Wangen stieg, und blickte schnell zur Seite: »N-nein – ich sitze nur hier und denke daran, wie schön es ist!«

»Ja. Ich könnte so weiterfahren, bis wir auf das offene Wasser stoßen.«

Gudrid sah ihn erstaunt an und wußte nicht, was sie antworten sollte. Thorkel war, an Arne gelehnt, eingeschlafen, und während der restlichen Fahrt redete keiner mehr. Als Arne die Stange in das Eis stieß und das Segel am Strand von Brattahlid fierte, spürte Gudrid die eisige Kälte in vollem Umfang. Sie schwang die Füße auf das Eis und lächelte Arne scheu zu.

»Das war der schönste Nachmittag, den ich auf Grönland gehabt habe!«

Er sah sie direkt an und erwiderte: »Als ich an diesem Schlittenboot gearbeitet habe, hoffte ich, dich wenigstens einmal mit hinausnehmen zu können, Gudrid. Ich wußte, daß es dir gefallen würde – du sitzt mit deinen Röcken genauso fest, wie ich mit meinen Krücken gefangen bin. Du kannst mir glauben, daß ich die Sehnsucht in deinen Augen gesehen habe, wenn du mich und die anderen nach unseren Reisen gefragt hast.«

Er hob abwehrend die Hand, als Gudrid protestieren wollte. »Jetzt will ich dir ein für allemal sagen, was ich auf dem Herzen habe. Ich bin gezwungen, wie die Frauen zu leben, deswegen erkenne ich jetzt, warum ihr Frauen euch mit dem begnügt, was das Leben euch bietet. An diesem Nachmittag waren wir in *meiner* alten Welt zu Gast. Ich bin ein *Mann*, Gudrid, damit du es nur weißt! Und es war für mich ein wahres Vergnügen, dich für eine Weile von deinem Webstuhl wegzulocken, ehe eine Hauskatze aus dir wird!«

»Vielen Dank!« sagte Gudrid, gespielt beleidigt. Sie war dankbar, daß Arne wieder den scherzhaften Ton angenommen hatte, den er für gewöhnlich gebrauchte, wenn er mit ihr sprach. Mit abgewandtem Gesicht sagte sie schlicht: »Es stimmt, daß ich mich nach etwas Abwechslung sehne.«

Ehe Arne antworten konnte, wachte Thorkel auf, eifrig wie ein ausgeruhter Welpe. »Arne, ich gehe jetzt rauf und frage Vater, ob ich ein Pferd für dich mit herunternehmen darf, wie Thorbjørn mich gebeten hat.«

Er lief davon, ehe Arne nach den Krücken greifen konnte, und Gudrid sah ihm nach und lachte. »Er möchte gern, daß du gut in Form bleibst, damit du ihn morgen wieder mitnehmen kannst!«

»Und du, Gudrid – kommst du morgen auch wieder mit uns?«

»Diese Fahrt war so schön, weil sie aus dem Augenblick heraus entstand. Und es wäre nicht richtig von mir, alle Arbeit im Haus den anderen zu überlassen, während ich mich draußen vergnüge.«

Arne hatte sich endlich zu seiner vollen Höhe aufgerichtet und sagte gleichmäßig: »Du sprichst, wie es sich für eine ehrbare Frau gebührt. Und jetzt ist es wohl am besten, wenn wir zwei hier nicht allein zusammen stehenbleiben. Geh du nur hinauf, ich komme nach, so gut ich kann, bis Thorkel mir das Pferd bringt.«

∞

In den folgenden Wochen lernten Thorkel und sein Freund Egil aus Kimbavåg, das Schlittenboot zu beherrschen. Und fast jeden Tag stand ein Haufen Kinder auf dem Hof von Brattahlid und wartete auf eine Fahrt an Bord von Arnes Erfindung. Gudrid sah ihnen nach, wie sie herumliefen und -schlitterten in den unterschiedlichsten Pelzkleidern – sie glichen seltsamen kleinen Tieren mit hellroten Schnauzen unter den Kapuzen. Würde der Tag kommen, da ihre und Thorsteins Kinder sich hier auf Brattahlid oder auf Sandnes tummelten?

Seit dem Abend, an dem Thorstein zu ihr herausgekommen war, während sie das Nordlicht betrachtete, war er ihr oft mit den Augen gefolgt, wenn sie die Schüsseln zum Abendessen auftrug, aber er hatte nie mehr versucht, mit ihr unter vier Augen zu sprechen.

∽

In diesem Jahr feierte Gudrid zum ersten Mal Mariä Lichtmeß. An dem dunklen Winternachmittag folgte fast der ganze Hausstand Thjodhild und Thorbjørn, die beide eine brennende Wachskerze in der Hand hielten, in die Kirche. Tyrkir war der einzige freie Mann auf dem Hof, der das Haus nicht verließ. Er hatte einen fürchterlichen Husten bekommen und lag seit einer Woche im Bett. Harald Roßhaar trug die Verantwortung dafür, ihn sauber zu halten und ihn zu füttern, und er sagte zu Gudrid, daß Tyrkir stärkere Zaubergetränke bekommen müsse, wenn er nicht sterben solle.

»Ich habe keine stärkeren, Harald«, sagte Gudrid traurig. »Ich habe alle Mittel ausprobiert, die ich kenne. Man muß dem Schicksal seinen Lauf lassen.«

Tyrkir selbst machte sich keine falschen Hoffnungen. In der Nacht nach Mariä Lichtmeß rief er Thjodhild und ihre Söhne zu sich, und sie mußten ihm versprechen, daß er auf der heidnischen Grabstätte in der Nähe des Thingplatzes beerdigt werden würde, nicht auf Thjodhilds Friedhof. Als er gestorben war, ließ Leif ihn in Loden einhüllen, bevor der Leichnam in eine kleine Höhle gelegt wurde, die man mit Geröll verschloß. Bis der Boden aufgetaut war, konnte von einem Grab keine Rede sein.

Leif war schon immer schweigsam gewesen, und in den ersten Wochen nach dem Tod seines Ziehvaters war er schweigsamer denn je. Gudrid dachte, daß es mit einer solchen Veranlagung nicht verwunderlich war, daß er immer noch um seine junge Frau trauerte. Aus Thorvald klug zu werden, war schwieriger. Soweit Gudrid sehen konnte, hatte er sich noch keine Frau ausgewählt. Er schlief auch nicht mit den Dienstmägden – das taten übrigens auch seine Brüder nicht. Thorkatla, die am liebsten laut dachte, meinte, das liege daran, daß die Erikssöhne ungern noch ein Kind von niedriger Geburt in der Familie hätten, Freydis sei mehr als genug.

Freydis hatte vor Weihnachten ein totes Kind zur Welt gebracht und hatte nichts Besseres zu tun gehabt, als Gerüchte in Umlauf zu bringen, daß Gudrid sie und das Kind bei Eriks letztem Gastmahl verhext hätte. Erst ein paar Wochen nach Tyrkirs Tod drangen die Beschuldigungen zu Gudrid vor. Thorbjørn und die drei Erikssöhne waren vier Tage lang fortgewesen, sie waren nach Gardar gefahren, um Thorvard zu sagen, er möge dafür sorgen, daß seine Frau augenblicklich aufhöre, derartige Gerüchte zu verbreiten, da sie ihn sonst beim nächsten Thing wegen Ehrenkränkung verklagen würden. Er hatte versprochen, das zu tun, worum er gebeten wurde, aber Gudrid war trotzdem außer sich, als sie Wind von der Sache bekam. Schließlich nahm sie ihren ganzen Mut zusammen und führte ein Gespräch mit ihrem Vater.

Nach ihrem Ausbruch sagte Thorbjørn lange Zeit kein Wort, und sie begann schon ein wenig zu bereuen, daß sie ihre Wut und ihren Kummer nicht für sich behalten hatte, als er nachdenklich sagte: »Gudrid, wenn Menschen abschätzig über andere sprechen, mußt du dich fragen, was sie dabei gewinnen. Freydis glaubt sicher, daß sie und ihre Familie Brattahlid erben werden, wenn sie verhindern kann, daß ihre Brüder heiraten und Kinder bekommen. Was zählt, ist allein die Tatsache, daß es ihr nicht gelungen ist, Thorsteins Achtung vor dir zu mindern. Das hat er mir auf dem Heimweg von Gardar gesagt – im Herbst wird er mich bitten, dich heiraten zu dürfen. Vor dieser Zeit muß es so bleiben, wie Erik es gewünscht hat.«

»Ja, Vater.« Gudrid neigte den Kopf und wollte schon gehen, als ihr ein neuer Gedanke einfiel. »Bedeutet das, daß ich oben in der Westsiedlung wohnen werde? Weit weg von dir?«

»Das hatte Erik jedenfalls im Sinn, als er Thorstein seinen

Anteil am Hof Sandnes gab. Aber mit Gottes Hilfe treffen wir uns sicher ein ums andere Jahr.« Er bekreuzigte sich und nahm wieder das Rengeweih auf, aus dem er gerade Pfeile schnitt. »Ich habe viel zu tun.«

Gudrid wurde nach dem Gespräch mit dem Vater ruhiger, aber es wurde ihr ständig mulmiger zumute, wenn jemand sie um Salben oder Tränke für dieses oder jenes bat. Die Leute schienen meist den Unterschied zwischen Heilkunst und Schwarzer Kunst nicht zu verstehen, und sie hatte mittlerweile genug von dem ganzen Geschwätz. Richtig erschüttert war sie aber erst, als eines Tages kurz nach Frühlingsanfang ein junger Mann nach Brattahlid kam und sie bat, seine todkranke Frau und seine kleinen Kinder mit ihrer Zauberkunst zu heilen. Er hieß Val, war ein freigegebener Sklave und gab vor, den Weg nach Brattahlid von seiner kleinen Hütte oben unter dem Gletscher auf Schneeschuhen zurückgelegt zu haben.

»Ist es Krankheit oder Hunger, woran ihr leidet«, fragte Thjodhild barsch. »Jetzt am Ende des Winters wird es auch auf den großen Höfen mit den Nahrungsmitteln knapp.«

Val sah herab auf seine schlecht genähte Robbenpelzhose und sagte in seiner gebrochenen Sprache: »Wir haben zu essen – ich schieße Vögel und Füchse und Hasen und fange auch ein paar Fische. Ich esse den Magen und gebe den Rest meiner Familie, aber es ist sicher nicht genug.«

Gudrid wechselte schnell einen Blick mit Thjodhild und fragte: »Habt ihr Moos und Flechten für einen Brei? Und Tang zum Kauen?«

»Wir wohnen ja nicht so nah am Meer. Nicolette und ich haben im letzten Frühjahr die Freiheit geschenkt bekommen, und sie sagte, sie wolle nicht mehr essen wie ein Tier. Wir haben daher nur Futter für die beiden Ziegen gesammelt, die der Bauer uns gab, ehe er starb.«

»Blödsinn!« sagte Thjodhild leise zu Gudrid. Zu Val sagte sie: »Hier gibt es niemanden, der Schwarze Kunst betreibt. Aber Gudrid ist eine tüchtige Heilfrau; sie soll selbst entscheiden, ob sie mit dir nach Hause gehen will, um zu sehen, was ihr braucht. Wenn sie glaubt, daß es erforderlich sei, kann sie deine

Familie hierher nach Brattahlid bringen – aber ihr müßt das gleiche essen wie wir. Sind deine Kinder klein genug, um in Packsäcken Platz zu finden?«

»Ja – das eine ist ein Säugling und das andere ist gerade zwei Winter alt.«

Gudrid begegnete Thjodhilds fragendem Blick und antwortete mit einem langsamen Nicken. Doch, sie wollte mitgehen – Thjodhild hatte schließlich nicht nur ihr Einverständnis gegeben, sondern das ganze Gerede von der Beschwörung unbekannter Mächte mit einem Mal hinweggefegt. Nur das, was Gudrid von Halldis gelernt hatte, zählte. Zum Glück war Thorbjørn mit den Erikssöhnen auf der Jagd, denn sonst hätte sie riskiert, daß er so wütend geworden wäre wie damals, als die Seherin Thorbjørg sie auf Herjolfsnes bat, für sie zu singen.

»Nimm Decken mit und zieh dich warm an, Gudrid. Und nimm nicht die Abkürzung über den Fjord – Humpel-Aldis hat soeben berichtet, daß gestern ein Junge in dem Eisloch vor der Flußmündung verschwunden ist.«

Gudrid hörte die Warnung kaum. Ihr Herz hämmerte vor Aufregung und Spannung. Seit sie Island verlassen hatte, würde sie zum ersten Mal wieder auf einem Pferderücken sitzen! Sie ging zu Stein und bat ihn, ihren Sattel zu holen, aber als sie ihm erklärte, zu welchem Zweck sie ihn haben wollte, sah er sie lange an, ehe er antwortete.

»Dazu ist Hallveigs Sattel zu wertvoll. Du ahnst ja nicht, auf was für einen Ritt du dich da einläßt! Ich selbst werde mit dir reiten, denn sonst wage ich deinem Vater nicht in die Augen zu sehen, wenn er heimkommt. Und Halldor kann uns mit den Pferden helfen – du mußt Arne Schmied um neue Hufeisenstollen bitten, sonst erklimmen wir niemals die letzten steilen Steigungen. Außerdem haben die Pferde am Ende des Winters auch nicht mehr soviel Kraft.«

Arne sah unwillig von der Arbeit auf, als Gudrid ihm ihr Vorhaben erklärte. »Du hast den Verstand verloren, Gudrid – schick ein paar Sklaven von deinem Vater, wenn du unbedingt etwas tun willst.«

»Ich muß mir selbst ein Urteil bilden, und dazu muß ich sehen, was da oben los ist. Hab keine Angst. Wir werden an der Küste entlang bis ans Ende des Fjordes reiten, denn Thjodhild hat gesagt, daß gestern ein Junge in der offenen Stelle im Eis bei der Flußmündung verschwunden ist.«

»Ach so, das Eis beginnt zu brechen?« Arne Schmied sah sie lange an. »Ja, jetzt steht der Frühling vor der Tür, und da ziehst du nach Stokkanes ...«

Er ergriff ihre Hand und hielt sie einen Augenblick in seiner abgearbeiteten Faust fest. »Sei vorsichtig, Gudrid! Lebe wohl.«

Die alltäglichen Worte zitterten plötzlich in der Luft. Gudrid zwang sich zu einem Lächeln und sagte: »Leb wohl, Arne, und danke für die Hufeisenstollen. Wir sehen uns sicher morgen.«

∞

Vorwärts getrieben von der Angst und der guten Mahlzeit, die er auf Brattahlid bekommen hatte, lief Val so schnell, daß die Pferde kaum mit ihm Schritt halten konnten. Es war der schlimmste Ritt, den Gudrid jemals unternommen hatte. Sie hatte den Glauben, daß da oben in der Schneewüste Menschen lebten, längst aufgegeben, als ihre kleine Gruppe über einen Kamm aus Eis und Geröll schlitterte und sie in eine Senke mit drei kleinen Torfhütten schauen konnte. Aus der einen hörte man verzweifeltes Meckern, und als Val die niedrige Tür zu seiner Stube öffnete, kam ihnen das erschöpfte Wimmern eines kleinen Kindes aus der eiskalten Dunkelheit entgegen.

Die Feuerstelle verströmte keine Wärme. Halldor ging hinaus, um ein paar Weidenzweige zu sammeln, während Val eine kleine Öllampe anzündete und sie zu dem einzigen Bett in der Stube trug, in dem eine junge schwarzhaarige Frau lag und ihnen entgegenstarrte. Ihre Haut war rauh und gelblich, genau wie bei den kleinen Kindern, die sie im Arm hielt. Ihr Begrüßungslächeln war nur eine hilflose Grimasse.

Wortlos löste Gudrid die Riemen an dem Ledersack, den Thjodhild ihr mitgegeben hatte. Sie reichte Nicolette ein Stück Trockenfisch mit Butter, aber diese schüttelte nur schwach den Kopf und zeigte auf ihren Mund. Die Zähne saßen zu locker, um damit zu kauen ...

Gudrid dachte an all das Elend, das sie im Jahr zuvor im Herjolfsfjord gesehen hatte, und ihr Herz zog sich aus Angst um Vals Familie zusammen. Sie ließ sich nichts anmerken, sondern knetete kleine Käsekugeln zwischen den Fingern weich und steckte sie den Dreien im Bett in den Mund. Nicolette schluckte gehorsam, aber die Zweijährige ließ die Käsekugel im Mund schmelzen und starrte mit hundert Jahre alten Augen zu Gudrid hinauf, der Säugling wimmerte nur und sabberte den Käse wieder aus.

Ein jeder könnte in Versuchung kommen, bei diesem Elend Zauberei anzuwenden ... Gudrid bekreuzigte sich, entsetzt über ihre eigenen Gedanken. In Nicolettes matten schwarzen Augen glänzte plötzlich Leben, und Val sprang von der Bettkante auf und machte das Kreuzzeichen über seiner Familie und sich. Er war so aufgeregt, daß Gudrid kaum die Worte verstand, die aus ihm herausströmten.

»Du bist keine Hexe! Du bist eine Christin wie wir! Sind deine Leute auch Christen?«

»Nun, sie sind jedenfalls getauft ...«, sagte Gudrid vorsichtig.

Val und Nicolette wechselten ein paar Worte in einer ihr unbekannten Sprache, ehe er sagte: »Meine Frau möchte gern wissen, ob es hier auf Grönland noch mehr Christen gibt – oder irgendwo eine Kirche mit geweihtem Wasser.«

»Ja, sicher«, sagte Gudrid. »In Brattahlid steht eine Kirche, und Thjodhild hat dort Weihwasser. Seltsam, daß du das nicht gewußt hast, wo du doch wußtest, wo du *mich* finden würdest ...«

Val lächelte wie ein Mann, der dabei ist, ein volles Netz einzuziehen. »Nein, nicht so seltsam. Im Winter war ich am Ende des Fjordes beim Eisfischen, und da traf ich einen, den ich kannte. Er sagte, daß Grima in Vik verärgert sei, weil die Leute zu der neuen Zauberin in Brattahlid gingen, wenn sie Hilfe brauchten, und nicht zu ihr. Ich erinnerte mich, daß wir an Brattahlid vorbeigesegelt waren, als wir nach Grönland kamen, und als Nicolette dann so hinfällig wurde, wußte ich, wo ich um Hilfe bitten mußte. Aber es hat mir nie jemand gesagt, daß auf Brattahlid christliche Leute wohnen.«

»Wann seid ihr Christen geworden?« fragte Gudrid und beugte sich vor, um dem Kleinen über den Kopf zu streichen. Das Kind rührte sich nicht.

Val machte eine Bewegung mit den Armen. »Dort, wo wir herkommen, sind alle Christen – aber Heiden haben uns gefangengenommen. Wir hatten Glück, denn mein Herr kaufte uns beide. Jetzt wollen wir hart arbeiten und genug verdienen, damit wir heimfahren können. Dort ist es warm, und dort wachsen Korn und Trauben und andere gute eßbare Sachen.«

Gudrid dachte plötzlich an den Grund ihres Kommens. »Tja, sicher, ich hoffe, daß sich das machen läßt. Aber jetzt müssen wir überlegen, ob es deine Familie bis Brattahlid schaffen wird.«

Val beriet sich mit Nicolette und antwortete dann: »Wir glauben, daß das Weihwasser alle wieder gesund machen wird. Und wir haben ja Pferde dabei.«

∞

Schon am nächsten Tag machten sie sich auf den Heimweg, obwohl sie in Vals Stube nur wenig Schlaf gefunden hatten. Er selbst blieb zurück, um die Ziegen zu versorgen, auf die Jagd zu gehen und Nahrung für sich und die Seinen zu beschaffen. Er versprach jedoch, noch vor dem Sommer nach Brattahlid zu kommen. Stein zurrte Nicolette auf Gudrids Damensattel fest, damit sie nicht vornüber fiel; die Kinder wurden in Pelze gehüllt und jedes in einen Packkorb gelegt, und Gudrid setzte sich rittlings auf eines der anderen Pferde.

Als sie eine Weile geritten waren, wurde sie plötzlich von einer heftigen Angst gepackt, als ob böse Geister unterwegs wären und sie sich beeilen müßten, nach Hause zu kommen. Aber Stein und Halldor mußten den größten Teil des Weges zu Fuß zurücklegen, um Nicolettes Pferd und das Packpferd mit den Kindern zu führen, deshalb war es schon spät, als die kleine Gruppe in den Hof von Brattahlid einbog und von dem üblichen Hundegebell empfangen wurde.

Harald Roßhaar eilte herbei, um Gudrid vom Pferd zu helfen. Sein breites Gesicht mit den Narben von unzähligen Eiterbeulen sah verwirrt und traurig aus, und als Gudrid die Gesichter der anderen Hofbewohner sah, wußte sie, daß etwas Schlimmes geschehen war. Sie sah sich nach dem Vater um, konnte ihn aber nirgends erblicken. Ihr Herz pochte heftig, als sie Harald fragte: »Ist Vater nicht da?«

»Nein, Gudrid, er ist mit Thjodhild in der Kirche.«

»Wa-warum denn?«

»Weil Arne Schmied tot ist.«

In der Stube rieb Thorkatla Gudrids Füße warm und erzählte, daß Arne, gleich nachdem Gudrid mit ihrem Gefolge Brattahlid verlassen hatte, mit dem Schlittenboot hinausgefahren war. Als letztes sahen die Leute, daß er Kurs auf die dunkle offene Stelle vor der Flußmündung nahm. Jeder wußte, daß er nicht durch Zufall ums Leben gekommen war.

∽

Als Gudrid endlich ins Bett fiel, füllte sich ihr Herz mit Trauer, so wie sich die Kleider eines Ertrunkenen mit Wasser vollsaugten. Erschöpft versuchte sie, alle Gedanken aus ihrem Kopf zu verbannen, aber der Schlaf wollte trotzdem nicht kommen. Ständig sah sie Arnes dunkle Augen vor sich. Bald funkelten sie vor Zorn über den Schlag, den das Schicksal ihm versetzt hatte, bald wurden sie weich und konnten ihre Gedanken lesen. Warum hatte er sich das Leben genommen? Hatte er sie geliebt? Auf alle Fälle hatte er auch diesen Schmerz für sich behalten.

Sie hörte seine Stimme sagen, sie würde wie eine Hauskatze enden. Sie begriff nun, daß er sie besser verstanden hatte als jeder andere Mensch. Er hatte etwas erkannt, das sie selbst noch nicht richtig verstanden hatte: Nachdem sie mitsamt allen Wurzeln aus ihrem Leben in Island herausgerissen worden war und selbst die Reise nach Grönland überlebt hatte, fühlte sie sich unverwundbar und abenteuerlustig – Gefühle, die so gar nicht zu dem Leben paßten, zu dem sie erzogen worden war. Immer öfter hatte sie sich bei dem Gedanken an die Prophezeiungen der Seherin Thorbjørg ertappt, und an das, was diese über ihr zukünftiges Schicksal vorausgesagt hatte. Und jetzt war es zu spät, um Arne dafür zu danken, daß er ihre Gemütsverfassung erkannt hatte.

Arne und Halldis waren die einzigen, die einen tieferen Einblick in ihre Seele gewonnen hatten als sie selbst und die den Mut gehabt hatten, deutlich ihre Meinung zu äußern. Aber sie waren beide tot – gerade jetzt, wo sie so nötig jemanden brauchte, mit dem sie sich beraten konnte. Wenn sich alles zum Besten wendete, würde sie Thorsteins Frau werden, und einen ehrenhafteren Mann konnte sie nicht bekommen. Aber er war keineswegs so reiselustig wie seine Brüder, und das, was die Seherin vorausgesagt hatte, war wohl nur die Reise nach Sandnes, dort sollte sie seßhaft werden! Allein der Gedanke daran war plötzlich kaum zu ertragen. Und das, was Thorbjørg angedeutet hatte, daß Gudrid noch einmal heiraten könnte, war auch kein Trost, denn es war Thorstein, den sie kannte und dem sie vertraute ...

Zum ersten Mal wünschte Gudrid, daß sie mehr Gebete kennen würde als nur das eine, das der Vater sie gelehrt hatte, und daß sie wie Thjodhild ihren Seelenfrieden in der kleinen Kirche finden könnte.

EIN GUTES OMEN UND EIN EHEHANDEL

Thorbjørn und sein Hausstand zogen nach Stokkanes, nachdem die Lämmer und die Kälber auf die Welt gekommen waren. Gudrid hätte sich gern ein wenig ausgeruht, bevor die schwere Sommerarbeit richtig anfing, und sagte zu Thorkatla: »Ich glaube, alle Männer der Ostsiedlung haben dem Hof von Brattahlid einen Besuch abgestattet, ehe Thorvald nach Vinland aufbrach und Thorstein mit Stein und Stotter-Thjorfe nach Sandnes fuhr.«

Thorkatla war gerade dabei, einen Ledersack mit dem Küchengerät von Island auszupacken. Sie richtete sich langsam auf, stützte mit der einen Hand ihr Kreuz, und antwortete: »Du weißt doch, daß Thorbjørns Leute ausgelost haben, wer nach Norden mitkommen darf. All diese Geschichten über Tausende von Narwalen und Heilbutt, so groß wie Ruderboote – nicht verwunderlich, daß die Männer Lust auf die Reise hatten.«

»Nein, wahrhaftig nicht«, sagte Gudrid und hob einen Milchseiher hoch, den sie zu Hause auf Hellisvellir aus Kuhschwanzhaaren geknüpft hatte. Jetzt würde er endlich wieder gebraucht werden, denn der Vater hatte eine gute Milchkuh von Leif gekauft. Sie hängte den Seiher neben dem neuen Seihtrog auf, den Thorstein für sie angefertigt hatte – ein Zeichen für die stillschweigende Abmachung, die zwischen ihnen bestand. Gudrid hatte sich vorgenommen, ein mit Bändern verziertes Hemd für ihn zu nähen, bevor er im Herbst nach Hause kam.

Die Tür des Langhauses wurde laut zugeworfen und Harald Roßhaar stand mit einem Bündel in den Armen in der Tür zur Milchkammer. Seit Thorbjørn seinen Sklaven am ersten Tag in Stokkanes die Freiheit gegeben hatte, schien er unentwegt zu lächeln, und jetzt rief er fröhlich: »Gudrid, hier ist ein Geschenk für dich von Arne Schmied!«

Gudrid spürte, wie das Blut aus ihren Wangen wich. Arne wäre nicht der erste unglückliche Mensch, der unter den Lebenden als Geist wiederkehrte ... Sie bekreuzigte sich dreimal, netzte die Lippen und sagte mit halberstickter Stimme: »Arne Sch – Schmied? Ist – ist er zurückgekehrt?«

Sie blickte an Haralds breiten Schultern vorbei, halb darauf gefaßt, hinter ihm eine durchgeweichte Gestalt mit gequälten Augen, die in einem schneeweißen Gesicht loderten, zu sehen.

Harald runzelte angestrengt die narbige Stirn und bemühte sich, Gudrids Betroffenheit zu verstehen. »Aber nein, Gudrid, er liegt ja tot da unten im Fjord. Aber ehe er zum letzten Mal hinausfuhr, gab er mir dieses Bündel und sagte, ich solle es dir geben, wenn du in Stokkanes eingezogen wärest. Es sei ein Geschenk, mit dem du nicht gerechnet hättest, sagte er.«

Einen so langen Satz hatte Gudrid Harald noch nie sagen hören. Sie biß sich auf die Lippe und sagte mit einem schnellen Blick auf Thorkatla, die noch immer mit offenem Mund dastand: »Ja, das Geschenk kommt wirklich und wahrhaftig äußerst unerwartet.«

Langsam entfernte sie das zerschlissene Tuch, und zum Vorschein kamen ein Frauenbogen und ein lederner Köcher mit Pfeilen. Sie ging in die Stube, um vor dem Rauchloch besseres Licht zu haben. In ebenso präzisen Runen wie auf ihrem Webgewicht hatte Arne auf den glatten Bogen geritzt: »In Vinland wuchs ich. Arne machte mich. Thor helfe Gudrid zu töten, nicht zu verstümmeln.«

»Ein Bogen – das ist ja ein sonderbares Geschenk!« schnaubte Thorkatla hinter ihr.

Gudrid war froh, daß die ältere Frau keine Runen deuten konnte, denn dann würde sie das Geschenk vermutlich noch merkwürdiger gefunden haben. Mit gespielter Gleichgültigkeit sagte sie: »Im Winter habe ich mit Klein-Thorkels Bogen Hasen geschossen, um ihm zu zeigen, wie er zielen muß. Leif kam gerade vorbei und sagte, er habe schönes Material für einen Frauenbogen, und er wolle Arne Schmied bitten, einen für mich anzufertigen. Ich hatte das Ganze nur vergessen.«

Es stimmte. Sie hatte angenommen, daß Leif mit dieser Bemerkung ebensowenig im Sinn hatte wie der Vater, der einmal gesagt hatte, er wolle ihr einen Jagdfalken schenken. Die

Männer sagten so etwas nun mal zu Frauen. Ihre Hände zitterten plötzlich bei dem Gedanken, daß sie einen Gegenstand in der Hand hielt, der aus dem reichen, lockenden Land im Westen kam. Vielleicht war es ein gutes Omen, eine Botschaft, daß auch sie dorthin fahren würde ...

Sie fragte sich, ob Leif wußte, daß Arne den Bogen gebastelt hatte – sie mußte daran denken, es das nächste Mal zu erwähnen, wenn sie auf Brattahlid war. Und sie hoffte, daß der Vater nicht wütend werden würde, weil der Bogen Thor und nicht Christus geweiht war.

∽

Gudrid und der Vater sollten während des Things bei Leif und Thjodhild zu Gast sein; es war das erste Mal seit ihrem Umzug, daß Gudrid über den Fjord nach Brattahlid fahren konnte. Thorkatla war böse, weil sie und die anderen auf Stokkanes bleiben mußten, um sich der täglichen Arbeit anzunehmen.

Halldor setzte Gudrid und Thorbjørn über den Fjord. Gudrid freute sich über die Segelfahrt und auch darüber, daß sie in ihren guten Kleidern im Boot sitzen konnte. Mit frisch gestutztem Bart und Haar saß der Vater auf einer der Ruderbänke, den Prachtumhang sorgfältig auf den Knien gefaltet – er sah so aus, als wäre auch er froh über ein bißchen Veränderung. Im übrigen war er gut gelaunt, seit sich herausgestellt hatte, daß die Hauswiese auf Stokkanes seinen Erwartungen entsprach. Er hatte nicht einmal etwas gegen die Inschrift in Gudrids Bogen eingewandt – er hatte nur dessen Spannung geprüft und zustimmend genickt.

Als Gudrid sich für die Fahrt schmückte und sich Halldis' Bernsteinkette umhängte, hatte Thorkatla sie gewarnt: »Paß gut auf deine kostbaren Schätze auf, Gudrid! Schwarzbart hat vor kurzem gesagt, daß auf Brattahlid in der letzten Zeit viel gestohlen worden sei. Zum Glück ist Nicolette nach Hause gefahren, bevor wir von dort weggezogen sind, sonst würde man vermutlich sie verdächtigt haben, da sie so seltsam redet und so fremd aussieht.«

Arme Nicolette, dachte Gudrid, als sie und Thorbjørn hinauf

zu den Häusern von Brattahlid gingen. Nicolette hatte gleich nach ihrer Ankunft auf Brattahlid ihre Zähne und den Säugling verloren, aber sie und das ältere Kind erholten sich schließlich. Als Val kam, um sie mit nach Hause zu nehmen, sagte sein Gesicht deutlicher als alle Worte, daß in seinen Augen diese fast durchsichtige Frau die schönste ihres Geschlechts war. Bevor die Familie Brattahlid verließ, hatte Thjodhild die Tochter in ihrer Kirche getauft und das Glaubensbekenntnis gesprochen, das Nicolette ihr beigebracht hatte.

Jetzt schaute Gudrid zu der kleinen Kirche hoch und sagte zu Thorbjørn: »Glaubst du, Thjodhild hat etwas dagegen, wenn wir in ihre Kirche gehen und ein Dankgebet sprechen, daß alles so gut gegangen ist?«

»Nein, warum sollte sie?« sagte Thorbjørn zufrieden.

Sie fanden Thjodhild vor dem Regal mit dem Kreuz. Ihr Gesicht sah in dem Licht der flackernden Öllampe mager und hohlwangig aus.

Als sie sich erhoben und Gudrid und Thorbjørn begrüßt und geküßt hatte, bekreuzigte sie sich und sagte: »Noch nie habe ich einen Dieb auf meinem Hof gehabt. Ich bin zu alt für solche Sachen.«

»Was vermißt du denn?« fragte Thorbjørn und strich sich über die grauen Haare, ehe er den Hut vor der Kirche wieder aufsetzte.

»Schmuck, einen kostbaren Silberlöffel, den Dolch mit dem vergoldeten Handgriff, den Leif von König Olaf bekam – und als wir gerade die Teppiche an die Wand hängen wollten, entdeckte ich, daß das Jagdbild mit dem Goldsaum weg ist. Der Teppich, den meine Großmutter genäht hat«, fügte sie mit einem Blick auf Gudrid hinzu.

Gudrid nickte. »Dinge, die sich leicht verstecken lassen, bis man sie tauschen kann! Was ist mit deiner silbernen Nadelhülse, Thjodhild?«

Die alte Frau tastete nach der Kette für Messer und Schere und andere kleine Dinge. »Du hast scharfe Augen, mein Kind. Die Nadelhülse verschwand vor ein paar Wochen, als ich in der Sauna war ...«

»Habt ihr neue Dienstleute oder Sklaven bekommen?« fragte Thorbjørn.

»Ja, natürlich! Thorvald und Thorstein haben so viele von unseren Leuten mitgenommen, daß Leif genötigt war, vier neue Männer anzuheuern. Außerdem kaufte er einen irischen Sklaven, den Thorvard und Freydis schon lange loswerden wollten. Du hast diesen Njål vielleicht gesehen, als du im Winter auf Gardar warst – mittelgroß, stark und schön mit schwarzen Haaren, dunkelblauen Augen und einem Sinn, der sich keines Mannes Willen beugt. Ich sollte wohl meinen Mägden Scheuklappen aufsetzen«, fuhr Thjodhild bedrückt fort.

»Hmm ... Und ihr habt in allen Häusern gut nachgesehen?« fragte Thorbjørn hartnäckig.

»Leif sagt, er hat – oder richtiger gesagt, er überließ es Turid Sonnenschein und der alten Steinunn unter dem Vorwand, daß sie in der Schlafstube der Männer aufräumen müßten«, sagte Thjodhild sauer.

Gudrid hätte beinahe laut gelacht. Der alten Steinunn tat alles so weh, daß sie nie etwas machte, wobei sie sich bücken mußte, und unter dem blonden Wuschelkopf von Turid Sonnenschein war für Verstand anscheinend nicht viel Platz. Ihr verarmter Vater in Norwegen hatte sie verkauft, als sie noch klein war, und Leif hatte das hübsche Kind von seiner ersten langen Reise als Geschenk für Thjodhild mitgebracht, ohne sich darum zu kümmern, was in dem Mädchen steckte. Gudrid wußte, daß Thjodhild beabsichtigte, Turid die Freiheit zu geben, wenn sie sich als tüchtig genug erweisen würde, um irgendwo anders in den Dienst genommen zu werden, aber es war schwer zu sagen, wann der Zeitpunkt gekommen sein könnte.

༄

Die Freude über das Wiedersehen mit so vielen alten Freunden oben auf dem Hof und unten auf dem Thingfeld brachte Gudrid bald dazu, die Diebstähle auf Brattahlid zu vergessen. Sie war überall gleichzeitig und hörte sich alles an – von Privatklagen bis zum Klatsch. Viele Gespräche drehten sich um die Herjolfsnes-Leute, die diesmal im Gegensatz zu den Einarsfjord-Leuten zahlreich erschienen waren. Thorgrimm Troll und sein Schwager waren mit Pelzen, Walroßzähnen und viel Speck nach Norwegen gesegelt, und Freydis und Thorvard konnten nicht zum Thing kommen, weil sich Thorvard das Bein gebrochen hatte. Einige meinten, seine Frau wäre dafür verantwortlich.

Eine rundliche, hochschwangere junge Frau kam mit zum Gruß ausgestreckter Hand auf Gudrid zugewatschelt. Es dauerte eine Weile, bis Gudrid Ragnfried Bjarnisdatter erkannte.

»Wie schön, dich wiederzusehen, Gudrid! Ich habe gehofft, dich hier zu treffen, obwohl die Leute sagen, daß du und dein Vater fern der Zivilisation lebt! Gefällt es dir dort? Findest du es nicht schade, daß Thorvald und Thorstein beide weggefahren sind? Hier gibt es wohl nicht genug, was sie hält.«

Ohne auf eine Antwort zu warten, zeigte sie auf eine Gruppe Männer, die einem Ringkampf zuschaute. »Dort siehst du meinen Mann – kurz bevor wir zum Thing fuhren, wurde ich mit seinem roten Hemd fertig. Seine beiden ältesten Söhne stehen neben ihm – die kleine Tochter ist zu Hause geblieben.«

»Da werdet ihr ja bald eine große Familie sein«, sagte Gudrid lächelnd.

»O ja, es gibt genug zu tun!« sagte Ragnfried und faltete mit einem zufriedenen Seufzer ihre Hände über dem mächtigen Bauch. »Aber versuch nicht, meinem Bruder das zu erzählen! Als ich zuletzt bei ihm zu Besuch war, sagte Gerda Lederlippe, daß seine Frau noch keinen Fuß ins Küchenhaus gesetzt habe. Pst, da kommt Thorunn – ich wünschte, *ich* hätte so kostbare Kleider.«

Eine große, dunkelhaarige, junge Frau, die ein ärmelloses blaues Kleid über ihrem Seidenhemd trug, kam über den spärlichen Grasboden herbeigeeilt, während sie gleichzeitig ungeduldig die Trödler fortschickte und nach aufdringlichen Insekten schlug. Thorunn von Herjolfsnes begrüßte Gudrid mit ihrem Namen und nickte Ragnfried zu – es sah so aus, als wären alle Menschen auf dem Thing ihre Gäste. Aber Gudrids Belustigung verflog in dem Moment, in dem Thorunn die glitzernden, tiefliegenden Augen in sie bohrte und spottete: »Die Sache mit den Diebstählen auf Brattahlid ist unglaublich – Leif hätte den Lumpen schon längst finden und dafür sorgen müssen, daß er sich nicht wieder vergreift! Ich habe nicht geahnt, wie lasch Leif ist – und Thjodhild dazu.«

Das höhnische Lächeln ließ einen schadhaften blauen Vorderzahn zwischen den schönen, vollen Lippen zum Vorschein kommen.

Gudrid schluckte ihren Zorn hinunter und antwortete mit Bestimmtheit: »Ich bin sicher, daß der Dieb es bereuen wird, wenn er wieder zuschlägt.«

∽

Die Wetterfühligkeit begann, in Gudrids Kopf zu wüten, und sie ging wieder hinauf zu den Häusern unter dem Vorwand, Thjodhild behilflich sein zu müssen. Oben angekommen, blieb sie einen Augenblick stehen und schaute über den Fjord. Das Wasser kräuselte sich dunkel in dem zunehmenden Wind, der von dem Gletscher im Nordosten herunterwehte, und die große Birke auf dem Hügelgrab seufzte und zitterte. Sie wandte sich ab und ging langsam hinüber zum Langhaus, das leer von Menschen und Hunden zu sein schien. Vielleicht würde sie sich besser fühlen, wenn sie sich auf die Bank in dem kühlen Schlafalkoven legte.

Anfangs glaubte Gudrid, daß ihr nur das schlechte Licht einen Streich spielte, als sie eintrat und sah, daß Turid Sonnenschein im Raum stand und in ihrer Reisetruhe wühlte. Sie sprang so flink wie ein Funke vom Feuerstahl durch das Zimmer und packte die Sklavin so wütend am Arm, daß sie weder ihren eigenen Ausruf noch Turids entsetztes Geheul hörte. Als sie die Sklavin zwang, ihre Faust zu öffnen, fand sie den kleinen silbernen Thorshammer von ihrer Mutter.

»Du Dieb! Du elender Dieb!«

Thjodhilds alter Terrier erwachte von dem Lärm in der Stube und fing an zu bellen. Schritte näherten sich. Wie in einem Nebel sah Gudrid Humpel-Aldis Turids Arm mit sachkundiger Hand auf den Rücken drehen, und von der Tür vernahm man Thjodhilds Stimme: »Du bist ein größerer Dummkopf, als ich geglaubt habe, Turid Sonnenschein. Es ist dein Glück, daß deine Haare verbergen werden, daß dir ein Ohr fehlt.«

Leif wurde geholt, und er beschloß, daß die übliche Strafe für einen Sklaven, der zum ersten Mal bei einem Diebstahl ertappt wurde, am nächsten Tag vollzogen werden sollte. Der Verwalter mußte die Schere schleifen, die er benutzte, um Pferdeschwanz und -mähne zu stutzen, und in der Zwischenzeit sollte Turid streng überwacht werden. Njål, der neue irische Sklave, wurde aus der Schmiede geholt, damit er die erste Wache über Turid drüben im Stall übernehmen konnte.

Als Gudrid die Flammen sah, die in Turids Augen beim Anblick von Njål auflo derten, war sie sicher, daß Turids Diebstahl etwas mit ihm zu tun hatte, und sie sagte langsam: »Thjodhild, soll ich dir dabei helfen, Turid wegen ihrer Diebstähle zu verhören?«

Thjodhild nickte und gab den Umstehenden ein Zeichen, daß sie verschwinden sollten.

»Aldis, du gehst und durchsuchst Turids Sachen. Njål, wir werden nach dir schicken, wenn wir dich brauchen.« Als die Tür sich hinter den anderen geschlossen hatte, sagte sie zu Gudrid: »Fang an.«

Gudrid zitterte noch immer, als sie Turid Sonnenschein fragte: »Warum hast du das getan? Und was wolltest du mit den gestohlenen Sachen tun?«

Turid sah trotzig in ihren Schoß, ohne etwas zu sagen. Thjodhild sagte scharf: »Es ist besser, wenn du antwortest, Mädchen. Soviel schuldest du mir.«

Plötzlich erhob Turid den Kopf und sah mit funkelnden Augen von Gudrid zu Thjodhild. »Dir schulden! Ich will weit weg von dir und deinem ganzen Kram. Im Sommer hätte ich Njål und mir einen Platz an Bord eines Handelsschiffes kaufen können, dann wären wir beide frei gewesen ...«

Gegenüber der sinnlosen Leidenschaft des jungen Mädchens fühlte Gudrid sich plötzlich so unbeholfen und unerfahren wie damals, als sie zum ersten Mal bei der schwierigen Entbindung einer Kuh dabeigewesen war. »Ich ahnte ja, daß Njål etwas damit zu tun hatte«, sagte sie müde. »Weiß er von deinen Plänen?«

Turid Sonnenschein spuckte die Worte nur so aus: »Du bist eine Hexe, Gudrid! Kein anderer wußte etwas – nur du mit deiner Schwarzen Kunst. Ich hatte nicht vor, Njål etwas zu sagen, bis alles geregelt war.«

»Bist du sicher, daß er mit dir gegangen wäre?« fragte Thjodhild.

Turid wandte sich zu ihr und lächelte plötzlich. »Wenn er gesehen hätte, was ich für ihn getan habe, hätte er mich sicher geliebt. Er meinte, ich hätte schönes Haar – das hat er einmal gesagt.«

»Das hast du«, sagte Thjodhild müde. »Was dir fehlt, ist der Verstand. Hast du noch die Sachen, die du gestohlen hast?«

Die Hoffnung flackerte in Turids rotgeränderten Augen auf.

»Ja – Aldis hat sicher den ganzen Kram in meinem Bettzeug gefunden. B-bedeutet das, daß ich mein Ohr behalten darf?«

»Nein. Aber es bedeutet, daß ich dir beistehen werde, wenn sie es dir abschneiden, und Gudrid auch. Sie versteht sich besser darauf, das Blut zu stillen, als ich.«

Turid begann zu zittern wie in der schlimmsten Winterkälte. Thjodhild griff nach einem Schal, hüllte sie darin ein und sagte: »Gudrid, du mußt zu Leif gehen und ihm sagen, daß ein anderer als Njål die heutige Nachtwache übernehmen muß.«

Gudrid hätte es am liebsten gesehen, wenn Thjodhild jemand anders gefunden hätte, der ihren Platz bei Turids Bestrafung einnehmen konnte, aber sie wußte, daß Thjodhild ihr Ehre erwies, indem sie Gudrid auf die gleiche Stufe wie sich selbst stellte.

∞

Früh am nächsten Morgen fand draußen auf dem Hof das Ohrabschneiden statt. Turid saß auf einem niedrigen Schemel und hielt die Augen fest geschlossen, während sie unaufhörlich zitterte. Gudrid und Thjodhild ergriffen ihre eiskalten Hände, als das Ohr mit einem Laut abgeschnitten wurde, der an das Zerteilen eines Entenknochens erinnerte. Anschließend drehte sich der Verwalter auf dem Absatz um und ging mit seinem Werkzeug zum Stall zurück, während Gudrid voll damit beschäftigt war, das Blut mit einem Lappen zu stillen, den sie in eine scharfe Schafgarbenlauge getaucht hatte. Als sie den ersten Umschlag wechselte, bemerkte sie, daß Njål noch immer dastand und

Turid anstarrte. Was sie in seinen dunkelblauen Augen las, war jedenfalls nicht Liebe.

Turid schien sich zu erholen, obwohl sie nichts essen wollte. Aber als Gudrid am fünften Tag kam, um den Umschlag zu wechseln, wurde die Sklavin von gewaltsamen Krämpfen geschüttelt, sobald Gudrid sie anrührte. Jeglicher Versuch, sie zu beruhigen oder sie wärmer zuzudecken, machte die Sache nur schlimmer. Schweißtropfen drangen aus ihrer Haut und sie schnappte nach Luft, aber es kam kein anderer Laut von ihren Lippen. Ihr Gesicht war zu einer Grimasse erstarrt, als durchlebe sie die Hölle. Endlich ging der Anfall vorüber, und Gudrid lief aus dem Stall, um Thjodhild zu holen.

Thjodhild erhob sich langsam und steif, aber ihre Stimme war gebieterisch wie immer. Sie bat Thorkel, das Fäßchen mit dem Weihwasser zum Stall zu bringen. Als sie und Gudrid bei Turid ankamen, war die Sklavin bei Bewußtsein, aber sobald sich Gudrid über sie beugte, bekam sie einen neuen Anfall. Ungeduldig nahm Thjodhild dem zu Tode erschrockenen Thorkel das Weihwasser ab und tauchte den Finger hinein, ehe sie über der Sklavin das Kreuzzeichen machte.

»Vater, Sohn und Heiliger Geist – gib diesem erbärmlichen Geschöpf das Schicksal, mit dem ihm am besten gedient ist.«

Und erlöse uns von unvernünftiger Liebe, dachte Gudrid hitzig.

Nachdem sie noch einmal in einem lang andauernden Krampfanfall erstarrt war, starb Turid. Thjodhild sagte zu Leif, daß er Njål bitten solle, ein Grab gleich innerhalb der Kircheneinfriedung auszuheben.

∽

Als Gudrid und der Vater nach dem Thing im Boot auf dem Heimweg nach Stokkanes saßen, schaute sie ihn an und fragte sich, was er wohl von den Ereignissen während ihres Besuches auf Brattahlid hielte. Als hätte Thorbjørn ihre Gedanken gelesen, strich er sich mit der Hand müde über die Stirn und sagte, ohne Gudrid anzusehen: »Ich bin froh, daß wir keine Sklaven mehr haben. Es ist gut zu wissen, daß diejenigen, die bei dir bleiben, es aus ihrem eigenen freien Willen heraus tun. Treue und Gemeinschaftsgefühl sind der Leim, der die Leute zusammenhält.«

Als sie vom Strand hinauf nach Stokkanes kamen, saß Thorkatla friedlich vor dem Langhaus und nähte. Halldis' Katze sonnte sich auf den Steinplatten vor dem Eingang, und unter einem Busch streckte sich gemächlich die alte Hilda.

Thorbjørn ließ seinen Blick kurz auf diesem friedlichen Bild ruhen, ehe er mit einem schiefen Lächeln zu Halldor sagte:

»Ich glaube, wir müssen Leif um einen Welpen von Eriks Hündin bitten – dies wird sicher ihr letzter Wurf. Wir brauchen jedenfalls einen Hund, der bellt, sobald Leute sich nähern.«

Halldor nickte, und Gudrid sagte: »Du glaubst doch nicht, daß uns jemand hier stören wird, Vater. Wer in aller Welt sollte das sein?«

»Die gleiche Art Menschen, die die Bauern in Island plagen – geächtete oder rachsüchtige Leute ... Ich lebe noch nicht lange genug auf Grönland, um Feinde zu haben, aber es gibt bereits genug Geächtete. Auf dem Thing wurde jetzt erzählt, daß Bård Dorschtöter geächtet wurde, weil er im letzten Herbst eine ganze Familie durch Mordbrennerei tötete. Er hat Frau und Kinder und etwas Weideland – er wird sich wohl in einem dieser Täler verstecken, auf die Jagd gehen, wenn er kann, und alles stehlen, was ihm in die Finger kommt, denn er hat nichts mehr zu verlieren. Es steht sowieso jedem frei, ihn zu töten.«

Gudrid schauderte, und sie schaute hinauf zu dem Gestrüpp, welches das Ödland hinter dem Hof abgrenzte, als erwarte sie, Bård Dorschtöter dort zusammengekauert sitzen zu sehen. Der Glanz des Sommernachmittags war vergangen.

∽

Der Welpe, den Halldor ein paar Tage später von Brattahlid mitbrachte, war ein lebenslustiger, unersättlicher Rüde mit mächtigen Tatzen. Er schloß sich ohne weiteres Gudrid an, als er begriff, daß sie den Schlüssel zum Vorratshaus hatte. Um zu beweisen, wie nützlich er war, bellte er jedesmal von neuem, wenn Harald Roßhaar ging, um nach den Ziegen zu sehen. Gudrid gab ihm den Namen Fåvne und überließ ihm ein altes Schaffell, auf dem er gleich vor dem Eingang schlief.

Hilda bekam etwas von ihrem alten Feuer zurück, wenn sie mit dem Neuankömmling und den Schweinen um die Essensreste auf dem Misthaufen kämpfte und dem Neuen zeigte, wie sich ein anständiger Hofhund zu benehmen hatte. Deshalb wurde Val nicht nur von einem, sondern von zwei laut kläffenden Kötern empfangen, als er eines Tages plötzlich auf Stokkanes auftauchte. Er hatte eine Rolle Renkalbsfelle bei sich, zum Dank dafür, daß Gudrid Nicolette und ihrer kleinen Tochter das Leben gerettet hatte.

Gudrid setzte sich neben ihn, während er eine Schüssel Molke trank. Sie strich über die kostbaren Felle und sagte: »Das ist ein zu prächtiges Geschenk – du hättest die Felle gegen Korn eintauschen können.«

»Ein anderes Mal. Wir können Moos und Flechten essen wie andere Leute.«

»Ich habe etwas für dich.« Stolz reichte sie ihm einen kleinen Käse, den sie selbst gemacht hatte. Ehe er ging, steckte er ihn so vorsichtig unter das Hemd, daß sie merkte, daß er den ganzen Käse der Familie lassen würde.

Als Thorkatla die Felle sah, sagte sie: »Das sind Felle für Kinderkleidung. Als du ein Säugling warst, ließ mich deine Mutter einen kleinen Sack aus weißem Seehundsfell für dich nähen. Sie sagte, du würdest einer Blume gleichen, die draußen im Schnee stehengeblieben sei, und dein Vater machte ein Gedicht darüber ... Heb diese Felle für deine eigenen Kinder auf.«

Thorstein Eriksson würde wohl nie über Kleinkinder oder andere Themen Gedichte machen, aber sie war sicher, daß er ein liebevoller und verantwortungsbewußter Vater sein würde. Jedesmal, wenn sie an ihn dachte, empfand sie Respekt und Zuneigung für ihn, als wäre er ein älterer Bruder.

∞

Kurz nachdem der Kaufmann Erling Wellenbrecher bei seiner Rückkehr von der Westsiedlung auf Brattahlid Station gemacht hatte, wurde bekannt, daß ein Verwandter von Thjodhild seine

Waren auf der Brattahlidwiese verkaufte. Gudrid meinte, es sei kaum der Mühe wert, über den Fjord zu fahren, aber der Vater erwiderte ungeduldig, Thore Seefahrer Skjeggjason komme direkt aus Norwegen und habe genügend Korn und Eisen dabei. Das Schiff sei mit vielen Ellen Lodenstoff, mit Säcken voller Tran und Speck sowie mit Robbenfellbündeln beladen. Thorbjørn bat Gudrid, gute Kleidung anzuziehen, bevor sie sich von Halldor übersetzen ließen.

Thore der Seefahrer war ein mittelgroßer Mann mit einem Oberkörper wie eine Tonne, hellem Haar und grünen harten Augen, die aus einem braungebrannten Gesicht heraustachen. Seine beiden Söhne verfolgten aufmerksam jeden Handgriff des Vaters an Wagschale und Kerbholz und hingen an jedem mürrischen Wort, das er fallen ließ. Thores Wesen verdarb Gudrid die Laune, aber in Thorbjørns Augen war ein Blitzen, wie es Gudrid lange nicht mehr gesehen hatte.

»Ich sehe, du bringst deinen Söhnen bei, angemessene Preise zu verlangen, Thore. Leif ist sicher froh, wenn er hört, wie ehrenhaft du dich an die Preise hältst, die in seinem Gebiet üblich sind. Ich kann dir übrigens, wenn du möchtest, gern beim Ausrechnen der Preise behilflich sein.«

Eine Gruppe neugieriger Zuschauer hatte sich um die beiden feilschenden Männer versammelt – ein solcher Spaß bot sich nicht jeden Tag. Mit einer Miene, als wäre er ein reicher Wirt, der im Begriff ist, von guten Freunden Abschied zu nehmen, gab Thorbjørn Halldor nach Abschluß des Handels ein Zeichen, daß er den Rest ihrer eigenen Waren herauftragen und die Säcke mit Gerste und Hafer sowie die Eisenstangen, die er gekauft hatte, auf das Schiff bringen sollte. Dann gab er Thore und seinen Söhnen die Hand und sagte höflich, daß er hoffe, die Familie würde es auch weiterhin lohnend finden, auf Grönland Handel zu betreiben.

Als Gudrid und der Vater wieder auf Stokkanes waren und sie ihm vor der Abendmahlzeit die Waschschüssel hielt, fragte sie: »Deine Waren wurden heute gut bezahlt, nicht wahr, Vater?«

Thorbjørn hob die Augenbrauen: »Meinst du, daß ich Thore Seefahrer betrogen habe?«

»Nein – ich meine nur, daß wir viel für unsere Waren bekommen haben.«

»Das stimmt. Jede gute Hausfrau kann ausrechnen, was ihr Hausstand braucht, aber viele Männer schaffen es nicht, die Übersicht über Ellen und Tonnen, Mark und Pfund zu behalten, wenn sie handeln. Thore weiß das und rechnet damit, daß es ihn noch reicher machen wird.«

»Es ist gut, daß du so ausdauernd gehandelt hast, Vater, denn jetzt haben wir nicht mehr viele Waren, die wir tauschen können, oder?«

»Oh, wir haben noch einige gute Felle, das Fell von dem Eisbären zum Beispiel, den Ulf auf Herjolfsnes tötete, aber es ist nicht sicher, daß in diesem Sommer noch mehr Schiffe hierherkommen. Wenn nötig, können wir auch etwas von den Eiderdaunen verkaufen, die wir gesammelt haben.«

∽

Als die Klappmütze wieder auf dem Weg fjordaufwärts war, kam noch ein Handelsschiff, und Thorbjørn fuhr hinüber nach Brattahlid, um zu handeln. Am Abend gab er Gudrid ein Päckchen, das sie draußen im Licht des Sonnenuntergangs auspackte. Rote Seide mit eingewebten Blumen quoll aus dem Bündel hervor und wirkte in den schrägen, goldenen Sonnenstrahlen fast lebendig. Sprachlos starrte sie vom Stoff zum Vater und wieder zurück. Er mußte mehr als nur Bärenpelz und Eiderdaunen dafür gegeben haben.

Thorbjørn sagte besonnen: »Du wirst bald etwas Festliches brauchen.«

Gudrid nickte und hoffte, daß sie nicht ebenso rot war wie die Seide. In einigen Wochen würde Thorstein mit seinen Leuten zurückkommen.

∽

Als Thorbjørn eines Tages seine Leute ins Gebirge geschickt hatte, um Schafe und Jungvieh heimzutreiben, saß Gudrid in der Herbstsonne vor dem Haus und nähte. Während sie die Nadel schärfte, blinzelte sie über das Wasser nach Brattahlid und sah ein großes Schiff um die Biegung des Fjords kommen. Es sah gegen die grelle Sonne und das glitzernde Meer ganz schwarz aus, aber es war auf jeden Fall Eriks buntes altes Schiff mit Thorstein an Bord. Sie griff das Nähzeug und lief ins Haus, Fåvne folgte ihr auf den Fersen.

»Thorkatla, Thorstein ist nach Hause gekommen! Wo ist Vater?«

»Er und Harald Roßhaar sind drüben in der Schmiede.«

Gudrid raffte die Röcke und lief am Strand entlang zur kleinen Schmiede. Thorbjørn war voll damit beschäftigt, eine Eisenkante für einen Holzspaten zu hämmern, und beachtete sie nicht. Sie packte Fåvne im Nacken, um ihn von den Holzkohlen fernzuhalten, und wartete, bis der Vater fertig war. Endlich tauchte er den Spaten in eine Tonne mit Wasser, und als das Zischen aufhörte, sagte Gudrid gespielt ruhig: »Vater, ich habe gerade Thorsteins Schiff in Brattahlid anlegen sehen. Sollten wir nicht hinüberfahren und Stein und Thjorfe abholen, was meinst du?«

Thorbjørn schaute auf seine rußigen Hände und seine abgenutzte Arbeitskleidung. »Sie können sicher warten, bis ich mich etwas zurechtgemacht habe, aber du kannst ja gleich fahren. Sage Halldor, er soll dich übersetzen.«

»Ich kann doch selbst mit dem kleinen Boot rudern, Vater!«

Der Vater warf ihr einen mürrischen Blick zu. »Ja, mach nur! Außerdem mußt du einen alten, abgetragenen Umhang nehmen und dafür sorgen, daß du barfuß bist – das erwarten Eriks Söhne von denen, um die sie freien.«

Gudrid lächelte schwach. »Ich gehe Halldor suchen.«

Sie zog das grüne Seidenhemd vom Althing unter ihrem Kleid an und holte den blauen Prachtumhang heraus. Das Goldarmband, das sie vom Vater bekommen hatte, schmückte wuchtig und feierlich ihren Arm, und auf der Brust glänzte Halldis' Bernsteinkette. Ihre Festschuhe zog sie erst an, als sie auf Brattahlid an Land sprang.

Torstein stand bereits auf der Thingwiese und begrüßte mit einem Handschlag Leif, Thorkel und die anderen, die dazukamen. Gudrid dachte beklommen, daß sie wohl einen schlechten Zeitpunkt gewählt hatte, aber Thorstein drehte sich um, sah sie, ließ ohne weiteres die anderen stehen und kam herbeigeeilt, um ihr die Hand zu geben. Es war ihr sofort besser zumute. Er sah so lieb aus!

Er hätte ihr mit seiner großen Faust beinahe die Hand zerdrückt. »Gudrid! Ich freue mich, daß ich dich doch noch sehe. Leif sagte gerade, daß er und Mutter nicht viel von dir gesehen haben, seit du umgezogen bist.«

»Ich hatte viel zu tun«, sagte Gudrid. »Ich soll dich von Vater grüßen, auch er kommt bald, um dich zu Hause willkommen zu heißen.«

»Und du, Gudrid, freust du dich, daß ich wieder zu Hause bin?«

»Ja, das tue ich«, sagte Gudrid schlicht. Sie holte ein kleines Bündel hervor. »Ich habe ein Hemd für dich genäht, Thorstein – ich hoffe, daß es paßt.«

∽

Gudrid wußte, wer die Gäste waren, als sie ein paar Tage später Fåvne aufgeregt bellen hörte. Thorbjørn hieß Leif, Thorleif Kimbe und Thorstein unten am Strand willkommen, während Gudrid in der Tür des Langhauses stand und wartete. Sie wagte nicht aufzusehen, als sie Thorstein die Hand gab.

Vom Ehrensitz aus sorgte der Vater dafür, daß das Gespräch über das Wetter, die Heuernte und einen drohenden vorzeitigen Frost gemächlich und gebührend dahinfloß, aber als die letzte Schüssel herumgetragen worden war, kam das feierliche Schweigen, auf das alle insgeheim gewartet hatten.

Gudrid wollte gerade anfangen, den Tisch abzuräumen, als Thorstein sich erhob und sagte: »Thorbjørn, du weißt, warum meine Verwandten und ich heute hier sind. Wir haben uns reichlich mit Gudrids guter Kost bedient und bedanken uns für das Essen. Ich bin sicher, niemand verdenkt es mir, daß ich sie gerne zur Frau haben möchte! Bevor er starb, hat Vater gesagt, er würde einem solchen Handel zustimmen, und ich weiß, daß ihr euch darüber einig wart, Thorbjørn. Deswegen gibt es keinen Grund, nicht direkt zur Sache zu kommen. Ich glaube, auch

Gudrid hat nichts dagegen, daß ich um sie freie. Stimmt das, Gudrid?«

Gudrid schaute kaum auf. »Ja«, flüsterte sie.

Thorstein fuhr fort: »Meine Verwandten verbürgen sich dafür, daß ich der Sohn Eriks des Roten Thorvaldsson und Thjodhild Jørundsdatters bin und daß ich folgende Reichtümer besitze: vier Sklaven, drei Pferde unter acht Wintern, sechs Kühe, keine älter als fünf Winter, fünfunddreißig Schafe, zehn Ziegen, drei Säue und einen Eber, ein Ruderboot mit drei Ruderpaaren, mehrere große Fischnetze und anderes gutes Gerät zur Jagd und zum Fischfang, viel Gold- und Silberschmuck, Wandteppiche und andere Ziergegenstände, und nicht zuletzt einen ganzen Hof auf Sandnes. In diesem Sommer habe ich den halben Anteil Thorstein des Schwarzen gekauft. Er wird mit seiner Frau dort wohnen und den Hof für mich bewirtschaften, bis ich für immer dort hinziehe. Die Hälfte des Hofes wird Gudrid gehören. Wenn du und dein Vater mein Angebot annehmen, Gudrid, werde ich Thorbjørn bitten, es hier in Gegenwart dieser Zeugen zu bestätigen.«

Gudrid sagte nichts, aber ihre Augen leuchteten. Thorbjørn schaute zu ihr hin und nickte langsam, während er sich erhob.

»Thorstein Eriksson, du erweist mir und meiner Tochter eine große Ehre. Wir wissen, daß du ein Ehrenmann aus einem angesehenen Geschlecht bist und außerdem über Reichtum verfügst. Es tut mir nur leid, daß Erik und Gudrids Mutter diesen Augenblick nicht erleben. Zum Zeichen dafür, daß mir dieser Handel aus dem Herzen spricht, verkünde ich hiermit, daß ihr, du Thorstein und du Gudrid, die ›Meeresstute‹ an dem Tag, an dem ihr heiratet, als Eigentum erhalten sollt. Mit ein bißchen Arbeit ist sie bald wieder so gut wie neu. Und als wir Island verließen, verkaufte Gudrid ihre Stute, der Preis wurde in Silber aufgewogen, das auch zu ihrer Mitgift zählt.«

Der Vater hatte nie mit Gudrid über ihre Mitgift gesprochen, aber die »Meeresstute« war mehr, als sie erwartet hatte! In ihrem Kummer über den Verlust von Schneefried hatte sie außerdem das Silber, das sie für die Stute bekommen hatte, völlig vergessen.

Thorstein ging zu der Frauenbank und sagte: »Gudrid, ich gebe dir zusätzlich die Hälfte von allem, was ich sonst noch besitze. Ich hoffe, daß es dir bei mir gutgehen wird.«

Er reichte ihr über den Tisch die Hand, und diesmal fiel es Gudrid nicht schwer, seinen Augen zu begegnen. Der Augenblick war gekommen, da ein ehrenhafter, wohlhabender Mann sie zu seiner Frau machen wollte, und sie war von einer stillen Freude erfüllt. Auf Sandnes würde sie mit Thorstein über eigenen Grund und Boden herrschen, und vielleicht würde sie dort endlich die Rastlosigkeit los und das nagende Gefühl, daß sie, die Neusiedlerin, nicht nach Grönland gehörte.

Nach dem Handschlag mit Thorbjørn sagte Thorstein: »Ich möchte diesen Handel gern bekanntgeben, wenn wir auf Brattahlid das Winternachtsfest feiern. Ich schlage vor, daß die Hochzeit in einem Jahr stattfindet, so daß ich Zeit habe, das beste Essen und Trinken, das Grönland bietet, herbeizuschaffen. Vielleicht kann dann auch Thorvald an dem Fest teilnehmen.«

»Bleib sitzen«, flüsterte Thorkatla Gudrid zu. »Niemand erwartet, daß du arbeitest, wo du dich gerade verlobt hast.«

Gudrid war froh darüber – sie hatte nämlich weiche Knie bekommen. Thorstein setzte sich neben sie auf Thorkatlas Platz, und nacheinander kamen alle, Leif, Thorleif Kimbe und Thorbjørns Leute, um ihr die Hand zu reichen und ihr Glück zu wünschen.

Harald Roßhaar war der letzte. »Vielleicht bekommst du eine Menge Walrosse zu sehen, Gudrid«, sagte er sehnsüchtig.

In Gudrid glühte stille Freude auf. Harald hatte recht. Wenn sie mit Thorstein in die Westsiedlung zog, kam sie dem Leben näher, das Arne Schmied so geliebt hatte. Auch Vinland, das unbesiedelt dalag und auf seine Urbarmachung wartete, würde näher sein. Thorbjørgs Wahrsagung schien in Erfüllung zu gehen – sie würde sich gut verheiraten und sie könnte endlich wieder reisen!

THORBJØRNS SCHUTZGEIST
SITZT AUF DEM DACHFIRST

Thorvald kehrte nicht rechtzeitig aus Vinland zurück, um Thorsteins und Gudrids Hochzeit zu feiern. Vor der Abreise hatte er gesagt, daß er beabsichtige, das neue Land möglichst ausgiebig zu erforschen, ehe er nach Grönland zurückkehre, deshalb ängstigte sich niemand sonderlich, aber Gudrid wußte, daß Thorstein enttäuscht war. Er hatte sich dem ruhigen Thorvald stets stärker verbunden gefühlt als Leif. Als Thorvalds Abwesenheit ein zweites Jahr andauerte, wurde Leifs Rastlosigkeit immer offensichtlicher. Thorstein mußte versprechen, sich des Betriebes auf Brattahlid für den größten Teil des nächsten Sommers anzunehmen, so daß der Bruder mit Eriks altem Schiff weiter nördlich auf die Jagd gehen konnte.

»Thorstein Schwarz schafft es, bis auf weiteres Sandnes zu bewirtschaften«, sagte Thorstein zu Gudrid. »Es reicht völlig, wenn wir während des nächsten Lachsfischens von Brattahlid aufbrechen. Selbst wenn Thorvald bis dahin noch nicht zu Hause sein sollte, wird Leif der Mutter bereits einen Monat nach unserer Abreise wieder beistehen können.«

Gudrid nickte geistesabwesend. Wie so oft fragte sie sich, wie es dort, wo Thorvald und seine Leute jetzt waren, wohl aussehe; unter welcher Art von Bäumen sie saßen und Früchte und Beeren aßen, von denen sie kaum den Namen kannte ...

Was Sandnes betraf, hatte Thorstein immer eine Antwort auf ihre Fragen parat. Wenn er von dem Hof sprach, war er voll des Lobes. »Tief drinnen im Lysefjord ist es schön, und Sandnes liegt direkt am Wasser, mit üppigen Wiesen und guten Jagdgründen dahinter. Ein Fluß, in dem es massenhaft Lachs gibt, mündet ganz in der Nähe des Hofes. Gib acht, Gudrid, du wirst sicher so rund wie unser Vieh!«

Vor der Hochzeit zeigte Thjodhild Gudrid alles, was sie und Thorstein mitbekommen würden an Wandteppichen, Bettzeug, geschnitzten Schalen und anderem Hausgerät. Gudrid fand, daß diese Dinge Symbole für sicheren Wohlstand waren und daß das, was Thorstein von ihrem neuen Heim erzählte, Gutes für die Zukunft versprach.

∾

Kurz bevor die ersten Gäste mit Geschenken zum Hochzeitsgelage erwartet wurden, gönnte sich Gudrid draußen auf dem Hof eine Verschnaufpause, um den Ring zu bewundern, den Thorstein ihr geschenkt hatte – einen breiten vergoldeten Kranz, besetzt mit roten und blauen Steinen. Humpel-Aldis eilte mit einem Bündel geräucherter Papageientaucher aus dem Vorratshaus vorbei und rief über die Schulter:

»Jetzt kann der Spaß gleich beginnen, Gudrid! Freydis Eriksdatter und Thorvard kommen bald – ich habe gerade ihr Boot draußen auf dem Fjord gesehen.«

Selbst Freydis und ihr neun Monate alter Schreihals schafften es nicht, das Fest zu verderben, auch nicht nachdem sie sich glattweg geweigert hatte, mit in die Kirche zu gehen, bevor das Festmahl begann. Die Kirche war trotzdem gut gefüllt, denn Thjodhild hatte versprochen, daß alle in der Kirche mit dem Weihwasser aus Patreks kostbarem Fäßchen gesegnet würden – sie habe selbst dafür Sorge getragen, daß genug vorhanden sei. Als Gudrid Thjodhild einmal fragte, was sie machen würde, wenn das Weihwasserfäßchen leer wäre, hatte Thjodhild erklärt, daß sie immer Wasser nachfülle, wenn es nötig sei. Die Kraft von Priester Patrek wachse und breite sich genauso aus wie Bierhefe. Vorsichtig kniete Gudrid auf dem weißen Bärenfell nieder und glättete flink ihr Brautkleid, während sie zu Thorsteins wuchtiger Gestalt an ihrer Seite schielte. In der dunkelblauen flämischen Hose und dem grünen Hemd, das sie ihm genäht hatte, war kaum Platz für seine schwellenden Muskeln. Als sie einander die Hand gegeben und Treue gelobt hatten und als alle in der Kirche im Chor ein *Paternoster* gesprochen hatten, besprengte Thjodhild das Brautpaar mit Weihwasser und schlug dreimal das Kreuzzeichen über ihnen, ehe sie das Fäßchen die Runde machen ließ.

Anschließend gingen sie durch den klaren, kühlen Herbsttag zum Langhaus zurück, um sich zur ersten Mahlzeit niederzulassen.

Thorstein hatte Wort gehalten. Es wurden Schüsseln mit warmen Haferfladen und Schalen mit Gerstenbrei herumgereicht, Fleisch und Fisch dampften in großen Trögen, und Thjodhilds Bier floß reichlich in die Trinkschalen und Krüge und natürlich in Eriks altes Trinkhorn. Ehe Leif das Horn herumreichte, hielt er eine Begrüßungsrede und wiederholte die Bedingungen des Ehehandels zwischen Thorbjørn und Thorstein, der jetzt gefeiert werden sollte. Er erhob das Horn, ließ Gudrid hochleben und trank dann dem Bruder zu.

Gudrid hatte wie alle Frauen auf dem Hof hart im Küchenhaus und in der Milchkammer gearbeitet, bis sie sich schließlich entfernte, um ihr Brautkleid anzuziehen. Jetzt genoß sie es, still dazusitzen und den ungewohnten Bierrausch auszukosten, der die schmerzenden Füße von den Beinen zu trennen schien. Allmählich hatte sie das Gefühl, als befreie er auch ihren Kopf – ein gutes Gefühl, denn so fürchtete sie sich weniger. Thorstein wirkte plötzlich so riesig – vielleicht würde er sie im Ehebett zu Tode drücken ...

Am meisten Sorgen bereitete ihr, daß sie nicht genau wußte, was von ihr erwartet wurde. Sie war auf Grönland noch nie auf einer Hochzeit gewesen. Sie hatte Thorkatla gefragt, ob sie wüßte, zu welchem Zeitpunkt das Brautpaar hier zu Bett ginge, aber Thorkatla hatte nur gelächelt und gesagt, Gudrid würde schon merken, wenn der rechte Augenblick gekommen sei.

Thorkatla behielt recht. Der Lärm in der Stube erstarb allmählich, und gerade als Gudrid sich nur noch danach sehnte, das warme Fell in ihrem und Thorsteins neuem Bett über die Schultern zu ziehen, erklang vom Eingang her Musik. Die Melodie, die Thorkel Leifsson auf seiner Engelwurzflöte spielte, verschmolz seltsam wild und schön mit den tiefen Tönen von Steins Maultrommel, und Gudrid lief es kalt über den Rücken. Sie drückte die Arme an ihren Körper und blickte direkt in Thorsteins großes, lächelndes Gesicht. »Komm, Frau, jetzt werden die Gäste uns zum Brautbett geleiten.«

Sie glitt von der Bank herunter und nahm dankbar den Umhang, den er ihr reichte. In der kalten, stillen Mondnacht wurde ihr Kopf klarer, und mit festen Schritten ging sie an Thorsteins Seite hinauf zur Schlafstätte der Männer, wo die frisch Vermählten eine neue Bettkammer gleich neben der Giebelwand bekommen hatten. Viele Hochzeitsgäste begleiteten sie, aber nur Leif und Thjodhild gingen mit in die kleine Stube, wo es frisch und gut nach Wacholderzweigen roch, die auf der Feuerstelle brannten. Thorkel und Leif blieben in der Türöffnung stehen, und Thorkels kleine Melodie klang durch die kühle Luft, während das Brautpaar sich vor das Bett stellte. Langsam nahm Thorstein den schweren, vergoldeten Gürtel ab und gab ihn dem Bruder, Thjodhild aber besprengte das neue Schaffell mit Weihwasser aus ihrer kleinen Steinflasche, ehe sie das Kreuzzeichen über dem Ehepaar schlug. Impulsiv trat Gudrid einen Schritt vor, umarmte und küßte Thjodhild und Leif.

Dann waren Gudrid und Thorstein zum ersten Mal in einem Raum allein. Wenn sie am nächsten Morgen aufwachten, würden die Bänke zu beiden Seiten des Feuers voller Leute sein. Es wäre daher gut, wenn sie rasch lernte, sich wie eine würdige Hausfrau zu benehmen, ermahnte sie sich selbst, während sie sich vergeblich mit den großen, vergoldeten Spangen auf den Trägern ihres Kleides abmühte.

»Warte – ich helfe dir ...«

Gudrid warf einen kurzen Blick auf Thorstein, der halb entkleidet vor ihr stand. Sein mächtiger Brustkasten wirkte weiß und wehrlos und bildete einen solchen Gegensatz zu dem wettergebräunten Hals und den Armen, daß es aussah, als wäre Thorstein teils aus neuem, teils aus altem Holz geschnitzt. Gudrid war so gerührt, daß sie ihre Angst völlig vergaß. Sie lächelte und ging einen Schritt auf ihn zu.

»Solche Worte hört eine Ehefrau gerne, Thorstein.«

Erst als sie den Riegel vor die Bettkammer geschoben hatten und unter dem Fell lagen, zog Thorstein ihnen beiden die Unterwäsche aus. Die Wärme der Bettdecke und von Thorsteins Körper ließ Gudrid erneut das Bier zu Kopf steigen, und sie hatte das Gefühl, daß sie nur halb anwesend war, als sie sich Thorsteins Liebkosungen hingab. Ob eine Kuh auf einer grünen Wiese gepaart oder ob ein Mädchen in einem weichen Bett zur Ehefrau gemacht wurde, kam wohl ungefähr auf das gleiche heraus ...

∽

Am nächsten Morgen erwachte Gudrid von dem Stimmengewirr in der Stube und von den Geräuschen der Männer, die sich draußen wuschen. Ihr erster Gedanke war, daß sie gern ein Bad nehmen würde. Ob sie in einem warmen Tümpel lag oder sich mit einem kurzen Bad in kaltem Salzwasser begnügen mußte, spielte keine Rolle, wenn sie sich nur den zähflüssigen Schleim aus Blut und Samen abwaschen konnte, der an ihrem Schenkel herunterlief, als sie sich auf die andere Seite drehte. Thorstein war schon wach. Er sagte: »Es wird Zeit, daß wir aufstehen und uns unseren Gästen widmen, Gudrid!« Er küßte sie schnell, zog sich ein paar Kleidungsstücke über und öffnete die Bettkammer. Beifallsrufe und Gejohle empfingen ihn.

Gudrid legte die Hand auf seinen Arm und fragte leise: »Könntest du jemand um ein wenig Wasser und ein Handtuch bitten? Ich möchte gerne ordentlich aussehen.«

»Ich werde dir Wasser bringen«, antwortete Thorstein gutmütig. »Keines der Dienstmägde könnte sich einen Weg durch so ungestüme Mannsleute bahnen.«

Die Schüssel, die er ihr brachte, war klein, und das Handtuch hatte er bereits selbst benutzt, aber Gudrid war ihm trotzdem dankbar. Als sie das Brautkleid angezogen hatte und die Füße aus der Bettkammer auf den Boden schwang, hatte sie ihren neuen Ehrenstatus bereits so weit im Griff, daß sie die vielen neugierigen Gesichter anlächeln konnte, die sie begrüßten. Sie kämmte sich sorgfältig das Haar, ehe sie es zu einem losen Knoten hochsteckte, dann streckte sie die Hand nach dem weißen Kopftuch aus, das Thjodhild ihr aus der eigenen Aussteuer gegeben hatte.

Thorstein lachte und sagte: »Nicht so schnell, Gudrid! Ich muß dir zuerst noch etwas in Gegenwart all dieser Zeugen geben, sozusagen als Beweis dafür, daß wir zusammen aufgewacht sind.«

In seiner ausgestreckten Hand lagen drei Silberpfeile – ein großer für die Haare und zwei kleine, um das Kopftuch damit zu befestigen.

»Vielen Dank, mein Hausherr!« Gudrid errötete vor Freude, während sie das Kopftuch befestigte. Sie wünschte, sie hätte den Bronzespiegel mitgenommen.

∽

Das Hochzeitsfest dauerte vier Tage. Als die letzten Gäste den Hof verließen, hochzufrieden mit den Geschenken, die sie mit auf den Weg bekommen hatten, hatte Gudrid das Gefühl, als wäre sie schon jahrelang verheiratet. Das erzählte sie auch Thorkatla, die mit Stein gekommen war, um Thorbjørn nach Hause zu begleiten.

»Hoffentlich bedeutet das nicht, daß du deines Mannes schon überdrüssig geworden bist«, antwortete Thorkatla schlagfertig.

»Natürlich nicht. Einen lieberen Mann als Thorstein gibt es nicht – ich habe Glück gehabt.«

∽

Ja, sie war glücklich. Ab und zu dachte Gudrid, daß keiner jemals abends um das Feuer sitzen und über ihre und Thorsteins Ehe tratschen würde. Geschichten und Gedichte wurden nur über Verbindungen gemacht, die unglücklich endeten – egal ob zuviel oder zuwenig Liebe im Spiel war. Nach den Jahren der Ungewißheit war es gut zu wissen, daß sie nun am Ende eines jeden Tages mit Thorstein in ihre Bettkammer gehen würde. Es war ein schönes Gefühl, daß ein anderer Mensch ihr so nahestand, auch wenn das mit dem Beischlaf nicht so großartig war, wie einige Leute behaupteten. Immerhin gab es erfreuliche Resultate – als die Mittwintertage kamen, wußte sie mit Sicherheit, daß sie schwanger war.

Sie erzählte Thorstein die Neuigkeit, kurz bevor sie über das Eis zu einem Fest bei Thorbjørn fuhren. »Ich glaube, unser Kind wird um die Mittsommerzeit zur Welt kommen. Noch ehe wir nach Sandnes ziehen.«

Thorstein nickte so zufrieden, als hätte er gerade erfahren, daß viele Wale den Fjord heraufkamen. »Ich erzähle es gleich Mutter und Leif. Sie werden sich sehr freuen.«

Als Gudrid sich neben Thjodhild auf den Schlitten setzte, den Leif hervorgeholt hatte, damit auch die Mutter hinüber nach Stokkanes fahren konnte, schlug diese das Kreuzzeichen über Gudrids Bauch und sagte: »Wenn es ein Junge wird, dann möchte ich, daß ihr ihn Erik nennt.«

Und wenn es ein kleines Mädchen wird, dachte Gudrid, könnten wir ihm den Namen meiner Mutter, Hallveig, geben.

Die Gewißheit, daß neues Leben in ihr wuchs, brachte eine Menge Wünsche und Sorgen mit sich. Es war nicht nur ihr Kind, sondern das Kind vieler Menschen. Auch Thorbjørns. In Gedanken umarmte sie das ungeborene Geschöpf in ihrem Bauch, als schirme sie eine flackernde Flamme mit der Hand ab. Du mußt wachsen, gesund und stark werden – ich werde dich in weiche Felle hüllen und dich alles lehren, was ich kann und solange ich kann ...

༄

Thorbjørns Gesicht veränderte sich nicht, als Gudrid ihm von dem zukünftigen Enkelkind erzählte. Aber als der Hausstand und die Gäste sich zu Tisch gesetzt hatten, erhob er sich von seinem Ehrensitz, nahm die silberbeschlagene Schale mit Molke und sagte: »Während wir hier sitzen und Christus um gutes Wachstum für das nächste Jahr bitten, erwarten Thorstein und Gudrid einen Erben, das ist sicher ein gutes Zeichen. Ich bitte den Vater, den Sohn und den Heiligen Geist, über dieses Kind zu wachen. Amen.«

Er machte das Kreuzzeichen, setzte sich und reichte die Schale weiter.

Gudrid sollte eigentlich auf der Frauenbank neben Thjodhild sitzen, aber es wurde ihr schnell klar, daß Thorkatla das Herumtragen der Speisen nur mit Hilfe der jungen Dienstmagd, die Thorbjørn eingestellt hatte, als Gudrid heiratete, nicht schaffen konnte. Finna Erpsdatter vom Nachbarhof war stark und willig, aber sie war erst vierzehn Winter alt und bewegte sich mit der Anmut einer an Land watschelnden Ente. Thorkatla hatte gesagt, ihre Eltern hofften, daß sie bei Thorbjørn sittsames Benehmen lernen würde. Stillschweigend nahm Gudrid ein paar Schüsseln und reichte sie den anderen Gästen – vielleicht würde Finna etwas lernen, wenn sie ihr zusah.

Nach dem Essen zeigte Thorbjørn seinen Gästen den Hof und wies auf alle Verbesserungen hin, die er seit dem Sommer vorgenommen hatte. Fåvne sprang aufgeregt um ihn und sein Gefolge herum, er verwechselte sie offensichtlich mit einer Herde Schafe, auf die es aufzupassen galt. Die alte, halbblinde Hilda aber blieb in der Stube bei Thorkel und Finna Erpsdatter, die ein Brettspiel spielten.

Man konnte nicht genau sagen, wer schneller alterte, Thorbjørn oder sein Hund, dachte Gudrid traurig, als sie sah, wie vorsichtig der Vater sich auf den eisglatten Wegen zwischen den Häusern bewegte. Er schaute angestrengt in das bleiche Winterlicht, und Gudrid bemerkte, daß auch Stein ihn im Auge behielt. Sie glitt von Vaters Seite zu Stein hinüber und sagte leise: »Du siehst nachdenklich aus, Stein. Ist da etwas, das ich wissen sollte?«

»Du hast dasselbe wie ich gesehen, Gudrid. Das Augenlicht deines Vaters ist geschwächt, und er hat Schmerzen in den Hüften, wenn es kalt ist. Wenn du ein Heilmittel dagegen hast, mußt du es das nächste Mal mitbringen! Außerdem könnten wir einen ordentlichen Wachhund gebrauchen, falls die Erikssöhne einen erübrigen können. Fåvne ist ein guter Schäferhund, aber er kümmert sich nicht so sehr um die weitere Umgebung des Hofs, wie Hilda es tat. Ich weiß nicht, ob du auch gehört hast, daß Bård Dorschtöter in der letzten Zeit ein paarmal gleich nördlich von hier gesehen worden ist, und in diesem Sommer gab es nicht einen Bauern auf dieser Seite des Fjordes, der nicht mindestens ein Lamm im Gebirge verloren hat.«

»Ich werde mit Thorstein darüber reden«, versprach Gudrid.

∽

Thorstein hörte genau zu, als sie ihm nach ihrer Rückkehr auf den Hof von Brattahlid von ihren Sorgen erzählte. Er antwortete: »Thorleif Kimbe hat noch ein paar halbwüchsige Welpen von einem Wurf, von dem Leif annimmt, daß der Vater ein Wolf sei – ich werde Thorkel mit einem Mann nach Kimbavåg schikken, sobald der Wind abflaut. Und du selbst weißt am besten, welche Künste du bei Thorbjørn anwenden könntest. Ich selbst weiß nur, daß es kein Mittel gegen das Alter gibt.«

※

Thorkel kam von Kimbavåg zurück und zog einen hochbeinigen, trotzigen jungen Hund mit grauem Fell hinter sich her, der ein Geheul veranstaltete, das, wie Humpel-Aldis sagte, Speck zerschneiden könne. Ab und zu hörte er auf den Namen Gelle. Der Verwalter weigerte sich, das Tier länger als unbedingt nötig auf dem Hof zwischen Kuhstall und Pferdestall zu halten, und Gudrid arbeitete hart, um einen Absud für die Augen und eine Brennesselsalbe herzustellen, die sie zusammen mit dem Hund zum Vater schicken wollte, als Harald Roßhaar eines Morgens unerwartet im Küchenhaus von Brattahlid erschien. Seine Kapuze und sein spärlicher Bart waren völlig vereist und die narbigen Wangen waren blaurot gefroren. Er schnappte nach Luft, als wäre er die ganze Strecke von Stokkanes gerannt.

Gudrid hätte fast den Klebersteintopf fallen lassen. »Harald! Was ist los?«

»Thorbjørn ist krank, Gudrid. Er hat eine schreckliche Hustenseuche. Ich habe es bereits Thorstein gesagt. Er ist schon dabei, ein paar Pferde zu satteln, um uns zu begleiten. Dann kann er dein Pferd mit zurücknehmen, wenn du in Stokkanes bleiben willst.«

Gudrid beeilte sich, alles, was sie brauchte, in einen Ledersack zu stopfen, und zog sich die wärmsten Sachen an, die sie besaß. Als sie schnell in die Stube ging, um sich von Thjodhild zu verabschieden, war die Schwiegermutter wie gewöhnlich schon ziemlich genau über die Ereignisse informiert, obwohl sie sich nicht von ihrem Platz an der Feuerstelle gerührt hatte.

»Grüß Thorbjørn von mir, Gudrid. Ich werde in die Kirche gehen und ein Gebet für ihn sprechen.«

※

Wenn Gudrid sich nicht so um den Vater geängstigt hätte, würde sie sich auf den Ritt über das glitzernde Eis gefreut haben – normalerweise bekam sie gute Laune, sobald sie auf einem Pferderücken saß. Sie beneidete Gelle, der vor den Pferden hin und her sprang und aus reiner, purer Lebensfreude jaulte.

Thorstein spähte gewohnheitsgemäß über die vereiste Landschaft und lenkte sein Pferd an Gudrids Seite. »Ich glaube, ich sehe einen Eisbären ganz hinten am Fjordende – glaubst du, dein Vater läßt mich mit einigen seiner Leute auf die Jagd gehen?«

»Ich glaube schon – schlimmer wäre es jedoch, wenn der Bär plötzlich auf seinem Hof auftauchte!«

Trotz des Fiebers war Thorbjørn bei vollem Bewußtsein, und er ließ sich leicht dazu überreden, Thorstein alle Männer außer Harald Roßhaar mitzugeben, der gerade erst zurück über den Fjord gelaufen war und außerdem die Tiere versorgen mußte, solange es noch hell war. Fåvne durfte mit den Jägern ziehen, Gelle aber mußte in der Stube bei Thorbjørn und den Frauen bleiben, um die Jagd mit seinem Gejaule nicht zu vereiteln.

Thorbjørn saß mit einem Stapel Kissen im Rücken im Bett und schaute auf Hilda, die unverdrossen an seinem Fußende lag und schnarchte. »Du und ich, Hilda, wir sind zu nichts mehr zu gebrauchen.«

Gudrid sagte schnell: »Ich werde dir etwas für deinen Husten geben, Vater, dann fühlst du dich vielleicht etwas besser. Hast du heute schon etwas gegessen?«

Thorbjørn antwortete säuerlich: »Rede nicht mit mir wie mit einem Kleinkind ohne Hose, Gudrid. Heb dir das für das Kind auf, das du in dir trägst.«

Gudrid schickte Finna in die Vorratskammer, um ein paar Fischstücke weichzuklopfen und mit Butter zu bestreichen, dann ging sie zu Thorkatla an die Kochgrube. Die Magd war so schweigsam, daß Gudrid den Ernst der Lage begriff, aber sie fing trotzdem an, Wasser zu kochen und Kräuter zu zerkleinern. Thorbjørn trank das warme Gebräu, und zufrieden sah sie, daß er einschlummerte. Wie die beiden anderen Frauen setzte sie sich ans Spinnrad, während sie Thorbjørns unregelmäßigen Atemzügen und Hildas friedlichem Schnarchen lauschte.

Sie hörte nichts, das auf etwas Verdächtiges hingedeutet hätte, stand aber trotzdem auf und horchte angespannt, als Gelle plötzlich das Fell sträubte und an der Außentür leise knurrte. Der Eisbär! dachte sie. Mit leiser Stimme bat sie Finna, in die Vorratskammer zu gehen, wo die Wände so undicht waren, daß man durch eine Ritze hinaus auf den Hof sehen konnte. Sie selbst ging zur Außentür, packte Gelle am Halsband und öffnete die Tür vorsichtig einen Spaltbreit. Sie schaute zuerst zur Flußmündung, dann über den Fjord. Kein lebendes Geschöpf war irgendwo zu sehen. Sie schloß die Tür in dem Augenblick, als Finna mit einem Gesicht, so weiß wie gebleichtes Leinen, aus der Vorratskammer kam: »G-Gudrid – ich habe einen T-Troll gesehen – hi-hinten im Ziegenschuppen!«

Gudrid lief in die kalte, kleine Kammer und legte das Auge an die Ritze in der Wand, während Thorkatla und Finna sich durch die Türöffnung drängten. Tatsächlich, irgend etwas Unheimliches ging da hinten im Ziegenschuppen vor – sie hörte einen dumpfen Knall, ehe Gelle von seinem Posten in der Stube ein ohrenbetäubendes Geheul anstimmte. Falls es kein Bär war, der da herumstöberte, mußte es ein Wolf oder ein Fuchs sein ...

Gudrid bekreuzigte sich und sah sich wild entschlossen in der Stube um. Sie hatte viele Dinge in Stokkanes zurückgelassen, die sie erst mit hinauf nach Sandnes nehmen wollte – der Bogen und der Köcher mit den Pfeilen, die Arne Schmied ihr gemacht hatte, hingen noch an der Wand. Der Köcher war halb voll.

Sie griff nach Pfeil und Bogen, prüfte die Sehne und lief hinaus, während ihr Herz vor Furcht und Spannung klopfte. Gelle warf sie beinahe um vor Freude, daß er losgelassen wurde, und lief ein kleines Stück voraus, ehe er plötzlich stehenblieb. Er hob die Schnauze, um zu jaulen, gerade als die Tür zum Ziegenschuppen geöffnet wurde und eine mächtige, zerlumpte, zweibeinige Gestalt zum Vorschein kam, die sich eine Ziege über die Schultern geworfen hatte. Aus der durchgeschnittenen Ziegenkehle tropfte Blut in den Schnee.

Brennend vor Wut und Entsetzen legte Gudrid den Pfeil auf den Bogen, zog die Sehne so fest, wie sie nur konnte, und zielte, gerade als Gelles Geheul den Mann veranlaßte, sich zu ihr umzudrehen. Sie ließ den Pfeil fliegen, und im nächsten Moment zitterte dieser in seiner Brust. Er glitt mitsamt dem Ziegenkörper langsam zu Boden, als Harald Roßhaar vom Stall her angelaufen kam.

Kalte Windstöße wehten vom Fjord herein, und Gudrid fühlte sich plötzlich völlig leer und ruhig. Mit dem Bogen in der Hand ging sie hinüber zum Ziegenschuppen und beugte sich über den zusammengesunkenen blutigen Haufen auf dem Boden. Harald zog den Ziegenkörper unter dem Dieb hervor.

»Er hat ›Blaues Wunder‹ getötet, Gudrid, sie war Thorbjørns beste Ziege!«

»Ja«, sagte Gudrid. »Und ich habe den Dieb getötet, wer auch immer er sein mag. Auf jeden Fall wird er sich nie mehr an fremdem Eigentum vergreifen ...«

Sie schob die Haare aus der Stirn und zwang sich nachzusehen, ob sie bekannte Züge bei der ungepflegten Gestalt entdecken konnte, die da vor ihr lag. Wind und Wetter hatten dem Mann sehr zugesetzt, und er war bekleidet mit Tierfellen, die offen über der Brust hingen und ein zerlumptes, blutgetränktes Wollhemd sichtbar werden ließen. Ein Katzenschwanz hing schlaff über den Gürtel der Robbenfellhose, und als Harald die Hand unter das Hemd steckte, fand er die beiden Mäusefänger, die Gandolf aus Island mitgebracht hatte. Die mageren Katzenkörper konnten nur jemanden in Versuchung führen, der seit langem keinen Bissen mehr gegessen hatte.

Gudrid schaffte es gerade noch, das Gesicht abzuwenden, ehe sie sich erbrach – sie mußte sich immer wieder übergeben. Als jemand eine Handvoll Schnee auf ihren Nacken legte, wurde es ihr kurz schwarz vor Augen. Sie richtete sich auf, wischte sich das Gesicht mit dem Ärmel ab und schaute in Thorkatlas ärgerliches Gesicht.

»Jetzt mußt du dich aber zusammennehmen, Gudrid – du mußt an dein Kind denken und an deinen kranken Vater obendrein. Du gehörst sofort an die Feuerstelle! Harald, sieh zu, daß du den Kerl da in den Ziegenschuppen schaffst, dieser neue Köter darf sich nicht einbilden, es gäbe hier bei uns immerzu solche Mahlzeiten! Und wenn du die Ziege abgezogen hast, kannst du sie in Stücke zum Aufhängen schneiden. Die Leber bekommt Thorbjørn heute abend, falls er darauf Appetit haben sollte.«

Thorkatla schloß die Tür hinter Gudrid, zuvor konnte Gudrid jedoch sehen, daß Harald die toten Katzen Gelle überließ. Das Band, das in diesem Augenblick zwischen Hund und Mann gewebt wurde, schien grün im Dämmerlicht zu schimmern, und es leuchtete noch immer, als Harald mit dem zerteilten Ziegenkörper, den er in einen Trog gelegt hatte, und mit einem zufriedenen Gelle auf den Fersen die Stube betrat.

Gudrid saß auf einem niedrigen Hocker vor dem Bett des Vaters und wartete auf ein Zeichen, daß er aufwachen würde. Es pfiff und gurgelte in seiner Brust, und von Zeit zu Zeit hustete er und bewegte die Lippen, aber noch schlief er, trotz all der Aufregung um ihn herum, tief und fest. Thorkatla schüttelte bewundernd den Kopf.

»Sie sind großartig, die Getränke, die Halldis dich zu brauen lehrte, Gudrid.«

Bleich und mit zusammengepreßten Lippen flüsterte Gudrid: »Ich weiß nicht – ich wünschte, er würde aufwachen, aber ich kenne dafür keine Kraftsprüche. Ich möchte ihm so gern erzählen, was gerade auf seinem Hof geschehen ist ...«

»Das erfährt er noch früh genug. Wenn Thorstein und die anderen zurückkommen, wird es genug Lärm geben, um Tote zu erwecken.«

∽

Gudrid döste gerade ein wenig, als das Getrampel von Pferden und Menschen an ihre Ohren drang. Einen Augenblick glaubte sie, wieder zu Hause auf Hellisvellir zu sein, und sie war noch immer verwirrt, als Thorstein in der Türöffnung stand und nach Lampen rief. Sie stand auf, um ihren Hausherrn zu begrüßen – sein gefrorener Bart kratzte an ihrer müden, trockenen Haut.

»Wir haben unseren Bären bekommen, Gudrid, aber du hast offenbar auch Großwild zur Strecke gebracht, während wir weg waren!«

»Ach, hat Harald dir die Geschichte schon erzählt?«

»Ist es möglich, aus Harald eine ganze Geschichte herauszukriegen? Er hat nur gesagt, ein Dieb habe eine Ziege getötet, und meine Frau habe den Dieb getötet, ob ich wohl wüßte, wer der Dieb sein könnte?«

Ein krächzendes Lachen, auf das ein Hustenanfall folgte, kam aus Thorbjørns Bett. Thorstein beugte sich vor, um den Schwiegervater zu stützen, und Gudrid nahm die kleine Tranlampe, die Finna ihr reichte, und leuchtete in Thorbjørns glühendes Gesicht.

»Soll ich dir etwas zu trinken holen, Vater?«

»Nein, danke. Ich will nur wissen, was hier vorgeht. Ein Mann kann scheinbar nicht einmal ein friedliches Nickerchen in seinem eigenen Bett machen, ohne daß irgend etwas geschieht ...«

Während Thorstein und Stein eine Tranlampe mitnahmen, um den Dieb im Ziegenschuppen zu begutachten, erzählte Gudrid dem Vater die Geschichte, so gut sie konnte. Thorbjørn schien sich zu amüsieren, aber seine Stimme war ernst, als er sagte: »Es war gefährlich, hinauszugehen, Gudrid. Angenommen, es wäre der Eisbär gewesen?«

»Es war Bård Dorschtöter«, sagte Thorstein, der hereingekommen war und sich jetzt schwer auf die Bank neben Thorbjørns Bett fallen ließ. »Und der Tod war für ihn bestimmt das Beste.«

»Aber was wird jetzt aus seiner Frau und den Kindern?« warf Gudrid ein. »Was werden sie jetzt essen?«

»Das gleiche, was sie seit vielen Monaten gegessen haben – nichts. Bård tötete seine ganze Familie noch vor Ende des Herbstes, einige Schafhirten fanden die Leichen, als sie bei einem Unwetter Schutz auf seinem gerodeten Land suchten.«

»Das habe ich nicht gewußt«, sagte Thorbjørn. »Alles kommt so, wie das Schicksal es bestimmt hat.« Er bekreuzigte sich langsam und sagte nachdenklich: »Der Tod kommt zu uns allen. Bleibst du die Nacht über da, Schwiegersohn? Ich habe Platz für deine Pferde.«

»Vielen Dank, ich muß jedoch ablehnen. Das Nordlicht steht am Himmel, um mir den Weg nach Hause zu zeigen. Aber vielleicht kann Stein mir dabei behilflich sein, meinen Anteil des

Bärenfleisches auf das Pferd zu laden? Das Fell sollst du haben, Thorbjørn – Thjorfe und Schwarzbart sind schon dabei, es an der Scheunenwand aufzuspannen.«

Mit geschlossenen Augen nickte Thorbjørn einen Dank, und stumm legte Gudrid Thorsteins Hand an ihre Wange. Sie würde in der Nacht seinen breiten Rücken vermissen.

∞

Spätabends streckte Gudrid sich auf den Kissen aus, die Thorkatla auf die Bank neben Thorbjørns Bett gelegt hatte, und während sie den klickenden Lauten der Holzkohle aus der Glutkammer lauschte, legte sie die Hände auf ihren Bauch und wartete. Da war es wieder – etwas flatterte an der Innenseite der Haut und erinnerte sie an umherschweifende Motten. Zwei Motten – drei, vier –, das mußten Arme und Beine sein, so klein sie auch waren. »Christus, falls du mich hörst – segne mein kleines Kind, so wie Vater dich gebeten hat!«

Gudrid wußte nicht, wie lange sie geschlafen hatte, als Thorbjørn laut nach ihr rief. Mit zitternder Hand griff sie nach der Lampe, die Thorkatla bei der Kochgrube hatte stehenlassen, und stellte sie auf den Hocker neben das Bett des Vaters. Thorbjørn versuchte, sich aufzusetzen, während er sich an die Brust griff und keine Luft bekam.

»Vater, trink das hier, es löst den Husten ...« Gudrid hielt ihm die kleine Tasse mit dem Huflattichgebräu an die Lippen, aber die Hälfte lief in seinen grauen Bart.

Als er in die Kissen zurücksank, nahm Gudrid seine heiße, trockene Hand in die ihre, um ihn und sich selbst zu trösten. Die unbekümmerten Atemzüge der Leute, die um sie herum schliefen, ließen das Gefühl unsäglicher Einsamkeit in ihr aufsteigen. Nach einer Weile flüsterte Thorbjørn: »Es ist eigenartig – am frühen Abend glaubte ich, zu Hause auf meinem Hof in Island zu sein.«

»Das glaubte ich auch, Vater, es kam sicher von dem Geräusch der Pferde und der Menschen auf dem Hof ...«

»Kann sein. Vielleicht habe ich nur das Geräusch von den Pferden gehört, die im Paradies auf mich warten. Hallveig, deine

Mutter, wartet dort schon auf mich.« Thorbjørn versuchte zu lachen.

»Woher weißt du das?« Gudrid übernahm seinen scherzhaften Ton, damit er sich nicht sofort wieder abkapselte.

»Snorri Godi hat mir versprochen, daß ich Hallveig im Paradies wiedersehen würde, wenn ich sie in geweihten Boden umbetten und selbst wie ein guter Christ leben würde. Die Pferde können mir egal sein – ich bin in den letzten Jahren auch ohne sie zurechtgekommen ...«

Gudrid wagte fast nicht zu atmen, während sie darauf wartete, daß er fortfuhr. Nach einer langen Pause dichtete Thorbjørn:

> »Dunkel war der Morgen.
> Deine milde mutige Mutter
> Und meine schöne Gefährtin
> Verließ alles Leid für immer.
> Du, die du unsere Tochter bist,
> Mutig mußt du kämpfen,
> Obwohl der Tod mich zieht
> Dorthin, wo der Tag dunkler wird.«

Er hustete hilflos und flüsterte:

> »Christus führe
> Freunde zueinander
> In das ewige Leben ...«

Gudrid beugte sich über ihn, aber das einzige, was sie hörte, war der angestrengte Atem des Vaters.

※

In den nächsten Tagen war Thorbjørn nur zeitweise bei Bewußtsein, und Gudrid wich kaum von seinem Bett. Thorkatla schimpfte und sagte, daß sie sich völlig verausgabe, und sie erbot sich, nachts bei Thorbjørn zu wachen, aber davon wollte Gudrid nichts wissen. Sie versuchte, von den guten Sachen zu essen, die Thorkatla und Finna ihr brachten, aber alles, was sie schluckte, blieb ihr in der Kehle stecken.

Eines Morgens kam Harald Roßhaar herein, und sein Gesicht strahlte ein wenig von seiner alten Lebensfreude aus. »Gudrid, ein weißer Falke sitzt auf dem Dach – Stein holt gerade ein Netz und einen Köder!«

Gudrid fühlte sich unsäglich starr und steif, als sie aufstand, aber sie wollte Harald ungern enttäuschen, deshalb griff sie nach ihrem Schal und ging mit hinaus. Der Widerschein des schräg auf den vereisten Fjord fallenden Winterlichts stach wie Messer in den Augen, und sie wandte sich ab und schaute zum Dach.

Der weiße Falke saß auf dem Dachfirst, dort wo sich die geschnitzten Bretter über der Eingangstür trafen. Der Vogel kümmerte sich nicht um die Menschen unten vor der Tür, er streckte den Hals, schlug mit den kräftigen Flügeln und setzte sich mit der gleichen majestätischen Ruhe wie zuvor.

Gudrid bekreuzigte sich und sagte langsam: »Harald, sage Stein, daß er nicht versuchen darf, den Falken zu fangen. Er ist Vaters Schutzgeist und Begleitung, und er ist gekommen, um Vaters Tod beizuwohnen.«

∾

Thorbjørn starb in dieser Nacht, ohne das Bewußtsein wiedererlangt zu haben. Alle fanden, daß es ein Zeichen seiner großen Würde war, daß sich sein Begleiter ins Reich des Todes so offen gezeigt hatte. Am nächsten Morgen schickte Gudrid die Botschaft nach Brattahlid hinüber, und während sie auf Thorstein und Leif wartete, ging sie in die Bettkammer neben der Vorratskammer, die Thorkatla und Finna miteinander teilten. Gudrid trank die Schale mit warmem Moosbrei, die Thorkatla ihr gab, und deckte sich mit dem Fell zu.

Neben der lähmenden Trauer beunruhigte sie die Gewißheit, daß der Vater jetzt für immer fort war. Nie mehr würde sie ihn um Rat fragen können, nie würde er sein Enkelkind sehen ... Sie betastete die kleine Wölbung ihres Bauches unter dem Kleid. Es war jetzt viele Tage her, daß sie mit ihrem Kind gesprochen hatte. Es rührte sich nichts mehr in ihrem Bauch, kein Flattern war mehr zu spüren. Armes Würmchen, es brauchte wohl auch Ruhe ... Bald schlief sie fest.

Als sie aufwachte, spürte sie einen heftigen Schmerz in der Leiste und im Kreuz, als wenn ihre monatlichen Blutungen den Höhepunkt erreicht hätten. Sie setzte sich im Bett auf und spürte, daß etwas Warmes, Zähflüssiges an den Innenseiten ihrer Schenkel herunterlief.

»Thorkatla! Finna! Ach, jemand muß mir helfen!«

Gudrids Stimme hallte in Thorbjørns stiller Stube wider, und draußen im Hof fing Gelle an zu jaulen. Thorkatla, die mit Finna angelaufen kam, brauchte nicht lange, um zu begreifen, was los war, und sie bat die erschrockene Finna, in die Scheune zu laufen und einen Sack Moos zu holen und es unter Gudrid zu streuen.

Der Geruch von Blut und Moos weckte tief in Gudrids flimmerndem Bewußtsein eine Erinnerung. Die Mutter, der totgeborene kleine Bruder, Blut – soviel Blut, kein Mord, über den die Skalden berichteten, war von soviel Blut begleitet, wie aus Hallveig floß, nachdem sie ihr totes Kind geboren hatte. Die Frauen im Haus waren damit beschäftigt, zu verhindern, daß die kleine Gudrid das dunkle, übel riechende Bettmoos sah, das ständig durch eine neue saubere und trockene Unterlage ersetzt werden mußte.

Gudrid sah den leblosen roten Klumpen nicht, der sich endlich von ihrem erschöpften Körper losgerissen hatte, von dem großen Blutverlust war sie schon längst bewußtlos. Sie bekam auch nicht mit, daß Stein sich Thorbjørns trauernder Hilda annahm und dem alten Hund die Kehle durchschnitt, bevor er ihn unter einem Steinhaufen begrub.

∞

Es vergingen viele Wochen, bis Gudrid gesund genug war, um mit Thorstein nach Hause nach Brattahlid zu fahren. Schon flötete der Goldregenpfeifer wieder sehnsuchtsvoll über die offenen Heiden, und die Nester des Steinschmätzers in den Zäunen um die Hauswiese von Stokkanes waren voll kleiner blauer Eier.

Thorbjørn war bereits vor längerer Zeit auf Thjodhilds kleinem Friedhof zu Grabe getragen worden, aber als Gudrid gerade an Bord von Thorsteins Boot gehen wollte, drehte sie sich nach alter Gewohnheit um, um der hohen Gestalt des Vaters oben bei den Häusern zuzuwinken.

»Wir haben Thorbjørn an Eriks Seite gelegt«, erzählte Thorstein, während der Knecht Njål sie über den Fjord ruderte, auf dem kleine und große Eisberge glitzerten. »Mutter besprengte drei Tage lang das Grab mit Weihwasser – das hätte ihm sicher gefallen.«

Gudrid nickte und rückte näher an Thorsteins große, Schutz spendende Gestalt. »Es ist schön, wieder heimzukommen, Thorstein – heim zu allem, was wachsen und gedeihen soll.«

Es würde sicher in nicht allzu langer Zeit ein neues Kind kommen, dachte sie. Oben auf Sandnes, auf ihrem eigenen Hof.

NACHRICHTEN AUS VINLAND

Nach ihrer langen Abwesenheit fiel es Gudrid auf, daß Thjodhild schwerhörig geworden war, auch wenn nichts der Aufmerksamkeit der Schwiegermutter entging. Thjodhild wußte genau, welche Nachbarsfamilien sich am Kreuz-Christi-Tag in ihrer Kirche gezeigt hatten und welche zu Hause geblieben waren. Sie war davon überzeugt, daß Njål ihrer neuen Haussklavin Aud ein Kind gemacht hatte, und eines Tages hörte Gudrid sie mit dem Verwalter schimpfen, weil er den Lämmern Holzpflöcke ins Maul gesteckt hatte, damit sie vor dem morgendlichen Melken nicht die Muttermilch trinken konnten. Thjodhild stützte sich auf den soliden Knotenstock, den sie jetzt benutzte, und sagte mit blitzenden Augen und einer Stimme, als wäre der Verwalter schwerhörig und nicht sie: »In all den Jahren haben Erik und ich darauf geachtet, daß die Mutterschafe morgens gemolken wurden, ehe wir die Lämmer hereinließen. Wenn die Leute zu faul sind, dafür zu sorgen, daß das weiterhin so geschieht, mußt du dich selbst darum kümmern. Verstanden?«

Solange Gudrid noch nicht kräftig genug war, Thorstein bei der Beaufsichtigung von Stokkanes zu helfen, schickte die Schwiegermutter in gleichmäßigen Abständen Botschaften dorthin, um sicher zu sein, daß alles so erledigt wurde, wie es sich nach grönländischer Sitte gehörte. Thorkatla wurde über diese Einmischung so böse, daß sie Harald Roßhaar dazu brachte, sie eines Tages über den Fjord zu rudern, damit sie sich bei Gudrid beschweren konnte.

Gudrid sagte beruhigend: »Thjodhild geht sicher davon aus, daß ihr Thorbjørn und seine Ratschläge vermißt.«

»Ja, das kann schon sein – das tun wir wohl«, brummte Thorkatla.

Gudrid vermißte den Vater auch, aber er war ein Teil ihrer

Erinnerungen an Island geworden, und sie versuchte, nicht zu oft an damals zu denken, da sie jetzt verheiratet war und einen eigenen Hof in Grönland besaß. Trotzdem kam es vor, daß sie sich bei dem Gedanken ertappte, sie müßte dem Vater, wenn sie ihn das nächste Mal sah, erzählen, wie froh Thorstein und sie über die »Meeresstute« waren. Das Schiff war jetzt in bestem Zustand, und sie waren damit bis Gardar, Dyrnes und an andere Orte gesegelt, wo Thorstein noch einiges zu erledigen hatte, bevor sie sich in Sandnes niederließen.

Andere große Segelschiffe sahen sie auf ihren Fahrten nicht. Als das Thing in Brattahlid vorüber war, hatte sich noch immer kein Handelsschiff im Fjord blicken lassen, und Thorstein fing an, ungeduldig zu werden.

»Ich hätte gern Korn und Eisen gekauft, ehe wir fahren, denn es ist viel einfacher, hier zu handeln als oben in der Westsiedlung«, jammerte er eines Tages, als Gudrid mit einer Schale Wassermolke zu ihm ins Bootshaus kam.

»Wir haben doch die ›Meeresstute‹, Thorstein – wir könnten selber Kaufleute werden! Wir laden nur Walroßzähne und Felle und segeln nach Norwegen – und machen unterwegs in Island halt, vielleicht ...«

Thorstein sah von dem kräftigen Ankertau auf, das er gerade flocht, und lächelte. »Deine Reise hierher nach Grönland hat dich vor weiteren langen Reisen jedenfalls nicht abgeschreckt, Frau! Vielleicht wird es sich eines Tages für uns lohnen, nach Vinland zu segeln, aber wir müssen abwarten, was Thorvald erzählt, wenn er von dort zurückkehrt.«

Gudrids Augen glänzten vor Spannung. Sie nahm Thorstein die Schale ab und rief im Gehen munter über die Schulter: »Wir können dorthin – wir können aber auch nach Romaborg fahren.«

༄

Am Tag vor dem St.-Sunniva-Fest wendete Gudrid im Hausgarten zusammen mit den anderen Frauen das Heu, als sie ein großes Handelsschiff um die Biegung des Fjords segeln sah. Laut verkündete sie die Neuigkeit, und bald herrschte große Aufregung auf dem ganzen Hof.

Humpel-Aldis kam zu ihr. »Wenn du mir im Haus helfen könntest, Gudrid ...«

Selbst die Sklaven wurden von der Neuigkeit aufgemuntert, und alles stand in der Stube bereit, als die Reisenden die Last gesichert hatten und in Begleitung von Thorstein herauf zum Hof kamen. Es waren zwei Schiffer an Bord, zwei junge Männer Ende Zwanzig, die Bjarni und Skuv hießen. Sie und ihre nicht sehr zahlreiche Mannschaft stammten von den Ostfjorden in Island.

»Übrigens hat keiner von uns in den letzten Jahren viel von Island gesehen!« sagte Skuv und trocknete sich die Hände mit dem Handtuch ab, das Gudrid ihm reichte.

»Euer Schiff ist das erste, das in diesem Sommer von Norwegen hierherkommt«, sagte Thorstein, »und von Island haben wir auch niemand gesehen, es gibt also wenig Neuigkeiten.«

»Na, vermutlich haben einige Leute in Island an etwas anderes zu denken als an eine lange Segeltour! Die Njålssöhne auf Bergthorsvoll sind eifrig damit beschäftigt, Flose Thordsson und seine Männer zu töten, und Flose trachtet ebenfalls danach, die Njålssöhne einen Kopf kürzer zu machen.«

Der Hausstand von Brattahlid ging an diesem Abend spät zu Bett. So gut hatte sich Gudrid noch nie auf Grönland unterhalten. Skuv besaß die Fähigkeit, spannende Geschichten zu erzählen, und Bjarni wußte genau, wann er dem Gespräch ein Gedicht oder einen Witz beisteuern sollte. Gudrid erfuhr, daß die beiden jungen Schiffer gut miteinander auskamen, und auch die übrige Mannschaft pflegte untereinander einen munteren Ton.

Thorstein und die anderen bekamen bei Bjarni und Skuv das, was sie brauchten, und als die Kaufleute sich zur Weiterfahrt bereit machten, kam ein jeder zum Strand geeilt, um Lebewohl zu sagen. Skuv sagte: »Mir gefällt es gut auf Grönland. Ich komme wieder. Und wenn ihr von einem Hof in dieser Gegend hört, der zu verkaufen ist, dann denkt an Bjarni und mich! Zusammen können wir problemlos einen schönen Hof bezahlen.«

»Vielleicht sollten wir ihnen Stokkanes verkaufen«, sagte Thorstein zu Gudrid, als sie wieder hinauf zu den Häusern gingen. Gudrid antwortete nicht sofort. Die Gedanken wirbelten in ihrem Kopf herum. Stokkanes gehörte ihr, aber alles, was sie besaß, war unter Thorsteins Vormundschaft – das einzige, was ein Ehemann mit dem Eigentum seiner Frau nicht machen konnte, war, es ohne ihre Einwilligung außer Landes zu schicken. Sie hing an dem Gefühl von Sicherheit, das der Hof ihr vermittelte. Sorgfältig wählte sie daher ihre Worte, als sie sagte: »Sollten wir Stokkanes nicht vorläufig behalten? Wenn wir viele Kinder bekommen, brauchen wir den Hof und Grund und Boden für sie.«

»Ja, das kann schon sein.« Thorstein blickte in eine andere Richtung.

Der duftende Sommernachmittag kam Gudrid plötzlich kühl vor. Bislang deutete noch nichts darauf hin, daß wieder ein Kind unterwegs war. Im Vorbeigehen blickte sie auf die Kirche und dachte an die stummen innigen Bitten, die sie in den letzten Wochen mit jedem *Paternoster* ausgesprochen hatte. Sie war gar nicht davon überzeugt, daß Christus so mächtig war, wie Thjodhild und Thorbjørn glaubten.

War es nicht denkbar, daß Thors Kraft ihr geholfen hatte und nicht die von Christus, als sie Bård Dorschtöter mit Arne Schmieds Bogen erschoß? Vielleicht sollte sie sich wegen eines neuen Kindes an Freyja und Freyr wenden? Christus hatte nicht zugelassen, daß sie das Kind, das sie unter ihrem Herzen trug, behielt – hatte sich eigentlich gar nicht um sie gekümmert. Aber wenn sie Thorstein nach seiner Meinung fragte, würde es so aussehen, als wollte sie Thjodhilds Urteilsvermögen in Zweifel ziehen. Vermutlich war es doch am besten, das Schicksal hinzunehmen, das ihr bestimmt war ... Seherin hatte sie nie werden wollen, das war zu gefährlich.

༄

Als Gudrid und Thorstein zum letzten Mal in Thjodhilds Kirche knieten, um Christus zu bitten, die Reise zu ihrem neuen Heim zu segnen, war Gudrids Kopf ebenso leer wie damals, als sie an Bord der »Meeresstute« ging, um Island zu verlassen. Sie hatte von mindestens hundert Menschen Abschied genommen, und davor hatte sie sich um alle möglichen Dinge kümmern müssen. Sie hatte Stein gebeten, bis auf weiteres die Verantwortung für Stokkanes zu übernehmen, und ihm dafür jedes Jahr drei Lämmer zusätzlich zu seinem üblichen Lohn versprochen – außerdem durfte er in Thorbjørns Bett schlafen. Thorkatla und die anderen, die noch von Thorbjørns altem Hausstand übrig waren, bekamen ebenfalls eine Lohnerhöhung.

Gudrid atmete tief durch und sog die bekannten Gerüche von Thjodhilds Kirche noch einmal ein, während sie die Hände zusammenpreßte, bis die Knöchel weiß hervortraten. Innig betete sie: »Vater unser, falls du im Himmel bist, dann sage Hallveig und Thorbjørn, daß ich sie ehre und in meiner Erinnerung mit mir trage. Und laß mich wieder Leben unter meinem Gürtel spüren ...!«

Nachher blieb sie mit den anderen vor den flachen, einfachen Steinen stehen, die Eriks und Thorsteins Gräber kennzeichneten. Einen Augenblick lang kam es ihr so vor, als bewegten sich die beiden Grabsteine, aber dann merkte sie, daß es nur die Tränen waren, die aus ihren Augen quollen und ihr einen Streich spielten.

In frischer Erinnerung an Thorkatlas herzerweichendes Klagen schätzte sie die würdige Zurückhaltung, mit der die Schwiegermutter sie und Thorstein zum Abschied umarmte und das Kreuzzeichen über ihnen schlug. Am liebsten hätte sie das schmale, alte Gesicht aus reiner Dankbarkeit noch einmal geküßt, aber das ziemte sich leider nicht. Sie bekreuzigte sich und folgte Thorstein hinunter zum Strand, das Kinn hoch erhoben und den Blick fest auf die »Meeresstute« gerichtet.

※

Der Schiffsjunge der vierzehn Personen zählenden Mannschaft war Egil Thorleifsson aus Kimbavåg. Thorstein hatte zunächst Zweifel gehegt, aber der Junge erwies sich bald als vollwertige Kraft. Thorsteins Jungstier stand mittschiffs im Laderaum und brüllte und zerrte an seinem Tau, als die »Meeresstute« das erste Knie im Fjord umrundete und mit gutem Wind aus Nordwesten an Fahrt gewann; seine Aufgeregtheit übertrug sich schnell auf die anderen Tiere. Egil sprang beherzt hinunter, griff mit beiden Händen den Stier bei den Hörnern und blies in seine Nasenlöcher, bis er so still stand, als wäre er verhext worden.

Das Vieh und alle Ballen und Säcke an Deck vermittelten Gudrid das Gefühl, rückwärts durch alles zu schwimmen, was in den letzten Jahren geschehen war. Als sie den Kopf drehte, erwartete sie beinahe, die schlanke Gestalt des Vaters am Steuerruder zu sehen. Aber als sie am Segel vorbeischaute, war es Thorstein, der dort stand und angespannt auf die Stelle blickte, wo der Fjord von Eisbergen fast versperrt war. Sein Gesicht war dunkelrot vom Wind, und das lockige Haar stand senkrecht in die Höhe. Gudrid lächelte und dachte, daß sie es stutzen müßte, bevor man ihn für einen Troll hielt.

Mühsam arbeitete sie sich nach achtern vor und sagte:

»Was glaubst du, wie lange wir bis zur Westsiedlung brauchen, wenn der Wind anhält, Thorstein?«

Thorstein wandte die blinzelnden, braunen Augen nicht vom Wasser und vom Segel. »Ach, fünf, sechs Tage – ich möchte mich da nicht genau festlegen. Und dann dauert es mindestens noch einen Tag, um zum Ende des Lysefjords zu segeln. Wenn das Wetter schlecht wird, gibt es mehrere Orte an der Küste, wo wir Schutz suchen können, aber ich segle lieber Tag und Nacht durch.«

»Ich auch. Ich bin so gespannt auf Sandnes.«

Mit einem wachsamen Blick auf die Sprietstange, die das mächtige Segel an seinem Platz hielt, ging Gudrid nach vorn, um sich Thjodhilds Abschiedsgeschenk anzusehen, einen kleinen Holzbottich mit Erde und gelbblühender Brunnenkresse. Die Schwiegermutter hatte gesagt, die Kresse würde gewiß in der Nähe des Flusses neben den Häusern gedeihen, und Gudrid hatte gefragt, woher sie das wisse.

Thjodhild hatte gelacht. »Sandnes war ein Teil von Eriks Landnahme in der Westsiedlung, bevor er andere hierher nach Grönland holte. Der jetzige Verwalter auf Sandnes, Thorstein Schwarz, ist der Sohn eines Mannes, der zusammen mit Erik und mir herüberkam und die Hälfte des Grundbesitzes auf Sandnes unter der Bedingung zugesprochen bekam, daß er dort einen Bauernhof anlegte. Erik nahm mich mit auf den Hof, um zu beurteilen, was alles gemacht werden müßte, als Thorstein

Schwarz seinen Anteil erbte. Schau nicht so verwundert, Gudrid! Was glaubst du, wer sich besser auf die Bewirtschaftung eines Hofes versteht – eine Frau, die sich zu Hause jahrelang um alles gekümmert hat, während der Mann auf See war, oder ein Mann, der nur ein schlingerndes Schiff kennt?«

Gudrid fragte sich, ob auch Thorstein sich an Bord wohler fühle als an Land. Es fiel ihr schwer, das zu glauben – er sprach so sehnsüchtig von seinem Hof und würde so gern seine eigenen Kinder zwischen den Häusern herumtoben sehen.

Mit dem Brunnenkressebottich in den Händen ging Gudrid nach hinten, um die Blumen zu gießen, und wäre beinahe über Luva, ihre neue Dienstmagd, gestolpert. Luva war ein paar Jahre bei Thorvard und Freydis Eriksdatter gewesen und hatte Thorstein gefragt, ob er sie in Dienst nehmen wolle. Das tat Thorstein gern – nach dem Grund ihres Wunsches, nicht mehr bei Freydis arbeiten zu müssen, brauchte er nicht zu fragen.

Gudrid lächelte und reichte ihr die Brunnenkresse. »Luva, sie braucht Wasser. Denkst du an den gekochten Lachs für das Abendessen?«

Die Magd nickte, und Gudrid hoffte, die Sklaven, die Thorstein im Sommer zuvor mit nach Sandnes genommen hatte, seien ebenso umsichtig wie die junge Frau. Sie vertraute darauf, daß sie und Luva gut mit Thorsteins Frau Grimhild auskommen würden.

Thorstein hatte auf Gudrids Frage nach Grimhild nicht viel geantwortet – hatte nur gesagt, Grimhild sei eine ehemalige Haussklavin, die bei ihrer Heirat jedoch bereits frei gewesen sei. Über Thorstein Schwarz sagte er, daß er sehr zuverlässig und als »Arbeitstier« bekannt sei – mehr konnte man nicht verlangen.

Jetzt überlegte Gudrid, ob Grimhild und ihr Mann wohl getauft waren. Niemand hatte ihr gesagt, ob es in Sandnes eine Kirche gab, und sie ahnte nicht, an welchen Glauben sich ihr Thorstein am liebsten hielt, wenn er von Brattahlid fort war. Während Leifs Abwesenheit hatte Thorstein dem Hügelgrab-Bauern weiterhin Milch und Fleisch geopfert, und als er das Abschiedsgebet sprach, ehe sie im Eriksfjord Anker lichteten, wandte er sich zur deutlichen Zufriedenheit der Mannschaft ebensooft an Thor wie an Christus. Vielleicht würde er das Mittwinter-Opfermahl zu Ehren Freyrs und Freyjas feiern, um sich üppige Wiesen und eine schwangere Frau zu sichern?

∞

Die bekannte, bewohnte Strecke im Eriksfjord wich steileren, dunkleren Küsten und vom Meer umspülten Inseln mit Grasbüscheln und Strandnelken. Der Wind schien sich nicht gedreht zu haben, aber an dem Gluckern unter dem Schiffsrumpf merkte Gudrid, daß die Strömung nun anders verlief und daß sie auf dem Weg in tieferes Wasser waren. Sie saß warm und geschützt in ihrem Robbenfellumhang am Spinnrad, und mit dem Wollfaden wuchs die freudige Erwartung auf alles Neue, das sie erwartete.

Die bleichen Flecken an Land, die auf eine Hauswiese und die vergangene Heuernte hinwiesen, wurden immer seltener, und schließlich hatten sie die Ostsiedlung ganz hinter sich gelassen. Von Zeit zu Zeit kamen sie an einer unbewohnten Insel vorbei, wo eine ärmliche Behausung mitten im Gelände auf die Existenz eines Geächteten hinwies, der hier wie ein Tier in seiner Höhle sein jämmerliches Dasein fristete.

Als sie in die offene See kamen, steuerten sie direkt gegen den Wind, um die Küste nicht aus den Augen zu verlieren. Egil Thorleifsson war so aufgedreht, daß er mehrmals beinahe über Bord gefallen wäre, und zum Schluß schickte ihn Thorstein nach vorn, um Taue zu spleißen. Das war die richtige Arbeit für den Jungen. Gudrid schaute auf das konzentrierte junge Gesicht und dachte, daß sich Thorstein, selbst wenn er oft kein Schnelldenker war, als Meister darin erwies, die Leute zu Höchstleistungen anzuspornen.

∞

Eines frühen Morgens kam Gudrid hinaus aufs Deck und sah nichts als dicken Nebel, nirgendwo war Land zu erkennen. Die See rollte schwer, und der Wind war so salzgesättigt, daß er nach Fett roch. Erschreckt eilte sie achteraus.

»Thorstein, haben wir uns verirrt?«

Thorstein war ebenso unerschütterlich wie sonst. »Aber nein, Gudrid. Es ist so in dieser Gegend – ein Gletscherarm liegt hier so dicht am Wasser, daß er dich bei gutem Wetter fast blind macht. Ein anderes Mal kommt der Nebel und verschluckt dich. Außerdem gibt es keinen Schärengürtel auf dieser Strecke – das merkst du an dem Schlingern. Wir haben jetzt mehr als die Hälfte der Strecke zur Westsiedlung hinter uns. Und ich möchte gerne etwas essen, bevor ich nachher zu beschäftigt bin.«

∽

Als sie endlich in den Lysefjord hineinsegelten, kamen Gudrid die Berge im Landesinneren, nach dem weiten Horizont, den sie viele Tage gehabt hatten, bedrohlich vor, aber ein Blick auf Thorsteins Gesicht sagte ihr, daß sie sich hüten mußte, etwas anderes als Lob über diese Gegend zu äußern. Während sie Trokkenfisch klopfte, dachte sie daran, daß sie bald etwas Frisches zu essen bekämen – als sie in den Fjord eingefahren waren, hatte sie gesehen, wie gewaltige Dorsche sich um das Boot tummelten.

Die »Meeresstute« glitt bereits am nächsten Tag in das innerste Fjordende. Gudrid stand wie gebannt am Bug, während die Sonne ihre blutrote Farbe über den Himmel und die stille, flache Sandnesbucht goß. Der Hof unten auf der sandigen, vor einem breiten Tal gelegenen Ebene schwamm in einem leichten Nebelschleier, und der Landwind brachte Muhen, Meckern und Hundegebell mit.

So weit oben im Norden war es kalt und zeitig dunkel, deswegen schickte Thorstein die Besatzung und Luva zusammen mit den Tieren an Land, damit sie in der Scheune schlafen konnten, während er und Gudrid an Bord blieben. Laut Thorstein Schwarz, der ihnen in seinem kleinen Kahn entgegenruderte, hatte Grimhild das Langhaus noch nicht für sie hergerichtet. Gudrid dachte, daß Thorstein in seinem abgetragenen grauen Umhang und den rissigen Lederhosen auch nicht so aussah, als wäre er gut auf Gäste vorbereitet.

Gudrid nahm die Leidenschaft ihres Thorstein in dieser Nacht als ein gutes Omen für Fruchtbarkeit und Wohlergehen in ihrem neuen Heim, und in der arbeitsreichen Zeit, die nun folgte, bemühte sie sich, stets daran zu denken.

∽

Es stellte sich schnell heraus, daß Grimhild, auch wenn sie unermüdlich arbeitete und mit scharfer Stimme das gleiche von ihrer Haussklavin Unna forderte, kein Gefühl für Ordnung besaß. Die große, untersetzte Gestalt war schlampig gekleidet in zerschlissenen Gewändern über Männerhosen, und das zerzauste graue Haar sah aus, als sehe es selten einen Kamm. Schlimmer war, daß nichts im Vorratshaus und in der Milchkammer seinen festen Platz hatte, und wenn es gelang, einen Trog oder eine Butterform aufzutreiben, waren die Gerätschaften ebenso schmutzig wie Grimhilds Kleider.

Im Stall und in den Scheunen war jedoch alles in bester Ordnung, denn dort herrschte der tüchtige Thorstein Schwarz, und deshalb wußte Gudrid, daß es keinen Zweck hatte, sich bei ihrem Hausherrn über die Unordnung im Langhaus zu beklagen. Still und leise erklärte sie daher Luva und Unna, was dazu gehörte, um wohlschmeckende saure Milch und Käse aus der reichlich vorhandenen Milch herzustellen.

Als Thorstein und seine Leute zum ersten Mal auf die Jagd gingen, brachten sie Weiß-Gudbrand mit nach Hause. Sie waren, während sie ein paar fette Rentiere verfolgten, fast bis zu seinem Hof gekommen, und sie hatten Gudbrand zufällig getroffen, als er in einiger Entfernung von seinem Hof das Heu mähte. Jetzt wollte er Gudrid Thorbjørnsdatter begrüßen.

Gudrid freute sich von Herzen, als sie ihn sah. »Geht es dir gut, Gudbrand? Und wie geht es Gudni und Olaf?«

»Uns geht es gut, Gudrid, danke der Nachfrage. Aber du mußt unbedingt kommen und selbst schauen! Thorstein sagte, er hätte zwei Pferde von Brattahlid mitgenommen, und es ist kein schwieriger Ritt zu meinem Hof.«

»Dieser Kerl ist erfolgreich gewesen«, sagte Thorstein Eriksson. »Er hat jetzt selbst zwei Pferde und so viele Kühe, Ziegen und Schafe, daß er ein kleines Tal damit füllen könnte.«

»Es war harte Arbeit«, sagte Weiß-Gudbrand mit einem stillen Lächeln. »Und ohne meinen Olaf und viel Glück wäre ich nicht so weit gekommen. Olaf hat viele weiße Jagdfalken gefangen und sie mit gutem Verdienst an Erling Wellenbrecher verkauft. Die Waren, die er bekam, haben wir gegen Tiere in der Umgebung getauscht.«

»Verdienst – von Erling Wellenbrecher? Das ist mehr als Glück – das ist ein Wunder!« rief Gudrid aus.

»Nun ja ... Olaf suchte die anderen Bauern hier in der Siedlung auf, und sie einigten sich darauf, daß sie nicht mehr mit Erling handeln würden, wenn er nicht anständig bezahlte. Erling mußte schließlich nachgeben, besonders da er einen Ort zum Überwintern brauchte.«

»Olaf scheint fünf normale Männer aufzuwiegen«, sagte Thorstein.

Weiß-Gudbrand wurde ernst. »Wir haben mehr zu tun, als wir allein schaffen können. Um die Wahrheit zu sagen, Thorstein, ich hoffe, einige von deinen Leuten können sich vorstellen, für mich zu arbeiten – so könntest du auch deine Vorräte etwas schonen.«

»Das ist kein schlechter Gedanke – ich werde sie fragen.«

Gudrid war es nur recht, daß ihr Hausstand etwas schrumpfte. Sie und die anderen drei Frauen arbeiteten unermüdlich, um die Vorräte für den Winter zu vergrößern. Langsam füllte sich das Vorratshaus unten am Fjord mit Trockenfisch und Rauchfleisch, in der Milchkammer standen große Holzfässer mit saurer Milch und Molke und Schüsseln mit Beeren aller Art, und in einer kleinen Höhle im Abhang hinter dem Haus stapelten sich allmählich Butter und Käse, aber trotzdem war sie beunruhigt, wenn sie sah, wie viele Menschen von diesen Lagern leben sollten.

Zur Zeit der Winternacht hielt Thorstein ein Gelage, und es kamen Leute von vielen Höfen in der Umgebung. Gudrid war seit ihrer Ankunft kaum vom Hof fortgekommen und kannte die meisten Nachbarn nicht. Sie waren gutmütig, neugierig und – mit ein paar Ausnahmen – nicht getauft.

Gudrid hatte zuviel zu tun gehabt, um sich wegen ihres Glaubens Gedanken zu machen, aber als Thorstein mit ihrer Zustimmung das Gelage Freyr und Freyja weihte, nachdem er auch Christus geehrt hatte, fragte sie sich, was Thorbjørn und Thjodhild dazu gesagt hätten. Plötzlich sah sie die Kirche von Brattahlid vor sich und spürte eine starke Sehnsucht nach dem würdigen Wesen und dem selbstverständlichen Glauben der Schwiegermutter. Hier auf Sandnes gab es keine Häuser für irgendwelche Götter – sie und Thorstein wußten nicht einmal, wo ihr Hügelgrab-Bauer sich aufhielt.

Stumm bekreuzigte sie sich, bevor sie die Schüsseln herumtrug. Sie wußte nur zu gut, warum dieses Gelage Freyr und Freyja geweiht war. Sie war nicht schwanger.

∞

Weihnachten kam und ging ohne Anzeichen, daß Gudrid ein Kind erwartete, aber Thorstein verlor den Mut nicht. Mit einem Blick auf den eisbedeckten Fjord sagte er: »Dies ist keine Wachstumszeit, Gudrid. Warte nur, bis die Tiere Junge bekommen und das Gras sprießt!«

∞

Der Frühling hielt mit ungewöhnlicher Stärke in den Lysefjord Einzug, und Gudrid kam sich vor wie ein Pfeil, den jemand in die Luft geschossen hatte und der in einem Gebüsch liegengeblieben war. Als die Lämmer den Mutterschafen fortgenommen wurden, hatte sie immer noch ein seltsames Gefühl im Bauch und überhaupt keine Lust, etwas zu essen, und so scherzte sie halbherzig mit Luva: »So eine Aufregung! Die Lämmer sind ebenso gierig nach ihrem Essen, wie ich mich vor meinem drücke!«

Luva sah sie ruhig an. »Ich habe es bemerkt, Gudrid. So ist es oft, aber bald schaffst du es, für zwei zu essen, wie du eigentlich müßtest.«

Gudrid war daran gewöhnt, daß ihre monatlichen Blutungen bei der Essensknappheit im Frühling ausblieben, deswegen hatte sie nicht einmal an die Möglichkeit einer Schwangerschaft gedacht. Jetzt stand sie stocksteif da und ließ die Worte in sich hineinsinken. Hatte sie es Freyja oder Christus zu verdanken?

Sie wagte kaum, den Gedanken zu Ende zu denken, und bekreuzigte sich schnell.

Sie entschloß sich, Thorstein nichts zu sagen, ehe sie selbst die ersten Anzeichen von Leben gespürt hatte, Luva könnte sich ja schließlich irren. Aber Thorstein überraschte sie eines Tages, als sie sich draußen übergeben mußte. Da er solche Angst hatte, daß sie ernstlich krank wäre, mußte sie ihm von dem Kind erzählen.

Die Furchen in seinem gutmütigen Gesicht gingen über in ein großes Lächeln, und er sagte: »Ich wußte, daß es richtig war, hierher auf unseren eigenen Hof zu ziehen – und es hat wohl nicht geschadet, daß wir Freyr und Freyja geehrt haben!«

∞

Eines Tages, im Laufe des Vorsommers, ehe man jemanden von der Ostsiedlung erwarten konnte, kam ein Warnruf, daß sich ein großes Schiff Sandnes nähere. Thorstein kam von der Schmiede heruntergelaufen, als er das Hundegebell auf dem Hof hörte, beschattete die Augen gegen die Nachmittagssonne und sagte: »Das ist der ›Wellenschlucker‹ – das ist Thorvald, mein Bruder, der auf dem Heimweg von Vinland hier vorbeikommt!«

In bester Stimmung schickte er jemanden nach seinem Umhang, fuhr mit dem Kamm durch Haare und Bart und eilte hinunter an den Strand. Havgrim aus seiner Mannschaft folgte ihm dicht auf den Fersen. Sie setzten den kleinen Kahn aufs Wasser und ruderten hinaus, um den »Wellenschlucker« zu begrüßen.

Gudrid richtete soeben mit fieberhafter Eile eine Mahlzeit für die Gäste her, als sie hörte, wie die Eingangstür geöffnet und mit einem Knall zugeschlagen wurde. Sie lief aus der Milchkammer und sah, daß Thorstein, das Gesicht in den Händen, in seinem Ehrensitz zusammengesunken war.

Sie bekreuzigte sich. »Thorstein? Was ist geschehen?«

Ohne aufzusehen, sagte er mit gebrochener Stimme: »Thorvald ist bei einem Kampf gegen die Skrælinge im vorigen Jahr getötet worden. Die Mannschaft ist hier hereingesegelt, weil sie einen kranken Mann an Bord haben, den sie am liebsten hier an Land bringen möchten, bevor sie nach Brattahlid weiterfahren –

sie haben Angst, daß sein Pech für den Rest der Reise Unglück bringen könnte. Er hat sich vor ein paar Tagen die Hüfte gebrochen.«

Gudrid setzte sich und ergriff Thorsteins Hand. »Haben – haben sie Thorvalds Leiche bei sich?«

»Nein, er bat darum, dort begraben zu werden. Aber Mutter will ihn sicher zu Hause auf ihrem Friedhof haben. Kommst du mit mir nach Vinland, Gudrid? Es ist leichter für uns als für Leif, dorthin zu fahren – von hier aus schaffen wir die Fahrt hin und zurück sicher in einem Sommer.«

»Natürlich komme ich mit dir!« Obwohl Gudrid sehr traurig war über das, was geschehen war, spürte sie die Spannung hochsteigen. »Aber wissen wir überhaupt, wohin wir fahren müssen?«

»Das erfahren wir von Thorvalds Leuten – sie bleiben eine Zeitlang hier, bevor sie nach Eriksfjord weitersegeln.«

Als die ersten Männer vom »Wellenschlucker« an Land kamen, ging Thorstein hinunter zum Strand und trug den verletzten Mann mit einer Leichtigkeit zum Hof hinauf, als ob dieser ein Kind wäre. Das Gesicht des Kranken war unter der sonnengebräunten Haut hager und blaß, und er hatte sich auf die Unterlippe gebissen, bis sie blutete. Gudrid wurde klar, daß sie für ihn einen Schlaftrunk zubereiten mußte, ehe sie die Knochenenden wieder zusammenschob. Plötzlich sah sie Arne Schmieds Gesicht vor sich, wenn die Schmerzen ihn am schlimmsten plagten – niemand hatte *ihm* einen Schlaftrunk gegeben, als der Bär ihn zum Krüppel machte.

Während Gudrid einen starken Absud aus Bärlapp braute, stellte Grimhild die Tische auf und gab widersprüchliche Befehle an Luva und Unna. Gudrid biß die Zähne zusammen und machte weiter. Vielleicht merkte Thorstein jetzt, was es hieß, mit Grimhild zusammenzuarbeiten ... Sie goß das abgekühlte Gebräu in ein Horn und trug es zu der Bank, auf der der kranke Mann lag. Øyolf hieß er.

»Schau her, Øyolf, dieser Trank betäubt deine Schmerzen. Im Namen des Vaters, des Sohnes und des Heiligen Geistes ...« Gudrid bekreuzigte sich und blies ein Kreuz über das Horn.

Øyolf stöhnte. »Sprich einen Zaubervers, wenn du kannst, sonst nützt das Gebräu nichts!«

Er sah sie grimmig an, während sie einen Vers an Thor aufsagte, und dann ließ er sich den Trank geben. Gudrid gab dem Gebräu etwas Zeit zu wirken, ehe sie sich über den Mann lehnte, ihm fest in die Augen sah und sagte:

> »Weg wird der Schlaf den Schmerz spülen
> Und mit Heilung dich erfüllen.
> Thor und Odin haben zum Ziel,
> Dich stark zu machen wie Stahl,
> Und wenn du wieder stark bist,
> Kannst du ihr Werk tun!
> Schließ jetzt die Augen, schlafe und träume,
> Schwimme davon auf dem Strom der Gedanken ...«

Øyolfs Augenlider wurden schwer, und bald atmete er langsam und gleichmäßig in tiefem Schlaf. Niemand im Zimmer sagte ein Wort. Vorsichtig befühlte Gudrid seine Hüfte und verstärkte den Druck auf die Knochen, bis sie spürte, daß alles so lag, wie es sollte. Øyolf machte keine Anstalten, aus seinem Schlaf zu erwachen, als sie breite Wollstreifen um seine Hüftknochen wickelte und Stützschienen aus Walknochen hineinsteckte. Sie sagte leise: »Laßt ihn noch eine Weile schlafen. Beim nächsten Mal, wenn jemand in die Stube kommt, wacht er auf.«

»Wenn du das weißt, mußt du eine Seherin sein – oder vielleicht gar eine Hexe«, sagte Grimhild, und viele in der Stube murmelten zustimmend: »Hat man so etwas schon gesehen!« – »Zum ersten Mal habe ich gesehen, daß jemand die Macht über seinen Körper verlor ...« – »Du erinnerst dich sicher an die Hexe Thorbjørg, die wir vor ein paar Wintern gesteinigt haben ...«

Gudrid war nahe daran zu rufen: Ihr kennt hier auch nicht den geringsten Unterschied zwischen Hexerei und Wissen! Sie bekreuzigte sich in dem Augenblick, als Unna mit einem Eimer Wasser hereinkam und die Tür hinter sich zuknallen ließ. Øyolf stöhnte und öffnete die Augen, und Thorstein, der bisher geschwiegen hatte, sagte munter: »Leute, ihr seht, ich habe eine tüchtige Frau bekommen. Jetzt gehen wir zu Tisch, und ihr verschont mich bitte mit weiterem Geschwätz über Hexerei.«

Die Mahlzeit machte dem Hof alle Ehre. Thorvalds Leute waren sich darin einig, daß sie selbst in Vinland keine volleren Miesmuscheln oder fetteren Riesenalke gegessen hatten als die, die Gudrid ihnen anbot. Ihr Schiffer, Åsgrim der Magere, hielt die Dankesrede.

»Gudrid, ich kostete dein Essen auf Brattahlid, bevor ich nach Vinland fuhr, und ich habe das Glück, es auch hier genießen zu dürfen. Auf deinem Hof gibt es viele Annehmlichkeiten, Thorstein! Noch nie habe ich so saftige und gute schwarze Krähenbeeren gegessen, wie du sie hier auf deinem Tisch hast – und das, obwohl sie den Winter über gelegen haben.«

»Sind sie auch besser als die Weinbeeren dort drüben?« fragte einer.

Åsgrim lachte. »Sie sind anders.«

Thorstein nickte aufmunternd, und Åsgrim fuhr fort: »Ich werde euch erzählen, wie es uns da drüben ergangen ist, und die anderen können meine Geschichte ergänzen, wenn es nötig ist. Aber bevor ich beginne, bitte ich euch, unseres Häuptlings, Thorvald Eriksson, zu gedenken. Er war seinem ganzen Verhalten nach ein musterhafter Häuptling. Wir beerdigten ihn in christlicher Weise, so gut wir konnten, aber Thorstein Eriksson wird ihn heimholen, damit er auf Thjodhilds Friedhof ruhen darf.«

Er dachte gerade noch daran, sich zu bekreuzigen, ehe er mit seinem Reisebericht anfing. Sie waren ohne ernsthafte Gefahren oder Verspätungen bis zu Leifs Häusern gekommen, wo sie den Winter verbrachten. Fisch gab es mehr als genug. Im Sommerhalbjahr hatten sie die Küste weiter südlich erforscht, die ziemlich sicher dem Festland angeschlossen war – Leifs Häuser lagen auf einer großen Insel. An einer Stelle hatten sie Zeichen von Wohnstätten gesehen, aber keine Menschen. Das Land war schön und vielversprechend – mit viel Wald und zahlreichen Stellen, an denen man leicht an Land gehen konnte. Einige von ihnen hatten Trauben gefunden, aber da es schon so spät im Jahr war, daß sie zurück zu ihrem Winterquartier mußten, konnten sie sie nur an Ort und Stelle verzehren. Außerdem gab es mehr als genug andere Beeren bei Leifs Häusern.

Im nächsten Sommer hatte Thorvald sich entschlossen, das südliche Gebiet noch weiter zu erforschen. Sie waren an der Mündung eines großen Fjordes vorbeigesegelt und hatten einen noch größeren erreicht, als Thorvald den Vorschlag machte, eine lange Halbinsel zwischen den beiden Fjorden näher zu erkunden. Die Landschaft dort sah so einladend aus, daß Thorvald sagte, er wolle mit der Zeit dort einen Hof bauen.

Zur Abwechslung war die ganze Mannschaft mit ihm an Land und auf die Halbinsel gegangen, ein weiteres Zeichen dafür, daß sie das Glück auf ihrer Seite glaubten. Als sie zum Schiff zurückkamen, entdeckten sie unten am Strand ein paar umgedrehte Fellboote, und unter jedem Boot lagen zwei, drei Skrælinge. Ein Skræling entkam in seiner Fellschale, aber Thorvald und seinen Leuten gelang es, die anderen acht zu töten.

Obwohl am Strand weiter nördlich noch mehr umgedrehte Boote und vielleicht sogar Hütten lagen, hatte die Mannschaft sich draußen auf der Klippe niedergelassen, um zu essen und in der warmen Sonne zu ruhen; sie waren der festen Überzeugung, daß niemand sie zwischen den vielen Bäumen entdecken würde.

Der Ort war offensichtlich voller Zauberkraft, denn mit der Zeit wurden sie allesamt so müde, daß sie sich nicht wachzuhalten vermochten. Thorvald hörte im Schlaf eine Stimme, die ihm zuflüsterte, daß Gefahr im Verzug sei, und er schrie so laut, daß die anderen aufwachten. Da sahen sie einen ganzen Schwarm Skræling-Fellboote auf sie zurudern. Die Grönländer schafften es gerade noch, an Bord zu kommen und ihre Schilde entlang der Reling als Brustwehr aufzustellen, aber Thorvald sagte, sie sollten zu ihrer Verteidigung nicht härter kämpfen als unbedingt nötig. Nach einer Weile waren die Skrælinge des Spieles überdrüssig und flüchteten in ihren Backtrögen.

Plötzlich sah die Mannschaft, daß Thorvald von einem Skrælingpfeil direkt unter die Achselhöhle getroffen worden war. Er wußte, daß er sterben mußte, und bat: »Begrabt mich hier auf der Halbinsel, an der Stelle, wo ich Land für meinen Hof roden wollte – dort werde ich mich schon jetzt niederlassen. Errichtet über meinem Kopf und über meinen Füßen ein Kreuz, denn der Ort soll für alle Zeit Kreuznes heißen.«

»Wie du siehst«, sagte Åsgrim mit einem beinahe höfischen Kopfnicken zu Thorstein, »ist das Grab deines Bruders deutlich markiert und dürfte nicht schwer zu finden sein, obwohl Kreuznes ein gutes Stück von Leifs Häusern entfernt liegt. *Die* sind jedenfalls leicht zu finden!«

Aber man weiß nie, wie viele Skrælinge es auf Kreuznes gibt, dachte Gudrid besorgt. Obwohl sie so aufgeregt war, schwamm alles in ihrem Kopf vor Müdigkeit.

Åsgrim der Magere und seine Schiffsgefährten blieben lange genug auf Sandnes, um zu sehen, daß Øyolfs Zustand sich besserte. Als der »Wellenschlucker« weitersegelte, blieben sechs Mitglieder der Mannschaft auf dem Hof zurück, angelockt von der Aussicht auf Jagd und Fischfang, vor allem aber von der Gelegenheit, noch einmal mit nach Vinland fahren zu können. Gudrid war froh, daß sie und Thorstein dort drüben Leute bei sich haben würden, die sich in der Gegend auskannten, so daß sie nicht nur auf die Wegzeichen angewiesen waren, die Åsgrim auf ein Stück Treibholz geritzt hatte.

Als am ersten Abend nach der Abreise der Gäste das Lagerfeuer für die Nacht zusammengerecht war und lautes Schnarchen aus der Bettkammer von Thorstein Schwarz und Grimhild ertönte, schob Thorstein sorgfältig einen Wollappen zur Seite, und zum Vorschein kam ein Stein, so schwarz wie vulkanisches Glas, aber eher körnig als spiegelblank. Er glänzte schwach, als Thorstein ihn gegen das Licht hielt. Dann reichte er Gudrid den Stein, bekreuzigte sich und flüsterte: »Gudrid, ich lege diesen Stein unter unsere Matratze. Åsgrim gab ihn mir, als er abreiste – es ist ein Zauberstein aus Vinland, so magisch, daß er zu brennen vermag. Steine wie dieser machen das Land dort drüben so fruchtbar, behauptete er. Er meinte, ich solle ihn in die Stallwand legen, aber ich glaube, du und ich können ihn besser gebrauchen, um unser Kind zu beschützen.«

Gudrid hatte das Gefühl, daß ihr Bett in dieser Nacht wunderbar warm war.

∽

Viel mehr Leute wollten mit Thorstein nach Vinland fahren, als er für eine so kurze Reise benötigte. Außer den sechs Männern von Thorvalds Mannschaft wollten viele von Thorstein Erikssons Leuten mitfahren, und von den Höfen der Umgebung eilten junge Männer herbei, die ihre Erfahrung in nördlichen Gewässern gerne zur Verfügung stellten. Zu guter Letzt hatte die »Meeresstute« eine Besatzung von fünfundzwanzig Mann. Der junge Egil war einer von ihnen. Sein Gesicht leuchtete vor Freude, und er verbrachte viele Stunden damit, Øyolf in der Schmiede zu helfen, damit er mehr von dem neuen Land erfuhr.

Øyolfs Hüfte war jetzt stark genug, daß er sich mit Hilfe von Krücken herumschleppen konnte, und er erzählte oft und gerne von den Ländern im Westen. Gudrid fand es schade, daß der traurige Anlaß ihrer ersten gemeinsamen Vinlandreise Thorstein und ihr so wenig Zeit ließ, das Land dort drüben zu erkunden.

Sie arbeitete fleißig an einem neuen Segeltuch für das Schiff, und ihr Kopf war voll von all den Dingen, die sie vor der Reise noch erledigen mußte. So war es für sie eine willkommene Unterbrechung, als sie mit Thorstein auf einen Nachbarhof eingeladen wurde, um die Sommersonnenwende zu feiern.

∽

Nach dem letzten Tag des ausgiebigen Festes ritten sie in der Abenddämmerung nach Hause. Brütende, aufgeschreckte Uferschnepfen flatterten glucksend um sie herum, und die Schneeberge, die den Fjordspiegel einrahmten, glichen sorgfältig geformtem Käse. Gudrid ließ ihrem Pferd freien Lauf, lehnte sich gegen die Rückenstütze und atmete tief die Düfte ein, die die schrägen Sonnenstrahlen aus der Ebene zu ihr hinübertrugen, während sie den Blick über die schöne Landschaft schweifen ließ. Dank des langen Pferdeschwanzes, der unaufhörlich von der einen zur anderen Seite klatschte, blieb sie von den Mücken verschont. Sie war restlos glücklich. Jetzt hatte sie zwei Abende hintereinander Leben gespürt. Und ehe das Kind das Licht der Welt erblickte, würde sie in Vinland gewesen sein ...

Das Pferd blieb stehen und drehte fragend den Kopf. Falls es wirklich tun dürfte, wonach ihm gelüstete, würde es gern ein paar Mundvoll von diesem herrlich saftigen Gras fressen. Falls nicht, könnte die Hausfrau ja Bescheid sagen, was sie zu tun beabsichtigte.

Noch ehe Gudrid die Zügel straffen konnte, war Thorstein zurückgeritten und hatte den Zaum ihres Pferdes ergriffen. »Ich führe gern dein Pferd, Gudrid, wenn du dich elend fühlst ...«

Sie lächelte ihn an. »Ach, ich habe hier nur gesessen und an das Kind und an unsere Reise gedacht ...«

Ein Schatten fiel über sein Gesicht. »Ich habe auch daran gedacht, Gudrid. Und ich bin zu dem Entschluß gekommen, daß es besser ist, wenn du hierbleibst, während ich nach Vinland segle, um Thorvalds Leichnam zu holen. Ich komme sofort wieder zurück, und wenn es zu spät im Jahr werden sollte, warte ich bis zum nächsten Sommer, bevor ich Thorvald nach Brattahlid bringe.«

Gudrid wurde es kalt vor Enttäuschung. »A-aber warum denn? Ich meine, warum muß ich hierbleiben, wenn du fährst?«

»Weil du dich nicht gesund fühlst, und weil wir das Kind keiner Gefahr aussetzen dürfen.«

Sie versuchte zu lachen. »Das paßt gar nicht zu dir, die Dinge so schwarz zu sehen, Thorstein! Ich bin gesund und kräftig, und ich habe mich so gefreut, mit dir fahren zu dürfen ...«

»Ich verbiete es dir, Gudrid.«

Gudrid wußte, daß es keinen Sinn hatte, weitere Einwände zu erheben. Sie ritt stumm weiter und fühlte, wie sich der Mißmut bleischwer auf ihre Seele legte. Mit aller Macht kämpfte sie gegen das Gefühl an, nur eine Hülle für das sehnlichst erwartete Kind zu sein. Sie ertappte sich bei der Überlegung, ob andere Männer – der Vater zum Beispiel – ihre Frau gezwungen hätten, zu Hause zu bleiben, wenn sich eine solche Gelegenheit bot.

Erst als sie so nahe bei ihren Häusern waren, daß die Hunde angehetzt kamen, verwandelte sich Gudrids Enttäuschung in

Zorn, der sich jedoch gegen sie selbst richtete, weil sie so dumm gewesen war, zu erwarten, daß Thorstein ihre geheimsten Sehnsüchte verstehen würde. Deswegen hatte sie ihn nicht geheiratet. Sie liebte ihren Mann, weil er ihr das Gefühl von Sicherheit gab, und auch jetzt wollte er ja nur ihr Bestes. Dennoch blieb das nagende Gefühl in ihr zurück, daß sie diesmal gern selbst bestimmt hätte.

DER TRAUM KEHRT ZURÜCK

Thorsteins Abreise verzögerte sich, weil die Bauern in der Umgebung erwarteten, daß er ein ordentliches Thing auf Sandnes abhielt, da er sich jetzt dort niedergelassen hatte. In der Woche während des Things wohnten die Leute in Zelten auf dem trockenen Kiesboden unten am Wasser, und die Luft hallte wider von Lachen, Kindergeschrei und dem Knallen der Bälle gegen das Schlagholz. Die große Kochgrube im Freien bekam ständig Nachschub an trockenem Tang, Fischknochen, Ästen und Schafskot – an allem, was als Brennmaterial dienen konnte, um Fische und Vögel zu braten. Nur zweimal entwickelte sich aus gutmütigen Scherzen eine Schlägerei. Thorstein hatte beiden Schlägereien ein schnelles Ende machen können und leitete das Thing mit der gleichen ungezwungenen Autorität wie im Sommer zuvor, als er an Leifs Stelle dem Thing auf Brattahlid vorstand.

Am letzten Thingtag verkündete er: »Leute, ich bin bereit, nach Vinland zu fahren, um meinen Bruder heimzuholen, damit er auf Brattahlid in geweihter Erde ruhen kann. Während meiner Abwesenheit hat Gudrid Thorbjørnsdatter volles Verfügungsrecht auf dem Hof Sandnes. Im Beisein von Zeugen gebe ich hiermit bekannt, daß die Hälfte des Hofes bereits Gudrid gehört, und die andere Hälfte, die ich von Thorstein Schwarz gekauft habe, soll dem Kind, das sie erwartet, gehören, falls ich diese Fahrt nicht überleben sollte. Wenn das Kind auch stirbt, gehört der ganze Hof ihr. Sie soll als Witwe betrachtet werden, wenn ich am Ende des Sommers, nach zwei Wintern von jetzt an gerechnet, nicht hier nach Sandnes zurückgekehrt bin. In diesem Fall wird Weiß-Gudbrand von dem Hof Kikkut Thorstein Schwarz helfen, sich Gudrids und unseres Kindes Erbe anzunehmen. Jeder Mann an Bord soll einen gleich großen Anteil von dem bekommen, was wir auf dieser Reise verdienen werden.

Wenn es keine weiteren Bekanntmachungen oder Klagen gibt, ist das Thing für dieses Mal beendet.«

Das festliche Getöse von Schwertern, die gegen die Schilde geschlagen wurden, brachte Gudrids Blut trotz ihrer Enttäuschung darüber, daß sie zu Hause bleiben mußte, in Wallung.

∞

Ein paar Wochen später lag die »Meeresstute« im tiefen Wasser vor Anker und wartete auf ihre Abreise, und Gudrid ging mit Thorstein zum Kai hinunter, den er mit seinen Leuten in diesem Frühjahr gebaut hatte. Havgrim wartete mit dem Anlegetau für das Beiboot, und der junge Egil trug eine lange Stange, mit der er das Boot vom Grund abstoßen sollte. Gudrid hob ihr Gesicht zum Kuß, und Thorstein umarmte sie so sorglos, als würde er nur zum Flunderfischen an der Küste entlangfahren.

»Wir bekommen günstigen Wind zum Segeln, Gudrid – die Fahrt beginnt gut. Ehe du dich versiehst, bin ich wieder zu Hause.«

»Ich werde hier auf dich warten.« Gudrid lächelte und befreite sich sanft aus seinen Armen. Wo sollte sie sonst sein?

Sie stürzte sich wieder in die tägliche Arbeit auf dem Hof. Obwohl Thorstein allen klargemacht hatte, daß sie jetzt das Verfügungsrecht trug, hütete sie sich davor, Grimhild zu bevormunden, denn sie wußte, daß die andere den Haushalt dort genauso lange geführt hatte, wie sie selbst an Wintern zählte. Aber oft dachte sie, daß in der Westsiedlung ein großer Mangel an Frauen geherrscht haben müsse, wenn Thorstein Schwarz eine Frau geheiratet hatte, der sowohl gesunder Menschenverstand als auch Mitgift und gute Familie fehlten, außerdem war sie potthäßlich.

Kinder hatten sie keine, und soweit Gudrid erkennen konnte, liebten sie sich auch nicht, aber jedenfalls vergeudeten Mann und Frau ihre Kräfte nicht mit Streit. Gudrid kam ganz gut mit den beiden aus, aber ohne die friedliche, vernünftige Luva hätte sie sich sehr vor der Geburt gefürchtet. Wohl zum hundertsten Mal wünschte sie sich, Thorkatla wäre mit nach Sandnes gekommen.

∞

Als sich die Zwergbirken rot färbten und die kalte Herbstluft weiße Schaumkronen in den dunkelblauen Fjord hereinwehte, spannten Gudrids Kleider bereits über dem gewölbten Bauch. Sie hatte Schmerzen in den Brüsten und im Kreuz, aber das Leben, das sich in ihr rührte, war Ersatz genug für alle Plagen und für Thorsteins Abwesenheit. Mittlerweile waren außerdem so viele Wochen seit seiner Abreise vergangen, daß sie sicher bald sein rotes und weißes Segel draußen im Fjord sehen würde. Gemeinsam würden sie das Zählen der Schafe überwachen können. Anschließend müßten sie zum Weihnachtsgelage einladen – und Weihnachten würde ein neues Geräusch in ihrer Stube sein!

Die Zeit für das Schafezählen kam, aber nicht Thorstein Eriksson. Als Thorstein Schwarz Gudrid erzählte, daß er einen Bauern gezüchtigt habe, der behauptet hatte, die Ohrmarken vieler Jungschafe gehörten überhaupt nicht zu Sandnes, fügte er hinzu, ihr Mann würde sicher bald zu Hause sein, so daß es für den Gauner noch mehr Gründe geben würde, seine Zunge im Zaum zu halten. Aber Thorstein Eriksson erschien nicht. Als die Zeit der Winternacht gekommen war, nahmen die meisten Bewohner von Sandnes an, daß die Überfahrt länger gedauert habe, als Thorstein berechnet hatte, so daß die Mannschaft der »Meeresstute« in Leifs Häusern überwintern mußte.

Gudrid spürte eine tiefe nagende Unruhe. Eines Nachts, als sie sich im Bett hin und her wälzte, um eine bequeme Lage zu finden, hörte sie plötzlich die stets etwas heisere Stimme ihrer Ziehmutter Halldis: »Wenn du eine solche Unruhe im Gemüt spürst, Gudrid, ist es ein Geist, der dir etwas sagen will. Gib ihm Raum, wie ich es dich gelehrt habe – du hast die Gabe zuzuhören.«

Gehorsam schloß sie die Augen und legte die Hände beschützend auf den geschwollenen Bauch, während sie allmählich ihren Kopf von Gedanken befreite. Aber es geschah nichts – alles war nur leer, leer ... Endlich schlief sie ein.

∞

Ein paar Wochen später, mitten in der Schlachtzeit, sah ein Sklave in dem entschwindenden Nachmittagslicht die »Meeresstute« in den Fjord hineingleiten, dunkel und still wie eine stumme Bedrohung. Wenn sich ein Schiff näherte, entstand auf Sandnes genau wie auf Brattahlid für gewöhnlich sogleich großer Trubel – diesmal aber senkte sich eine Totenstille über den ganzen Hof. Unna lief in die Stube, um Gudrid, die gerade Würstchen kochte, Bescheid zu sagen. Blaß und stumm streifte Gudrid die Sackleinenschürze ab und bekreuzigte sich, bevor sie hinausging.

Die »Meeresstute« schwankte müde, aber zielbewußt zum Hof, das Segel im Wind schlotternd. Gudrid hielt nach Leben an Bord Ausschau, sah aber keinen Menschen. Alles, was sie erblickte, war ein böses Omen, ein leeres Schiff.

Sie hatte Øyolf nicht kommen hören, deshalb zuckte sie erschreckt zusammen, als er dicht hinter ihr rief: »Alle Männer an Bord sitzen! Ich glaube, ich sehe Thorstein am Ruder, aber auch er ist zusammengesunken! Wer kommt mit mir, um ihnen an Land zu helfen?«

Er humpelte zum Kai hinunter, so schnell er konnte, und Thorstein Schwarz folgte ihm mit zwei weiteren Männern. Die Leute redeten alle durcheinander, die Schweine quiekten, und die Hunde bellten aufgeregt die blökenden Schafe an. Gudrid wartete, bis das Kind in ihr aufhörte zu zappeln, dann gab sie den Sklaven den Befehl, an diesem Tag keine weiteren Tiere zu schlachten. Jetzt kam es nur noch darauf an, die Männer vom Schiff an Land zu bringen. Als sie Luva und Unna aufgetragen hatte, was sie im Haus tun sollten, warf sie sich einen Schal um und ging hinunter zum Wasser. Fackeln leuchteten der Rettungsmannschaft, und ein abgemagerter Mann nach dem anderen ging unbeholfen an Land, von den Sandnesleuten gestützt.

Thorstein Schwarz watete ihr entgegen, den Arm um einen großen Mann mit buschigem Haar und Bart gelegt. Das Licht einer Fackel fiel auf das Gesicht des Mannes – es war mit Blasen bedeckt. Der Anblick traf Gudrid wie ein Schock, das Gesicht gehörte ihrem eigenen Mann Thorstein, seine Haare waren vollständig ergraut. Sie eilte zu ihm und stützte seinen anderen

Arm mit der Schulter. Thorsteins kräftiger Körper war auf ein Knochengerüst geschrumpft – mit ihrem Arm konnte sie seine Taille umfassen.

Er leckte sich über die aufgesprungenen, geschwollenen Lippen und versuchte zu scherzen: »Ich glaube, wir zwei haben unseren Umfang getauscht, Gudrid!«

»Ich versuchte, die Zeit gut zu nutzen«, antwortete Gudrid und bemühte sich, ihre Knie, die heftig zitterten, in ihre Gewalt zu bekommen.

Bald lagen die Kranken gut zugedeckt unter Decken und Fellen, und Gudrid und die anderen Frauen brachten ihnen Moosbrei, während die Männer auf dem Hof sich um das Schiff kümmerten. Egil lag zitternd auf der Schlafbank neben der Bettkammer seines Hausherrn, und als Gudrid ihm ein wenig Brei verabreicht hatte, legte sie die Hand auf seine Stirn. Sie war mit kaltem Schweiß bedeckt. Sie sah in Thorsteins Augen, die in dem abgemagerten Gesicht unnatürlich groß wirkten.

Er versuchte zu lächeln und flüsterte: »Gudrid, du brauchst diesmal gewiß alles, was du an Heiltränken und Künsten besitzt. Wir trieben den ganzen Sommer umher, ohne nach Vinland zu kommen – der Nebel umschloß uns beinahe sofort. Wenn ich nicht so oft zur Jagd auf der Nordalm gewesen wäre, hätte ich nicht einmal die Grönlandküste erkannt, als wir sie endlich wiederfanden ... Essen und Trinken gingen uns aus, aber wir fingen ein paar Möwen, die wir vor ein paar Tagen roh aßen. Es half ein wenig, aber dann begann die Blutkrankheit zu wüten. Sie hat Egil erwischt und auch ein paar von den anderen. Sie haben nicht einmal die Kraft, um hinaus aufs Klo zu gehen, wir müssen später saubermachen, wenn wir wieder bei Kräften sind.«

»Pst, du verausgabst dich nur, wenn du so viel redest, Mann. Iß lieber etwas Brei.«

∽

Gudrid zog nur die Schuhe aus, als sie sich an diesem Abend endlich neben Thorstein legte, denn sie rechnete damit, daß sie nachts aufstehen mußte. Sie streckte sich vorsichtig auf ihrem

Lager aus, und Thorstein tastete nach ihrer Hand und legte sie an seine Wange.

Zwei weitere Männer wurden im Verlauf der Nacht krank, und in den frühen Morgenstunden starb Egil. Als Thorstein erfuhr, daß der Junge tot war, sagte er, daß jeder tote Mann vom Eriksfjord in einen Sarg gelegt und an einem sicheren Ort aufbewahrt werden sollte, bis er im Frühjahr nach Süden gebracht werden konnte.

Gudrid trat nur selten an die frische Luft, um dem beißenden Gestank der Seuche für kurze Zeit zu entkommen. Obwohl Thorstein und viele andere sich bald so weit erholten, daß sie ein wenig feste Nahrung zu sich nehmen konnten, war keiner von ihnen fähig, sich auf den Beinen zu halten. Fünf weitere Mannschaftsmitglieder starben, und dann erkrankte Grimhild. Sie war schon am Morgen so mürrisch gewesen, daß Gudrid zunächst erleichtert aufatmete, als sie sah, daß die ältere Frau sich hinlegte, um sich auszuruhen; dann aber erkannte sie, daß Grimhilds großer, zäher Körper ein Opfer der Seuche geworden war. Da Grimhild nicht durch wochenlange Entbehrungen auf See geschwächt war, schaffte sie es, sich sauber zu halten, wenn Gudrid ihr hinaus aufs Klo half und sie wieder zurück in die Stube führte, aber Gudrid ging jedesmal fast in die Knie und fragte sich, wieso Grimhild immer schwerer zu werden schien, je ausgezehrter sie wurde.

Dann wurde Thorstein Eriksson plötzlich todkrank. Außerstande etwas zu essen oder zu trinken, lag er da und öffnete nur die Augen, wenn Gudrid kam, um eine Weile bei ihm zu sitzen. Sie war so außer sich, daß sie nicht bemerkte, daß Grimhild sich in ihrem Bett nicht mehr rührte und auch nicht mehr atmete. Als sie begriff, daß Grimhild tot war, schickte sie einen Boten zu Thorstein Schwarz. Er warf einen Blick auf die ungepflegte Leiche seiner Frau und ging hinaus, um ein Brett zu holen, auf dem er sie aus der Stube tragen konnte.

Gudrid zog einen Schemel an Thorsteins Bett und setzte sich mit geschlossenen Augen nieder, die Stirn ließ sie auf seiner Hand ruhen. Plötzlich spürte sie, daß seine Hand sich bewegte, und hörte ihn sagen: »Ich meine, du hättest eben gesagt, Grimhild sei gestorben. Schau sie dir jetzt an – sie sitzt da und sucht ihre Schuhe.«

Ehe Gudrid bei Grimhild anlangte, kam Thorstein Schwarz mit dem Brett zurück. Er sah in das Gesicht seiner Frau und schlug ihr das Brett so hart auf den Kopf, daß es in ihrem Schädel knackte und sie tot ins Bett zurückfiel. Mit Øyolfs Hilfe gelang es ihm, sie hinauszutragen und sie unter einem Steinhaufen außerhalb der Hauswiese zu begraben. Als er wieder in die Stube kam, war Thorstein Eriksson gestorben, und Gudrid saß schluchzend neben ihm, den Kopf auf die Bettkante gelegt.

Thorstein Schwarz hob sie hoch und trug sie zu der Schlafbank an der entgegengesetzten Wand. Er nahm sie auf den Schoß und strich ihr über das Haar, als wäre sie ein kleines Mädchen mit aufgeschürften Knien.

»Jetzt mußt du auf dich selbst achtgeben, Gudrid. Hier auf dem Hof ist noch kein Kind zur Welt gekommen! Und im Sommer werde ich dafür sorgen, daß du nach Brattahlid zurückkehren kannst. Ich werde weitere Dienstleute hier auf Sandnes einstellen, so daß die Leute aus dem Eriksfjord mit uns nach Süden segeln können. Ich habe die ›Meeresstute‹ genau überprüft – das einzige, was erneuert werden muß, sind ein paar Bretter, außerdem braucht das Schiff eine sorgfältige Behandlung mit Robbenöl.«

»Es ist aber sicher nicht gut für dich, wenn du von hier wegziehen mußt ...«

Lebhafter, als Gudrid ihn jemals gesehen hatte, sagte Thorstein Schwarz: »Schon immer wollte ich in der Ostsiedlung wohnen. Daher habe ich auch meinen Anteil an dem Hof hier Thorstein Eriksson verkauft.«

Als hätte der Tote seinen Namen gehört, setzte er sich plötzlich mit wild blickenden Augen im Bett auf und rief: »Gudrid! Wo ist Gudrid? Gudrid!«

Gudrid war zu entsetzt, um sich zu rühren, aber Thorstein Schwarz ließ sie auf die Bank gleiten und stand auf, während er ihr ein Zeichen gab, sie solle schweigen. Als Thorstein Eriksson erneut nach Gudrid rief, führte Thorstein Schwarz sie zurück zu dem Schemel neben dem Bett, nahm sie wieder auf den Schoß und fragte: »Was willst du, Namensvetter?«

»Gudrid –«

Gudrid schluckte schwer und sagte: »Hier bin ich, Mann.«

»Gudrid, wenn du wieder heiratest, hoffe ich, daß du einen guten Mann bekommst, aber laß unser Kind nicht vergessen, wer ich war .. Ich wünschte – ich ...« Thorsteins Stimme erstarb, sein Kopf fiel zur Seite.

∞

Thorstein Eriksson war die dreizehnte Leiche, die auf Brattahlid beerdigt werden sollte. Gudrid wußte, daß es unmöglich war, genug Treibholz für so viele Särge zu finden, aber Thorstein Schwarz hatte versichert, alle Leichen nach Eriksfjord zu bringen, und er fand sicher einen Ausweg.

Als Luva Gudrid ein paar Tage später erzählte, daß Thorbjørns großer Kessel seit dem frühen Morgen in Gebrauch war, weil Thorstein Schwarz beabsichtige, die Leichen zu kochen, um so ihre Knochen auslösen zu können, hatte die Seuche auch ihre junge Hausfrau gepackt. Gudrids einziger Gedanke galt dem Kind – sie hatte Angst, daß das Kind wegen ihrer heftigen Bauchschmerzen zu früh ihren Körper verlassen mußte.

Als sie merkte, daß die Wehen einsetzten, wußte sie mit eisiger Sicherheit, daß es ihrem Kind nicht besser ergehen würde als einem Kalb, das die Kuh zu zeitig warf. Thorstein Schwarz hatte Boten zu den drei nächsten Höfen geschickt, aber bis einige von den erfahrenen Nachbarsfrauen nach Sandnes kämen, wäre wohl alles vorüber ... Sie durchlebte jede Wehe so heftig, als wäre sie ein Stück Treibholz, das auf dem großen windgepeitschten Meer hin und her geworfen wurde. Zum Schluß merkte sie nicht mehr, was mit ihr geschah.

Ihre winzig kleine Tochter tat keinen Atemzug, öffnete nie die Augen. Luva wollte sie Gudrid nicht zeigen und war soeben mit dem Bündel, das das Kind und die Nachgeburt enthielt, auf dem Weg in den Hof, als Alfgerd, die Hausfrau vom nächsten Gehöft, den Raum betrat.

Es war offensichtlich, daß das Bündel Alfgerds Neugierde

befriedigt hatte, denn Gudrid hörte sie brummen: »Das sind ja schöne Geschichten! Ein hübsches kleines Mädchen, hinaus in die Welt gestoßen, ehe es lebensfähig ist – Zauberei nenne ich das! Ich habe schon viel darüber gehört, was hier vor sich geht! Anfangs wollte mich mein Mann noch nicht mal hierhergehen lassen – er hatte gerade vernommen, daß Grimhild und selbst Bauer Thorstein versuchten, als Geister wiederzukehren, als sie schon als Leichen dalagen.«

»Gudrid wird dir deine Mühe gut lohnen«, sagte Luva ruhig. »Hier ist nicht die Rede von irgendwelchen Hexenkünsten. Wenn du unsere Hausfrau in ihrem Leid über den Verlust des Hausherrn und des Kindes trösten kannst, erweist du uns allen einen Dienst.«

Alfgerd und die beiden anderen Nachbarsfrauen, die kurze Zeit später eintrafen, waren geschickt und tüchtig, als sie Gudrid versorgten und abwechselnd Milch aus ihren vollen Brüsten saugten, um die Schmerzen etwas zu dämpfen, ihre Trauer aber konnten sie nicht lindern. Da Gudrid keinen Appetit hatte und die meiste Zeit so tat, als würde sie schlafen, aßen die Nachbarsfrauen außerdem äußerst hilfsbereit das gute Essen, das Luva für Gudrid zubereitete, und hatten auch genügend Zeit für Klatsch und Tratsch.

»Es war ein hübsches Ding«, sagte Alfgerd wohl zum zehnten Mal, voller Stolz, daß sie früh genug gekommen war, um das Kind zu sehen. »Beinahe so schön wie meine Gerda, die mein Mann aussetzen wollte, als sie geboren wurde, weil wir schon eine Tochter hatten. Und sieh dir Gerda an! Verlobt mit dem stattlichen jungen Sohn vom Hof Kikkut, Olaf Gudbrandsson. Ich steckte bereits bis über beide Ohren in den Hochzeitsvorbereitungen, als ich hierher mußte ...«

༄

Sobald sie sich wieder stark genug fühlte, schenkte Gudrid den drei Frauen je eine trächtige Ziege zum Dank für ihre Hilfe. Als sie endlich weggegangen waren, setzte sie sich, tief in Gedanken versunken, an die Kochgrube. Falls der junge Olaf Gudbrandsson heiraten würde, könnte sie vielleicht Weiß-Gudbrand und seine

Tochter Gudni dazu überreden, den Hof Sandnes zu bewirtschaften, wenn sie selbst nach Brattahlid zurückfuhr ...

Sie beriet sich mit Thorstein Schwarz, und er bot sich an, sofort auf Skiern nach Kikkut zu gehen und die Familie dort zu fragen, was sie von dem Vorschlag hielte. Gudrid sah ihm nach, als er abzog, und dachte, daß er seit Grimhilds Tod fünfzehn Winter jünger wirkte.

Weiß-Gudbrand und sein Sohn fänden den Vorschlag gut, erzählte Thorstein Schwarz, als er zurückkam, aber Gudni wolle im kommenden Sommer heiraten und sich dann weit östlich von Sandnes niederlassen, so daß sie sich um den Hof nicht kümmern könne.

Kurz vor dem Mittwinterstag kam Weiß-Gudbrand selbst nach Sandnes, um zu fragen, ob er ein paar Knechte in Dienst nehmen könne; sie sollten auf Kikkut helfen, wenn es soweit war.

»Ich habe noch nicht gefragt, wer die Absicht hat, mit uns zu kommen«, sagte Gudrid.

Gudbrand drehte die Fäustlinge in seinen großen Händen. »Eigentlich möchte ich wissen, Gudrid, ob Luva hierbleibt. Ich habe es satt, allein zu sein, und ich brauche eine Frau.«

»Mit Luva wäre dir gut gedient«, sagte Gudrid. »Du ehrst sie damit. Und ich sehe es gerne, wenn sie ein bißchen Glück hat. Sie ist zuverlässig, vernünftig und gutmütig und eine gute Hausfrau dazu.«

»Du darfst nicht glauben, daß ich das alles nicht gemerkt hätte«, lachte Gudbrand. »Du scheinst dich übrigens gut zurechtzufinden als reiche Witwe – jetzt sitzt du hier und bestimmst über Mensch und Vieh wie ein Mann. Vielleicht gefällt dir deine Eigenständigkeit so gut, daß du nicht wieder heiraten willst!«

Gudrid errötete. »Ich höre immer auf gute Ratschläge. Und ich meine, du solltest Luva selbst fragen – du kannst ihr sagen, daß ich keine Einwände erheben werde, wie auch immer sie sich entscheiden mag.«

Auf ihre ruhige Art war Luva, als Gudbrand um sie freite, ebenso froh wie damals, als sie bei Thorstein Eriksson und Gudrid in den Dienst trat. Sie und Gudbrand wurden im Beisein von Zeugen verlobt, bevor er auf seinen Hof zurückkehrte. Die

Hochzeit sollte im Frühjahr kurz nach Frühlingsanfang stattfinden, und er hatte davor noch viel zu tun.

Erst nachdem Gudrid sich an diesem Abend zu Bett begeben hatte, fand sie Ruhe, über ihre eigene Stellung nachzudenken. »Eine reiche Witwe« hatte Gudbrand sie genannt. Und das war sie, dreiundzwanzig Winter alt. Als Witwe stand es ihr wie jedem Mann frei, für sich selbst und über ihr Eigentum zu entscheiden. Aber sie hatte Thorstein geliebt – ihre Freiheit war teuer erkauft. Und da es so aussah, als könne sie keine lebenden Kinder gebären, waren es wohl nur ältere Bauern, die versucht sein könnten, sie zu ehelichen – Witwer, die bereits Erben hatten. Alte Männer mit rotgeränderten Augen, Eiterbeulen, krummen Beinen und pfeifenden Brustkästen ... O nein, wenn es so war, stand es schlecht um Thorbjørgs Weissagung, die Mühe hätte sie sich sparen können.

∽

Als Gudrid von Sandnes abfuhr, hatte sie das Gefühl, gescheitert und nutzlos, wurzellos und verbraucht zu sein. Die Wiege, mit deren Bau Thorstein angefangen hatte, stand unnütz irgendwo im Heuschuppen. Vinland war wieder in unerreichbare Ferne gerückt, keiner brauchte sie, und abgesehen von Thjodhild, Stein und Thorkatla unten im Süden Grönlands gab es wohl niemanden, der sie vermissen würde, wenn sie starb.

Die »Meeresstute« lag tief im Wasser, denn Thorstein Schwarz hatte alles mitgenommen, was er an Hab und Gut und Vieh besaß. Er hatte nicht die Absicht, nach Sandnes zurückzukehren. Gudrid überließ all ihre Tiere und einen guten Teil ihres Hausgeräts Weiß-Gudbrands und Luvas tüchtigen Händen, denn in Südgrönland hatte sie bereits, was sie brauchte. Nur der Webstuhl und ihre Truhe mit Kleidern und anderen Wertsachen standen mit sicherem Abstand zu den Tieren im Laderaum. Dort lagerten auch zwei Ledersäcke mit den Knochen von Thorstein, Egil und elf anderen. Gudrid graute davor, Thjodhild erzählen zu müssen, daß sie einen weiteren Sohn verloren hatte.

∽

Als die »Meeresstute« nach mehr als zwei stürmischen Wochen auf See an den Strand von Brattahlid stieß, erkannte Gudrid, daß diejenigen, die an Land standen und warteten, schon erraten hatten, daß etwas nicht stimmte, weil Havgrim am Ruder stand und nicht Thorstein Eriksson. Leif wurde zum Schiff hinausgerudert, während die Leute an Bord noch mit dem Ankern beschäftigt waren, und als er Gudrid umarmte, wurde sie beinahe ohnmächtig vor Sehnsucht, weil er genauso roch wie Thorstein. Sie schluckte und sagte: »Es tut gut, dich wiederzusehen, Leif. Hoffentlich geht es dir, Thorkel und Thjodhild gut?«

»Danke der Nachfrage, Gudrid. Thjodhild starb in diesem Vorsommer, einen Tag nach der Kreuzmesse. Es ist gut, daß sie nicht lange genug lebte, um Thorstein begraben zu müssen. Als sie von Thorvalds Tod erfuhr, sagte sie, sie fühle sich durch nichts so unnütz wie durch die Tatsache, daß sie ihre eigenen Kinder überlebte.«

Hilflos und wie gelähmt stand Gudrid da und sah zu, wie Leif sich der Dinge annahm, die für gewöhnlich auf eine Ankunft folgten. Thjodhild tot! Sollte sie niemals das Gefühl loswerden, innerlich zu verbluten?

Zu den heimgekehrten Brattahlidleuten sagte Leif, daß ihm Arbeitskräfte auf dem Hof fehlten und er froh sei, sie wiederzusehen. Besonders zuvorkommend war er zu Thorstein Schwarz, den er schon als jungen Mann gekannt hatte. Er ordnete an, daß die Ledersäcke mit den Knochen in Thjodhilds Kirche gestellt wurden, dann setzte er sich mit Gudrid und Thorstein Schwarz in das Beiboot der »Meeresstute«, strich sich über den Bart und sagte nachdenklich: »Gudrid, ich hoffe, es ist dir recht, auf Brattahlid zu wohnen und nicht auf Stokkanes. Humpel-Aldis tut ihr Bestes seit Mutters Tod, aber wir haben einen großen Haushalt. Thorkatla und Stein schaffen es gut, Stokkanes allein zu bewirtschaften.«

Gudrid nickte stumm. Zum Glück war sie doch noch zu etwas zu gebrauchen ... Leif fuhr fort: »Dir, Thorstein, bin ich zu großem Dank verpflichtet, daß du dich meiner Schwägerin angenommen hast. Hast du vor, dir hier einen Hof zu kaufen, oder willst du lieber für andere arbeiten?«

Thorstein Schwarz sagte, ohne zu zögern: »Ich möchte meinen eigenen Hof hier unten in der Ostsiedlung. Ich besitze genug, um einen kleinen Hof bezahlen zu können.«

»Forne auf Unter dem Sonnenberg hat einen mittelgroßen Hof zu verkaufen. Eine seiner Töchter wird bald einen Norweger heiraten und möchte daher am liebsten eine Mitgift, die man mit außer Landes nehmen kann – Narwalhörner, Häute und dergleichen.«

Thorstein Schwarz nickte. »Ich werde mit ihm reden.«

෴

Es war das erste Mal, daß Gudrid an einen Ort zurückkehrte, von dem sie geglaubt hatte, ihn für immer verlassen zu haben. Bei jedem bekannten, lieben Gesicht, das sie sah, wurde ihr leichter ums Herz, und sie wußte jetzt, warum es den Seeleuten so leicht fiel, Lebewohl zu sagen. Wenn das Schiff in gutem Zustand war und das Glück an Bord dem Können der Mannschaft entsprach, war es möglich, weit fort zu reisen und trotzdem zurückzukommen und sich wieder bei Verwandten und Freunden einzuleben.

Vielleicht hatte das Leben ihr, die zwei gute Höfe und ein großes Segelschiff besaß, doch noch etwas zu bieten! Seit sie die große Seuche auf Sandnes überlebt hatte, sah es jedenfalls so aus, als würde Thorbjørg die Seherin zumindest in dem Punkt recht behalten, daß Gudrid nicht jung sterben würde. Gut verheiratet war sie mit Thorstein auch gewesen. Jetzt war vielleicht die Zeit gekommen, daß sich die Weissagung von der langen Reise erfüllte – und zwar mit ihrem eigenen Schiff. Sie wußte mittlerweile auf alle Fälle, was von einer Mannschaft verlangt wurde.

Diese neue Hoffnung überstand jedoch noch nicht einmal das prächtige Erinnerungsmahl, das Leif ausrichtete, als die sterblichen Überreste der Sandnesmänner in ein Massengrab auf Thjodhilds Friedhof gelegt worden waren, die Schädel, wie es sich gebührte, nach Westen gedreht. Leif hatte die Knochen mit dem, was von Thjodhilds Weihwasser übriggeblieben war, besprüht, und als Gudrid zögernd fragte, ob er nicht lieber Wasser dazugießen wolle, bevor das alte ganz aufgebraucht sei, sagte er, daß es dann wohl nicht mehr wirken würde. Aber er habe vor, nach Island zu fahren, um zu sehen, ob er nicht irgendeinen Priester finden könne, der keine verdächtigen Gaunereien betrieb. Er wolle sich nie wieder von anderen einen Priester aufdrängen lassen, egal ob es ein König oder ein Jarl sei, der mit dem Geschenk käme.

Seine Rede glich immer stärker den Worten Eriks. Gudrid beobachtete ihn heimlich und erinnerte sich an das, was Thorstein über Leifs Drang, immer unterwegs zu sein, gesagt hatte. Wenn eine Fahrt nach Island ihn aufmuntern könnte, würde es allen auf Brattahlid zugute kommen.

Leif fuhr fort: »Es ist für mich recht hinderlich, daß Vaters Schiff nur noch dafür zu gebrauchen ist, andere Fahrzeuge auszubessern, und den ›Wellenschlucker‹ brauchen wir zur Jagd. Ich möchte daher gerne die ›Meeresstute‹ von dir kaufen, du brauchst sie ja jetzt nicht mehr. Ich werde gut bezahlen, und natürlich lassen wir zuerst jemanden das Schiff für uns schätzen.«

Gudrid wagte nicht aufzusehen, denn sie hatte Angst, daß ihre Augen verraten würden, wie geschlagen sie sich fühlte. Wohlhabend war sie und so unabhängig, wie eine Frau nur sein konnte, aber trotzdem war es ihr unmöglich, dem Häuptling von Brattahlid zu erzählen, daß sie von einer langen Reise an Bord der »Meersstute« träumte. Sie war natürlich dumm gewesen – zu einem solchen Unternehmen bedurfte es einer Frau wie Aud der Tiefsinnigen, die die Reise organisiert hatte, die Gudrids Stammvater Vifil nach Island brachte.

Sie atmete tief ein und antwortete: »Wie du willst, Leif. Wir brauchen sicher einen Priester auf Grönland.«

»Ja. Und ich sollte Thorkel mit nach Norwegen nehmen, damit die Leute, die dort wichtig sind, den nächsten Häuptling auf Brattahlid kennenlernen können.«

Gudrid bewegte sich jetzt wieder auf sicherem Grund. »Jeder Vater wäre stolz, wenn er einen Sohn wie Thorkel vorstellen könnte.«

Und das stimmte. In den zwei Jahren, die Gudrid fortgewesen war, hatte Stein jede freie Minute, die er auf Stokkanes erübrigen konnte, damit verbracht, Thorkel im Zielschießen und im Schwertkampf auszubilden. Leif hatte nie die Zeit oder die Geduld aufgebracht, die erforderlich waren, um solche Fertigkeiten seinem Sohn beizubringen. Gudrid erinnerte sich, wie Stein sie das Zielschießen zu Hause auf Hellisvellir gelehrt hatte, und sie war sich sicher, daß ein Junge keinen besseren Ziehvater haben könnte als Stein.

Eines Tages, als Gudrid auf Stokkanes war, um mit Thorkatla zu beraten, wieviel Loden sie für den Tauschhandel erübrigen konnten, sagte sie: »Es ist seltsam, daß Stein keine eigene Familie gründet, da er so geduldig und tüchtig ist, wenn es darum geht, anderen etwas beizubringen. Wer würde jetzt noch glauben, daß er stets der erste war, der sich auf das Pferd schwang, wenn er eine Schlägerei roch!«

Thorkatla richtete sorgfältig einen Stapel Loden, ehe sie antwortete: »Nicht alle Männer ziehen Frauen im Bett vor, und einige wollen am liebsten überhaupt keinen Ärger mit Liebeshändeln haben.«

Gudrid hatte nie darüber nachgedacht, was andere Leute im Bett trieben. Ehe sie heiratete, war das Thema ziemlich unwirklich gewesen, und später verschwand das Mysterium. Sie vermißte zwar Thorsteins Nähe, aber sie vermißte nicht seine Begierde. Zeitweise hatte sie selbst eine Art Erregung gespürt, die jedoch schon bald wieder abflaute. Aber so entstanden halt die Kinder ...

Thorkatla stutzte, so daß Gudrid merkte, daß sie geträumt hatte. Mit festem Schritt ging sie zur Tür der Wollkammer und sagte: »Ich werde Harald Roßhaar bitten, den Lodenstoff zum Boot zu tragen, während wir beide unseren Durst löschen. Ich hatte ganz vergessen, wie warm ein Sommertag sein kann!«

※

Harald Roßhaar und Gelle warteten am Strand auf sie. »Bist du sicher, daß ich dich nicht hinüberrudern soll, Gudrid?«

»Vielen Dank, Harald, aber ich finde, es macht einfach Spaß, an einem so schönen Nachmittag wie diesem selbst zu rudern. Und wie solltest du auch wieder nach Hause kommen?«

»Ich könnte ja den langen Weg um den Fjord nehmen.«

Gerührt reichte Gudrid ihm die Hand zum Gruß. »Du bist ein guter Mann, Harald. Stein hat mir erzählt, wie fleißig du immer gearbeitet hast.«

Statt zu lächeln, ließ Harald den Kopf hängen, und Gelle unterstrich die Bewegung mit einem traurigen Geheul. Gudrid sah den Mann fragend an.

»Ist etwas Schlimmes passiert, Harald?«

»Nein – doch – ich weiß nicht recht. Das, was ich möchte, ist noch nicht geschehen.«

»Und was ist das, Harald?«

Ein bißchen Hoffnung flackerte in dem vernarbten Gesicht auf, als er aufsah.

»Ich denke darüber nach, ob du jemanden für mich verhexen könntest, Gudrid. So wie du es oben in der Westsiedlung gemacht hast.«

»Was redest du da, Harald?« Gudrid war völlig verwirrt über die Wendung, die das Gespräch genommen hatte.

»Ich habe Havgrim erzählen hören, daß du einen Mann verhext hast, den du wieder gesund machen wolltest, und daß du mit Hilfe von Zauberkünsten dein Kind zu früh bekamst und daß du Zauberei verwendest, damit dir die Leute zu Willen sind, und daß ...«

Vor Gudrid drehte sich alles, obwohl sie nur die Hälfte von dem aufgenommen hatte, was Harald hervorstieß.

»Harald, ich habe bei nichts und niemand Zauberei verwendet – ich wüßte gar nicht, wie ich das machen sollte, und ich will es auch nicht wissen. Das kannst du allen sagen, die solches Geschwätz verbreiten. Aber wenn ich dir ohne Schwarze Kunst helfen kann, tue ich es gern.«

Harald strich Gelle über die Ohren und sagte: »Es ist Finna Erpsdatter, Gudrid. Sie ist so schön. Ich möchte sie heiraten. Bitte bring sie dazu, daß sie mich auch mag.«

»Harald, niemand kann einen anderen dazu bringen, einen bestimmten Menschen zu mögen oder zu lieben. Ich kann es jedenfalls nicht. Ich bin sicher, daß Finna dich mag, denn das tun wir alle. Leider weiß ich zufällig, daß sie verlobt ist und im kommenden Herbst heiraten wird.«

»Dann bleibt sie nicht mehr hier auf Stokkanes?«
»Nein.«

»Dann werde ich mich vielleicht auch nicht mehr so traurig fühlen«, sagte Harald plötzlich mit hellerer Stimme.

Gudrid gab ihm die Hand, streichelte Gelle und wurde dafür mit einem Gebell belohnt, das noch meilenweit zu vernehmen war. Harald lächelte stolz und half ihr, das Boot anzuschieben.

Sie ruderte hart und schnell, um wieder einen klaren Kopf zu bekommen. Als sie Brattahlid erreichte, war ihr warm geworden, und sie hatte Hunger. Sie fühlte, daß sie dringend jemanden brauchte, bei dem sie sich einen Rat holen konnte. Erst jetzt wurde ihr schmerzlich bewußt, wie sehr sie Thjodhilds säuerliche, nachdenkliche Kommentare vermißte. Sie hatte seit ihrer Rückkehr so viel zu tun gehabt, daß sie die Leere nach dem Tod der Schwiegermutter noch nicht empfunden hatte. In der Kirche war sie nur bei der Beerdigung von Thorstein und seinen Leuten gewesen, da Leif den neuen Glauben nicht so ernsthaft pflegte wie seine Mutter. Gleich am nächsten Tag würde sie in die Kirche gehen und ein Gebet für Thjodhild, Thorstein und Thorbjørn sprechen.

※

Am nächsten Tag regnete und stürmte es, als wäre der Winter schon im Anmarsch. Endlich war Gudrid mit der Hausarbeit fertig und konnte sich in die Kirche begeben. Sie hüllte sich sorgfältig in ihren Umhang und sah weder nach links noch nach rechts, als sie sich in dem heftigen Wind, der direkt von Süden kam, vorwärts kämpfte.

Der Regen tropfte vom Dachvorsprung, und die kleine Kirche wirkte auf sie warm und gemütlich, obwohl es in Wirklichkeit kalt und muffig in dem dunklen, unbenutzten Raum war. Gudrid tastete nach dem Feuerstahl und schaffte es schließlich, die kleine Lampe anzuzünden, bevor sie auf das weiße Bärenfell sank, das jetzt abgenutzt und schäbig war. Zuerst sagte sie vier *Paternoster*, denn Thorvalds sollte auch gedacht werden, und nach einem kurzen Zögern sprach sie noch ein Gebet für ihr ungetauftes Kind.

Dann setzte sie sich auf die Bank und versuchte, ihre Gedanken zu ordnen, bis sie ruhig und still genug waren, um sie die feierliche Stimmung spüren zu lassen, die Thjodhilds Anwesenheit ihrer Kirche stets verliehen hatte. Aber es führte zu nichts. Thjodhild und alles, was zu ihr gehörte, waren fort.

Enttäuscht löschte Gudrid die Tranlampe und zog die Tür beim Hinausgehen sorgfältig hinter sich zu. Der Wind heulte so gräßlich, daß sie anfangs nicht wußte, aus welcher Richtung die Stimmen kamen, die sie hörte. Ihr Blick streifte über den Fjord, und ihr Herz machte einen kräftigen Satz. Ein großes Kaufmannsschiff mit gerafftem Segel nahm direkt Kurs auf den Strand von Brattahlid, überlegen durchschnitt es die schäumende Brandung. Nur ein sehr verwegener und selbstsicherer Häuptling wagte, so zu landen. Gudrid konnte sich nicht erinnern, das Schiff früher gesehen zu haben.

Auf dem Weg zurück zu den Häusern begegneten ihr mehrere Männer mit Packpferden, die in vollem Lauf hinunter zum Strand eilten und sich über etwas Leben und Abwechslung zu freuen schienen. Oben im Küchenhaus hatte Aldis bereits ihren größten Kessel über das Feuer gehängt.

»Sie werden kalt und naß sein, wenn sie heraufkommen, wer auch immer sie sein mögen!« sagte Aldis. Sie wirbelte herum, schnappte sich die junge Haussklavin Aud und schrie:

»Lauf ins Vorratshaus und hole drei Dutzend von den kurz abgekochten Trottellummen-Eiern. Und beeil dich! Ich will genügend Zeit haben, sie richtig zu kochen.«

Gudrid lachte und sah der Sklavin nach. »Aud geht so schnell oder langsam, wie sie will, Aldis. Aber sie ist während meiner Abwesenheit offensichtlich etwas verständiger geworden.«

»Vielleicht«, grunzte Aldis.

Gudrid spannte eilig ein paar Wandteppiche an die Wände, bevor sie sich umzog. Sie hatte plötzlich Lust, etwas Farbenfrohes anzuziehen, um gegen den grauen Alltag anzukämpfen – etwas, das den seltsamen Erwartungen entsprach, die in ihr zitterten. Sie hatte gerade ihre wertvollsten Broschen am Kleid befestigt und war dabei, das Seidentuch ihrer Mutter als Kopftuch umzubinden, als die Tür aufflog und Leif rief: »Gudrid

Thorbjørnsdatter, bist du da? Ein alter Freund ist gekommen, um dich zu begrüßen!«

Ein großer, älterer Mann ging an ihm vorbei, gab Aud seinen tropfenden Umhang und hielt Gudrid die Hände entgegen. Es war Snorri Thorbrandsson, der alte Freund ihres Vaters.

Sie wimmerte fast vor Freude, als sie die Arme um ihn schlang. Bei seiner herzlichen Umarmung verlor sie das Kopftuch, und während sie danach griff, sah sie mit glühenden Wangen zwei jüngere Männer, die Snorri in die Stube gefolgt waren. Der eine war Snorris Sohn Thorbrand, und der andere war Thorfinn Thordsson vom Skagafjord – der Mann in dem grünen Umhang, der beim Althing bei Schneefried auf der Wiese gestanden hatte.

DER HÜGELGRAB-BAUER BEKOMMT
EIN GESCHENK

Leif sagte: »Thorbrand Snorrison kennst du von früher, Gudrid, aber nicht seinen Vetter Thorfinn Thordsson – ihren Schiffer.«

Gudrid glättete schnellstens ihr Haar und bemühte sich, nicht zu erröten, als sie sich Thorfinn mit ausgestreckter Hand zuwandte. Er wirkte noch größer und stattlicher als früher, und das wettergebräunte, scharfgeschnittene Gesicht war schmaler geworden und von tiefen Furchen in den Mundwinkeln und einem Fächer von Runzeln um die Augen durchzogen. Gudrids Bronzespiegel hatte ihr längst gezeigt, daß die weichen Bögen ihrer Wangen schon straffer wurden, und sie wußte, daß sie in einigen Jahren nicht mehr goldbraun von der Sommersonne sein würde, sondern braun und runzelig. Erinnerte er sich an sie ...?

Mit ruhiger Stimme sagte sie: »Willkommen auf Brattahlid, Thorfinn Thordsson! Nimm Platz! Ich hoffe, du wirst dich mit dem benügen, was wir zu bieten haben.«

Snorri brüllte vor Lachen: »Das war so ungefähr das erste, was mein Sohn dich sagen hörte, Gudrid, als du noch ein kleines Mädchen warst. Du warst schon damals vielversprechend, aber trotzdem hatte ich nicht erwartet, dir als Hausfrau hier auf Brattahlid wiederzubegegnen!«

Leif merkte, worauf Snorri anspielte, und er antwortete besonnen: »Gudrid ist die Witwe meines Bruders Thorstein. Unsere Mutter starb im Frühjahr, da hat Gudrid hier alle Hände voll zu tun. Sie und Aldis haben das Mahl für euch schon gerichtet.«

Gudrid war froh, daß sie einen Vorwand hatte, sich von den forschenden dunkelblauen Augen in Thorfinn Thordssons hagerem, ernstem Gesicht abzuwenden. Bevor sie die Waschschale und das Handtuch für die Gäste herumreichte, knüpfte sie das Kopftuch und glättete ihr Kleid; dankbar nahm sie den ausgewrungenen Lappen, den Humpel-Aldis ihr reichte, und drückte ihn leicht gegen die brennenden Wangen. Die Luft in der Stube war warm, roch nach nasser Wolle und gekochtem Fleisch und bebte von den rund fünfzig Männerstimmen.

»Natürlich wollte der Schiffer aufholen, um schnell hierherzukommen! Er kommt, um zu handeln, nicht wahr? Er beachtete keine stürmischen Winde, dieser Kerl. Nicht umsonst nennen sie ihn Karlsefni!«

»Vinland, sagst du? Doch, ich habe davon gehört und hätte nichts dagegen, noch mehr darüber zu hören ...«

»Es ist doch zu schlimm, daß es mit Thorvald Eriksson so endete – die Skrælinge dort drüben betreiben wahrscheinlich Zauberei – genau wie die Leute in der Finnmark.«

Leif saß heiter und froh in seinem Ehrensitz, Snorri zur Linken und Thorfinn zur Rechten. Gudrid hoffte, daß seine gute Laune ein paar Tage anhalten würde, sie mußte ihm nämlich gestehen, daß die Vorräte nach dem Erinnerungsmahl für Thorstein nicht schnell genug aufgefüllt werden konnten. Nirgendwo war der Verlust von Thjodhilds fester Hand deutlicher zu spüren als in den Vorratshäusern. Vielleicht könnte Leif durch Tausch einige von Thorfinn Thordssons Waren in seinen Besitz bekommen ... Gudrid schaute auf die dicht besetzten Bänke und seufzte.

Nach Leifs Begrüßungsrede, in der er auch das Andenken an Erik, Thjodhild, Thorvald, Thorstein und Thorbjørn ehrte, stürzten sich die Männer auf das Essen. Als Gudrid kam, um die Schüssel mit dem gekochten Dorsch aufzufüllen, verdrehte Humpel-Aldis die Augen und sagte: »Ich hoffe, sie essen auch etwas von dem Moosbrei! Ich habe Gerste und Milch dazugetan, damit er besser schmeckt.«

Gudrid lachte. »Es scheint ihnen alles gut zu munden. Es ist sicher die erste warme Mahlzeit, die sie bekommen, seit sie von Norwegen abgefahren sind – ich glaube, sie haben nicht einmal auf Herjolfsnes angelegt.« Ihre Augen glänzten vor Fröhlichkeit, als sie Leif die Schüssel reichte.

Er bediente sich, während er mit Thorfinn Karlsefni weiterredete. »Es ist wirklich schade, daß du nicht rechtzeitig zu unserem Thing gekommen bist. Es waren sehr viele Leute da.«

Karlsefnis geheimnisvolle Augen streiften Gudrid, ehe er antwortete: »Ich hatte gehofft, vor dem Thing hier zu sein, Leif, aber ich wurde in Norwegen aufgehalten. Nidaros war nicht gerade friedlich, mit Erik Jarl in England und seinem jungen Sohn in der Obhut des alten Fuchses Einar Tambarskjelve. Einige sagen, daß Erik Jarl nicht wieder heimkommt und daß König Olaf Haraldsson beabsichtigt, die Macht in Norwegen zu ergreifen.«

Gudrid zwang sich, weiter die Tische entlangzugehen, damit sich auch die anderen aus ihrer Schüssel bedienen konnten. Sie sagte sich, daß sie nur wegen der Gäste aufgeregt sei, aber in ihrem Innersten wußte sie, daß Thorfinn Karlsefni Thordsson der Grund für ihre Erregung war. Zwar war sie im Laufe der zwei Wochen, die sie mit dem Vater auf dem Althing verbracht hatte, vielen gutaussehenden, starken, jungen Männern aus guter Familie und im heiratsfähigen Alter begegnet, aber als sie nach Hellisvellir zurückgekehrt war, hatte sie sich nicht mehr an ihre Gesichter erinnern können. Das einzige Gesicht, das in ihrer Erinnerung geblieben war, gehörte einem Mann, dem sie nicht einmal richtig vorgestellt worden war. Solange Karlsefni auf Brattahlid blieb, mußte sie darauf achten, sich nicht in einer Art und Weise zu benehmen, die für ein junges Mädchen schon schlimm genug wäre, aber geradezu lächerlich bei einer Witwe wirkte!

∞

Während Snorri seinen Bruder Thorleif in Kimbavåg besuchte, überprüfte Thorbrand Snorrison das Schiff, und der Schiffer selbst trieb Handel auf der Thingebene. Als Gudrid eines Nachmittags kam, um für den Haushalt auf Stokkanes Loden gegen Korn zu tauschen, hörte sie, wie Thorbrand seinem Schiffer erzählte, daß das Schiff vor ihrer Abreise nach Island unbedingt ein neues Segel und ein paar neue Plankengänge brauchte. Es sei zwar möglich, daß sie vor den Winterstürmen nach Hause kämen, aber es sehe doch eher bedenklich aus, schließlich sei der Sommer schon bald vorüber.

Karlsefni legte sein Zählbrett weg, strich sich über den kurzen, sonnengebleichten Bart und erwiderte: »Ich werde Leif bitten, bekanntzugeben, daß wir ein neues Segel brauchen, Thorbrand. Aber den Rumpf zu flicken dauert seine Zeit, selbst wenn dir Leifs Schmiede zur Verfügung steht und du sofort mit der Herstellung der Nägel beginnst.«

Gudrid ließ den Sklaven Njål mit dem Stapel Loden stehen und trat einen Schritt vor. »Thorfinn Thordsson, ich habe genug Segeltuch auf Stokkanes, du kannst also ein neues Segel bekommen. Das Tuch war eigentlich für mein eigenes Schiff gedacht, aber ich habe es jetzt an Leif verkauft.« Ihre Stimme zitterte ein wenig.

Karlsefni sah sie forschend an und sagte: »Ich werde dir das Segeltuch gut bezahlen.«

Gudrid nickte so vernünftig und hausfraulich, wie sie nur konnte. »Ich hätte gern Hafer und Gerste zum Tausch. Außerdem habe ich gehofft, auch meinen normalen Loden verkaufen zu können ...«

Sie gab Njål ein Zeichen, daß er mit dem Stapel kommen sollte. Karlsefni untersuchte den gewebten Stoff genau, ehe er ebenso gelassen sagte: »Vortrefflich! Ich hoffe, dir gefallen meine Waren genauso gut. Wenn du mit mir in das Lagerhaus kommen würdest ...«

Im Halbdunkel schimmerte es so golden aus den offenen Kornsäcken, daß Gudrid an die Geschichte von den Männern dachte, die nach Miklagard fuhren und über ganze Räume voller Gold stolperten. In einer Ecke stand eine Kiste mit Stoffen aus Wolle und Seide, und über einem Dachbalken hingen Leinen und Seidengarn in herrlichen Farben. Sie atmete den Geruch tief ein, bevor sie aufsah und entdeckte, daß Karlsefni in der offenen Tür stand und sie beobachtete.

»Bevor du dich entscheidest, was du haben möchtest, Gudrid, sollten wir eigentlich nach Stokkanes fahren und dein Segeltuch messen. Dann könnten wir uns besser über den Preis einigen.«

»Das ist doch viel zuviel Mühe für dich – ich werde einen von meinen Leuten bitten, mit dem Tuch hierherzukommen.«

Er sah ihr in die Augen, als sie an ihm vorbei hinaus in den kühlen Nachmittag ging, und antwortete: »Auf keinen Fall. Ich möchte gern deinen Hof sehen. Oder besteht die Möglichkeit, daß Brattahlid für immer dein Heim wird?«

Gudrid lächelte schwach, als sie begriff, was er meinte. »Meinst du, daß ich Leif heiraten werde? Nein, daran denkt niemand. Ich wurde Thorstein, seinem Bruder, versprochen.«

»Du redest so, als hättest du selbst nicht viel zu sagen gehabt. War es ein Ehehandel gegen deinen Willen?«

»Nein«, sagte Gudrid bestimmt, »das war es nicht. Thorstein war ein guter Mann und ein gütiger Hausherr.«

Die Wärme in Karlsefnis Lächeln gab ihr ein Gefühl, als hätte ihr Schal Feuer gefangen. Er sagte: »Wenn ich jemals heirate, hoffe ich, daß meine Frau ebenso gute Worte für mich findet.«

»Du – du hast keine Frau, die zu Hause in Island auf dich wartet?« Gudrid fühlte sich so, als hätte sie sich in der Sauna mit kaltem Wasser übergossen – voll neuer Kräfte und einer seltsamen Freude.

Blaue Augen blitzten um die Wette mit weißen Zähnen, als er antwortete: »Noch nicht – Mutter hat zu diesem Thema viel zu sagen. Wenn ich mir einmal eine Frau nehme, muß es eine sein, die Lust hat, mich auf meinen Reisen zu begleiten, ehe ich mich endgültig am heimatlichen Feuer niederlasse, und solche Frauen gibt es nicht viele.«

»Vielleicht gibt es mehr Frauen, die zu einer langen Reise taugen, als Männer, die sich die Mühe machen, danach zu suchen«, sagte Gudrid. »Jetzt, da du meinen Loden gemessen hast, kann ich ihn vielleicht bei dir lagern, damit Njål ihn nicht noch länger tragen muß.«

»Natürlich.«

Karlsefni bat einen seiner Knechte, das Bündel in das Lagerhaus zu bringen, während er ein paar flache Holzstäbchen als Merkzeichen heraussuchte. Gudrid rief von der offenen Tür: »Ich habe meine eigenen Merkstäbchen dabei, Thorfinn!«

Sie gab ihm ein Stäbchen, auf dem mit zierlichen Runen stand: »Gudrid und Thorkatla machten 120 Ellen Stoff aus mir.« Sie sah zu, wie er das Merkzeichen in ihre Webarbeit steckte, dann gingen sie zusammen aus dem Lagerhaus.

»Du hast dich gut vorbereitet«, sagte er. Es hörte sich so an, als amüsiere er sich.

»Vater hat mir das Rechnen beigebracht, er benutzte immer

seine eigenen Merkstäbchen. Er sagte, man wisse nie, wie gewissenhaft andere Leute diese Dinge tun«, antwortete Gudrid ruhig.

»Thorbjørn Ketilsson verdient seinen guten Nachruf«, sagte Thorfinn Karlsefni.

Während Gudrid zusammen mit Njål wieder zu den Häusern hinaufging, fragte sie sich, ob Karlsefni schon bald beabsichtigte, nach Stokkanes zu fahren, um sich ihr Segeltuch anzuschauen. Sie wollte, daß der Hof nach Wohlstand aussah, wenn er kam. Und sollte sie so verschwenderisch sein, sich etwas Weizen für ein Weihnachtsgelage zu besorgen? Sie müßte mit Thorkatla und Stein beratschlagen.

∞

Karlsefni brauchte sich weder mit dem Handel noch mit der Reparatur des Schiffes zu beeilen, denn als Leif hörte, wie es um den »Wellenbrecher« stand, bot er an, daß Karlsefni und ein Teil seiner Besatzung auf Brattahlid überwintern könnten. Snorri und Thorbrand hatten Verwandte in Kimbavåg, und die übrigen Männer ließen sich leicht in der Nähe unterbringen. Karlsefni nahm die Einladung an und ließ zusätzlich zu den Geschenken, die er Leif bereits bei der Ankunft gegeben hatte, Säcke mit Korn und Malz zu den Vorratshäusern auf Brattahlid tragen.

Gudrid hatte gerade den Zuwachs in den Vorratslagern begutachtet, als sie Karlsefni bei dem Abfallhaufen in der Nähe des Langhauses traf. Er grüßte sie, und sie gingen zusammen zum Eingang.

»Du bist großzügig mit Geschenken gewesen, Thorfinn«, sagte Gudrid. »Ich frage mich, ob ich dir das Segeltuch nicht unentgeltlich überlassen sollte.«

»Diese Art von Handel kann Thorbjørn dich unmöglich gelehrt haben! Außerdem haben wir bereits eine Abmachung getroffen. Ich hoffe, daß ich Zeit finde, in drei Tagen mit dir nach Stokkanes hinüberzufahren.«

Karlsefni blieb stehen, um einem langgezogenen Geheul auf der anderen Seite des Fjordes zu lauschen, und bemerkte: »Es klingt so, als wären Wölfe in der Nähe der Häuser.«

Gudrid lachte. »Das sind keine Wölfe – das ist mein Hund Gelle da drüben auf Stokkanes! Er teilt Harald Roßhaar nur mit, wo er ist.«

»Ich hoffe, dieser Harald wirft dem Biest etwas zu fressen vor, bevor ich mich auf deinem Hof zeige. Ich bin nicht besonders tüchtig im Reparieren von zerrissenen Hosen.«

»Ich werde sie dir flicken, falls mein Hund auf dich losgeht«, antwortete Gudrid gutmütig. »Aber in der Regel bellt er nur, und er paßt gut auf Hof und Besitz auf.«

∽

Gudrid ging an diesem Abend zeitig zu Bett. Tief im Schlaf hörte sie ein fernes Heulen, auf das noch weitere Laute folgten. Erst glaubte sie, daß es ein Traum war, in dem sie das kurze Zusammensein mit Karlsefni an diesem Tag noch einmal erlebte, aber dann hörte sie, daß auch die Leute draußen in der Stube wach wurden. Sie glättete ihr Hemd und streckte die Hand nach ihrem Umhang aus, ehe sie die Tür der Bettkammer, in der früher Thjodhild geschlafen hatte, öffnete. Leif, Karlsefni und viele andere Männer waren dabei, sich Waffen umzuschnallen, und Njål zündete Tranlampen an und legte Fackeln bereit. Von der anderen Seite des Fjordes hörte man unaufhörlich ein wildes Geheul.

Gudrid ging zu Leif. »Willst du hinüber nach Stokkanes, Schwager?«

»Ja, nur um sicherzugehen. Stein behauptet doch immer, daß Gelle nachts im allgemeinen Ruhe hält.«

»Ich komme mit dir«, sagte Gudrid. Sie nahm ein Stück von Njåls Lampendocht und band es um die Haare, um sie aus dem Gesicht zu halten. Karlsefni sah sie an, und ihr wurde bewußt, wie ungepflegt sie aussah, die Angst saß ihr jedoch so tief im Magen, daß sie alle Bedenken beiseite schob. Sie erreichte als eine der ersten das schmale Sechsriemen-Boot, das Leif oft auf dem Fjord benutzte, und sie hatte den Fuß bereits auf den Bodenbrettern, als sie Karlsefnis Stimme hinter sich hörte: »Solltest du nicht lieber hier auf Brattahlid bleiben, Gudrid? Wir haben keine Ahnung, was wir da drüben vorfinden – es könnte eine Schlägerei geben.«

Leif schnaubte von seinem Ruderplatz: »Spar dir die Mühe, Thorfinn. Einmal hat Gudrid einen ungebetenen Gast dort drüben mit Pfeil und Bogen erledigt.«

Karlsefni sagte nichts mehr, und Gudrid hatte kaum Platz genommen, als Leif auch schon abstieß. Glitzernde Tropfen von den Ruderblättern und das helle Meeresleuchten, das sich im Kielwasser ausbreitete, gaben ihr erneut das Gefühl zu träumen. Vor sich konnte sie gerade noch die dunklen Umrisse des Landes von der schwarzen Seide des Wassers unterscheiden. Rabengekrächze und Hundegebell hallten von allen Seiten in der Luft wider, und Gelles Geheul wollte kein Ende nehmen.

Als das Boot an den Strand schrappte, wurden bei den Häusern von Stokkanes ein paar Fackeln entzündet. Gudrid erkannte Steins vierschrötige Gestalt vor dem Langhaus und merkte kaum, daß Karlsefni ihr an Land half. Mit gerafftem Rock lief sie den Pfad hinauf und stolperte beinahe über Fåvne, der heruntergeraste, um die Ankömmlinge mit kurzem, heftigem Gebell zu begrüßen. Stein trat vor, um sie zu empfangen, und Gudrid erkannte Thorkatlas weißes Gesicht in der offenen Tür hinter ihm. Stotter-Thjorfe und Schwarzbart saßen schweigend an der einen Längswand, und aus der hintersten Bettkammer erklang Finna Erpsdatters Schluchzen, das sich mit Gelles Heulen hinter dem Haus vermischte.

Stein machte die Tür hinter ihnen zu und atmete schwer. »Leif, danke, daß du mit deinen Leuten gekommen bist. Dadurch ist es für mich einfacher, den Mord, der soeben auf dem Hof begangen wurde, zu rechtfertigen.« Er wandte sich an Gudrid und fuhr fort: »Gudrid, das, was heute nacht auf deinem Hof geschehen ist, tut mir leid, aber ich hoffe, daß du mich verstehst. Ich dachte nur an deinen guten Namen und an deinen Ruf. Ich bitte dich daher, drei Mark in Silber als Entschädigung für Harald Roßhaar anzunehmen. Aber wenn Leif als dein Sprecher diese Sache lieber von den Geschworenen auf dem Thing entschieden haben will, so soll es sein, wie er will.«

Gudrid sank auf die nächste Bank. »M-mein guter Name und mein Ruf? Du hast Harald Roßhaar wegen meines guten Rufes umgebracht?«

Der lose gewebte Docht, der ihr Haar zusammenhielt, brach, und sie warf ungeduldig den Kopf zurück, ehe sie fortfuhr: »Erzähle mir, was vorgefallen ist, Stein. Aber zuerst sollte jemand Gelle beruhigen.«

Stotter-Thjorfe ging hinaus und kam nach kurzer Zeit wieder. Das Heulen hinter dem Haus war verstummt.

Stein erzählte so ruhig, als würde er von einem Fischfang berichten: »Thorkatla war gerade dabei, die Holzkohle in die Glutkammer zu legen, als wir Finna hinter dem Haus schreien hörten. Für gewöhnlich wartet sie, bis Thorkatla sie so spät abends aufs Klo begleitet, heute abend hat sie jedoch nicht gewartet, und Harald Roßhaar überfiel sie. Ich glaube nicht, daß er ihr viel getan hat, bevor ich ihn mit dem Messer erstach. Und wenn du das für überzogen hältst, Gudrid, dann stell dir nur vor, Finna wäre von einem deiner Leute vergewaltigt worden. Leif wäre natürlich von Erp verklagt worden, aber die Leute hätten dich verurteilt, weil auf deinem Hof keine besseren Sitten herrschen.«

Ein Volksurteil – über sie, die ohne Hausherrn, Vater oder Bruder war ... Ein Zittern durchfuhr Gudrid, und sie atmete tief ein, ehe sie sich erhob.

»Ich will mit Finna reden.«

Finna hatte das Bettzeug über den Kopf gezogen, um damit ihr Weinen zu ersticken. Gudrid schlug die Bettdecke zur Seite, packte das junge Mädchen am Arm und schüttelte es unsanft.

»Hör auf, Finna! Erzähl mir genau, was da draußen geschehen ist.«

»Ich will nicht mehr daran denken – uuuh – uh – uh ...«

»Sag mir nur, was Harald dir getan hat, Finna. Hat er dich mit Gewalt genommen?«

»Er – er hat versucht, mich zu küssen ... und ich wollte nicht.«

»Ich verstehe«, sagte Gudrid und sah Haralds breites, narbiges Gesicht vor sich, vor Begierde verzerrt. Mit eiskalter Sicherheit wußte sie, daß keine Frau sich gegen einen solchen Angriff verteidigen konnte, ohne den Mann zu töten, aber sie fragte trotzdem: »Hast du ihm gesagt, daß du nicht willst?«

»Ich – ich habe nichts gesagt. Ich habe nur geschrien. Und dann kam Stein. Ich hatte Angst, Gudrid.«

»Ja«, sagte Gudrid leise. »Ja, an deiner Stelle hätte ich bestimmt auch Angst gehabt. Ich bin froh, daß du keinen Schaden genommen hast.«

Sie holte Finna eine Kelle Wasser, dann ging sie wieder hinein zu den anderen. Sie war so erschöpft, daß ihre Stimme fest und ruhig klang.

»Das Mädchen ist unbeschädigt, aber es hat einen gewaltigen Schreck bekommen. Ich verstehe nicht, was Harald sich dabei gedacht hat. Vor gar nicht langer Zeit habe ich ihm erzählt, daß Finna sich verloben wird, und er schien fast erleichtert darüber zu sein. Wenn sie sich von dem Schreck erholt hat, sollte man ihr sagen, daß er sie hübsch und lieb fand.« Gudrid schluckte und fuhr mit einem Blick auf Leif fort: »Leif wird mich selbstverständlich in dieser Sache beraten, aber ich glaube, daß Stein eine gerechte Regelung vorgeschlagen hat. Außerdem hoffe ich, daß Leif Harald in Brattahlid beerdigen läßt, denn Harald wurde zu Hause in Island getauft.«

Dann wandte sie sich an Thjorfe: »Ich bin froh, daß du Gelle beruhigt hast – er war so mit Harald verbunden, daß ich fürchtete, er würde die ganze Nacht heulen.«

»Ich mußte ihm die Kehle durchschneiden«, murmelte Thjorfe. »Er hat mich zweimal gebissen, bevor ich dran kam.«

Gudrid blickte verstohlen Karlsefni an, aber sie sah keine Andeutung von »Was-hab'-ich-dir-gesagt« in den blauen Augen, die auf ihr ruhten.

∞

Keiner sprach auf dem Rückweg nach Brattahlid, und als sie im Haus waren, gingen alle still zu Bett. Erst als Gudrid in ihr Bett klettern wollte, merkte sie, daß sie die ganze Zeit barfuß gegangen war. Sie vergrub ihre eiskalten Füße in dem Schaffell und schlief endlich ein, wachte aber mehrmals aus einem Traum auf, in dem Karlsefni gerade begann, sie zu trösten, es sich dann aber anders überlegte.

In den folgenden Tagen erwähnte Karlsefni das Segeltuch nicht mehr, und sie dachte, daß er es sicher vorgezogen hatte, das Ganze zu vergessen. Sie selbst fuhr so oft wie möglich nach

Stokkanes, um Finna und Thorkatla zu helfen. Am dritten Tag nach Haralds Tod wollte sie gerade das Ruderboot unten am Strand von Brattahlid ins Wasser schieben, als eine Stimme rief, daß sie warten solle. Karlsefni kam die steinige Böschung heruntergelaufen.

»Hast du vergessen, daß du mir heute dein Segeltuch zeigen wolltest, Gudrid? Und danach wolltest du mich über deinen Hof führen.«

»Ich habe nicht geglaubt, daß du bei den Zuständen, die du beim ersten Mal dort angetroffen hast, noch einmal nach Stokkanes fahren wolltest«, antwortete Gudrid, um ihre Verwirrung zu verbergen.

»Doch, das will ich. Wer wird dich rudern?«

»Ich rudere selbst. Es ist nicht weit, und sonst hat keiner Zeit.«

Er machte ihr ein Zeichen, daß sie sich ins Boot setzen solle, griff um den Vordersteven und stieß das Boot kräftig vom Land ab, bevor er sich an Bord schwang, die Ruder in die Dollen legte und mit langen, zähen Schlägen zu rudern anfing.

Seine Haare waren nach dem Lauf zerzaust, und er sah jung und unbekümmert aus. Die nackten Füße und Beine waren von der Sonne gebräunt und voller blonder Härchen, die wie die Unterseite der Blätter des Gänsefingerkrauts glänzten. Gudrid erinnerte sich an ein Spiel, das sie und ihre Base Ingvill gespielt hatten, wenn sie in einem Boot barfuß einander gegenübersaßen – es ging darum, mit den Zehen ineinanderzugreifen, als wären sie Finger. Sie merkte, daß sie rot wurde, und sie sagte so trokken und gleichmäßig, wie sie nur konnte: »Paß auf, daß du dich der Flußmündung nicht zu sehr näherst – die Strömung dort ist gefährlich.«

»Das sehe ich.«

Gudrid kam sich unsäglich dumm vor. Hier saß sie und belehrte einen Mann, der sein eigenes Schiff über schwierige, offene Meeresstrecken gesegelt hatte, hinein in unzählige fremde Häfen und Flüsse ...

Als wisse er, was sie dachte, sagte er: »Nur Dummköpfe lehnen in unbekannten Gewässern den Rat des Lotsen ab.«

Lange Zeit sagte keiner von ihnen ein Wort. Viel zu schnell sah Gudrid ihren Hof hinter Karlsefnis breiter Schulter näher kommen. Erst hatte sie Angst gehabt, sich zu blamieren, aber jetzt fühlte sie sich von der inneren Spannung gestärkt – und zum ersten Mal, seit Thorstein zu seiner Vinlandfahrt aufgebrochen war, wieder jung.

Karlsefni schaute über die Schulter, um den Kurs einzuschätzen, ehe er den Blick auf Gudrid richtete – sie dazu zwang, seinem Blick zu begegnen. Sie hatte das Gefühl, sie schaute in einen tiefen Kolk mit Tang, der so rhythmisch hin und her gespült wurde, daß sie gegen die Versuchung ankämpfen mußte, nach vorne zu gleiten und sich in die Tiefe ziehen zu lassen. Noch sagte keiner von ihnen etwas.

Fåvnes Bellen leitete Stein und Halldor hinunter an den Strand, um sie zu empfangen. Gudrid erklärte Karlsefnis Vorhaben, und sie gingen alle vier hinauf zum Langhaus. Anscheinend war alles so wie früher. Finna stand friedlich am Webstuhl, und Thorkatla kam, hocherfreut über den Besuch, aus der Milchkammer, eingehüllt in eine Wolke von Käsegeruch. Falls sie der Meinung war, daß ein reicher junger Handelsmann wie Karlsefni eigentlich würdiger aussehen müßte, hielt sie sich mit ihrer Kritik zurück. Im Gegenteil, sie erwies ihm einen Respekt, den sie normalerweise nur Leif Eriksson zukommen ließ, und sie folgte ihnen dicht auf den Fersen, als sie hinaus in die Scheune gingen, um das rote Segeltuch in Augenschein zu nehmen.

Gudrid war überwältigt von all den Erinnerungen, die das Segeltuch in ihr weckte. Zum Glück redete Thorkatla für sie beide: »Es ist wirklich ein Wunder, daß wir dieses Segeltuch nie gebraucht haben, wenn man bedenkt, was für eine fürchterliche Reise es war! Keiner wird *mich* noch einmal weiter als hier über den Fjord bringen. Aber Gudrid ist die Tochter ihres Vaters – da gibt's keine Seekrankheit ... Die Seherin Thorbjørg hat gesagt, sie wird noch weit reisen, und ...«

Während Thorkatla redete, hatte Karlsefni die ganze Rolle Segeltuch vermessen. Jetzt richtete er sich auf und sagte: »Das ist ein vortreffliches Tuch. Aber ich brauche noch ungefähr zwanzig weitere Ellen.«

»Wir haben genug Nesselfasern und Wolle hier«, antwortete Gudrid. »Ich werde den Rest selbst spinnen und weben.« Zu Thorkatla sagte sie: »Ich habe Thorfinn Thordsson versprochen, ihm den ganzen Hof zu zeigen. Können wir danach mit dir zusammen eine Kleinigkeit essen?«

»Ich bin froh, daß du wieder Lust aufs Essen hast, Gudrid«, strahlte Thorkatla. »Es ist wirklich an der Zeit!«

Als sie sich alle Wirtschaftsgebäude und die Hauswiese angesehen hatten, gingen Karlsefni und Gudrid langsam am Strand entlang hinüber zum Fluß. Kräftige Spätsommergerüche wallten ihnen entgegen, und im Weidegebüsch raschelten Hasen und Schneehühner. Karlsefni lobte das Stokkanes-Vieh, das bei der nächsten Einbuchtung am Strand weidete, dann schwieg er wieder.

Um die Spannung zu lösen, sagte Gudrid: »Möchtest du den Rest des Segeltuchs auch in Rot haben, oder ziehst du eine andere Farbe vor?«

Karlsefni sah vor sich hin und sagte dann: »Einmal hattest du einen blauen Umhang an. Die Farbe möchte ich als Streifen haben.«

Gudrid schnappte nach Luft. Also erinnerte er sich!

»Und du hattest einen grünen Umhang«, war alles, was sie erwidern konnte, ehe Fåvne, der sie im Auge behalten hatte, seit sie den Hof verlassen hatten, aufgeregt bellte und wie der Blitz verschwand, um das Dickicht am Rand des hohen Flußufers zu untersuchen.

Mit einigen langen Schritten holte Karlsefni den Hund ein und packte ihn am Halsband, während er auf Gudrid wartete. Sie folgte seinem Blick und sah, daß Fåvne den Hang aufgewühlt hatte. Mitten in den weichen grauen und braunen Farben lag ein bleiches Säuglingsskelett. Der zarte Schädel lag in Saughaltung, und die Wangenknochen waren so dicht an das Becken gezogen, als hielten die weichen Säuglingsmuskeln sie noch an ihrem Platz. Gudrids Herz stand still. Was für eine Hexerei war das – wer hatte ihre kleine Tochter oben in Sandnes ausgegraben und sie hierher gelegt wie eine böse Erinnerung daran, daß sie nicht fähig war, lebende Kinder zur Welt zu bringen?

Sie sank nieder auf den Boden, das Gesicht in den Händen. Irgendwo über ihr sagte Karlsefni: »Es sieht so aus, als wäre das Kind vor mehr als einem Winter ausgesetzt worden, du ahnst wohl nicht, wem es gehörte ...«

Langsam und zitternd holte sie Atem. Ihre Gedanken wurden klarer, und sie antwortete leise: »In dem Sommer, als Thorstein und ich nach Sandnes fuhren, sagte Thjodhild, sie sei sicher, die Sklavin Aud würde ein Kind von Njål erwarten. In dem Fall ist es wohl ihr Kind. Aber das tut nichts zur Sache – dieses kleine Ding ist jedenfalls tot wie – wie ...« Ihre Stimme brach und sie bekreuzigte sich.

Karlsefni hielt einen angemessenen Abstand, als er sich neben sie setzte, aber sie spürte die Wärme seines Körpers, und das tröstete sie. Sie brach schließlich das Schweigen. Ohne es eigentlich zu wollen, sprach sie die Worte, die schon so lange hinter einer schützenden Mauer gelegen hatten:

»Winzig kleine gebrochene Knochen
Von dem Kind, das ich trug,
Liegen schon geschützt
Im Tiefland weit gen Norden.
Die Wehmut schmerzt schwer
Für das schwächliche Geschöpf.
Meine Sippe und ich betrogen,
Wir sahen sie nie.«

Sie atmete zitternd und schaute zu Karlsefni. Er blickte grimmig und geistesabwesend vor sich hin, so gedankenvoll, daß seine Augen fast schwarz waren.

Trotzig sagte sie: »Jetzt weißt du es! Als ich das arme Ding sah, glaubte ich zuerst, es wären die Überreste meines eigenen Kindes ... In der Zeit, in der du auf Brattahlid wohnst, wird dir möglicherweise das Gerede zu Ohren kommen, das besagt, daß ich gegen mein kleines Mädchen Hexerei betrieben habe. Ich – ich will, daß du die Wahrheit darüber – und auch über mich – erfährst. Ich habe mich so danach gesehnt, das Kind zu bekommen – es war alles, was ich noch hatte. Und ich möchte nicht, daß du glaubst, ich hätte Schwarze Kunst betrieben.«

Er räusperte sich. »Du eine Hexe, das kann ich mir nicht vorstellen, Gudrid. Aber hoffentlich glaubst du nicht, dein Leben sei beendet, nur weil dein Kind zu früh geboren wurde und dein Mann starb. Du bist noch jung.«

Er stand auf und reichte Gudrid seine große, rauhe Hand, um ihr aufzuhelfen. Sie nahm die Hilfe an und sagte beinahe böse: »Du hast gut reden! Dir steht es frei, zu kommen und zu gehen, wie es dir gefällt, fremde Länder zu besuchen oder bei der Familie zu sein, je nachdem ...«

Er lächelte und faßte sie leicht am Ellenbogen, damit sie nicht die steile Böschung hinunterglitt und in dem wirbelnden grauweißen Fluß landete.

»Und dir steht es frei, dort hinunterzustürzen, wenn du Lust dazu hast. Aber ehe du das tust, solltest du auf die andere Seite hinüberschauen. Ist für dich das andere Ufer eher eine Herausforderung?«

Gudrid ließ den Blick über beide Flußufer schweifen, die mit Geröll und Nachtkerzen bedeckt waren. Sie zeigte auf das andere Ufer und sagte: »Siehst du die Blumen dort? Sie heißen Nachtkerzen, aber sie sind weiß. Es ist die einzige Stelle hier in der Gegend, wo man weiße Nachtkerzen findet. Glaubst du nicht, daß dort drüben *etwas* anders sein muß?«

»Vielleicht – aber es sind trotzdem Nachtkerzen.«

Gudrid versuchte zu lachen, als sie antwortete: »Meine Ziehmutter lehrte mich, daß ich niemals mit einem Mann streiten, sondern lieber dafür sorgen solle, daß er etwas zu essen bekommt. Gehen wir jetzt zurück zu den Häusern, um nachzusehen, was Thorkatla für uns vorbereitet hat.«

Geschickt lenkte Gudrid während der Mahlzeit und auf der Rückfahrt im Boot das Gespräch auf ungefährliche Themen. Als sie aber schon mehr als die Hälfte des Fjordes überquert hatten, ließ Karlsefni die Ruder ruhen und sagte ohne Umschweife: »Du erinnerst dich also an mich, damals, auf dem Althing? Oder jedenfalls an meinen grünen Umhang ...«

»Ja. Orm, mein Ziehvater, sagte mir, wer du bist.«

»Ich mußte meinen Onkel Snorri fragen, wer *du* bist.«

»Er hat mir nie erzählt, daß du nach mir gefragt hast.« Gudrid war froh, daß sie nicht rudern mußte – sie hatte das Gefühl, kein Mark mehr in den Knochen zu haben.

»Nun, ich fragte mich, wem die schöne weiße Stute gehört.«

»Ach ja, Schneefried. Sie war ein tüchtiges Reitpferd.«

»Ja, und unbedingt zuverlässig. Ich sagte ihr eines Abends, sie müsse dafür sorgen, daß ich ihre Herrin treffen würde. Es hat eine Weile gedauert, aber jetzt sitzen wir hier zusammen!«

Sie waren so nah an Brattahlid herangekommen, daß ein paar Dienstleute, die am Strand Miesmuscheln suchten, sie hören konnten.

»Es war sehr freundlich von dir, mich nach Stokkanes hin- und zurückzurudern, Thorfinn Thordsson«, sagte Gudrid förmlich.

Er blickte schnell über die Schulter, dann entgegnete er ebenso höflich: »Es war der Mühe wert, Gudrid Thorbjørnsdatter. Ich weiß, daß ich mit meinem neuen Segeltuch zufrieden sein werde.«

∞

In den folgenden Tagen war sich Gudrid Karlsefnis Nähe so deutlich bewußt, daß ihre Hände zitterten, wenn sie bei den Mahlzeiten das Essen herumtrug und sich seinem Platz am Tisch näherte. Wenn sie abends im Bett lag, flogen ihre Gedanken zu der anderen Bettkammer, die Karlsefni mit Leif teilte. Jetzt kannte sie die Sehnsucht, die so viele Frauen von vornehmer Herkunft dazu getrieben hatte, gegen Anstand, Sitte und gesunden Menschenverstand zu verstoßen. Und sie begriff die Tragweite der Worte, die der Vater auf seinem Sterbebett gesagt hatte. Aber verspürte Karlsefni nach ihr die gleiche Sehnsucht wie der Vater nach Hallveig?

Nach grönländischen Maßstäben war Gudrid wohlhabend und von guter Herkunft, aber Karlsefni war einer der reichsten und vornehmsten Männer in Island und konnte zu Hause beinahe jede Frau bekommen, die er haben wollte – es gab keinen Grund zu glauben, daß er ernstlich vorhatte, um sie zu freien. Würde sie es schaffen, ihm zu widerstehen, wenn er sie als Geliebte begehrte, solange er in Grönland war?

Sie warf sich im Bett hin und her und war am nächsten Morgen noch müder, als sie es am Abend zuvor gewesen war.

∽

Eines Morgens entschloß sich Gudrid, ihr Spinnrad wegen des schönen Wetters mit nach draußen zu nehmen, und ging hinauf zum Vorratshaus, um einen Arm voll Wolle zu holen, so viel, daß sie beim Tragen nichts sehen konnte. Auf dem Weg nach unten kam ihr ein Mann entgegen. Mit einem festen Griff wurde ihr die Wolle abgenommen, und sie blickte in Karlsefnis wettergebräuntes Gesicht. Seine tiefliegenden blauen Augen blickten ungewöhnlich forsch, und Gudrid glaubte, auf der Stelle dahinschmelzen zu müssen.

»Ich – ich glaubte, du wärest heute morgen mit deinen Männern zum Fischen gefahren!« stammelte sie.

»Ich nicht. Ich habe hier einiges zu erledigen. Warum schickst du nicht eine Magd, um eine Pferdelast Wolle zu holen?«

»Hier auf Grönland bitten wir unsere Dienstleute um solche Dinge nur, wenn es unbedingt nötig ist – sie haben sowieso genug zu tun. Es war nicht meine Absicht, dir genau über den Weg zu laufen ...« Sie blickte in eine andere Richtung.

»Nicht? Na gut, aber ich hatte die Absicht, dir über den Weg zu laufen ... das heißt, mit dir zu reden.« Ohne weiteres ließ er die Wolle unter den Baum des Hügelgrab-Bauern fallen und zog sie mit sich zum Aussichtspunkt nach Stokkanes hinüber. Er deutete mit dem Finger in die Richtung und sagte: »Dort liegt dein Hof, Gudrid. Er ist schön und gut bewirtschaftet. Thorstein Schwarz sagte, dein Hof auf Sandnes sei noch besser. Ich weiß nicht, wieviel Leif dir für dein Schiff gegeben hat, aber jedenfalls hast du eine so gute Mitgift, daß ich wissen möchte, ob du jemandem versprochen bist. Von Leif konnte ich nicht viel erfahren – er sieht es wohl am liebsten, daß du auf Brattahlid bleibst, bis Thorkel sich eine Frau nimmt.«

Gudrid sagte fest: »Soviel ich weiß, hat niemand um mich gefreit. Es stimmt, daß ich zwei Höfe und die Kaufsumme für ein Schiff besitze – aber es sieht so aus, als könnte ich keine lebenden Kinder gebären.«

»Möchtest du gern dein Leben lang auf Grönland bleiben?«

Sie fühlte sich wehrlos seinem Blick und seinem scharfen Verstand ausgeliefert, der mit einem starken Willen gepaart war.

»Ich habe nicht sonderlich darüber nachgedacht – ich meine, ich *bin* ja hier. Oft habe ich das Gefühl, als hätte ich ein ganzes Leben hier verbracht, und dann ist es wieder so, als würde ich nur darauf warten, daß das Leben beginnt. Als ich Thorstein heiratete, glaubte ich, am Beginn eines neuen Lebens zu stehen, aber es war wie bei einem Samen, der zu zeitig aufsprießt und erfriert ...«

Noch nie hatte sie jemandem von diesen Gedanken erzählt; sie hatte das Gefühl, als wälze sie eine schwere Last von ihrer Seele.

Karlsefni lehnte sich gegen den Felsen und ließ den Blick kurz über den Fjord schweifen, ehe er Gudrids Hand ergriff.

»Heirate mich, Gudrid. Das Schicksal hat dafür gesorgt, daß wir uns wiedertrafen, und der Wind hat für mich gefreit. Laß uns nicht noch mehr Zeit verlieren.«

Er zog sie an sich, so daß ihr Kopf an seiner Brust ruhte. Sie sog den Geruch nach See und Wolle ein – hörte sein Herz fest und gleichmäßig pochen, als sie lächelnd antwortete: »Ich möchte dich gerne heiraten, Karlsefni! Es gehört sich nicht, das Schicksal herauszufordern – außerdem möchte ich am liebsten das schöne Segel, das du bekommst, im Auge behalten!«

Sie kam ihm zum Kuß entgegen, spürte, wie sein Atem sich mit dem ihren mischte und merkte, wie erregt und hart er unter den Wollkleidern war. Schwindelig von ihrer eigenen Begierde, schob sie ihn sanft, aber bestimmt von sich und dachte, wie gut es war, daß sie nicht gewußt hatte, was sie in all den Jahren zuvor verpaßt hatte.

Laut sagte sie: »Alle können uns hier sehen ...«

»Das hoffe ich! Niemals will ich im Dunkeln um eine Frau werben, da weiß man nie, wie der Brautkauf ausgehen wird.« Ernst fügte er hinzu: »Du und ich, wir brauchen uns nicht zu verstecken, Gudrid. Ich bin mein eigener Herr, und jetzt hast auch du das Recht zu bestimmen, wen du als Ehemann haben möchtest.«

»Ja.« Gudrid sah über den Fjord mit den vielen Fischerbooten, ehe sie den Blick zum Hof gleiten ließ, wo die Dienstleute ständig zwischen den Häusern hin- und herliefen. Sie selbst war nur eine kleine Figur inmitten dieser ganzen Geschäftigkeit, deren Häuptling Leif war.

Langsam fuhr sie fort: »Ich möchte immer bei dir sein, mitkommen, wohin du auch fährst. Aber es ist besser, du freist um mich bei Leif, wie es sich gehört.«

»Das wollte ich auch tun. In Kimbavåg habe ich genug Verwandte, die Wortführer für mich bei Leif sein können – ich habe vor, zum Hof meines Oheims Thorleif zu fahren, aber zuerst wollte ich mit dir sprechen.«

»Wie konntest du wissen, daß ich ja sagen würde?« scherzte Gudrid.

»Ich dachte, du bist klug genug, um zu begreifen, daß es unser Schicksal ist, Mann und Frau zu werden.«

»Da ich so klug bin, ist es wohl am besten, wenn ich mit meiner Arbeit endlich anfange!« Gudrid nahm seine Hand und ging zu dem Hügel, wo Karlsefni ihre Wolle fallen gelassen hatte. Ein neuer Gedanke keimte in ihr auf, und sie blieb stehen und fragte besorgt: »Aber was ist mit deiner Verwandtschaft in Island? Werden sie einwilligen – und mich annehmen?«

»Mein Vater starb, als ich zehn Winter alt war, und ich habe keine lebenden Geschwister. Meine Mutter, Thorunn, ist nur schwer zufriedenzustellen, aber das bin ich auch, und trotzdem bin ich sehr zufrieden damit, dich als Frau zu bekommen! Die Hälfte des Hofes auf Rognestad gehört mir seit Vaters Tod, und ich habe genug Grundbesitz, um dir ohne Hilfe von anderen gute Verhältnisse bieten zu können.«

Karlsefni beugte sich vor, um die Wolle aufzuheben, und Gudrid rief aus: »Ach, du hast sicher nicht gewußt, daß dies der Baum des Hügelgrab-Bauern ist! Falls er glaubt, daß wir ihm die Wolle geschenkt haben, wird er es sicher nicht gern sehen, wenn wir sie ihm wieder wegnehmen. Warte einen Augenblick ...«

Sie zog die Silberkette hervor, die sie um den Hals trug, und streifte den silbernen Thorshammer der Mutter ab. Dann legte sie ihn auf den Hügel und streute etwas Erde darüber. Als sie sich aufrichtete, bekreuzigte sie sich und sagte: »Damit müßten der Unterirdische und Thor zufrieden sein!«

Karlsefni bekreuzigte sich auch und löste die Schnur eines Beutels, den er am Gürtel trug. Gudrid sah einen goldenen Schimmer, bevor er sie bat, die Augen zu schließen und ihm ihre Silberkette zu geben. Sie war schwer, als er sie wieder um ihren Hals hängte, und als sie die Augen öffnete, entdeckte sie, daß er ihr ein großes goldenes Freyja-Amulett geschenkt hatte.

»Mein Großvater hat es in der Handelsniederlassung in Skiringssal in Norwegen gekauft. Da steht seit langem ein Tempel, der Freyja geweiht ist. Wenn wir Freyjas Hilfe zu der von Christus hinzutun, bin ich sicher, daß wir gemeinsame Kinder bekommen werden, Gudrid.«

Er ließ das Amulett unter ihr Hemd gleiten, und sie spürte es kühl und schwer zwischen ihre Brüste fallen. Dann hob er die Wolle auf und trug sie zu der sonnigen Mulde, die sie sich zum Spinnen ausgesucht hatte.

Bevor er sich auf den Weg nach Kimbavåg machte, küßte er sie wieder, lange und leidenschaftlich. Sie hatte die größte Lust, ihm nachzulaufen, Hand in Hand mit ihm über die grüne Landzunge mit den vielen Seen zu gehen, bis zu dem Fjord voller Eis auf der anderen Seite, und oben auf der Höhe zu spüren, wie der Wind an ihren Haaren zerrte.

Widerstrebend machte sie sich an die Arbeit. Während sie die Wolle kardierte und lose um die Handspindel befestigte, ruhte ihr Blick auf den Eisbergen, die ununterbrochen in Richtung Stokkanes vorbeiglitten. In der ersten Zeit, nachdem sie von Sandnes zurückgekommen war, hatte sie ihr Leben oft mit den phantastischen Figuren da draußen verglichen – gnadenlos wurden sie davongetrieben, und ihr Glitzern verschwand, wenn sie mit der Zeit einschrumpften oder sich mit Krach und Getöse teilten. Die kleinen Stücke schmolzen schnell und blieben bei Ebbe als Schaum am Ufer zurück.

Sie schaute auf das goldene Labkraut und die letzten Glockenblumen, die noch beim Langhaus blühten, und Hoffnung mischte sich mit der Freude, der sie jetzt endlich freien Lauf lassen durfte. Noch war Sommer und Zeit des Wachsens, auch für sie, und das Glück, von dem sie glaubte, es für immer verloren zu haben, hatte sich wieder zu ihr gesellt. Thorbjørgs Prophezeiung würde doch noch in Erfüllung gehen!

Jedesmal, wenn sie sich vorbeugte, um ein Wollbüschel abzureißen, bewegte sich das Freyja-Amulett zwischen ihren Brüsten. Sie waren plötzlich so schwer und schmerzten, als wären sie voller Milch. Die guten Mächte würden sicher dafür sorgen, daß sie und Karlsefni Kinder bekämen.

Sie freute sich ebenso heiß auf die Umarmungen, bei denen sie gezeugt würden, wie darauf, Kleinkinder im Arm zu halten und in ihren winzig kleinen Gesichtern nach Karlsefnis Zügen zu forschen.

DIE GUTEN MÄCHTE LENKEN

Leif hatte nichts gegen Karlsefnis Heiratspläne einzuwenden, denn er hatte gerade die »Meeresstute« übernommen und war bester Laune.

Bei Gudrids und Karlsefnis Verlobungsgelage gab es auf beiden Seiten viel Eigentum aufzurechnen, und Leif und Karlsefni vereinbarten eine komplizierte und anpassungsfähige Absprache, da das Brautpaar beabsichtigte, zurück nach Island zu ziehen und auf Karlsefnis väterlichem Hof zu wohnen. Die Hochzeit sollte gleich nach Weihnachten stattfinden und versprach zu einem Festgelage zu werden, von dem man noch lange sprechen würde. Karlsefni hatte noch viel gutes Malz, und die Vorratsspeicher auf Brattahlid waren voller als gewöhnlich, denn Karlsefni und seine Leute gingen jeden Tag mit den Männern von Brattahlid auf die Jagd oder zum Fischfang. Sie ruhten nur an dem Tag des Herrn, denn Leif hatte wieder damit begonnen, den Feiertag wie zu Thjodhilds Zeiten zu heiligen.

Als Gudrid Karlsefni erzählte, daß Skuv angeboten hatte, Stokkanes zu kaufen, antwortete dieser, daß Skuv und Bjarni in dem Ruf ständen, umgängliche, ehrliche Leute zu sein, die gute Nachbarn für Brattahlid sein würden. Man konnte also nur hoffen, daß die beiden mit ihrem Schiff noch in diesem Sommerhalbjahr nach Grönland kämen. Aber bevor das Schafezählen überstanden war und die Jäger aus dem Norden nach Hause zurückkehrten, landete nur noch ein einziges Handelsschiff – ein Schiff, das Bjarni Grimolfsson aus Bredefjord und Thorhall Gamlason aus den Ostfjorden in Island gehörte. Sie hatten Eisen, schöne Kleider, Honig und sogar etwas Wein dabei, so daß der Handel munter vonstatten ging und die Leute sehr zufrieden waren.

Eines Tages aber sagte Leif nach der Abendmahlzeit: »Es wird langsam Zeit, daß wir Holz hierher bekommen – im Sommer haben wir den Rest unseres Vinland-Holzes aufgebraucht und es gibt hier viele Leute, die das Treibholz haben wollen.«

»Hast du daran gedacht, loszusegeln, um Holz zu holen?« fragte Bjarni Grimolfsson und streichelte einer halberwachsenen Katze über den Rücken, die auf seinen Schoß gesprungen war, um sich vor den spielenden Kindern auf dem Boden zu retten.

»Nach Vinland? O ja. Aber ich möchte, daß Thorkel seine Verwandten in Island kennenlernt, und wenn sich die Aussage Karlsefnis bewahrheitet, daß Olaf Haraldsson, mein Verwandter, bald die Macht in Norwegen haben wird, möchte ich Thorkel gern auch dorthin mitnehmen. Wir müssen mit einer weiteren Fahrt nach Vinland warten, bis wir von Island zurückgekehrt sind.«

Karlsefni ergriff nach einem schnellen Blick auf Gudrid das Wort. »Leif, nach dem, was du uns über die neuen Länder erzählt hast, gibt es dort viele Bäume und grüne Wiesen, die nur darauf warten, genutzt zu werden. Seit Bjarni und Thorhall gekommen sind, habe ich erwogen, ob wir nicht genug Schiffe und Leute für eine Landnahme in Vinland besitzen. Zwei Schiffe reichen, um Tiere und Werkzeug mitzunehmen – und wenn wir dort erst alles in Gang gebracht haben, könnten wir ein mit Holz beladenes Schiff zurückschicken und gleichzeitig Nachrichten überbringen. Wer weiß, was für Reichtümer wir dort finden werden ...«

Gudrid hörte mit leuchtenden Augen zu. Sie und Karlsefni hatten bereits davon gesprochen, zuerst nach Vinland zu fahren, bevor sie nach Island zurückkehrten, aber eine Landnahme in dem vielversprechenden Land! Sie wußte, worauf Karlsefni anspielte, hatte sie doch selbst schon an den geheimnisvollen schwarzen Vinlandstein gedacht, den Thorstein unter ihre Matratze gelegt hatte und der bei dem anschließenden Durcheinander dort liegengeblieben war.

Karlsefnis Vorschlag fand willige Ohren. Leif bot an, daß die Siedler seine Häuser benutzen könnten, bis sie ihre eigenen gebaut hätten, und es verging kaum ein Abend, an dem das Gespräch sich nicht darum drehte, wie die Expedition ausgerüstet werden sollte, wie die Überfahrt werden könnte, ob die isländischen Schiffer es mit ihrer Mannschaft schaffen würden oder ob man auch Grönländer mitnehmen sollte.

Karlsefni beriet sich stets lange und ausführlich mit anderen, bevor er sich äußerte. Er war der besonnenste Mann, dem Gudrid je begegnet war, selbst wenn sie ihn mit ihrem Vater und mit dem, was Thorstein als »Denkerkopf« bezeichnet hatte, verglich. Einmal ertappte sie sich bei der Überlegung, wie Thorstein Karlsefni wohl beschrieben hätte.

Aber im Gegensatz zu Thorstein und Thorbjørn beriet Karlsefni sich auch mit Gudrid. Er brachte ihr bei, das Rechenbrett zu benutzen, um die Reise- und Winterversorgung für über sechzig Mann zu berechnen, und fragte sie, was sie von dem Gedanken hielt, auch Grönländer mitzunehmen.

Sie antwortete nachdenklich: »Ich glaube, daß man sich auf die Leute, die lange mit dir gesegelt sind, am meisten verlassen kann. Mein Rat ist, daß die einzigen Grönländer, die für diese Fahrt in Frage kommen, die Männer sind, die die Reise schon mit Leif oder Thorstein gemacht haben. Und natürlich einige Frauen!«

Karlsefni nickte und neckte sie scherzend: »Wir werden sehen, ob einige von meinen Männern mich zum Vorbild nehmen und in diesem Winter heiraten! Ehefrauen sind gehorsamer als Mägde!«

»Das werden wir ja sehen«, entgegnete Gudrid.

༄

Am Langfeuer verkündete Karlsefni an diesem Abend, daß er außer seiner Mannschaft, Gudrid und einigen reisetauglichen Frauen am liebsten nur Leute mitnähme, die früher schon einmal in Vinland gewesen waren. Bjarni und Thorhall erklärten sich rasch einverstanden, und das Thema schien erschöpft zu sein. Am nächsten Tag fuhren Bjarni und Thorhall mit ihrer Mannschaft los, um den Winter bei ihren Freunden und Verwandten im Einarsfjord zu verbringen.

༄

Als Leif das Winternachtsfest feierte, ließ er ein Fohlen unter dem Baum des Hügelgrab-Bauern schlachten, ehe er das Fest Christus weihte. Sowohl die Isländer als auch die Grönländer unter den Gästen waren mit dieser Regelung sehr zufrieden und lobten, daß Leif bei allem, was er tue, gesunden Menschenverstand beweise. Niemand würde glauben, daß er und Freydis Verwandte seien, nein – in ihrem Haus fänden sie angeblich kaum Leute, die für sie arbeiten wollten.

Am zweiten Festtag suchte Karlsefni Gudrid in der Milchkammer auf, in der sie ein leckes Molkefaß untersuchte. Die Furchen in ihrer Stirn wurden noch tiefer, als er fragte: »Die kleine Dunkelhaarige, die aussieht wie ein Troll mit Robbenkörper, ist doch Freydis Eriksdatter, nicht wahr? Mit einem Ehemann, der Thorvard heißt und weder sie noch die beiden Kinder zügeln kann. Sie war gerade bei mir und verkündete, daß sie und Thorvard Lust hätten, mit uns nach Vinland zu kommen. Sie erinnerte mich daran, daß es ihr Bruder sei, der den Reichtum da drüben entdeckt habe. Deshalb wolle sie dafür sorgen, daß alles gerecht zwischen den nächsten Verwandten geteilt werde. Als ich ihr unseren Beschluß bezüglich der Teilnehmer an dieser ersten Landnahme mitteilte, sah sie mich mit Mordlust in den Augen an und sagte, daß wir darüber noch reden müßten. Glaubst du, daß sie ihren Willen bei Leif durchsetzen kann? Er ist hier der Häuptling, deshalb möchte ich mich ungern gegen ihn stellen.«

Karlsefnis Stimme war so ruhig wie sonst, aber an den Muskelknoten in seinen Mundwinkeln konnte Gudrid sehen, daß er wütend war.

Er holte tief Luft und fügte hinzu: »Wenn Freydis und Thorvard sich vorgenommen haben, nach Vinland zu fahren, kann ich sie nicht aufhalten, aber wir beide fahren dann direkt nach Island, Gudrid. Ich nehme lieber krankes Rindvieh mit als die beiden.«

Gudrid fand auf dem Boden einen kleinen Zweig und dichtete damit das Molkefaß ab. Dann schlang sie die Arme um Karlsefnis Hals und sagte leise: »Ich komme mit dir, wohin du auch fährst. Aber gib die Fahrt nach Vinland noch nicht auf – versuche, mit Leif zu reden, bevor Freydis ihn in die Ecke drängen kann. Er mag sie nicht, und er hat auch keinen besonderen Grund, ihr zu trauen.«

∞

Leif sagte zu Freydis, daß sie und Thorvard mit ihrem Vorhaben, nach Vinland zu fahren, warten müßten. Als ihm außerdem zu Ohren kam, daß sie Gerüchte in Umlauf gesetzt hatte, Gudrid würde Schwarze Kunst benutzen, um die Leute dazu zu bringen, schlecht von Freydis zu denken, befahl er ihr, sich mit ihren Kindern nach Hause zu trollen und in Zukunft den Mund zu halten, sonst würden weder sie noch Thorvard zu dem großen Hochzeitsfest eingeladen werden, das er für Gudrid und Karlsefni ausrichten wolle.

Gudrid hatte soviel mit der Schlachtzeit und den anderen Vorbereitungen für den Winter und die Hochzeit zu tun, daß sie sich abends beim Spinnen kaum wach halten konnte. Mit halbem Ohr lauschte sie den Gesprächen, die in einem gleichmäßigen Strom dahinflossen, unterbrochen von den Ausrufen der Leute, die Brettspiele spielten, oder dem Geheul der Kinder und Hunde, die sich den Fußboden teilten. Eines Abends aber spitzte sie die Ohren, als zwei Männer sagten, daß sie gehört hätten, daß Skuv und Bjarni nach einer schwierigen Überfahrt von Irland aus Herjolfsnes erreicht hätten. Sie wollten nach Brattahlid weitersegeln, sobald im Frühjahr das Eis aufgehe.

Als Gudrid an diesem Abend Karlsefni draußen vor dem Haus eine gute Nacht wünschte, meinte sie: »Ich denke, wir können Stokkanes jetzt verkaufen, so daß wir uns nicht mehr um den Hof zu kümmern brauchen. Seit dem Ereignis mit Harald Roßhaar mag ich den Ort nicht mehr so sehr – außerdem möchte ich Thorkatla gern mit nach Vinland nehmen. Sie wird eine gute Hebamme sein.«

»Und was wird aus Stein und Halldor und den anderen?« fragte Karlsefni mit den Lippen auf ihrer Stirn.

»Skuv und Bjarni werden zuverlässige Dienstleute gebrauchen können. Und es kann durchaus sein, daß Leif einen Mann wie Stein benötigt, um Brattahlid zu bewirtschaften, wenn er und Thorkel lange fortbleiben.«

Er küßte sie und lachte: »Ich glaube, meine Stammutter, Aud die Tiefsinnige, muß so ähnlich gewesen sein wie du, Gudrid. Sie war ebenfalls ein reines Häuptlingstalent!«

Leif war froh, als Karlsefni vorschlug, er solle Stein bitten, Aufseher auf Brattahlid zu werden. Sobald das Eis auf dem Fjord stark genug war, ein Pferd zu tragen, schickte er einen Boten nach Stokkanes.

Gudrid lief hinaus, um mit Stein zu sprechen, der auf einem Pferd angeritten kam, das er im Sommer auf dem Thing gekauft hatte. Aufgeregt erzählte sie ihm, worum Leif ihn zu bitten beabsichtigte, und sie fügte hinzu: »Wenn es dir nicht paßt, Stein, mußt du es freiheraus sagen, dann wird Karlsefni mit Skuv und Bjarni um deine Stellung auf Stokkanes verhandeln. Aber wenn du Leif auf Brattahlid hilfst, kann ich Thorkatla bitten, mit nach Vinland zu kommen.«

Stein sah ihr rotes, glückliches Gesicht und sagte mit einem stillen Lächeln: »Thorkatla würde dich auf dem Rücken tragen, wenn es sein müßte. Ich auch – und das würden alle von Thorbjørns Leuten tun.«

༄

Thorkatla kam früh genug nach Brattahlid, um bei den letzten Vorbereitungen für das Weihnachtsfest und die Hochzeit zu helfen. Nachdem Finna Erpsdatter wegen ihrer Hochzeit wieder nach Hause gezogen war, war sie mehrere Wochen alleine zwischen den Kochgruben auf Stokkanes hin- und hergelaufen, und nun lief sie überall hinter Gudrid her und redete unaufhörlich. Sie überlegte bereits, welche Gefäße sie in Vinland brauchen könnten, und sie versicherte Gudrid, daß der Gedanke an eine weitere lange Seereise doch nicht so schrecklich sei.

»Ich bin doch bis nach Grönland gekommen, nicht wahr?« verkündete Thorkatla stolz. »Und wer sollte sonst Hebamme für deine und Karlsefnis Kinder sein, nicht wahr? Irgendein Skrælingweib vielleicht – feine Sache!«

Gudrid war sich sicher, daß es ihr gelingen würde, Karlsefni lebende Kinder zu schenken, obwohl die vielen Aufregungen und die harte Arbeit seit dem Sommer ihre monatlichen Blutungen früher als sonst im Winter hatten aussetzen lassen. Sie war allerdings geradezu dankbar dafür, daß sie jetzt davon verschont blieb, da sie und Karlsefni endlich das Bett miteinander teilen sollten.

Leif hatte gefragt, ob sie und Karlsefni den Bettkasten haben wollten, den sie und Thorstein seinerzeit oben in dem anderen Haus benutzt hatten, aber sie zog Thjodhilds Bett vor, das sie seit ihrer Rückkehr nach Brattahlid benutzte.

Am Hochzeitstag bekam sie ein neues Unterbett, gefüllt mit duftendem Heu, Wollgras und getrocknetem wildem Thymian. Dann stattete sie das Bett mit einer weißen Wolldecke, Eiderdaunenkissen und einer neuen Bettdecke aus Schaffell aus und wünschte, sie hätte noch ein wenig von Thjodhilds Weihwasser, um das Bett damit zu besprengen. Leif hätte es nicht ausgehen lassen sollen – sie würde sich so gern der Unterstützung Christi versichern können, wie damals, als sie das erste Mal geheiratet hatte, denn da war sie beinahe sofort schwanger geworden.

Als sie und Karlsefni, gefolgt von einer großen Anzahl Hochzeitsgäste, zur Kirche gingen, um das *Paternoster* zu beten, hatte es gerade aufgehört zu schneien, und die blauen und blaßroten Schatten der tiefstehenden Wintersonne zeichneten jede Furche in der Landschaft ebenso sorgfältig nach, wie Thorkatla die Falten an Gudrids rotem Brautkleid geordnet hatte. Karlsefni hatte ihr einen blauen, mit Hermelin gefütterten Umhang und honigfarbene Wildlederschuhe mit silbernen Spitzen an den Schuhbändern geschenkt, und während sie den freigeschaufelten Pfad entlangschritt, glaubte sie, einen Vorgeschmack davon zu bekommen, wie man sich als Frau eines reichen Mannes fühlen mußte.

Sie schaute zu Karlsefni auf. Sein Haar und sein Bart stachen blond von dem schwarzen nerzgefütterten Umhang mit dem silberdurchwirkten Bandschmuck ab. Unter dem Umhang trug er rote Hosen und einen Kittel aus englischer Wolle, der so geschnitten war, daß das Hochzeitshemd, das Gudrid ihm genäht hatte, zu seinem Recht kam. Als er merkte, daß sie ihn ansah, nahm er ihre Hand und hielt sie noch immer, als er ihr half, auf dem neuen weißen Bärenfell vor dem Holzkreuz niederzuknien.

Karlsefni hatte Leif zwei Messingleuchter und einige Wachskerzen für die Kirche überreicht, aber der gewohnte Geruch nach Grönlandhaitran hing noch immer in dem kleinen Raum, besonders als er von den vielen Menschen, die sich in die Kirche zwängten, wärmer wurde. Nach dem *Paternoster* sprach Karlsefni mit tiefer, fester Stimme das Glaubensbekenntnis, und Gudrid und viele der Gäste stimmten ein. Dann bekreuzigte er sich, stand mit Gudrid auf und wandte sich an die Kirchengemeinde.

»In Leifs Haus werden wir, Gudrid Thorbjørnsdatter und ich, unseren Ehehandel bestätigen, wie es unter ehrbaren Leuten Brauch und Sitte ist. Hier in der Kirche bitte ich den Vater, den Sohn und den Heiligen Geist, uns zu segnen, auch wenn wir keinen Pfarrer und kein Weihwasser haben.«

Er machte das Kreuzzeichen über Gudrid und sich selbst und führte sie anschließend aus der Kirche. Vor lauter Glück fühlte sie sich so schwach, daß sie beinahe gestolpert wäre.

৩

Als Leif seine Begrüßungsrede beendet und die Mitgift, die Zugabe und die Morgengabe bekanntgegeben hatte, halfen einige der eingeladenen Frauen Thorkatla und den Brattahlidfrauen beim Herumreichen des Essens und der Getränke. Gudrid trank mit ihrem Ehemann und den Gästen und dachte, das Beste bei der eigenen Hochzeit sei, daß man während der Mahlzeiten bis zum Schluß sitzen bleiben konnte. Aber sie achtete ihre Hausfrauenehre genug, um sich über die vielen lobenden Bemerkungen wegen des Biers zu freuen, das sie und Humpel-Aldis aus Karlsefnis Malz gebraut hatten. In der Tat war es noch stärker geworden als das Bier bei ihrer ersten Hochzeit!

Sie trank vorsichtig aus der Schale und hoffte, daß Karlsefni Bier vertrug. Sie erinnerte sich daran, daß in Island Männer hinausliefen, um sich zu übergeben, oder sie sangen und grölten und griffen nach den Schwertern, um sich gegen eingebildete Beleidigungen zu verteidigen. Und sie erinnerte sich an ihren eigenen leichten Rausch, als sie und Thorstein geheiratet hatten. Sie wollte nicht, daß ihre erste Nacht als Karlsefnis Frau *so* werden sollte – sie wollte ihn mit jeder Faser ihres Körpers spüren.

Gudrid hatte Stein und Thorkel gebeten, für ein wenig Musik zu sorgen, um den Leuten anzuzeigen, wann sie ihr und Karlsefni ins Bett leuchten sollten. Als sie sich endlich meldeten, wurden sie von einem weiteren Flötenspieler begleitet, Eindride Schwanenhals aus Karlsefnis Mannschaft. Die Leute fingen an, im Takt mit dem aufreizenden Rhythmus der Musik zu klatschen, und Gudrids Erregung wuchs.

Leif stand von seinem Ehrensitz auf, hob eine brennende Tranlampe hoch und sagte: »Jetzt werden wir Zeuge sein, daß Thorfinn Thordsson und Gudrid Thorbjørnsdatter nach grönländischem und isländischem Gesetz als Eheleute zusammen zu Bett gehen. Wir bitten Thor, Njord, Freyr, Freyja und Christus, das Brautpaar und alle, die hier versammelt sind, zu segnen.«

Gudrid und Karlsefni stellten sich vor dem Bett auf. Während Karlsefni seinen goldenen Gürtel aufhakte und ihn Snorri Thorbrandsson gab, nahm Gudrid langsam die Broschen von ihrem Kleid und gab sie und das Kleid Thorkatla. Darunter trug sie ein hochgeschlossenes gelbes Hemd, das die Kette mit dem Freyja-Amulett bedeckte. Dann faßten sie und Karlsefni sich an den Händen und setzten sich auf das Bett.

Ernst und sittsam wünschten sie den anderen eine gute Nacht, ehe Karlsefni die Türen zum Bett schloß. Draußen in der Stube nahm das Fest mit erneuter Kraft seinen Lauf, aber Gudrid spürte nur Karlsefnis Lippen auf ihren Brüsten, nachdem er ihr das Hemd heruntergezogen hatte, so schnell wie ein Jäger eine Robbe abzieht.

BEGEGNUNG MIT EINER FREMDEN WELT

Im Frühsommer, kurz nach der Kreuzmesse, erblickten sie das Schiff von Skuv und Bjarni. Gudrid schaute auf den Fjord, um sich zu vergewissern, daß Leif und die Männer, die dort draußen angelten, auf dem Heimweg waren, dann ging sie fröhlich hinein, um Humpel-Aldis bei den Vorbereitungen für den Empfang der Ankömmlinge zu helfen. Jetzt, da Karlsefni den Verkauf von Stokkanes vor ihrer Abreise regeln konnte, würde er sicher zufrieden sein – wenn er sich erst für eine Sache entschieden hatte, liebte er keine Verzögerungen. Im Augenblick war er in Kimbavåg, wo Thorbrand und Snorri das neue Segel des »Wellenbrechers« kontrollierten.

Karlsefni bat Gudrid, mit auf das Thingfeld zu kommen, um Skuv und Bjarni mitzuteilen, daß Stokkanes zu verkaufen war. Beide waren noch immer eifrig darum bemüht, sich im Eriksfjord niederzulassen.

Skuv sagte großzügig: »Nach dieser Reise werden wir reich. Hast du je so gesunde und kräftige Sklaven gesehen wie die da hinten beim Lagerschuppen? Wir fanden sie auf dem Markt in Dublin. Einen haben wir Thorkel auf Herjolfsnes als Dank für seine Gastfreundschaft im vergangenen Winter gegeben, und Freydis' Mann kaufte heute morgen zwei und bat mich, einen dritten zurückzuhalten, aber wir haben noch vier, falls du interessiert bist, Karlsefni.«

»Das ist schon möglich«, sagte dieser nachdenklich. »Wenn ihr euch Stokkanes angesehen habt und entschlossen seid, den Hof zu kaufen, können wir ja die für beide Seiten entstehenden Kosten berechnen.«

»Wir können heute abend mit dir hinüberfahren, wenn die Sonne zwischen den beiden Berggipfeln dort drüben steht. Sollen wir dir solange einen Sklaven zurückhalten? Nur den, der dort im Gras schläft, den kannst du nicht haben.«

Karlsefni und Gudrid gingen hinüber zu den Sklaven. Drei Frauen saßen, ohne aufzusehen, am Spinnrad, während ein Mann schlief und ein anderer ein Tau flocht.

Karlsefni fragte leise: »Gudrid, welche von den Frauen könntest du dir vorstellen mit nach Vinland zu nehmen?«

»Keine!« war Gudrids erster Eindruck, aber sie hielt inne. Es war schwierig, Frauen zu finden, die als Ehefrauen oder Mägde mit nach Vinland fahren wollten. Außer ihr selbst und Thorkatla waren es nur noch zwei – sie hatten in diesem Winter Männer von Thorhall und Bjarni geheiratet. Eine Sklavin aber würde keine Wahl haben ... Gudrid musterte die drei Frauen der Reihe nach und zeigte schließlich auf eine schwarzhaarige, fahle, ungefähr dreißig Winter alte Frau. Die Sklavin spann mit mageren Fingern, die sich schnell und sicher bewegten.

»Frag Skuv, wie sie heißt und ob sie die nordische Sprache versteht.«

Skuv kratzte sich am Kopf. »Du weißt, wie diese Leute sein können – störrisch wie Schafe, sie weigern sich einfach, ihren Namen zu sagen. Aber wir nennen sie Emma, und sie beherrscht unsere Sprache einigermaßen, nachdem sie mit der Hälfte der norwegischen Seeleute in Dublin geschlafen hat. Ihr Besitzer schwor, daß sie geschickt mit den Händen ist – er hat sie nur verkauft, weil sie keine Kunden mehr anzog. Und sie hat an Bord nie Unannehmlichkeiten gemacht.«

Gudrid ging zu Emma und sagte: »Ich brauche eine Frau, die tüchtig in mancherlei Arbeit ist. Hast du Übung darin, Essen für viele Leute zuzubereiten?«

Die Sklavin hielt den Spinnstein in Gang, während sie mit starkem, aber nicht mißtönendem Akzent antwortete: »Ich habe Gerda Lederlippe auf Herjolfsnes gut geholfen.«

»Und bist du mit der Hausfrau dort, mit Thorunn, gut zurechtgekommen?«

Da leuchtete Verachtung in Emmas schwarzen Augen auf. »Thorunn ist nie im Küchenhaus.«

»Ach so ... kannst du mit Tieren umgehen?«

»Mein Vater hatte viele.«

»Hast du ihm dabei geholfen?«

Noch ein verächtliches Aufleuchten in den müden Augen. »Nein, ich half Mutter beim Nähen – bis sie und Vater getötet wurden und ich in Gefangenschaft geriet.«

Gudrid betrachtete die Sklavin nachdenklich und ging dann zu Karlsefni und den anderen zurück. »Emma scheint Verstand zu haben, und sie versteht unsere Sprache. Ich glaube, ich werde mit ihr zufrieden sein.«

∽

Skuv und Bjarni brauchten nicht lange, um den Kauf von Stokkanes zu vereinbaren, und noch vor Sonnenuntergang befand Emma sich dort drüben. Sie sollte in der Zeit, die noch bis zur Abreise nach Vinland blieb, Thorkatla behilflich sein, denn Gudrid meinte, je schneller Emma und Thorkatla lernten zusammenzuarbeiten, desto besser.

»Deine Frau vergeudet keine Zeit, Karlsefni!« lachte Skuv. »Du mußt aufpassen, sonst hast du in zehn Jahren so viele Kinder, daß für dich kein Sitzplatz mehr in der Stube ist!«

Gudrid lächelte so bescheiden, wie es sich gehörte, aber sie empfand nicht mehr die gleiche Freude darüber, daß Stokkanes zu derart guten Bedingungen verkauft worden war. Jedesmal, wenn sie und Karlsefni sich einander hingaben, dachte sie, daß ein solches Feuer doch ein Kind zur Folge haben müßte, ebenso selbstverständlich, wie aus glühendem Eisen ein erkennbarer Gegenstand gehämmert wurde. Aber sie war und blieb anscheinend unfruchtbar.

∽

Es wurde so geregelt, daß Leif und Thorkel nach Island und Norwegen fahren sollten, während Karlsefni und Bjarni nach Norden segelten. Stein verbrachte mittlerweile die halbe Zeit auf Brattahlid, angeblich, um mit den Verhältnissen vertraut zu werden, aber meistens war er damit beschäftigt, den anderen Kniffe beizubringen, die man in einem Kampf gebrauchen konnte. Durch die dünne Wand der Milchkammer hörte Gudrid das dumpfe Aufprallen der Pfeile auf der Schießscheibe, die Stein im Hof angebracht hatte, damit die Leute in ihrer Freizeit üben konnten, und während der langen Dämmerung nach dem Abendbrot trug der Wind aufmunternde Rufe, höhnisches Gelächter und den Lärm der Schwerter vom Strand herauf. Gudrid war, seit sie Island verlassen hatte, noch nie Zeugin so vieler Waffenübungen gewesen, und die Geräusche ließen sie vor Spannung zittern.

Eines Tages, als sie gerade einen Butterklumpen fertig geknetet hatte und sich nach einer neuen Arbeit umschaute, fiel ihr Blick auf den Bogen und den Köcher, die an der Wand der Milchkammer zusammen mit den Käseformen ihrer Mutter hingen.

Sie reichte Aud die Schürze und sagte schnell: »Ich komme gleich wieder, Aud. Schau nach, ob die Molke sauer genug zum Einmachen ist.«

Stein und Thorkel standen neben der Schießscheibe, als Gudrid mit ihrem Bogen kam und sagte: »Ich glaube, ich sollte auch ein bißchen üben. Wenn nur die Hälfte von dem stimmt, was wir über Vinland gehört haben, kann ich auf der Türschwelle sitzen und das Mittagessen schießen ...«

Thorkels rote Haare waren naß vor Anstrengung, und er trat einen Schritt zur Seite. »Du bist dran, Gudrid. Ich habe übrigens geglaubt, du übst nur an Leuten!«

»Nur wenn sich nichts anderes findet«, sagte Gudrid säuerlich und ging ein paar Schritte rückwärts von der Schießscheibe weg, wie sie es von Stein gelernt hatte. Sie prüfte die Sehne, legte den Pfeil sorgfältig an und hob den Bogen.

»Runter mit den Schultern, Mädchen!« brüllte Stein. »Du sollst ins Schwarze treffen und nicht ein Schaf auf der Wiese da drüben!«

Mutlos wegen seiner gereizten Stimme tat Gudrid, was er sagte, und traf mit dem Pfeil ins Schwarze. Dann machte sie kehrt, um ins Haus zu gehen. Stein packte sie am Ärmel und fragte: »Das nennst du üben? Ein einziger Zufallstreffer?«

»Ich – ich habe noch viel im Hause zu tun. Und ich habe dich und Thorkel unterbrochen.«

Stein stellte sich ihr in den Weg und sagte: »Ich bin nicht deshalb böse, Gudrid. Ich habe *gehofft*, du würdest üben, bevor ihr nach Vinland fahrt. Ich möchte, daß du eine ruhige Hand bekommst.«

Gudrid sah in seine stahlgrauen Augen und sagte mit einem verlegenen Lächeln: »Du bist so ernst, Stein ... Was ist denn los?«

»Du warst nie eine einfältige Frau, Gudrid. Es stimmt, ihr fahrt in ein Land, das viel verspricht, aber ihr werdet es nicht für euch allein haben.«

»Ach, du meinst die Skrælinge. Du sprichst genauso wie Karlsefni. Ich habe auch an sie gedacht, aber Leif hat nie eine Spur von ihnen gesehen, als er seine Häuser baute – und Thorvalds Männer haben die Skrælinge in die Flucht gejagt. Wir werden doppelt so viele Leute bei uns haben wie Thorvald!«

»Ihr werdet die Gegend erkunden und euch nicht nur bei Leifs Häusern aufhalten. Keiner weiß, wo die Skrælinge sind. Wie kannst du wissen, daß sie Leif und seine Leute nicht beobachtet haben und sich nur nicht zu erkennen gaben? Nein, ich hätte es lieber, wenn du deine Geschicklichkeit im Schießen wiedergewinnen würdest. Und ich hoffe, daß du dich an das erinnerst, was ich dir über den Gebrauch des Messers beigebracht habe, wenn du überfallen werden solltest.«

»Ich muß nach oben unter die vorderen Rippen stechen, nicht von oben nach unten, wie es die Männer tun.«

»Richtig. Vergiß es nicht.«

∞

Gudrid wiederholte dieses Gespräch vor Karlsefni, als sie abends im Bett lagen und er zärtlich ihre schmerzenden Schultern rieb. Er fragte: »Du hast doch keine Angst, dahin zu fahren, oder?«

»Nein, ich freue mich! Stell dir nur eine Gegend vor, wo die Tiere das ganze Jahr über draußen sein können! Ich kann draußen sitzen und nähen, während ich mein Jüngstes im Auge habe und du den älteren zeigst, wie sie mit der Sense rund um die kleinen Hügelchen auf unserer Hauswiese mähen müssen ... Mm, du riechst so gut!«

Sie vergrub ihre Nase in seiner Halsgrube und spürte das pochende Leben. Seine Haut war warm und glatt, dort, wo der Bart aufhörte.

Karlsefni lachte lautlos und faßte sie um die Hüften. »Wenn

das Glück mit uns ist, wird es keine Hügelchen auf unserer Hauswiese geben. Aber zuerst müssen wir unser ältestes Kind schmieden.«

∽

In Anwesenheit von Zeugen hatte Leif dem Bauern auf dem Hof Unter dem Sonnenhang die gesamte Verantwortung übertragen, das Thing abzuhalten und im übrigen über Gesetz und Recht im ganzen Gebiet zu wachen, während er selbst auf Reisen war. Er befürchtete, wenn einer von den Einarsfjord-Männern zeitweilig die Verantwortung des Häuptlings übernahm, könnten sie die Macht für immer an sich reißen wollen. In den geschäftigen Wochen, die folgten, war er richtig guter Laune, und jeden Abend, bevor er ins Bett ging, schaute er zum Fjord, wo die beiden großen Schiffe frisch geölt und neu gestrichen glänzten.

Als die ersten Packpferde die Vorräte zum Strand hinunterbrachten, stand er zusammen mit Karlsefni und Gudrid vor dem Langhaus und sah den Tieren nach, bis sie auf dem staubigen Pfad verschwanden. Der Sommer war bisher so trocken gewesen, daß Leif veranlaßt hatte, Rinnen zu graben, um das Wasser von den kleinen Seen auf dem Bergrücken zur Hauswiese zu leiten. Er räusperte sich und sagte: »Ich habe mir überlegt, Karlsefni, daß wir beide uns über eine wirklich gute Nutzung von Sandnes einigen sollten. Wenn du dort vorbeischaust, wirst du sehen, daß der Hof sich gut als Zwischenstation für den Vinlandhandel eignet – du und ich sollten diesen Handel von beiden Seiten aus steuern. Ich möchte gern den halben Hof von dir kaufen, unter den gleichen Bedingungen wie damals, als mein Bruder den Anteil von Thorstein Schwarz kaufte. Den Verdienst werden wir natürlich gerecht teilen.«

Karlsefnis Gesicht verriet nichts, und Leif fuhr fort: »Es wäre in jeder Beziehung das Beste, wenn ich Mitbesitzer des Hofes werden würde. Ich habe vor, einen Priester von Island hierher zu bestellen, denn ich möchte nicht, daß Grönland bezüglich des neuen Glaubens rückständig wird, dem so viele mächtige Männer andernorts sich angeschlossen haben. Aber ich werde ungehalten, wenn der norwegische König mir einen Mann nach seinem eigenen Kopf schickt – ehe du dich versiehst, sitzen wir hier und müssen an Norwegen Steuern zahlen! Ich will Olaf sagen, daß wir bereits für einen Priester gesorgt haben ... Auf Sandnes würde er niemandem im Wege sein – dort könnte er das Volk in dem neuen Glauben unterrichten und müßte ungefähr jeden zweiten Sommer hierherkommen, um Taufen und dergleichen vorzunehmen. Und wenn die Vinlandreise gut verläuft, kann er sich auch der Leute dort drüben annehmen.«

Gudrid schaute verstohlen auf Karlsefni. Sie hatte ihm von dem ersten Priester auf Brattahlid erzählt, aber er hatte nicht gesagt, was er selbst von diesen Männern hielt, die einige »Hausierer mit dem neuen Glauben« nannten.

Karlsefni sagte langsam: »Soviel ich weiß, herrscht in Island Mangel an Priestern, und die wenigsten von ihnen werden als Männer geachtet. Die meisten wissen kaum, was von ihnen erwartet wird, und sie richten sich nach dem Willen der Häuptlinge, die sie in Dienst nehmen. Bevor du einen Priester hierherschicken läßt, Leif, solltest du dich entscheiden, was du lieber haben möchtest – einen unwissenden Burschen, der das tut, was du ihm befiehlst, oder einen gelehrten Mann, der dir bei deinen Entscheidungen in die Quere kommt.«

Leif gluckste und sagte: »Genauso denke ich auch. Mit Dummköpfen kann ich nichts anfangen, und es mißfällt mir ganz besonders, wenn Leute, die ich in Dienst genommen habe, Schwierigkeiten machen. Wenn der Pfarrer auf Sandnes wohnt, muß ich mir keine Gedanken machen. Außerdem würde dem Volk klargemacht werden, daß Sandnes der Häuptlingssitz oben in der Westsiedlung ist. Verkaufst du?«

»Du bekommst die Antwort nach dem Abendbrot«, sagte Karlsefni nach einer kurzen Pause. »Du hast mich über deine Wünsche gut unterrichtet.«

Gudrid verließ die Männer und ging langsam hinüber zum Aussichtspunkt. Stokkanes, das jetzt Skuv und Bjarni gehörte, lag friedlich und gepflegt in der Mittagssonne. Die »Meeresstute«, die jetzt Leif gehörte, schaukelte leicht unten auf dem Fjord. Wolken trieben Schatten über Land und Wasser ebenso willkürlich, wie die Gedanken durch ihren Kopf schwirrten –

sie hatte das Gefühl, innerlich ausgelöscht zu werden. Sie zuckte zusammen, als sie Karlsefnis Hand auf der Schulter spürte.

»Was hältst du von Leifs Vorschlag, Gudrid?«

»Ich habe wohl nichts zu sagen.«

Ungeduldig widersprach er: »Natürlich hast du das. Sandnes unterliegt deinem Namen. Du hast dort gewohnt; du weißt, was der Hof wert ist.«

Gudrid holte tief Luft und sagte: »Ich meine, Leif war vorhin besonders redegewandt. Er weiß immer haargenau, was er haben will! So war es auch, als er sich entschlossen hatte, die ›Meeresstute‹ zu kaufen. Er hat gut bezahlt – es war nur so, daß mir keine andere Wahl blieb!«

»Was Sandnes betrifft, hast du eine Wahl – Leif kann nicht die Hälfte von deinem Hof kaufen, wenn ich nicht verkaufen will, und ich verkaufe nicht gegen deinen Willen.«

»Mit Leif ist nicht leicht auszukommen, wenn er wütend ist, das kann ich dir sagen. Als Freydis mit uns nach Vinland reisen wollte, hast du selbst gesagt, daß du dich nicht gern gegen ihn stellst.«

»Leif kann mit vollem Recht fordern, daß ich mich nach seinen Bedingungen bei der Nutzung der Häuser dort drüben richte. Aber er hat keine Entscheidungsgewalt über Sandnes, wenn wir sie ihm nicht geben. Und ich gebe keinem Mann mehr, als ihm zusteht, nur weil er darum bittet!«

Gudrid drehte sich um und sah, daß die Heftigkeit in seiner Stimme nichts mit ihr zu tun hatte. Zorn und Enttäuschung waren wie weggeblasen. »Wäre ein solcher Verkauf für uns von Vorteil?«

»Ich kann mir nur vorstellen, daß der Hof dann unter noch besserer Aufsicht stünde, aber es hört sich so an, als würde Weiß-Gudbrand sowieso immer sein Bestes tun!«

»Ja. Und was hältst du von dem Vorschlag mit dem Priester?«

»Leif hat recht – man braucht einen christlichen Priester auf Grönland, damit die Dinge ihre Ordnung haben. Und sowohl seiner selbst als auch Leifs wegen sollte der Priester nicht auf Brattahlid wohnen.«

»Ich werde dich unterstützen, wie auch immer du entscheidest, wenn du mit Thorstein Schwarz über den Preis gesprochen hast. Erinnere Leif daran, daß sein Bruder die Hauswiese erweitert und viele andere Veränderungen vorgenommen hat, die in die Berechnung miteinbezogen werden sollten ...«

»Du bist eine brauchbare Frau für einen Kaufmann, Gudrid.«

»Oh, dieses ganze Gerede über Handel, Thorfinn – womit können wir denn in Vinland handeln, falls es nötig wird?«

»Wenn wir auf Skrælinge stoßen, die mit uns Handel treiben wollen, haben wir viel roten Wollstoff dabei. Er ist jedenfalls in der Finnmark ein gutes Tauschmittel. Aber zuallererst müssen wir Baugrund für unsere Höfe finden und die Tiere nachzüchten, die wir mitnehmen.«

∞

Karlsefni hatte vor, junge Tiere von Sandnes zur Aufzucht mitzunehmen, aber einige aus seiner Mannschaft nahmen auch Schafe und Schweine vom Eriksfjord mit. Die Tiere wurden an Bord getrieben, während Gudrid und Karlsefni auf dem Friedhof standen, nachdem sie ein letztes *Paternoster* in Thjodhilds Kirche gesprochen hatten – es hörte sich an, als hätte schon die Schlachtzeit begonnen.

Gudrid schaute auf die schmale Sandsteinplatte auf Thjodhilds Grab und sah die würdige Gestalt der alten Frau vor sich. Unwillkürlich straffte sie den Rücken. Dies war kein Abschied für immer. Sie würde Karlsefni begleiten, wenn er bald zurück nach Grönland und Island fuhr, um zu handeln ... Der »Wellenbrecher«, der im Fjord lag und an den Tauen zerrte, würde ihnen Spannung und Reichtum schenken und auch Freude darüber, daß sie Verwandte und Freunde besuchen konnten.

Leif und Thorkel waren bereits unten am Strand, um das Beladen für ihre eigene Reise zu überwachen. Mit einem breiten Lächeln in dem ergrauten Bart gab Leif Karlsefni die Hand und sagte: »Ich glaube, du kennst jetzt den Weg genauso gut wie ich, und außerdem hast du Åsgrim den Mageren dabei! Vielleicht kann er dir auch helfen, Thorvalds Grab zu finden.«

»Wenn es irgendwie möglich ist, werde ich Thorvald nach Brattahlid zurückbringen, auch wenn es einige Zeit dauern kann«, sagte Karlsefni. »Aber falls es mir nicht gelingen sollte, liegt er jedenfalls dort, wo er liegen wollte.«

»Nach meiner Norwegenreise fahre ich zurück nach Vinland, um meinen Bruder zu rächen – laß ein paar Skrælinge für mich übrig, Karlsefni. Mögen die Götter und das Glück dich und Gudrid begleiten.«

Als Leif Gudrid geküßt hatte, hielt er sie ein wenig von sich ab und sagte unerwartet sanft: »Sage Weiß-Gudbrand, es ändert an der Abmachung zwischen ihm und dir nichts, daß ich jetzt die Hälfte von Sandnes besitze. Wir sind alle davon abhängig, daß er so weiterarbeitet wie bisher.«

Gudrid lächelte und sagte: »Und wenn du einen Priester schickst, um den er sich kümmern muß ...?«

»Dann wird Gudbrand entscheiden, was der Priester tun soll«, antwortete Leif fest.

Åsgrim der Magere rief etwas vom Schiff, und Karlsefni winkte ihm mit dem Arm und wandte sich dann schnell wieder Leif und Thorkel zu. »Åsgrim sagt, daß die Ebbe einsetzt. Vielen Dank für die Gastfreundschaft, Leif. Du warst mir in all den Monaten ein treuer Freund.«

»Es war mir eine Ehre, dich als Gast hier zu haben. Soll ich deinem Verwandten Snorri Godi etwas ausrichten, wenn ich ihn wiedertreffe?«

»Danke – die Botschaft an meine Verwandtschaft lautet, daß ich mich bester Gesundheit erfreue und eine gute Frau und ein gutes Schiff habe. Wenn du und Thorkel in der Nähe von Rognestad im Skagafjord landet, wird meine Mutter Thorunn euch sicher gern empfangen.«

※

Der ganze Lärm auf dem Schiff deutete auf ein großes Durcheinander an Bord hin, deswegen war Gudrid freudig überrascht, als sie sah, daß Tiere und Ausrüstung in dem Laderaum mittschiffs gut verstaut waren und Thorkatla und die Sklavin Emma auf dem Vorderdeck so ruhig an ihren Spinnrädern saßen, als wären sie ihr Leben lang zur See gefahren. Die beiden anderen Frauen, die mit zur Landnahme kamen, befanden sich bei ihren Männern an Bord des anderen Schiffes. Gudrid hatte diese zwei Frauen aus dem Havgrimsfjord kaum gesehen – sie waren Mitte dreißig, untersetzt und kräftig; außerdem waren sie schon Witwen gewesen, als sie zwei der Vinlandfahrer geheiratet hatten.

Nachdem Karlsefni das Abschiedsgebet gesprochen und sowohl Thor als auch Christus gebeten hatte, sie zu beschützen, rief Gudrid Fåvne zu sich, damit er den Schoten und dem Ankertau nicht im Wege war. Ihr Herz hämmerte vor Erwartung. Das mächtige Schiff glitt so behutsam und weich vom Strand wie eine Katze, die sich streckte. Gudrids Augen wichen nicht von Karlsefnis Gesicht. Das Schiff gehorchte der geringsten Bewegung der Ruderpinne wie ein lebendiges Wesen – oder wie sie selbst im Bett, dachte sie mit einem Schauder von Wollust.

Bjarnis und Thorhalls »Mondschiff« lichtete den Anker gleich nach dem »Wellenbrecher«, und die beiden Meeresschiffe segelten stolz aus dem Fjord und schlugen Kurs nach Süden ein, begleitet von kleinen Booten mit Leuten, die ihnen Glück für die Fahrt wünschten.

∞

An einem kalten, klaren Morgen, während sie im Meer Richtung Norden kreuzten, richtete Gudrid sich vom Fischklopfen auf und sah das schimmernde Weiß an der dunklen Küste auftauchen. Aufgeregt bemühte sie sich, achteraus zu Karlsefni zu eilen.

»Sieh doch, Thorfinn! Siehst du das Eis dort ganz nah an der Küste glitzern? Das bedeutet, daß wir schon über die Hälfte bis zum Lysefjord hinter uns haben!«

»Du bist schon die sechste, die mir das erzählt«, sagte Karlsefni gutmütig.

Thorbrand Snorrison gesellte sich zu ihnen und sagte: »Gudrid, zu Hause in Island habe ich nicht geahnt, daß du diese Küsten vor mir kennenlernen würdest!«

»Wahrlich«, sagte Gudrid, »aber wenn wir den Lysefjord verlassen, kommen die meisten von uns in unbekanntes Fahrwasser. Ich bin froh, daß Åsgrim es geschafft hat, drei von den Männern an Bord zu nehmen, die mit Leif oder Thorvald gesegelt sind, denn als Vater und ich nach Grönland fuhren, hatten wir nur einen Ortskundigen an Bord, und er starb in dem Augenblick, als Land in Sicht kam!«

»Soviel ich weiß, werden wir auf dieser Fahrt das Land kaum aus den Augen verlieren«, sagte Karlsefni ruhig. »Alle, mit denen ich gesprochen habe und die oben bei der Bäreninsel gejagt haben, sagen, daß man die Spiegelung von den Schneebergen auf der gegenüberliegenden Küste sehen kann. Und Leif hat mir versichert, daß im Spätsommer Eisberge und Nebel nicht mehr so oft den Sund gefährden. Aber darüber erfahren wir bestimmt mehr in der Westsiedlung. Ich hoffe nur, Weiß-Gudbrand hat nichts gegen unseren Einzug – sechzig Mann sind auf diesen beiden Schiffen!«

»Ich habe dir ja schon vorher gesagt, daß Gudbrand sich über Besuch und Neuigkeiten freut«, sagte Gudrid bestimmt. »Der Boden auf Sandnes ist trocken und eignet sich gut als Zeltplatz, und es gibt eine große Kochgrube im Freien und viel Fisch, den ihr aus dem Fjord heraufholen könnt!«

∽

Weiß-Gudbrand segelte ihnen entgegen. Freundlich und unerschütterlich wies er ihnen Ankerplätze für die Schiffe, Schlafplätze für die Leute und Weiden für die Tiere an. Luva und die Sklavin Unna nahmen ebenso gelassen die Unterstützung an, die Gudrid und die vier anderen Frauen ihnen anboten, als eine kräftige Mahlzeit für diesen besonderen Anlaß zubereitet wurde.

Während Gudrid an der wohlbekannten Kochgrube arbeitete, sah sie, daß Luva genauso tüchtig und flink arbeitete wie zuvor, obwohl sie schwanger war. Und in den Vorratshäusern herrschte ein solcher Überfluß, daß es keine Schwierigkeiten machen würde, wenn Gudrid die Vorräte mitnahm, die ihr zustanden. Als Gudrid und Karlsefni an diesem Abend endlich die Türen zu ihrem Bett schlossen, erfuhr sie, daß er den Rest des Hofes in ebenso gutem Zustand vorgefunden hatte und daß es einfach sein würde, ein paar kräftige Jungtiere für ihre Vinlandfahrt zu finden. Er fügte hinzu: »Gudbrand zeigte mir einen vielversprechenden Jungstier, den ich mitnehmen will.«

Gudrid überlegte, ob sie Karlsefni von dem magischen Stein erzählen sollte, der noch immer da lag, wo Thorstein ihn hingelegt hatte. Vielleicht sollte sie ihn fragen, ob sie ihn nicht auch mitnehmen könnten, aber dann fiel ihr ein, daß sie ja dorthin fahren würden, wo solche Steine herkamen. Wenn sie nicht hier auf Sandnes schwanger wurde wie beim letzten Mal, dann würde sie es bestimmt in dem vortrefflichen neuen Land werden.

∞

Es sprach sich auf den Nachbarshöfen schnell herum, daß der neue Besitzer von Sandnes mit vielen Leuten gekommen war. Die Bauern eilten von allen Seiten mit Zelten und Lebensmitteln herbei. Sie waren gut darauf vorbereitet, kurzfristig ein Thing abzuhalten, denn viele Klagen hatten sich seit Thorstein Erikssons Tod angesammelt. Am lautesten klagte Æsolf Zahnlos, der Bauer, den Thorstein Schwarz beim Schafezählen vor fast zwei Jahren verwundet hatte.

Karlsefni bat Gudrid, ihm alles von dem Vorfall zu erzählen, was sie wußte, aber das war leider nicht viel. Thorstein Schwarz hatte das Ganze als einen Scherz angesehen, und später war auf Sandnes so viel Unheil geschehen, daß niemand mehr an Æsolf gedacht hatte.

Karlsefni schnaubte und sagte: »Laut Æsolf Zahnlos' Aussage war er äußerlich ein stattlicher Mann, ehe Thorstein ihn mit seinem Schwert kratzte. Æsolfs Frau aber sagt, daß er seit seiner Jugend keine Zähne mehr habe, da er beinahe an Skorbut gestorben sei, und daß er nicht mehr auf Wikingerfahrt gehen konnte, weil ihm jemand beinahe die Hälfte der einen Wade weggeschnitten habe. Die anderen Narben, die er an seinem Körper hat, muß er nach und nach gesammelt haben, so wie ein Schaf sich Kletten zuzieht – die einzige einigermaßen frische Narbe ist die kleine, die Thorstein Schwarz ihm verpaßte. Und jetzt will Æsolf deswegen vollen Schadensersatz von mir haben!«

∞

Karlsefni leitete das Thing mit der gleichen selbstverständlichen Autorität, mit der er am Ruder stand oder einen Handel abschloß. Er sah stattlich aus in dem grünen Umhang über dem roten Kittel und den roten Strümpfen und mit dem vergoldeten Helm und dem schweren Gürtel aus Gold und Silber. Gudrid sonnte sich in der offensichtlichen Bewunderung der Nachbarn und verspürte eine gewisse Genugtuung, denn sie hatte das bösartige Geschwätz darüber, daß sie sich mit Zauberei und Gaunerei abgab, nicht vergessen.

Als Æsolfs Klage an die Reihe kam, beschrieb er eingehend die Verletzungen, die Thorstein Schwarz ihm völlig grundlos zugefügt hätte, benannte seine Zeugen und forderte eine Entschädigung in Silber für »großen körperlichen Schaden«. Karlsefni hörte sich entspannt die heruntergeleierten Vorwürfe Æsolfs an, dankte ihm mit Grabesernst für den Bericht und fragte, ob jemand in der Versammlung Thorstein Schwarz verteidigen könne.

Øyolf hinkte nach vorn, räusperte sich und sagte: »Von dem Abhang dort drüben habe ich gesehen, daß Thorstein Schwarz und Æsolf über die Kennzeichen der Schafe stritten. Es drehte sich besonders um die Kennzeichen von Sandnes – ich erkundigte mich nachher, um sicherzugehen. Allerdings zog Æsolf das Schwert zuerst, so daß Thorstein genötigt war, sich zu verteidigen. Und ich bin der Ansicht, daß sich Æsolf, wenn er so übel zugerichtet war, wie er behauptet, in Gudrid Thorbjørnsdatters Behandlung hätte begeben müssen, der kundigsten Heilfrau weit und breit. Ich habe mit eigenen Augen nicht mehr gesehen, als daß Æsolf eine kleine Wunde am linken Arm hatte.«

Karlsefnis Blicke folgten Øyolf, der auf seinen Platz zurückhinkte, schweiften dann über die Versammlung und fielen zu guter Letzt auf sechs Bauern, die ein Urteil über Æsolfs Forderungen fällen sollten. Sie zogen sich zurück, um die Sache zu beraten, und als sie nach kurzer Zeit wiederkamen, stellte sich der Wortführer neben Karlsefni und verkündete: »Es kann sein, daß wir hier auf Grönland vieles anders machen, als es sonst üblich ist, aber wir haben auf alle Fälle genügend Verstand, um zwischen Recht und Unrecht zu unterscheiden. An Æsolfs Klage ist nichts dran.«

Karlsefni dankte ihm und ging zum nächsten Fall über. Als die Parteien sich in der letzten Klage geeinigt hatten und alle Bußgelder in Anwesenheit der Zeugen geregelt waren, wurde das Thing feierlich beendet. Die Männer nahmen Kurs auf die große Kochgrube, wo die Frauen mit der Zubereitung des Abendessens beschäftigt waren. Der Himmel war bedeckt, und es war kühl, so daß die Leute sich um das Feuer drängten, damit sie sich wärmen konnten.

Über dem Stimmengewirr hörte Gudrid die Stimme der wohlbekannten Nachbarin Alfgerd: »Finger weg, ihr Dummköpfe! Wir wollen keine Schmutzpfoten auf unseren Fleischstücken und unseren Säuglingen. Und laßt den Hausherrn von Sandnes durch, damit er sich die Hände wärmen kann!«

Gudrid sah Karlsefnis Helm aufleuchten, als er sich zu ihr durch die Menge drängte, gefolgt von Thorbrand und Snorri. Die Leute machten ihm gut gelaunt Platz. Er war gerade in Hörweite vorgedrungen, als sie eine andere Art von Bewegung in der Volksmenge bemerkte, die sich hinter ihm schloß – eine Querwelle, begleitet von einem Blitz aus Stahl.

Sie schrie eine Warnung, und Karlsefni wirbelte herum, gerade, als der wütende Æsolf mit dem Schwert auf ihn losging. Mit der linken Hand packte Karlsefni den Arm des alten Mannes, mit der rechten zog er sein eigenes Schwert, legte es mit der flachen Seite auf Æsolfs Brust und schob ihn weg. Das Ganze geschah so schnell, daß die Leute in ihrem Umkreis sich nicht einmal von der Stelle rühren konnten, und viele willige Hände griffen jetzt nach Æsolf und entrissen ihm das Schwert.

Ehe Karlsefni sein Schwert wieder in die Scheide steckte, ging er dicht an Æsolf heran und sagte laut und deutlich: »Æsolf, du glaubst vielleicht, daß du Grund hast, dich zu beklagen, aber gemäß deiner sechs Nachbarn und Gleichgestellten ist an deiner Klage nichts dran. Hast du die Absicht, gegen sie und mich zu kämpfen? Wenn nicht, schlage ich vor, daß du dir eine andere Beschäftigung suchst.«

Man war allgemein der Ansicht, daß Karlsefni das Thing auf kundige und souveräne Weise geleitet hatte und daß die geplante Landnahme in Vinland sich in guten Händen befand. Viele kleine Boote begleiteten den »Wellenbrecher« und das »Mondschiff«, als sie einige Wochen später den Fjord hinaussegelten, beladen mit Vorräten und Zuchttieren aller Art, außer mit Pferden, da Leif gesagt hatte, daß sie diese anfangs nicht brauchen würden.

∞

Der Wind, der ihnen auf offener See von Nordwesten entgegenwehte, roch nach Gletscher. Viele Wale tummelten sich zwischen Schiffen und Eisbergen, und als Gudrid eines Morgens durch das Schneegestöber spähte, um zu sehen, was das dröhnende Geräusch in ihrer Nähe bedeuten könnte, sah sie einen großen Eisberg mit zwei schnarchenden Walrossen vorbeitreiben.

Auf dem Weg achteraus zu Karlsefni sah sie drei Walrosse, die den Kopf aus dem Wasser streckten und sie anblinzelten. Ein Walroß hatte die großen Zähne in einen Eisberg gehauen, um sich die Mühe zu sparen, seinen mächtigen Körper über Wasser zu halten. Gudrid stand eine ganze Weile gebannt an der Reling und dachte an Arne Schmieds Geschichten von den Jahrmärkten im Norden. Was mußte das für ein Gefühl sein, in kleinen Booten draußen im Schneetreiben zu liegen und den Speer in lebendige Körper zu stoßen, die um vieles größer waren als ein Mann?

Einige von Karlsefnis Männern wollten das Beiboot aussetzen und Walrosse jagen. Sie murrten, als er sagte, er wolle so schnell wie möglich hinüber zur anderen Küste, aber sie gaben nach, weil Åsgrim der Magere sie daran erinnerte, daß sie künftig jedes Jahr monatelang so viele Walrosse jagen könnten, wie sie wollten, wenn sie sich erst in Leifs Häusern niedergelassen hätten.

Die dunklen Umrisse der Bäreninsel wurden bald an der Steuerbordseite sichtbar. Karlsefni, Snorri und Åsgrim standen ins Gespräch vertieft beim Ruder, und als Gudrid mit ein wenig getrocknetem Robbenfleisch zu ihnen kam, hörte sie Åsgrim sagen: »Wenn du die ersten Raben über unserem Kopf kreischen hörst, ist es an der Zeit, den Kurs zu ändern – die Männer an Bord des ›Mondschiffs‹ werden wohl so schlau sein, uns zu folgen. Sobald wir klares Wetter bekommen, können wir die andere Küste sehen.«

Die andere Küste ... Gudrid zitterte vor Spannung und ging nach vorne, um Thorkatla und Emma, die sich möglichst ruhig verhielten, um nicht von der Sprietstange erschlagen zu werden, die Neuigkeit mitzuteilen. Die beiden Frauen paßten gut zueinander, dachte sie. Thorkatla schwätzte den lieben langen Tag, und Emma machte kaum den Mund auf.

Aber als Gudrid sagte, daß sie bald Kurs auf Südwest nehmen würden, sah Emma auf und meinte: »Die Sonne ist gut. Der Schnee nicht.«

Als sich der Himmel aufklärte, war Gudrids erster Gedanke, daß Emma enttäuscht sein würde, denn das Land auf der anderen Seite schien ebenso gebirgig und kalt zu sein wie die Küste, die sie gerade hinter sich gelassen hatten. Aber zweifellos segelten sie jetzt schneller – sie konnte spüren, wie der große Schiffskörper sich förmlich erholte, als er keinen Gegenwind mehr hatte.

Karlsefni überließ Thorbrand Snorrison das Ruder, stach ein Loch in die Eisschicht auf der Wassertonne, um einen Schluck zu trinken, und ging dann zu Gudrid, während er sich mit dem Fäustling über den Bart strich. Er legte den Arm um ihre Schultern und sagte leise: »Das Glück ist auf unserer Seite, Gudrid. Genau wie ich es mir vorgestellt habe.«

Sie lehnte sich an ihn und dachte, daß sie ihm vielleicht bald erzählen könnte, daß sie auch in anderer Beziehung Glück hätten. Nacht für Nacht hatten sie und Karlsefni sich über dem magischen Vinlandstein auf Sandnes einander leidenschaftlich hingegeben, und während hinterher Karlsefnis Kopf an ihrer Brust ruhte, hatte sie das Freyja-Amulett durch die Finger gleiten lassen, ein stummes *Paternoster* gesprochen und sich bekreuzigt. Und sie hatte ein Stück Holz mit magischen Runen unter den Stein gelegt, der das Grab der zu früh geborenen kleinen Tochter bedeckte. Sie hätte längst eine neue Blutung bekommen sollen, aber noch hatte sie nicht die beschwerliche Empfindlichkeit in den Schenkeln gespürt, die immer eine Vorwarnung war, daß sie bluten würde. *Etwas* mußte geholfen haben – die Frühlingssonne in dem unbekannten Land würde auch Karlsefnis Kind wärmen, nicht nur die Blumen auf der Wiese.

༄

Ungefähr zwei Tage nachdem sie südlich der Bäreninsel der alten Küste den Rücken gekehrt hatten, waren sie der anderen Seite des Sundes so nahe gekommen, daß sie die Umrisse der Landschaft erkennen konnten.

Åsgrim sagte: »Wir sind etwas weiter südlich als damals mit Leif und Thorvald – ich erkenne dieses Land vom Meer aus wieder, aber ich weiß nicht, was es zu bieten hat.«

Karlsefni segelte so nah heran, wie er es wagen konnte, und überließ das Schiff Thorbrands Obhut, während er mit zahlreichen bewaffneten Männern in seinen eigenen und Bjarnis Beibooten an Land ruderte. Um sich die Wartezeit zu verkürzen, ging Gudrid hinunter zu den Tieren im Laderaum. Dort stand Karlsefnis Jungstier und döste, die Kälber käuten wieder, und die Schafe stießen mit ihren Schädeln gegen alles, was in Reichweite war. Die Ferkel quiekten aufgeregt, weil sie glaubten, Gudrid bringe ihnen etwas zu fressen, und sie zog sich schnell wieder zurück, begleitet von einem sauren Blick von Karlsefnis Sklaven Flachnase, der die Verantwortung für die Tiere hatte.

Als Karlsefni und die anderen zurückkamen, brachten sie ein paar Dutzend Fuchsfelle mit und erzählten von einem Land mit vielen mächtigen überhängenden Felsen, die aber nur als Höhlen für die Füchsinnen und ihre Welpen taugten.

Noch hatten sie eine günstige Strömung und guten Wind vom Norden, so daß beide Schiffe trotz der vielen Eisberge, die sie von allen Seiten umgaben, weiterhin gute Fahrt machten. Die Küste auf der Steuerbordseite war allmählich mit Wald bewachsen, und wieder gingen die Schiffer mit einigen Männern ihrer Mannschaft an Land. Diesmal kamen sie mit frischem Rentierfleisch zurück und erzählten, daß sie auch sonst viel Wild gesehen hätten.

Auf der Weiterreise an der Küste entlang in Richtung Süden bemerkten sie außerdem zahlreiche Eisbären, und Gudrid dachte, daß Leif und seine Leute wohl die Wahrheit gesagt hatten, als sie von dem Reichtum in dem neuen Land erzählten. Viele Vögel und Robben tummelten sich überall, und die Männer, die an Bord blieben, während die Schiffsgefährten an Land gingen, ließen die Angelschnüre hinunter und holten eine Menge Fisch nah am Land herauf.

Dann verloren sie die Küste eine Weile aus den Augen, aber Karlsefni und Åsgrim hielten, ohne Zeichen von Unsicherheit, weiter Kurs nach Süden, während sie auf die Peilscheibe oder auf das Stück Holz blickten, in das Leif die wichtigsten Seemerkmale geritzt hatte. Als wieder Land in Sicht war, glaubte Gudrid, noch nie etwas Einladenderes gesehen zu haben. Ein anscheinend endlos weißer, flacher Sandstrand ging von dem weithin seichten Wasser über in eine dunkle Wand aus Bäumen. Im Süden wurde der Strand von einer Halbinsel begrenzt, die sich wie ein umgekipptes Boot lang und glatt ins Wasser erstreckte.

Karlsefni betrachtete prüfend die Brandung, die über die Untiefen hinwegdonnerte, und entschloß sich, auf der Halbinsel an Land zu gehen. Gudrid fragte, ob sie mitkommen dürfe.

Snorri schaute entsetzt drein, aber Karlsefni sagte unerschütterlich: »Laß deine Schuhe an Bord, Gudrid – nimm nur Pfeil und Bogen mit.«

Von ihrem Landungsplatz bis zum Strand war es nicht weiter als daheim auf Stokkanes vom Hof bis zum Fluß. Fåvne lief mit gespitzten Ohren und gesträubtem Fell hin und her, und Gudrid band den Rock mit einem Tau hoch, nahm das Kopftuch ab und ließ den warmen Wind um die nackten Beine streichen und mit ihren Haaren spielen. Am liebsten hätte sie die salzigen Kleider ausgezogen und wäre in die glitzernde Brandung gesprungen.

Ein kleiner Fluß lief aus dem Wald in das kräftige Gras, das den Sandstrand säumte, und alle tranken, soviel sie konnten, von dem klaren, süßen Wasser. Der eigentliche Wald wirkte undurchdringlich, und der einzige Baum, den Gudrid kannte, war eine Art Birke. Karlsefni sagte, daß die meisten anderen Bäume Espen seien, aber die großen Nadelbäume hießen Tannen. Sie verströmten einen guten Festtagsduft, ungefähr so wie auf den Boden gestreuter Wacholder.

Während die Männer weiter am Waldrand entlanggingen, konnte Gudrid es sich nicht verkneifen, auf dem breiten, feinkörnigen Strand immer weiter zu wandern, bis sie das Wasser zwischen den Zehen schwappen fühlte. Sie warf für Fåvne einen Ast ins Wasser, und er wollte ihm gerade nachsetzen, als er jäh innehielt und die Ohren spitzte. Der Schwanz hing schlapp herunter, und der Blick erstarrte vor Aufmerksamkeit.

Gudrid wurde es kalt vor Angst. Sie hatte Steins Worte im Ohr: »Wie kannst du wissen, ob die Skrælinge Leif und seine Leute nicht beobachtet haben, ohne daß sie sich zu erkennen gaben?« Vielleicht war der Wald voller Skrælinge, vielleicht war dieser schöne Strand nur eine magische List, um die ungebetenen Gäste ins Unglück zu locken ...

Fåvne entfernte sich weiter vom Ufer weg und begann, geschäftig mit der Schnauze am Boden am Strand entlangzulaufen. Gudrid beeilte sich, ihm nachzukommen, die Augen auf die etwas entfernten Schiffsgefährten gerichtet. Plötzlich sah sie Fußspuren. Unendlich viele ... Sie rief laut und voller Angst, und Karlsefni und Åsgrim eilten herbei.

»Schwarzbären!« sagte Åsgrim triumphierend. »Im Wald wimmelt es von ihnen. Die Bären kommen hierher, um Fische zu fangen. Hier sind auch alte Spuren von Rentieren. Und wann hast du je so fette Schneehühner gesehen wie da vorne? Es ist, wie ich gesagt habe – in diesem Land braucht man nicht zu hungern. Aber warte nur, bis du das Land siehst, das noch weiter südlich liegt!«

»Und dahin fahren wir jetzt«, sagte Karlsefni bestimmt. »Es scheint hier einen großen Unterschied zwischen Ebbe und Flut zu geben, und ich möchte keine Schwierigkeiten haben. Aber dieser Strand ist es sicher wert, daß wir ihn ein andermal bei einer richtigen Entdeckungsfahrt näher in Augenschein nehmen. Von jetzt ab soll dieser Ort Furdustrand heißen, und der Halbinsel, an der wir anlegten, gebe ich nach ihrem Umriß den Namen Kielspitze.«

Als Gudrid sich umdrehte, um einen letzten Blick auf das Land zu werfen, bevor sie wieder an Bord ging, blieb Fåvne ein Stück weiter weg reglos stehen und knurrte leise. Sechs, sieben

Ellen entfernt saß ein Geschöpf, das so seltsam aussah, daß Gudrid Karlsefni stumm am Ärmel zog, um seine Aufmerksamkeit zu wecken. Das Tier hatte die Größe eines kleinen Hundes, wirkte aber wegen der schwarzen und grauen Stacheln, die an Stelle eines Fells in die Höhe ragten, wesentlich größer. Gudrid warf einen kurzen Blick auf die Vorderpfoten, die beinahe menschlich wirkten – genau wie der Kopf mit der runden Schnauze und den dunklen Augen. Gudrid bekreuzigte sich, und Karlsefni atmete tief und lang aus, ehe er scharf nach Fåvne pfiff. Die Gestalt verschwand so schnell, als hätte sie nie existiert, und der Hund trottete mit steifen, müden Beinen zu Karlsefni und Gudrid.

»So – wie ist es denn da drinnen?« fragte Thorkatla neugierig, als Gudrid sich in den Schutz des Bugs setzte, um sich Strümpfe und Schuhe anzuziehen und ihre zerzausten Haare in Ordnung zu bringen.

»Schön«, sagte Gudrid abwesend. Karlsefnis Mannschaft hatte bereits das Segel gehißt, und der Schiffsrumpf, der unter ihr schaukelte, ließ die Erlebnisse an Land wie einen Traum erscheinen.

Trotz kalter Regenschauer und Nebel verloren sie die Küste nicht mehr aus den Augen, obwohl Karlsefni wegen der vielen Schären und Unterwasserriffe nicht zu nah an Land segeln wollte.

Spät nachmittags rief der Mann im Ausguck: »Große Insel in Sicht über Backbordbug!«

»Da hast du's, Karlsefni!« brüllte Åsgrim der Magere. »Halt den Kurs geradeaus, bis du siehst, daß der Sund sich öffnet – dann fährst du weiter mitten in der Fahrrinne. Es herrscht dort eine starke Strömung. Dann kommen steuerbords ein paar kleinere Inseln vor einer Landzunge, und ein Stück weiter südlich an der Westküste der Landzunge liegt die Bucht mit Leifs Häusern. Segele langsam, dann verfehlst du die Stelle nicht.«

Das Segel wurde gerefft, und gespannte Erwartung senkte sich auf die Menschen an Bord. Gudrid kuschelte sich in ihren warmen Umhang und achtete darauf, daß sie Karlsefni nicht die Sicht versperrte. Sie wollte Vinland im selben Augenblick wie er entdecken.

Scharen von Seevögeln flogen auf, als sie an der großen Insel vorbeisegelten, und Papageientaucher und Baßtölpel schwammen im Wasser um sie herum.

Åsgrim sagte: »Auf dieser Insel und auf der nächsten sind so viele Riesenalke, daß man nur dorthin zu fahren und den Sack zu füllen braucht. Und Eiderenten – so viele hast du noch nie gesehen!«

Aber wo war das Weideland? fragte sich Gudrid. Was sie bisher gesehen hatte, eignete sich nicht besser für die Haustiere als die unfruchtbare Strecke zwischen der Ostsiedlung und der Westsiedlung in Grönland. Trotzdem hatte Leif versprochen, daß die Tiere in Vinland gedeihen würden ...

Sie segelten weiter an der Westküste der Landzunge entlang, während das Land selbst wie ein dunkles, ungleichmäßiges Band auf der anderen Seite des Sundes lag. Als sie in die offene, seichte Bucht kamen, in die Åsgrim sie gelotst hatte, wurde die Landschaft plötzlich so grün, als hätte ihr jemand den Umhang weggerissen. Dunkelgrün hob sich das Land von dem dunkleren Wald im Hintergrund ab. Ungemähte, seidig glänzende Wiesen und dicht gewachsene Strandgerste warteten auf die Sichel, und am Waldrand stachen den Ankömmlingen zwei Häusergruppen ins Auge.

Es war Niedrigwasser, und der »Wellenbrecher« lief weich in der Bucht auf Grund, während sie noch ein gutes Stück vom Land entfernt waren. Karlsefni befahl, die Anker zu werfen und die Segel zu fieren, dann kletterte er auf den Achtersteven und sagte: »Männer, wir haben die Wahl, entweder an Bord zu warten, bis die Flut kommt, oder jetzt mit den Beibooten an Land zu waten und später zum ›Wellenbrecher‹ zurückzurudern.«

»Laß uns jetzt gehen! Es hat keinen Sinn zu warten!«

Das Fallreep wurde über die Reling geworfen, und bald liefen die ersten Männer auf den Strand zu, jauchzten wie die Kinder und spritzten mit Wasser. Thorbrand Snorrison trug Fåvne, und andere hoben das Beiboot auf die Schultern und wateten damit an Land. Thorkatla und Emma zogen es vor, mit der Mannschaft bis auf weiteres an Bord zu bleiben, während Gudrid lieber an Land wollte, bevor sechzig Männer, die alle etwas zu essen haben wollten, in der Gegend herumliefen. Sie sah, daß Bjarnis und Thorhalls Schiff bereits auf dem Weg in die Bucht war.

Als sie zum Strand watete, schnellten kleine Flundern vor ihren Füßen davon, Miesmuscheln blubberten auf dem Grund, und wütende Seeschwalben und Möwen zerrissen mit ihren Schreien die stille Abendluft. Der schwache Landwind duftete nach Tannen.

Die Seherin Thorbjørg hat mir mein Schicksal richtig vorausgesagt, dachte Gudrid.

Dort, wo das Land anfing, plätscherte ein Bach in die Bucht, und ein gut ausgetretener Pfad führte hinauf zu den großen Torfhäusern – es sah so aus, als würden die Hofleute jederzeit zurückerwartet. Vergessen waren die Wochen auf See. Hier sah es sicher und heimatlich aus.

Gudrid spülte die Füße in dem Bach und sagte fröhlich zu Karlsefni, der sich zu ihr gesellte: »Ich gehe hinauf und mache Feuer.«

FREYJAS GESCHENK

Thorvald und seine Männer hatten zwar neben Leifs Häusern in der Nähe des Baches noch ein weiteres Haus gebaut, aber Karlsefni meinte, daß es bei schlechtem Wetter doch etwas eng werden könnte. Er begann mit seinen Leuten, den Boden für ein großes Haus zu roden und im Moor neben den Sandterrassen, die sich um die Bucht zogen, Torfstreifen zu schneiden.

»Willst du die Wände nicht mit Steinen verstärken?« fragte Gudrid eines Tages, als sie Karlsefni und Eindride Schwanenhals etwas zu essen in die Schmiede auf der anderen Seite des Baches brachte.

Ohne von den Eisenbändern, an denen er gerade hämmerte, aufzublicken, antwortete Karlsefni:

»Mit Wackersteinen ist es hier schlecht bestellt, Gudrid, aber das macht nichts. Zu Hause in Skagafjord gibt es auch nicht viele Steine zum Bauen, aber es klappt genauso gut, wenn man nur Torf und Holz für die Wände verwendet. Hier können wir Torf als Oberschicht für Wände und Dach benutzen, und es gibt genügend große Stöcke, so daß wir nicht mit dem Holz knausern müssen.«

Die Haufen mit dem gesammelten Treibholz unten in der Bucht waren so riesig, daß die Männer achtgeben mußten, wenn sie Stöcke herauszogen. Das Haus würde prächtig werden mit festen, starken Dachpfosten und holzverkleideten Wänden – vielleicht könnten sie sogar die langen Wandbänke mit Holz verkleiden ... Gudrid hatte ihre Wandteppiche mitgenommen, und vor ihrem inneren Augen sah sie bereits das neue Haus, das festlich geschmückt zum Weihnachtsgelage war.

Es war wirklich ein herrliches Land. Das Wetter war so mild, daß die Leute Umhang und Schal im Haus ließen, außer wenn kalte Regenschauer vom Meer hereinzogen oder dichter Nebel sich über sie senkte. Im Bach und in der Bucht gab es Forellen und Lachs. Karlsefni berichtete, daß das Wasser weiter draußen vor Kabeljau und anderen Fischen nahezu kochte, außerdem gab es genügend Robben und Wale. Ein Finnwal verirrte sich eines Tages in das seichte Wasser der Bucht und wurde sofort erstochen. Als einige Männer loszogen, um Riesenalke auf den Inseln zu fangen, brachten sie den Beweis dafür, daß Åsgrim nicht übertrieben hatte. In allen Richtungen wuchsen bekannte und unbekannte Beeren im Überfluß, im Meer gab es Rotalgen, an Land stand der Strandroggen mit vollen Ähren, und man brauchte sich mit Engelwurz und Sauerampfer nur zu bedienen. Die ersten, die von der Jagd im Landesinneren zurückkehrten, konnten berichten, daß es viele Arten von großem und kleinem Wild gab, und sie zeigten stolz gewaltige Rentiergeweihe und weiche Marderfelle vor.

Gudrid fühlte sich wie eine Pflanze in einer geschützten und sonnigen Mulde. Mit sechzig Männern, die etwas zu essen haben wollten, und nur vier Frauen, die ihr helfen konnten, hatte sie zwar alle Hände voll zu tun, aber es war ihr eine Freude, tagein, tagaus mit frischen Lebensmitteln rechnen zu können und außerdem über reichlich Brennmaterial zu verfügen.

Die Haustiere, die sie von Grönland mitgebracht hatten, bekamen soviel Gras und Fischabfälle, wie sie nur fressen konnten, und waren wohlgenährt und brünstig. Wenn die Männer Zeit hatten, fällten sie Bäume und räumten Büsche und Reisig weg, um noch mehr Weideland zu schaffen. Auf dem Hügel in Richtung Osten, auf dem Karlsefni sein Haus baute, errichteten die Sklaven eine Umzäunung aus aufgeschichtetem Torf, in die die Tiere nachts hineingetrieben werden konnten. Am Tage aber weideten sie frei im Gelände, von Fåvne, Thorhalls isländischem Schäferhund und ein paar Sklaven gehütet. Nur Karlsefnis Jungstier wurde am Waldrand hinter den Häusern angebunden.

Gudrid fand es schlimm, daß die Leute für den Winter keinen Fisch trockneten oder Heu machten, doch als sie ihre Bedenken Karlsefni gegenüber erwähnte, entgegnete er: »Leif hat gesagt, daß selbst die Kühe hier im Winter draußen weiden könnten, und alle, die hier schon überwintert haben, beteuern, daß es gar keinen richtigen Winter gibt. Wenn die Leute das ganze Jahr über mit Fischfang und Jagd rechnen dürfen, kannst du nicht erwarten, daß sie an Wintervorräte denken, Gudrid – sie haben trotzdem noch genug zu tun!«

∞

Wie vor ihnen Leif und Thorvald blieben Karlsefni und die beiden anderen Schiffer abwechselnd mit ihren Männern zu Hause, während die anderen im Boot oder zu Fuß unterwegs waren. Sie hatten in der Nähe der Bucht zwar keinen Hinweis auf Skrælinge gefunden, aber trotzdem befahl Karlsefni den Leuten, sich nur in Begleitung von den Häusern zu entfernen. Entlang des niedrigen, hügeligen Plateaus westlich der Häuser, wo Leif zwei Steinpyramiden hatte errichten lassen, gab es keinen Wald mehr. Der Waldrand markierte normalerweise die Grenze des sicheren Geländes, deswegen rechnete Karlsefni aus, wie weit ein Mann in dieser Richtung gehen durfte, ohne daß die Leute bei den Häusern ihn aus den Augen verloren.

»Thorfinn«, flüsterte Gudrid eines Abends leise, als sie sich auf die Wandbank für die Nacht gelegt hatten, »Thorbrand sagt, irgendwo oben am Bach liege ein hübscher, kleiner See. Ich möchte gern mal da hinaufgehen, wenn du mich begleiten würdest.«

Karlsefni gähnte, drehte sich auf die Seite und murmelte: »Keine Ahnung, wann das sein könnte, Gudrid – ich will, daß unser Haus bald fertig wird, damit wir ein ordentliches Bett bekommen. Du weißt ja, es hat so lange gedauert, das Badehaus zu bauen. Du mußt noch ein bißchen warten.«

»Ich würde gern hinaufgehen, bevor ich zu schwerfällig werde.« Gudrids Stimme war bestimmt, aber es lag ein Lachen dahinter.

Karlsefni drehte sich wieder zu ihr um und flüsterte, seine Lippen gegen ihre gepreßt: »Wir gehen morgen früh dort hinauf.«

Am nächsten Morgen hatte es Gudrid eilig, den vier anderen Frauen zu erzählen, daß sie gleich mit ihrem Mann einen Ausflug machen wolle, weil sie schwanger sei und ihr später der

Weg zu schwer sein würde. Obwohl keine von ihnen Neugierde gezeigt hatte für das, was sich jenseits der Häuser befand, konnte sie sich keine Sonderrechte herausnehmen, nur weil sie die Frau des Häuptlings war.

Arneid und Gunnhild aus Havgrimsfjord hatten beide Kinder, die bei Verwandten in Grönland geblieben waren, und während sie das Frühstück richteten, beschrieben sie eingehend ihre Geburten. Thorkatla dagegen wurde sprachlos vor Freude, und selbst die mürrische, schweigsame Emma sah zufrieden aus, als sie begriff, daß Gudrid schwanger war.

Das tat auch Karlsefni, als er sich zu Tisch setzte, und Snorri und Thorbrand gaben sich alle Mühe, überhaupt keinen Gesichtsausdruck zu zeigen, so daß Gudrid klar wurde, daß Karlsefni den anderen von dem Kind erzählt hatte. Sie umfaßte das Freyja-Amulett und schickte einen flüchtigen Gedanken zu dem Säuglingsskelett, das sie und Karlsefni auf Stokkanes gefunden hatten. Sie würde nicht gezwungen sein, ihr Kind auszusetzen, wie viele andere Frauen – dieses Kind war geliebt und erwünscht, und zwar von seiner Empfängnis an!

∽

Mit sicheren, leichten Schritten ging sie neben Karlsefni am Bach entlang. Beide trugen Bogen und Pfeilköcher, und Karlsefni hatte außerdem sein schweres norwegisches Jagdmesser und sein Schwert dabei. Noch wußte keiner, wie nah sich die Schwarzbären an die Häuser heranwagten – und da die Männer mit bloßen Händen Lachse im Bach fangen konnten, glaubte der Bär vielleicht auch, daß dort ein schöner Platz zum Fischefangen sei.

In einer Lichtung neben dem Bach wuchsen so viele reife Stachelbeeren, daß Karlsefni und Gudrid stehenblieben, um sich zu erfrischen. Gudrid preßte ein paar Beeren gegen den Gaumen und ließ die süßsaure Masse auf der Zunge zergehen, kaute dann die knirschende Schale und fragte: »Bist du sicher, daß dies keine Weintrauben sind, Thorfinn? Solche, aus denen man den grünen Wein macht, von dem ich dir erzählt habe und den Thjodhild anbot, als Leif aus Vinland nach Hause kam?«

»Da bin ich ganz sicher, Gudrid, genauso sicher bin ich auch, daß die großen, saftigen, roten Beeren unten bei den Häusern keine roten Weinbeeren sind. Ich *weiß* das – ich habe Weintrauben im Ausland gegessen! Und Åsgrim und seine drei Freunde wissen es auch, denn sie kosteten Weinbeeren, als sie mit Leif oder Thorvald weiter nach Süden fuhren. Ich wünschte nur, sie würden endlich aufhören, immerzu davon zu reden – als ob es keinen anderen Grund gebe, hierher zu fahren, als Weintrauben zu pflücken –, einige Männer juckt es bereits danach, weiterzufahren, noch ehe wir unsere Stellung hier gesichert haben.«

»Du – du wirst also die Gegend weiter südlich erforschen?«

»Selbstverständlich – im Frühjahr. Es spielt keine Rolle, daß die Weintrauben dann noch nicht reif sind – was ich finden will, sind wertvolle Bauplätze und gutes Holz, Speck, Felle und Walroßzähne – Dinge, mit denen man in der ganzen Welt handeln kann. Allein die Felle in diesem Lande könnten uns alle zu reichen Leuten machen! Aber ich bin lange genug Kaufmann gewesen, um zu wissen, daß auch seltene Felle einem nichts nützen, wenn die Entfernung zu den Handelsstädten zu groß ist. Und selbst wenn Rosinen und Wein sich lange halten, erfordern sie Kenntnisse, die wir nicht besitzen. Soviel ich weiß, kann man eine Schiffsladung verfaulte Beeren nicht tauschen, und man wäre es bald leid, sie selbst zu essen!«

Gudrid lachte und legte sich auf den Boden, die geschlossenen Augen zur warmen Sonne gewandt. Die Ohren hielt sie für den Vogelgesang ringsum geöffnet, während sich die anderen Sinne nach innen richteten, zu dem Menschensamen unter ihrem Rock. Sie versuchte, sich vorzustellen, wie er jetzt aussehen könnte. Wie ein Vogelküken in einem Ei? Wie ein glatter, kleiner Klumpen …? Wußte dieses kleine Leben, daß es eine Mutter und einen Vater hatte – hatte es das heiße, auslösende Zittern bei seiner Zeugung wahrgenommen?

Schließlich murmelte sie schläfrig: »Du meinst also, daß wir doch einen richtigen Winter bekommen, Thorfinn, da du mit der Fahrt nach Süden bis zum Frühjahr warten willst.«

»Du mußt deinen Kopf tiefer in die Kochtöpfe gesteckt haben, als ich geglaubt habe, Gudrid, falls du nicht die Eisberge gesehen hast, die jeden Tag an der Bucht vorbeitreiben. Leif erzählte, daß der Sund hier draußen bis weit ins Frühjahr hinein vom Eis völlig überzogen sein kann. Er sagte, daß die Lage der Insel zwar günstig sei, es aber auf dem Festland genügend Eis und Schnee gebe.«

»Es *ist* ein wunderbarer Platz.« Gudrid drehte sich auf die Seite und öffnete die Augen gerade rechtzeitig genug, um eine große, schwanzlose Katze zwischen den Bäumen verschwinden zu sehen. Karlsefni wandte den Blick von dem Bach, als er ihren Ausruf hörte.

»Thorfinn, hier müssen in der Nähe noch andere Höfe liegen! Ich habe eben eine große Hauskatze gesehen, die den Schwanz verloren hat ...«

»Hatte sie ein dunkles geflecktes Fell und Haarbüschel auf den Ohren?«

»J-ja – hast du sie schon mal gesehen?«

»Diese Katze ist ein Luchs, mein Mädchen – und hat ein Winterfell, das auf allen Märkten teuer verkauft werden könnte. Sie ist scheu und schwer zu Gesicht zu bekommen – schön zu wissen, daß wir nicht weit gehen müssen, um sie zu finden!«

Gudrid fühlte sich so stolz, als hätte sie einen Silberschatz entdeckt.

Karlsefni richtete die Augen wieder auf den Bach und fuhr mit leiser Stimme fort: »Ich habe drei Nerze gesehen, während wir hier saßen, und wenn du ganz leise herkommst, werde ich dir ein paar Otter am Bach weiter unten zeigen. Später werde ich einige Leute mit einem Netz hierherschicken.«

Gudrid kroch an seine Seite und folgte seinem Zeigefinger mit den Augen. Weiter unten im Bachbett tummelten sich drei glänzende, langgestreckte Geschöpfe am Ufer. Ihr wurde plötzlich klar, daß das, was sie für Vogelgesang gehalten hatte, zum Teil das Zwitschern und Pfeifen der drei kleinen verspielten Geschöpfe da unten war, und sie dachte, daß in diesem neuen Land, wo einige Tiere Stacheln statt Fell hatten und wo behaarte Tiere wie Vögel klangen und manchmal sogar wie Vögel flogen, sie wohl eines Tages einen Vogel entdecken würde, der wie ein Hund knurrte. Unten bei den Häusern hatte sie Schmetterlinge so groß und prächtig wie Blumen gesehen, und jetzt, als Karlsefni und sie sich erhoben, schreckten sie eine ganze Wolke von kleinen, blauen, glänzenden Schmetterlingen auf. Sobald ihr Kind laufen konnte, müßte sie es mit hierher nehmen!

Als sie den kleinen See erreichten, trafen sie zwei von Bjarnis und Thorhalls Männern, die seit Sonnenaufgang dort geangelt hatten. Nun zogen sie den Fang auf Weidenzweige auf, während sie Karlsefnis Fragen beantworteten. Nein, sie hatten keine Menschenstimmen gehört und keine Bären gesehen, aber man konnte ja nie wissen. Man mußte auf alles vorbereitet sein.

Sie gingen alle vier zusammen hinunter zu den Häusern. Gudrid hätte sich gern den schönen See mit allen Pflanzen darin und drum herum genauer angesehen, aber die Männer hatten keine Lust, noch länger zu bleiben. Im nächsten Sommer, wenn sie ihr Kind auf dem Rücken tragen konnte, würde sie allein hinaufgehen und Pflanzen sammeln, um ihren Geschmack, ihre Heilkraft und ihre Farben zu untersuchen. Inzwischen würde Karlsefni wohl wissen, ob sie sich weiterhin vor Menschen und Tieren in acht nehmen mußten! Sie konnte sich nicht vorstellen, den Rest des Lebens so unfrei zu verbringen wie ein zweijähriges Kind mit einer wachsamen Kindermagd.

※

Als Gudrid kurze Zeit später an einem nebligen Tag gerade dabei war, in Erwartung des Winters und der kurzen Tage ihren Webstuhl aufzustellen, erschien Karlsefni in der Tür. Er säuberte sich die Schuhe auf den Steinen vor der Eingangstür und sagte: »Dieser Bauplatz ist so schlammig, daß ich mich frage, warum Leif sich nicht lieber ein Boot gebaut hat! Aber vergeude die Zeit nicht damit, hier den Webstuhl aufzustellen – mach das lieber unten in unserem Haus.«

»Das hört sich gut an, Thorfinn! Wie weit seid ihr gekommen?«

»Komm mit runter, dann kannst du sehen, ob die Kochgrube und die Plätze für deine Vorräte so sind, wie du sie haben willst.«

Von der Kochgrube in der Ecke konnte man Thorkatlas spitze Stimme vernehmen: »Es wird jedenfalls das einzige Haus in der ganzen Gegend sein, wo Frauen ein Wort mitzureden haben. Man kann leicht sehen, daß die früheren Bewohner es dem Zufall überließen, wie und wo sie aßen.«

Karlsefni blickte erstaunt auf und richtete die Augen gen Himmel. Gudrid lachte und griff schnell nach ihrem Umhang, bevor sie mit ihm hinaus in den Nebel ging. Er war so dicht, daß Rock und Haar vor Nässe perlten, ehe sie sich richtig eingehüllt hatte.

Unten beim Bau mühten sich vier Männer damit ab, große flache Steine auf das Torfdach zu legen, wo es dem Wind am meisten ausgesetzt war, und von drinnen hörte man Hämmern. Eindride Schwanenhals und Snorri Thorbrandsson waren damit beschäftigt, die langen Erdbänke im Wohnraum mit Holz zu verkleiden, und sahen kaum auf, als Karlsefni und Gudrid hereinkamen. Die Gerüche und Geräusche im Neubau erinnerten Gudrid an die Zeit, als ihr Vater Stokkanes baute.

Froh stellte sie fest, daß Karlsefni offenbar all ihre Wünsche berücksichtigt hatte, denn das Langfeuer in der Stube hatte eine Kochgrube an jedem Ende, und eine andere Feuerstelle trug einen flachen Stein, um das Essen warm zu halten. Die kleine Kammer daneben war ebenfalls mit einer Feuerstelle nebst Kochgrube versehen, während ein großer Raum hinter der kurzen Wand nur eine einzige Feuerstelle hatte. Dieser Raum war ausschließlich zum Schlafen gedacht – hier sollte kein Essen zubereitet werden.

Sie sagte: »Es ist wohnlich hier, Thorfinn. Jetzt fehlen nur noch ein paar Wandbretter für meine Kochtöpfe und eine große Steinplatte hinter der Feuerstelle. Und dann müssen wir noch eine Wassertonne hier in der Stube in den Boden einlassen, und Rotalgen sollten auch im Raum stehen, denn Thorkatla meint, daß sie dann besser werden ...«

»Es kommt noch soweit, daß ich ein ähnliches Haus wie Olaf Pfau bauen muß«, sagte Karlsefni gespielt sauer.

Gudrid lachte. »Wenn wir etwas Fleisch zum Trocknen aufhängen können, wird es hier drinnen noch besser riechen. Und übrigens, wo soll ich denn meinen Webstuhl aufstellen, was hast du gedacht?«

Karlsefnis müdes Gesicht erhellte sich zu einem seltenen Lächeln. »Ach ja, das ist eine Überraschung!«

Er zog sie mit sich aus dem Haus und sie sah, daß die ganze Westwand außen mit Holz verkleidet war. Es machte das große Haus noch prächtiger. An die Südwand war ein kleiner Raum mit eigenem Eingang angebaut. Er hatte in der einen Ecke eine große Feuerstelle mit Kochgrube, der andere Teil der Kammer war ein Alkoven mit holzverkleideten Wänden, der abgeschirmt war gegen den Zugwind vom Eingang her. Der ganze Raum lag so, daß er möglichst viel Sonne bekam, und ein Teil des Langhauses schützte ihn, wenn der Wind vom Meer wehte. Trotz des kalten, feuchten Wetters sah der Raum behaglich und einladend aus.

»Eine Frauenstube ist genau das, was ich mir gewünscht habe!« rief Gudrid erfreut. »Vielleicht brauchen wir uns überhaupt nicht mehr nach einem anderen Wohnort umzusehen!«

Karlsefni sah zufrieden aus. »Dies wird bis auf weiteres genügen. Es gehört sich, daß ich Leif mehr hinterlasse, als ich von ihm bekommen habe. Aber du hast jedenfalls einen Raum, wo du deinen Webstuhl aufstellen kannst.«

∞

Das große Haus war fertig, als die Schiffe an Land gezogen waren und die Winternächte vor der Tür standen, und Karlsefni gab ein Gelage mit all den guten Sachen, die sie finden konnten. Die Robben, die sich jetzt weiter draußen in der Wasserstraße zeigten, wogen den beginnenden Mangel an Kabeljau auf, und Gudrid fand, daß das saftige Robbenfleisch doppelt so gut schmeckte, wenn das Wetter kälter war. Sie hatten von Grönland reichlich Butter für großzügige Butteraugen in dem Brei mitgebracht, den sie aus Moos und Strandroggen kochten, und für das Fest war gegorener Holunderbeersaft gemacht worden. Ob es nun an dem Getränk lag oder an der Tatsache, daß sich fünfundsechzig Menschen in Karlsefnis Stube zusammendrängten – jedenfalls konnte man, als der Abend vorrückte, im Licht der Öllampe viele glänzende rote Gesichter sehen.

Eindride Schwanenhals spielte Flöte, und selbst bei den schweigsamsten unter den Seeleuten löste sich die Zunge, und sie erzählten von Männern, denen das Glück den Rücken gekehrt hatte. Snorri Thorbrandsson rief Thorhall Gamlason quer durch die Stube zu: »Während wir über Glück und Unglück reden, Thorhall – was kannst du Neues vom Schwager deines Sohnes erzählen?«

»Zuletzt hörte ich, daß Gretti der Starke in Norwegen war. Mein Sohn mag ihn und sagt, er würde ihn jederzeit als Gast aufnehmen, aber ich finde, es riecht nach Ärger und Schwierigkeiten, wenn er da ist, und das meint selbst sein eigener Vater. In der Familie stehen sich alle Geschwister so nah wie Welpen aus dem gleichen Wurf, so daß der, der sich verteidigt, allen anderen schaden kann ...«

Snorri wandte sich lächelnd an Karlsefni: »Unruhestifter fühlen sich anscheinend wohl in Skagafjord – vielleicht findet sich Gretti bald bei unserer Verwandtschaft dort ein!«

»Halldor auf Hov bringt so etwas normalerweise in Ordnung, ob es sich nun um Verwandtschaft handelt oder um andere«, antwortete Karlsefni unerschütterlich.

Bjarni Grimolfsson sagte: »Die arme Verwandte von Gretti – die Revna, die Olaf Pfaus Sohn Kjartan heiratete –, sie hatte wahrhaftig auch kein Glück in der kurzen Zeit, in der sie lebte. Kam es eigentlich jemals heraus, was Gudrun Osvivsdatter mit ihrem golddurchwirkten Kopftuch gemacht hat?«

Arneid aus Havgrimsfjord richtete sich plötzlich hinten auf der Frauenbank auf. »Golddurchwirktes Kopftuch?«

»Dein Geir soll uns diese Geschichte erzählen, Arneid«, sagte Bjarni und lachte. »Er war ja dort, als es geschah.«

Mit wichtiger Miene fing Geir an: »Das Kopftuch verschwand bei einem Winternachtsgelage, genau wie jetzt ...«

Arneid fragte ungeduldig: »*Was* für ein Kopftuch, Mann?«

Geir erwiderte beleidigt: »Das Kopftuch, das Olaf Tryggvassons Schwester Ingebjørg Kjartan gab, als der König ihn heim nach Island reisen ließ, nachdem das Volk dort endlich den neuen Glauben angenommen hatte und er keine Geiseln mehr brauchte. Das Kopftuch war weiß, und die Leute sagen, daß acht englische Unzen Gold hineingewirkt waren. Ingebjørg dachte, Kjartan würde es Gudrun Osvivsdatter geben, denn alle wußten, daß die beiden sich liebten. Als Kjartan aber nach Island zurückkehrte, mußte er feststellen, daß Gudrun seinen besten Freund Bolli geheiratet hatte, der vor Kjartan aus König Olafs Gefolgschaft nach Hause gekommen war.«

»Da siehst du's – Frauen sind unberechenbar!« grinste Arneids Freundin Gunnhild. Ihr Gesicht war rot und glänzend wie das eines Seemanns.

»Die Leute sagen, daß Bolli die Heirat vorschlug und daß Gudruns Vater es sehr eilig damit hatte«, meinte Geir nachsichtig. »Jetzt laß mich in Ruhe weitererzählen, Gunnhild – es könnte sein, daß du etwas dabei lernst! Um seinen Kummer zu vergessen, warb Kjartan statt dessen um Revna, und sie wollte Kjartan gern heiraten. Sein Brautgeschenk war das wunderbare Kopftuch. Ich diente derzeit bei Bolli, daher sah ich Kjartan, Revna und die anderen Hjardarholtleute, die zum Winternachtsgelage nach Laugar kamen. Die Eheleute schienen sich gut zu verstehen, obwohl Kjartan mit Revna schimpfte, weil sie das kostbare Kopftuch mitgenommen hatte, um vor Gudrun und deren Hausstand damit anzugeben. Aber Revna sagte, daß seine Mutter sie überredet habe, es mitzunehmen.«

»Wie sah sie denn in dem Kopftuch aus, die Revna?«, fragte Arneid neidisch.

»Das hat nichts mit der Geschichte zu tun«, sagte Geir fast entmutigt. »Das Ende der ganzen Geschichte war, daß das Kopftuch verschwand und keiner es finden konnte. Zuvor hatte Kjartan Schwert und Scheide eingebüßt, die König Olaf ihm geschenkt hatte, deshalb knöpfte er sich Bolli vor und teilte ihm mit, daß er seine Frau Gudrun Osvivsdatter im Verdacht habe, hinter diesen Diebstählen zu stehen. Das eine Wort zog das andere nach sich, und ein solcher Unfriede, wie er nun zwischen den zwei Familien entstand, konnte nur *ein* Ende nehmen. Bolli tötete Kjartan gleich nach Ostern. Und Revna starb aus Kummer. Andere mußten sich ihrer beiden kleinen Söhne annehmen.«

»Und das Kopftuch«, sagte Arneid störrisch, »haben sie es gefunden?«

»Nein, nie. Die Leute sagen, daß nur Gudrun Osvivsdatter weiß, wo es ist.«

»Was veranlaßte sie, so etwas zu tun?« wunderte sich Gunnhild. Ihre runden blauen Augen schwammen in dem aufgedunsenen roten Gesicht.

»Sie liebte Kjartan!« knurrte Thorkatla, ehe Geir antworten konnte. »So redeten die Leute landauf, landab auf Snæfellsnes, ehe ich abreiste, und so reden sie wohl noch immer.«

Nur drei Jahre nach den Begebenheiten, von denen Geir gerade erzählte, hatte sie selbst Gudrun Osvivsdatter auf dem Althing gesehen, dachte Gudrid. Sie sah die tiefblauen Augen in Gudruns schönem, makellosem Gesicht vor sich. Solche Augen konnten sicher ebensoviel Unglück in sich bergen wie das Ertränkungsloch.

༄

Gudrid dachte über Geirs Geschichte nach, während sie die Wandteppiche nach dem Festmahl wegräumte. Gudrun Osvivsdatter versteckte den gestohlenen Schatz vermutlich tief in ihren Truhen ... Ob sie ihn ab und zu hervorholte, damit er sie an ein unersättliches Verlangen erinnerte, das Gudrids und Karlsefnis Begierde glich?

Gudrid legte die Rentierhäute, die Val ihr gegeben hatte, auf die Wandteppiche, warf den Deckel der Truhe zu und sagte zu Karlsefni, der mit seiner Rechentafel auf dem Ehrensitz saß: »Die Geschichte, die gestern abend über Kjartan und Gudrun erzählt wurde, und die schönen Häute, die Val mir gab, haben mich veranlaßt, darüber nachzudenken, ob wir genug tun, um den neuen Glauben zu unterstützen. Normalerweise habe ich soviel zu tun, daß ich keinen Gedanken daran verschwende, aber jetzt ... Was meinst du?«

Karlsefni schob die unteren Kugeln auf den richtigen Platz, ehe er aufsah und erwiderte: »Ich verstehe den Zusammenhang nicht, Gudrid.«

Vor ihrem inneren Auge sah Gudrid Val und seine kleine Familie, die sie nie wiedersehen würde. Als sie noch auf Sandnes wohnte, war Val auf dem Eis eingebrochen und ertrunken, und die Leute, die die steifgefrorenen Leichen von Nicolette, ihrer ältesten Tochter und dem kleinen Säugling fanden, meinten, sie sei wohl auf der Suche nach ihrem Mann gewesen oder auf dem Weg, bei den Nachbarn Hilfe zu holen.

»Sowohl Kjartan als auch Val waren vom christlichen Glauben überzeugt – Vater erzählte mir, daß Kjartan Olafsson der erste Mann in Island war, der die Fastentage einhielt, so wie Vater es später auch tat. Was hältst du davon, wenn wir diese Sitte aufnehmen, Thorfinn?«

»Hier? Jetzt? Mit diesen Leuten? Wo der nächste christliche Priester eine halbe Welt entfernt ist? Ich werde dir erzählen, was passierte, als König Håkon Haraldsson zur Zeit meines Großvaters christliche Gebräuche bei seinen Leuten einführen wollte. Sie glaubten, der König wolle sie um ihre Fleischrationen betrügen. Wir haben viele ungetaufte Leute mit nach Vinland genommen, Gudrid, und außerdem viele Hitzköpfe. Ärger können wir am allerwenigsten gebrauchen.«

»Aber wir essen doch sowieso soviel Fisch ...«

»Soll ich Männern, die fettes Wild geschossen haben, erzählen, daß sie warten müssen, bevor sie von dem Fleisch essen dürfen? Nur weil ich es so will? Auch auf einem Schiff ist es am besten für den Schiffer, wenn alle derselben Meinung sind, Gudrid. Keiner hatte etwas dagegen, daß wir bei diesem Gelage auf Christus tranken, weil wir ja auch Freyja ein schönes Schwein opferten, als Dank für deine Schwangerschaft. Der sicherste Kurs ist es, dem Schiffsweg zu folgen.«

Er stand auf und begann, auf und ab zu gehen. Gudrid sah ihn an und wartete so gespannt, daß sie kaum zu atmen wagte. Etwas mußte passiert sein – er ärgerte sich nie über sie, außer wenn er eine Beschwerde vorzubringen hatte. Sie hoffte, er würde ihr erzählen, was los war, bevor jemand in die Stube kam und bevor er sich entschloß, überhaupt nichts zu sagen.

Karlsefni schaute schräg zur Rechentafel hin und sagte betont langsam: »Ich fürchte, wir werden wohl fasten müssen, ob wir wollen oder nicht. Åsgrim räumte vor kurzem ein, daß dieser Winter vermutlich kälter werden würde als die anderen, die er früher hier erlebt hat. Er glaubte, wir hätten vielleicht einige der bösen Geister dieses Landes beleidigt. Du hast sicher bemerkt, daß ich ihn Schweineblut verspritzen ließ, falls er besondere

Kenntnisse über die hier herrschenden Mächte haben sollte. Ich glaube aber, wenn wir die Geister in diesem Land tatsächlich verärgert hätten, würden sie es überhaupt nicht zulassen, daß wir uns hier so wohl fühlen. Aber weiter jetzt! Ich habe gerade ausgerechnet, welche Essensvorräte wir anschaffen müssen, um den schlimmsten Teil des Winters zu überstehen.«

»Was – was wird aus den Tieren?«

»Wenn die Männer die Kälte auf der Haut spüren, werden sie schon damit einverstanden sein, Futter zu sammeln. Sollte es besonders kalt werden, können wir die meisten Tiere in den kleinen Arbeitsschuppen hineintreiben. Der Jungbulle kann im Lagerhaus unten am Fluß bleiben, und die Schafe können sicher draußen weiden, solange sie nur genügend Futter bekommen.«

Sein Gesicht wurde freundlicher, während er über all das sprach, was getan werden mußte, und plötzlich warf er seinen Umhang über die Schultern und verschwand zur Tür hinaus, bevor Gudrid noch mehr Fragen stellen konnte.

Sie sah ihm lange nach und seufzte. Hoffentlich würde er die Männer in Schwung bringen, so daß sie nicht zu hungern brauchten. Sie wünschte sich nur, er hätte nicht so lange allein über der Sache gebrütet – am meisten aber wünschte sie sich, er würde ihr sagen, was er überhaupt vom Christentum hielt. Aber er redete genauso ungern über diese Dinge wie Thorbjørn. Am liebsten beschäftigte er sich mit handfesten Aufgaben. Und darüber sollte sie wohl froh sein.

∞

Gudrid erzählte den anderen Frauen, was Karlsefni gesagt hatte. Gunnhild war sogleich voll und ganz damit beschäftigt, grobe Körbe zur Aufbewahrung von Beeren und Wurzeln zu flechten, und die anderen nahmen Ledereimer und gingen auf die Suche nach etwas Eßbarem. Zuerst wollten sie Preiselbeeren und Multebeeren sammeln, denn diese hielten sich am längsten. Später könnten sie Strandbohnen und Engelwurz suchen.

Emma zeigte Gudrid eine Handvoll vielfarbige Pilze. »Diese können wir essen.«

Thorkatla schlug sie Emma aus der Hand, bevor Gudrid antworten konnte. »So ein Blödsinn! Dies ist keine Nahrung für Menschen. Nicht einmal das Vieh rührt so etwas an.«

Emmas dunkle Augen blitzten. »Moos ist auch keine Menschennahrung, aber trotzdem stopft ihr euch voll damit.«

Thorkatla bekam einen gefährlich roten Kopf, und Gudrid sagte schnell: »Du mußt uns unbedingt eines Tages beibringen, was du über Pilze weißt, Emma. Aber zuerst müssen wir solche Sachen sammeln, die alle essen.«

Sie dachte bei sich, daß ihr in ein paar Monaten das Bücken schwerfallen würde. Schon jetzt spürte sie ein heftiges Strampeln, wenn sie sich aufrichtete. Eines Nachts hatte sie Karlsefnis Hand auf ihren Bauch gelegt, damit er ihr Kind spüren konnte, und das kleine Geschöpf hatte gegen das Gewicht der schweren Hand des Vaters angekämpft ... Am Tag darauf fing Karlsefni an, eine Wiege zu zimmern, die mit schönen schwungvollen Ecken und einem geschnitzten Kopfteil verziert war.

Als Gudrid und die anderen eines Tages Beeren sammelten, verdunkelte sich plötzlich der Himmel, und große weiße Vögel, Schreie und Flügelschläge füllten die Luft – zigtausende von Schneegänsen machten sich auf den Weg nach Süden. Als wären sie eine Art Vorwarnung gewesen, schneite es am folgenden Tag so heftig, daß Gudrid nicht einmal die nächste Insel ausmachen konnte. In großer Eile wurden die Tiere in die Verschläge getrieben, und Männer wie Frauen gingen stumm nach Hause, um sich handwerklichen Tätigkeiten zu widmen. Sie waren sich sicher, daß das Unwetter nicht lange dauern würde und ausreichend Essensvorräte vorhanden wären.

※

Aber die Kälte wurde strenger und machte das Jagen und Fischen unmöglich. Die Männer brachten nur trockenes Gras und Moos für die Tiere heim, und Gudrid und die anderen Frauen stellten immer kleinere Portionen von getrocknetem Fleisch und Fisch auf den Tisch, sie selbst aßen kaum etwas.

An einem klaren sonnigen Tag, an dem der Wind damit drohte, alles zu zerstören, was mehr als einen Fuß über der Erde stand, kämpften Karlsefni und Thorbrand sich durch die

Schneewehen zur Aussichtsstelle nördlich der Bucht. Nach einer Weile sah Gudrid sie wieder nach Hause zurückkehren, nach vorne gebeugt, langsam und mit niedergeschlagenen Blicken. Ihr eigener Mißmut wurde zum Entsetzen, als sie das dunkle Bündel sah, das sie zwischen sich schleppten. Jemand war verletzt, oder sogar tot ...

Fåvne und Pfeilschnute sprangen den Männern entgegen, die sich mit krummem Rücken wie Raupen an einem Strohhalm vorwärts bewegten, um nicht zu tief im Schnee zu versinken, und sie bellten so heftig, daß die Leute aus ihren Häusern stürzten. Gudrid eilte zu Karlsefni, und ihr wurde schwindelig vor Erleichterung, als sie den beinahe kugelrunden Körper einer schwangeren Robbe erkannte, die den Kopf im Schnee verborgen hatte. Sie war wohl nicht eines natürlichen Todes gestorben, sondern gerade erst erlegt worden, denn als Karlsefni den ersten langen Schnitt machte und das dunkelrote Fleisch unter der dicken Speckschicht freilegte, entstand eine solche Dampfwolke, daß die Hunde mit Tritten und Schreien zurückgehalten werden mußten.

Zum Abendessen wurde das ungeborene Robbenkind als ganzes Stück gebraten und zusammen mit den zartesten Fleischstücken von der Mutter serviert, und auf Thorhall Gamlasons Wunsch hin bekam Gudrid das Herz. Mit ungewohntem Ernst in seinem zerfurchten Gesicht sagte er: »Jedesmal, wenn meine Frau ein Kind erwartete, gab ich ihr das Herz eines ungeborenen Robbenkindes zu essen. Und alle unsere Kinder kamen so quicklebendig und lebensfroh zur Welt wie Robbenkinder. Das gleiche wünsche ich jetzt für dein und Karlsefnis Kind, Gudrid Thorbjørnsdatter.«

Karlsefni bedankte sich und schenkte ihm einen Silberring von seinem eigenen Finger. Erst als sie abends im Bett lag, fiel Gudrid ein, daß sie nicht einmal den Versuch unternommen hatte, das Essen abzuschmecken, so groß war ihr Hunger gewesen. Die Alten sagten immer, Appetit sei das beste Gewürz. Ihr persönlich schien die Erleichterung darüber, daß das Glück noch immer mit ihnen war, das Essen schmackhaft genug zu machen.

Als das Eis trug, machten die Männer jeden Tag Jagd auf Robben, die weiter südlich zu Hunderten lebten. Einige kamen mit Säcken voller Riesenalke nach Hause. Während einer Tauwetterperiode wurde das Vieh hinausgelassen, damit die Tiere ihr Fressen selbst suchen konnten. Im Arbeitsschuppen wurde frischer Sand gestreut, aber schon bald mußten die Tiere wegen eines erneuten Kälteeinbruchs ins Haus zurück.

Bei Karlsefnis Julfest blieben die Leute lange an den Tischen sitzen und sprachen von den Entdeckungsreisen, die sie für den Sommer planten. Noch war das Glück ihnen hold. Skrælinge hatten sie keine gesehen, die ersten Walrosse waren erlegt, die Zähne im Vorratshaus gestapelt, und unter dem Dachvorsprung hingen Striemen von Walroßhäuten zum Trocknen. Ohne daß noch jemand wußte, wer es zuerst gesagt hatte, sprachen bald alle davon, daß sie für das nächste Julfest Wein aus frischen Weinbeeren herstellen würden, um damit auf ihre eigenen Höfe anstoßen zu können.

∞

Als die Robben anfingen, ihre Jungen auf dem Eis zu gebären, gönnten sich die Männer weder Rast noch Ruh, sondern machten unermüdlich Jagd auf die weichen weißen Felle. Gudrid fertigte aus den gegerbten Fellen, die Val ihr geschenkt hatte, kleine Säcke und Kleidungsstücke für ihr Kind an und überanstrengte ihre Augen beim Nähen kleiner Hemden aus feiner Wolle.

Gegen Anfang des Sommerhalbjahres fühlte sie sich so riesig, daß sie Angst hatte zu platzen. Wenn die Frauen im Badehaus an der Reihe waren, schaute sie auf die straffe, blanke Haut ihres Bauches herunter, und es schien ihr wie ein Wunder, daß Arme und Beine bei diesen Veränderungen schlank blieben. Nachts mußte sie immer wieder aufstehen, um den Pinkeleimer zu benutzen, und es war unmöglich, eine bequeme Schlafstellung zu finden. Aber sie beklagte sich nicht, denn sie hatte Angst davor, mit ihren Klagen das Unheil heraufzubeschwören, auf keinen Fall wollte sie, daß ihr dieses Geschenk, das jetzt zum Greifen nah schien, wieder weggenommen würde.

Am Abend vor dem Anfang des Sommerhalbjahres krachte es im Eis, das an der Einfahrt zur Bucht brach, und der feuchte Südwind roch so heftig nach Frühjahr und neuem Leben, daß Gudrid wußte, nun war die Zeit für ihr Kind gekommen. Sie vergewisserte sich, daß es in dem kleinen Raum hinter der Wohnstube genügend Brennholz gab, und sie bat Emma, das trockene Moos, auf dem sie während der Geburt knien sollte, hereinzuholen. Die Sklavin sah sie schnell und ängstlich an, tat aber, worum sie gebeten wurde.

Als Karlsefni zum Abendessen hereinkam, hielt Gudrid ihm die Waschschüssel hin und sagte: »Ich glaube, jetzt kommt unser Kind, Thorfinn.«

Er schlug das Kreuzzeichen über ihr und antwortete: »Es wird alles so geschehen, wie es das Schicksal bestimmt hat.«

»Ich überlege nur, ob wir es nicht besser taufen sollten, da wir doch beide Christen sind?«

»Natürlich – wir werden sofort ein Kreuzzeichen machen. Und sobald es sich einrichten läßt, soll es von einem richtigen Priester getauft werden.«

Während sie am Tisch saß, spürte Gudrid die ersten starken Wehen im Kreuz, und als sie mit dem Essen fertig waren, erzählte sie Thorkatla endlich, was los war. Der Redefluß, der Thorkatla sonst bei allem, was sie sich vornahm, begleitete, blieb diesmal aus. Schweigend bereitete sie die Wiege und die Stelle für die Geburt vor, und strahlte auf die anderen ihre würdevolle Autorität aus.

Arneid und Gunnhild unterstützten Gudrid bei jeder Wehe, während Emma vor ihr hockte, etwas in ihrer eigenen Sprache murmelte und sich immer wieder bekreuzigte. Als Gudrid für kurze Zeit einmal zur Besinnung kam, wurde ihr zum ersten Mal bewußt, daß die Sklavin als junges Mädchen hübsch gewesen sein mußte.

Als hätte das winzig kleine Mädchen von Sandnes den Weg für dieses nächste Kind geebnet, ging die Geburt leicht und schnell vonstatten – so drückte es jedenfalls Thorkatla aus, als sie Karlsefni davon unterrichtete, daß er einen Sohn bekommen hatte.

Es kam Gudrid so vor, als hätte sie eine Ewigkeit auf dem Moos gekniet, auch waren ihr die Schmerzen sehr heftig erschienen, aber tüchtige Hände hatten dafür gesorgt, daß sie keinen Riß vom Kopf des Kindes bekam. Als sie nach der Nachgeburt gesäubert worden war und auf das Lager aus Pelzen und Decken gebettet wurde, fühlte sie sich so erschöpft und müde wie nach einem langen Waschtag.

Emma reichte ihr das Kind, gerade als Karlsefni hereinkam – der stämmige kleine Körper kam ihr unerwartet schwer vor. Gudrid starrte unablässig in das runzlige, hellrote Gesicht ihres Sohnes, und schieferblaue Augen begegneten ernst ihrem Blick. Dann steckte sie den Zeigefinger in die kräftige Faust des Kindes, schaute zu Karlsefni hoch und sagte zwischen Weinen und Lachen: »Mir scheint, wir haben einen Sohn bekommen. Willst du ihm einen Namen geben?«

»Das will ich.«

Karlsefni kniete nieder und nahm das Kind. Schnell schlug er die Decke zurück, um sich zu vergewissern, daß der kleine Körper so war, wie er sein sollte, anschließend hüllte er den Sohn in einen Zipfel seines eigenen Umhangs, bevor er aufstand und das Kind allen zeigte, die sich jetzt in den kleinen Raum drängten.

Thorkatla reichte ihm eine Schüssel mit Wasser, und Karlsefni tauchte die Hand hinein und versprühte Wassertropfen über dem kleinen Gesicht, während er sprach: »Wie mein Vater Thord mich annahm, wie auch sein Vater Snorri ihn angenommen hatte, nehme ich dich jetzt an und gebe dir den Namen Snorri Thorfinnsson. Mögen Glück und Ruhm dich begleiten. Im Namen des Vaters, des Sohnes und des Heiligen Geistes.«

Er schlug das Kreuzzeichen und wollte Gudrid gerade das Kind zurückgeben, als Thorbrand Snorrison sich nach vorn drängte. Er streckte seine Hand mit dem Helm aus, den er zuvor mit Meereswasser gefüllt hatte, und rief: »Möge Karlsefnis Sohn ein ebenso vortrefflicher Seemann werden wie sein Vater, das ist mein Wunsch!«

Gudrid beobachtete vom Bett aus, wie Thorbrand ungeschickt, aber vorsichtig ein paar Tropfen Meereswasser in den Mund ihres Kindes tröpfelte. Klein-Snorri schluckte das Wasser, und das zustimmende Gebrüll, das ihn begleitete, drohte das Dach von den Balken zu lösen.

»Der wird bestimmt niemals seekrank!«

»Es tut gut zu sehen, daß die alten Gebräuche gepflegt werden.«

»Es ist ein gutes Zeichen, daß bei uns ein Junge geboren wurde – im ersten Frühjahr in Vinland.«

»Es wird Zeit, daß Snorri etwas zu essen bekommt!« meinte Thorkatla und gab das Bündel zurück an Gudrid, die besitzergreifend die Arme um diesen handfesten Beweis für Freyjas Macht legte.

UNRUHE

Jetzt, da die Tage länger wurden, wuchs das Gras schnell, und die Tiere fraßen gierig, als sie wieder auf die Weiden durften. Eine neue Sandschicht wurde auf den Boden im Arbeitshaus gestreut, und die Männer waren damit beschäftigt, die Ausrüstung für den Fischfang zu flicken und neue Netze zu knüpfen. Der Frühjahrsgeruch von Robbenöl, das für die Boote verwendet wurde, schlug Gudrid draußen entgegen, und drinnen erwartete sie das Glück, das sie vom frühen Morgen, wenn sie erwachte und Snorri an ihre Brust legte, bis zum späten Abend, wenn sie in Karlsefnis Armen einschlief, begleitete. Sie nahm das Kind mit, um sich die großen Schiffe unten am Strand anzuschauen, sie sahen sich gemeinsam die anschwellenden Knospen im Wald und auf den Wiesen an und amüsierten sich über freundliche Kuhaugen, unruhige Schafsaugen und listige Ziegenaugen. Gudrid war davon überzeugt, daß Snorri, selbst wenn er noch klein war, Freude aus allem sog, was sie ihm zeigte, genauso wie er das Essen aus ihr saugte.

Als Snorri zum ersten Mal lächelte, glaubte sie zuerst, er habe Bauchweh, denn er war sonst ein sehr ernstes Kind. Er richtete die blauen Augen direkt auf Gudrid, und noch einmal erzitterten die milchnassen Lippen in einem Lächeln, so zart und schön, daß sie kaum zu atmen wagte. Es geschah genauso unerwartet, wie die Sonne durch einen Riß in den Wolken das Meer glitzernd und buntscheckig wirken ließ ... Es war Karlsefnis Lächeln.

Sie wickelte Snorri in ihren Schal ein und hüpfte von Stein zu Stein durch den wasserreichen Frühlingsfluß, um zur Schmiede zu gelangen, und bemühte sich dabei, nicht das Gleichgewicht zu verlieren. Die Luft roch heimisch und gut nach dem Rauch des Holzkohlenfeuers in der Nähe, und vom Amboß her konnte man den rhythmischen Laut vom Schlagen des Eisens gegen Eisen hören.

»Dein Vater macht den ›Wellenbrecher‹ für unsere Reise bereit«, murmelte Gudrid, die Lippen gegen die seidenweichen Wangen des Sohnes gedrückt. »Wir wollen Land für einen großen Hof für dich und deine Brüder roden.« Karlsefni arbeitete an einem Ende des Ambosses, Eindride Schwanenhals am anderen. Karlsefni sah verschwitzt und erschöpft aus, aber seine Gesichtszüge wurden weich, als Gudrid Snorri wieder zum Lächeln brachte.

Noch bevor Karlsefni etwas sagen konnte, meinte jedoch Eindride mürrisch, der Sklave Flachnase müsse das Feuer besser in Schwung bringen, wenn aus dem, was er schmiedete, Nägel werden sollten. Ohne aufzusehen, fügte er hinzu: »Jetzt, da die Skrælinge sich gezeigt haben, sollten wir lieber Speerspitzen herstellen.«

Gudrid spitzte die Ohren und drückte Snorri fester an sich.

»Skrælinge? Hier? Warum hat mir keiner etwas gesagt?«

»Wir haben es gerade eben erst erfahren«, antwortete Karlsefni. »Flachnase sagt, als er und Eldgrim das Vieh heute morgen frei ließen, liefen sie direkt einem halben Dutzend kleiner häßlicher Männer in die Arme. Sie waren mit Fellen bekleidet, hatten große Augen und breite Wangenknochen. Eldgrim fragte sie, woher sie kämen und wohin sie wollten, aber sie plapperten nur drauflos und glotzten ungläubig, ehe sie sich in kleinen Fellbooten aus dem Staub machten. Flachnase glaubt, daß sie sich mehr für die Kühe als für ihn und Eldgrim interessierten. Ich habe sicherheitshalber drei bewaffnete Männer an die Stelle geschickt, an der sie gesehen wurden.«

Gudrid sagte nichts.

Karlsefni drehte den Anker auf dem Amboß um und fügte hinzu: »Vielleicht passiert nichts mehr, aber es könnte auch sein, daß die Skrælinge zurückkommen. Gudrid, such bitte den gewebten roten Stoff heraus, den wir aus Grönland mitgenommen haben, falls sie handeln wollen – Flachnase erzählt, daß sie ein paar sehr schöne Pelze dabeihatten. Außerdem haben sie das Fell unserer beiden Hunde, die sie schon getötet und gehäutet hatten, bevor er und Eldgrim kamen!«

Als ginge ihn das alles nichts an, legte Flachnase mehr Holzkohle aufs Feuer, und Gudrid überlegte, wie Karlsefni dem Sklaven eine derart komplizierte Geschichte entlockt hatte.

Verglichen mit Flachnase war Harald Roßhaar direkt gesprächig gewesen. Langsam ging ihr auf, was diese Nachricht für sie bedeuten könnte, und es wurde ihr beinahe schwarz vor den Augen. Sie dachte an den Welpen auf Arnastape, der vom Adler geholt wurde, und sie hatte noch die Worte der Ziehmutter im Ohr: »Du hättest besser auf ihn aufpassen müssen!«

Keiner sollte ihr vorwerfen können, auf ihren Sohn nicht gut aufgepaßt zu haben. Sie würde jeden töten, der ihm etwas zuleide tun wollte! Sie drückte das Kind fest an sich und fragte Karlsefni: »Was wollten die Skrælinge hier, was meinst du? Glaubst du wirklich, daß sie wiederkommen?«

»Sie begleiten wohl die Rentiere, die an die Küste kommen, um ihre Kälber zu gebären – da wir sie bisher noch nie gesehen haben, nehme ich an, sie wohnen irgendwo auf dem Festland und nicht hier auf der Insel. Jedenfalls werden wir ab jetzt genügend Wachen aufstellen.«

∽

Die Skrælinge zeigten sich bald erneut, und sie kamen nicht vom Meer. Sie schwärmten aus dem kleinen Waldstück auf die Weide hinter den Häusern, wo Karlsefnis Zuchtbulle angekettet war. Das erschrockene Tier brüllte so wütend, daß mehrere Siedler schnell genug angelaufen kamen, um einige Skrælinge im Wald verschwinden zu sehen, andere rannten jedoch auf die Häuser zu. Die Nordmänner stellten sich rasch vor den Eingang ihrer Häuser, die Schwerter kampfbereit, so daß die ungebetenen Gäste schnell aufgeben und zu den anderen im Wald zurücklaufen mußten.

Der schnaufende Bulle sah gefährlich aus, wühlte in der Erde und riß an der Kette. Thorbrand Snorrison ging einige Schritte auf ihn zu, zögerte aber, dem Bullen zu nahe zu kommen. Gudrid lief zu ihm und zog ihn am Ärmel.

»Dein Verwandter, Egil Thorleifsson, beruhigte einen Bullen, als wir nach Sandnes segelten – er redete sanft auf ihn ein und blies in seine Nasenlöcher.«

Thorbrand zuckte mit den Schultern und ging auf den noch hornlosen Bullen zu. Die Füße fest in die Erde gestemmt, griff er nach dem Halfter, zwang den riesigen Kopf gegen seinen eigenen und blies dem Tier in die Nasenlöcher. Langsam senkte der Bulle die Schultern, entspannte die Hüftmuskeln und graste friedlich weiter, als Thorbrand ihn losließ.

»So etwas habe ich noch nie gesehen ...« Karlsefni war von der Schmiede hochgekommen, stand jetzt bei Gudrid und schaute zum Waldrand.

Drinnen im Haus wachte Snorri auf und schrie aus Leibeskräften. Entweder fühlten sich die Skrælinge durch diesen wohlbekannten Laut sicherer, oder sie wunderten sich über die fremden Leute, denen ein großes und gefährliches Tier gehorchte – auf alle Fälle schlüpften erneut Dutzende wild aussehender Männer lautlos aus dem Wald. Diesmal legten sie große Pelzbündel auf die Erde und rollten sie vor Karlsefni aus, den sie anscheinend für den Häuptling der Siedlung hielten.

Karlsefni gab den Männern, die die Häuser bewachten, ein Zeichen, daß sie stehenbleiben sollten, und sagte zu Gudrid: »Sie beabsichtigen einen Tauschhandel. Thorkatla und die anderen Frauen sollen dir helfen, unser rotes Tuch in Stücke zu schneiden, dann werden wir ja sehen, ob sie ihre Pelze gegen gewebten Stoff tauschen wollen.«

Der größte der Skrælinge, der trotz seiner ungepflegten Haare und der schielenden Augen ein stattlicher Mann war, machte einen Schritt nach vorn und zeigte Karlsefni mit stolzer Miene ein großes Bündel glänzender Felle. Dann deutete er auf Karlsefnis Schwert und Jagdmesser und machte mit Zeichen deutlich, daß er für die Pelze Waffen als Bezahlung forderte.

Karlsefni schüttelte den Kopf und hielt das rote Webtuch hoch, das Gudrid ihm gebracht hatte. Der große Skræling untersuchte das Tuch gründlich und stand eine Zeitlang da, ohne etwas zu sagen, anschließend bedeutete er seinen Männern durch Zeichensprache, daß das Tuch als Zahlungsmittel geeignet sei. Drei Dutzend Siedler beobachteten wachsam die Skrælinge, als sie mit ihren Bündeln in der von ihrem Häuptling festgelegten Reihenfolge vortraten. Ein jeder riß das Webtuch aus Karlsefnis

Händen und zog sich rasch zurück, die »Bezahlung« um Kopf oder Taille gebunden.

So schnell sie nur konnten, schnitten die Frauen den Stoff in immer schmalere Streifen, und die Skrælinge handelten bereitwillig weiter, bis weder Pelze noch Tuch übrig waren. Als Åsgrim der Magere die Felle wegtragen wollte, bemerkte Karlsefni mit scharfer Stimme, daß nur ein Dummkopf die Hände voll habe, wenn er sie vielleicht in einer Schlägerei einsetzen müsse, es gebe genügend Zeit zum Aufräumen, wenn die Skrælinge fort seien.

Die Eingeborenen und die Siedler schauten sich noch eine Weile schweigend an, bis der Skrælinghäuptling mit gebieterischer Stimme etwas sagte und mit seinen Männern ebenso lautlos verschwand, wie sie gekommen waren.

Erst als sie sich später im Bett zurücklehnte, um Snorri zu stillen, merkte Gudrid, wie angespannt sie die ganze Zeit über gewesen war. Es dauerte, bis die Milch kam, und Snorri, der völlig erschöpft war vom langen Weinen allein im Haus, kaute wimmernd an der Brustwarze. Endlich floß die Milch in Strömen, so daß er sie schnell herunterwürgen mußte, und Gudrid lehnte sich in die Kissen zurück und dachte, es sei auf jeden Fall besser, den Skrælingen von Angesicht zu Angesicht gegenübergestanden zu haben, als im ungewissen zu bleiben. Wenn es um Handel ging, unterschieden sie sich offenbar nicht von anderen Leuten.

Nachdem sie Karlsefni ihre Gedanken mitgeteilt hatte, als sie abends ins Bett gingen, schwieg er so lange, daß sie glaubte, er sei eingeschlafen. Schließlich sagte er langsam und wohlüberlegt: »Es wäre noch besser, wenn sie nicht in der Nähe wären. Jetzt müssen wir aus dem Holz, das wir zum Trocknen ausgelegt haben, einen Zaun aus Pfählen um die Häuser bauen, denn wir haben keine Hunde mehr, die uns vor Ankömmlingen warnen können. Vermutlich bleiben die Skrælinge nun eine Weile fort, unsere Wachen sahen nämlich viele von ihnen ein Stück weiter südlich mit ihren kleinen Fellbooten in See stechen. Wenn sie auf dem Seeweg wiederkommen, werden wir sie früh genug entdecken.«

»Ja, es ist wichtig, daß Menschen und Tiere sich sicher fühlen, während wir fort sind!«

»Ich denke an *dich*, Gudrid – an dich und Snorri.«

»M-meinst du, daß wir hierbleiben sollen, wenn du südwärts fährst?«

»Ja, es ist am besten so. Ich habe lange und gründlich darüber nachgedacht. Es ist leichter für ein paar Dutzend Männer, Snorri, dich und die anderen Frauen hier in den Häusern zu verteidigen. Um mich und meine Leute brauchst du keine Angst zu haben, denn die kleinen Holztröge, in denen die Skrælinge herumpaddeln, können sich nicht mit einem ordentlichen Schiff messen, und wir werden die ganze Zeit gut bewaffnet in der Gruppe zusammenbleiben.«

Gudrid fühlte sich so einsam und verraten, als sähe sie schon vor sich, wie der »Wellenbrecher« zu einem Punkt am Horizont zusammenschrumpfte, aber sie schaffte es, die Stimme in der Gewalt zu halten.

»Ich will mit dir fahren.«

»Ich verbiete es dir, Gudrid!«

Blind vor Wut, als wäre sie von einer Sturzwelle unter Wasser gezogen worden, hob Gudrid ihren Kopf heftig von den Kissen hoch und sagte mit halb erstickter Stimme: »Das vorige Mal, als jemand so etwas zu mir sagte, war ich noch vor dem nächsten Winter eine Witwe.«

Lange Zeit lagen sie nebeneinander, ohne sich zu berühren, und hörten, wie Snorri in der Wiege gluckste. Heiße Tränen rollten über Gudrids Wangen, aber sie machte keinen Versuch, sie wegzuwischen, denn sie wollte nicht verraten, wie empört sie war. Oh, warum waren Frauen so geschaffen, daß sie sich nach Liebe und kleinen Kindern sehnten ...

Karlsefnis große Hand, von harter Arbeit gezeichnet, berührte ihr nasses Gesicht. Leise sagte er: »Wo es keine Liebe gibt, gibt es auch keine Tränen. Würdest du das vorziehen?«

»Wie – woher hast du gewußt, was ich dachte?«

»Das habe ich nicht gewußt. Ich weiß nur, woran *ich* gedacht habe.«

Er zog sie an sich.

»Das meiste geschieht, wie es vom Schicksal bestimmt ist, aber ich möchte nicht, daß dir und Snorri etwas zustößt, wenn ich es hätte verhindern können. Snorri Thorbrandsson wird mit einigen unserer Leute hier bei dir bleiben. Du mußt versuchen, die anderen Frauen unter Kontrolle zu halten, Gudrid, und dafür sorgen, daß sie ihre Arbeit verrichten und die Männer nicht mit Nörgelei behindern oder gar Unruhe stiften. Bjarni und ich haben vereinbart, daß er mit seiner Mannschaft auf den Hof achtgibt, während ich fort bin. Arneid und Gunnhild werden beide hierbleiben – versuche, sie davon abzuhalten, die unverheirateten Männer zu reizen ...«

»Kann nicht Bjarni auf sie aufpassen? Sie sind mit seinen Männern verheiratet!«

»Es steht schlechter um Bjarnis Schiff, als er selbst geglaubt hat, er wird genug zu tun haben, wenn er fertig werden will, bis ich mit dem ›Wellenbrecher‹ wieder nach Hause komme. Und das Schiff wird nach Hause kommen, mit mir am Steuer! Verschone mich mit deinem Witwen-Geschwätz!«

Später in der Nacht wachte Gudrid auf. Sie fühlte sich innerlich dunkel und leer, als hätte sie den Rat der Ziehmutter befolgt, die Stimmen der Geister zu deuten. Karlsefni atmete regelmäßig und leise neben ihr, und sie hörte das Nuckeln aus der Wiege. Alles war wie vorher, und trotzdem – ein Keil war in ihr sorgloses Glück getrieben worden. Auch ohne Worte sammelten sich ihre Gedanken in der dunklen Leere zu einer kalten, klaren Gewißheit: Die Skrælinge waren gekommen – das war schlimm genug. Aber noch schlimmer für sie war, daß Karlsefni es für selbstverständlich zu halten schien, daß er über sie bestimmen konnte, genau wie Thorstein und Thorbjørn es vor ihm getan hatten. Obwohl er *wußte*, wie gerne sie mit ihm in den Süden segeln würde! Aber er dachte doch nur an ihr und Snorris Wohlergehen, verteidigte sie ihn schnell, von ihrer eigenen Bitterkeit erschreckt. Es dauerte lange, bis sie wieder einschlief.

Alle standen unten am Strand und winkten zum Abschied, als der »Wellenbrecher« mit Hilfe der Flut aus der seichten Bucht hinaussegeln konnte. Gudrid blieb stehen, bis sie das rote und blaue Segel hinter dem Felsvorsprung verschwinden sah, dann ging sie langsam hoch zu den Häusern.

Ein starker, süßer Duft von den Frühjahrsgewächsen, die den Abhang bedeckten, strömte ihr an diesem sonnigen Nachmittag entgegen, und so weit das Auge reichte, leuchtete jenseits der Holzeinzäunung das Blau der hohen Blumen, die Karlsefni Schwertlilien nannte. Gudrid konnte sich nur schwer vorstellen, daß es sonst irgendwo einen schöneren Ort gäbe, der mit Eßbarem und anderen Reichtümern so gesegnet wäre wie dieser. Seitdem die ersten Zugvögel zurückgekehrt waren, hatten die Männer jeden Tag Eier im Überfluß gesammelt, und Karlsefni hatte berichtet, daß die Eiderenten auf einer der größeren Inseln so dicht nebeneinander lägen, daß die Leute fast nicht wüßten, wo sie die Füße hinstellen sollten. Sie und die anderen Frauen würden viel Arbeit bekommen, wenn sie die Daunen zur besten Handelsware aussortieren sollten, so viele Säcke hatten sie schon gefüllt ...

Snorri schaukelte an ihrer Schulter auf und ab, sabberte auf ihre Kleiderschlaufen und gurgelte zufrieden. Sie küßte den mit Flaum bedeckten Kopf und überlegte, ob er die Umarmung des Vaters nach dem Abendessen vermissen würde.

∽

Aber sie war es, die an diesem Abend und allen folgenden Karlsefnis Arme vermißte. In der Nacht nutzte sie jeden Vorwand, Snorri zu stillen, und sie gehorchte nur widerstrebend Thorkatlas Rat, ihn in die Wiege zurückzulegen, damit sie nicht Gefahr liefe, ihn im Liegen zu ersticken. Das Saugen und der warme, kleine Körper gaben ihr eine kleine Ahnung von dem Wohlbefinden, das sie nach dem Liebesakt mit Karlsefni empfand.

Bei Tage ertappte sie sich des öfteren bei dem Gedanken, sie müsse Karlsefni während der Arbeit etwas zu essen und zu trinken bringen, meistens hatte sie jedoch überhaupt keine Zeit zum Denken. Da sie jetzt einen ganzen Sommer vor sich hatten, um Wintervorräte anzulegen, konnte sie sich gemeinsam mit den anderen Frauen der Wolle annehmen, die sie aus Grönland mitgebracht hatten. Falls die Skrælinge zurückkämen, brauchten sie mehr gewebten Stoff als Handelsgut, denn Karlsefni wollte nichts davon hören, daß sie auch Waffen oder andere Gegenstände aus Eisen tauschen könnten. Da nur einige Schafe und eine junge Kuh Milch gaben, hatten sie auch nicht besonders viel Butter oder Käse als Handelsware anzubieten.

Der kalte Wind vom Meer erreichte weder die Frauenstube in Karlsefnis Haus noch die kleine Wiese an der Sonnenseite vor dem Eingang, wo Gudrid und die anderen Frauen nun oft an ihren Spinnrädern saßen. Die Tatsache, daß jetzt viel weniger Männer auf dem Hof waren, gab den Frauen ein behagliches Gefühl, und durch die Tiere, die in der Nähe weideten, wirkte alles so friedlich, daß es oft schwierig wurde, sich in Erinnerung zu rufen, daß ein erneuter Besuch der Skrælinge ebensogut eine lebensgefährliche Bedrohung bedeuten könnte wie eine gute Gelegenheit zu einem Handel.

Bjarni Grimolfsson hatte seine Mannschaft so eingeteilt, daß einige an dem Schiff arbeiten und gleichzeitig Ausschau nach Skrælingen in der Bucht halten konnten, während andere die Tiere und die Häuser bewachten. Die restlichen Männer gingen jagen und fischen. Sie wurden oft von Snorri Thorbrandsson und den drei Männern aus Karlsefnis Mannschaft begleitet, die ebenfalls auf dem Hof geblieben waren. Bjarni selbst arbeitete hart vom Sonnenaufgang bis zum Einbruch der Dunkelheit, deswegen war Gudrid sehr überrascht, als er eines Morgens in die Stube trat, während sie Snorri wickelte. Sie war allein in der Wohnstube, denn Thorkatla war draußen, um Kräuter zu sammeln, und Emma war in dem kleinen Nebenraum beschäftigt.

»Er wird immer größer, der kleine Snorri«, sagte Bjarni höflich. Es war deutlich, daß er nicht gekommen war, um über Kleinkinder zu reden.

»Ja, er ist gesund und munter.« Gudrid schlug einige Kreuzzeichen über dem Jungen und wickelte ihn in eine Wolldecke, bevor sie ihn gegen ihre Schulter lehnte. Sie schaute Bjarni fragend an.

»Ist etwas passiert, Bjarni? Haben deine Leute Skrælinge gesehen?«

»Nein, das haben sie glücklicherweise nicht. Aber sie – sie wollen fragen, ob sie sich Emma ausleihen dürfen.«

»Sie ausleihen? Wozu? Es gibt genügend Arbeit für sie hier.«

Bjarni sah weg und versuchte zu lachen. »Eh – ich glaube nicht, daß sie die Arbeit als besonders hart empfinden würde –, sie kann sie im Liegen ausführen. Es ist ein Beruf, den sie schon kennt, so sagt man jedenfalls.«

»Wir haben sie nicht für derlei Arbeit gekauft«, sagte Gudrid böse. »Und die Antwort ist nein. Hättest du Karlsefni dasselbe gefragt – oder ziehst du nur deinen Nutzen daraus, daß er fort ist?«

Die Verachtung in ihrer Stimme war nicht zu überhören, und in dem Blick, den Bjarni ihr zuwarf, konnte sie sowohl Wut als auch Verwirrung lesen.

Sie gab ihm ein Zeichen, daß er sich neben sie setzen solle, während sie Snorri stillte, dann fragte sie mit ruhiger Stimme: »Was spielt sich da unten in deiner Stube ab, Bjarni?«

»Das kannst du dir doch vorstellen, Gudrid«, sagte Bjarni müde. »Ich habe an die dreißig Männer da unten, und nur zwei von ihnen sind verheiratet. Alle sind lange von daheim fort. In letzter Zeit haben Arneid und Gunnhild gespürt, was in der Luft liegt, sie flattern herum, zeigen mal eine Brust, ziehen mal den Rock hoch – ganz unauffällig natürlich –, wenn ihre Männer nicht dabei sind. Du weißt genau, daß Blut fließen würde, wenn Geir und Kol hereinkommen sollten und ihre Weiber auf dem Rücken finden.«

»Was sagt Thorhall Gamlason dazu?«

Bjarni schnaubte. »Er ist der Ansicht, ich müsse versuchen, Arneid und Gunnhild unter Kontrolle zu halten und meinen Männern nicht nachzugeben. Wie ich die beiden Weiber allerdings im Zaum halten kann, geht über meinen Verstand. Ich wünschte, wir hätten nur unsere eigenen Leute mit hierhergenommen – ich habe auch Ärger mit den beiden Männern, die ich aus Grönland mitbrachte. Sie sagen, daß sie genug davon haben, hier herumzulungern und zu warten, obwohl sie wüßten, daß es Weinbeeren und andere gute Sachen weiter südwärts gäbe.«

»Hoffentlich bringt Karlsefni gute Nachrichten mit nach Hause«, sagte Gudrid nachdenklich. Sie erinnerte sich daran, daß auch Karlsefni sich nicht sicher gewesen war, ob er Åsgrim und den anderen, die Vinland bereits kannten, trauen konnte. Sie dachte einen Augenblick nach und fügte hinzu: »Die einzige Möglichkeit, Arneid und Gunnhild zu zügeln, bis du an der Reihe bist, die Gegend zu erforschen, wäre wohl, dafür zu sorgen, daß ihre Männer sich immer in der Nähe der Häuser aufhalten.«

»Dann willst du Emma also nicht ausleihen?«

»Ich leihe Emma nicht aus.«

»Mit dir als Frau wird Karlsefni nie um seine Güter betrogen werden«, sagte Bjarni und erhob sich, um zu gehen.

Als er verschwunden war, schlüpfte Emma in die Stube und stellte sich mit einem sonderbaren Ausdruck in den dunklen Augen vor Gudrid.

»Ich danke dir dafür, Gudrid«, sagte sie leise.

∽

Die Sommersonnenwende kam und ging ohne irgendein Mißgeschick und ohne Skrælinge. Das Wetter hielt sich einige Wochen bis zum St.-Sunniva-Festtag, von einem gelegentlichen Schauer abgesehen. An diesem Tag allerdings war der Nebel schon vom frühen Morgen an so dicht, daß Gudrid nicht einmal die nächsten Inseln erkennen konnte, und die Enten, die im Inneren der Bucht herumschwammen, sahen aus, als wären sie in der grauen Luft aufgehängt. Sie erfuhr, daß Bjarni zusätzliche Wachen zu beiden Seiten der Einfahrt zur Bucht aufgestellt hatte, um zu verhindern, daß Skrælinge sie im Nebel überrumpeln könnten.

Gudrid hatte im Haus viel Arbeit zu erledigen, dachte aber, daß die frische Luft vielleicht besser gewesen wäre, die Erinnerung an einen sehr lebendigen Traum von einem großen schwarzen Bären zu verjagen. Der Bär hatte sich zuerst auf die Hinterbeine gestellt und sich dann plötzlich so schwer auf sie und Snorri fallen lassen, daß sie gerade noch das hellrote Glied des Tieres in ihrer eigenen Scheide spüren konnte.

Während sie Thorkatla und Emma bei der morgendlichen Arbeit half, hatte sie immer noch das Gefühl, daß eine schreckliche Bedrohung über ihr schwebte, und sie strengte sich an, die Warnung des Traumes zu verstehen.

Als Snorri Thorbrandsson und die anderen Männer das Haus zur Arbeit verlassen hatten, bat sie Emma, in dem kleinen Raum neben der Wohnstube Wolltücher aufzurauhen, während Thorkatla an ihrem gewohnten Platz am Webstuhl in der Frauenstube stand. Gudrid machte es sich im Bett gemütlich, um Snorri zu stillen, aber zuerst betete sie zu St. Sunnivas Ehren ein *Paternoster* und fügte einen stummen Dank für Bjarni hinzu, der seine Leute doch noch im Griff hatte. Sie bedankte sich auch dafür, daß die Skrælinge sie seit Karlsefnis Abreise in Ruhe gelassen hatten. Sie rechnete damit, den »Wellenbrecher« zu sichten, bevor weitere vier Wochen vergangen wären ...

Während sie das Hemd öffnete, freute sie sich auf den Ausdruck in Karlsefnis Gesicht, wenn er zu sehen bekommen würde, wie groß Snorri geworden war. Der Junge bekam gerade Zähne, und sie war so intensiv damit beschäftigt, das ungezogene Aufblitzen in seinem kleinen Gesicht zu entdecken, das als Vorwarnung, er würde gleich beißen, zu verstehen war, daß sie den Mann, der in die Stube kam, nicht bemerkte, bevor er dicht neben ihrem Bett stand.

Sie war erstaunt darüber, den schönen Isleif vor sich zu haben, einen großen, gut gebauten Burschen in ihrem eigenen Alter, den sie außer bei den Mahlzeiten nur selten sah. Dann wurde er oft Ziel gutmütiger Foppereien, weil ihn die Frauen wegen seines schönen Gesichtes und der strohblonden Haare nie in Ruhe ließen. Und es war nicht zu übersehen, daß er selbst die eigentliche Quelle der ganzen Geschichten über seine Unwiderstehlichkeit war.

Jetzt sagte er jedoch kein Wort zum Gruß, er stand nur da und sah auf sie herab mit einem Ausdruck, der sie an einen Hund erinnerte, den ihr Ziehvater Orm einst besessen hatte. Der Hund hatte die Gewohnheit gehabt, Essen vom Tisch zu stehlen. Sie hielt die Hand schützend über Snorris Kopf und fragte: »Welchen Auftrag hast du hier zu erledigen, Isleif?«

Sein Vollbart öffnete sich gerade weit genug, um gleichmäßige, weiße Zähne zu einem Lächeln, das keineswegs beruhigend wirkte, zu entblößen. »Ich bin hier, damit wir spielen können, Gudrid.«

»Sp-spielen?«

Sein Grinsen wurde noch breiter. »Aber sicher! Hier sind wir, du liegst da so schön und unwiderstehlich ohne deinen Hausherrn, und ich bin ohne die Erlösung, die Frauengesellschaft zu geben vermag. Anfangs war ich der Meinung, daß du uns auf jeden Fall Emma hättest ausleihen können, aber dann ist mir eingefallen, daß du vielleicht selbst deinen Spaß haben wolltest.«

»Du mußt den Verstand verloren haben«, sagte Gudrid ruhig, ohne die Augen von Isleifs grinsendem Gesicht zu nehmen. »Mag sein, daß mein Mann nicht daheim ist, um mich zu beschützen. Aber es gibt genügend andere Leute auf dem Hof. Geh zur Seite!«

Sie drückte Snorri fest an sich, damit er weitersaugen konnte, während sie sich aufrichtete und versuchte, die Beine über die Bettkante zu schwingen. Isleif ergriff ihre Füße und hielt sie fest wie ein Schraubstock.

»Bleib, wo du bist, Gudrid. Sei dir nicht so sicher, daß die Leute nicht glauben werden, daß *du mich* im Bett haben wolltest und nicht umgekehrt. Außerdem rennen alle anderen herum, um den Bullen wieder einzufangen, der sich losgerissen hat – außer Arneid und Gunnhild natürlich, die es sich mit ein paar Freunden von mir gemütlich machen.«

»Wie konnte der Bulle sich losreißen?«

»Das brauchst du nicht zu wissen.« Isleif legte unbeeindruckt seinen Gürtel ab und packte ihn auf einen Schemel, dann zog er sich mit einem schnellen Griff die Hose herunter, damit sie sehen konnte, daß er bereit war, seine Drohungen auszuführen.

Jetzt wußte Gudrid, wovor der Traum sie gewarnt hatte. Sie mußte dafür sorgen, daß Snorri nicht verletzt wurde – Stein hatte ihr beigebracht, sich zu verteidigen, aber wie ... Leise und verzweifelt löste sie vorsichtig das Messer aus der Scheide und hielt die Spitze nach oben, weg vom Kind, als im selben Augenblick Isleif mit einem Messerstich im Rücken nach vorn fiel.

Emma war unerwartet und lautlos wie eine Fledermaus aus

dem Zimmer nebenan gekommen. Sie zog das große Küchenmesser heraus und stach erneut zu, immer wieder ...

»Er ist tot«, stellte Gudrid verwirrt fest und schob sich vorsichtig unter dem Gewicht des Mannes aus dem Bett. »Ich danke dir, Emma. Wie – wie konntest du wissen, daß er mich überfallen würde?«

Emma starrte auf Isleifs zusammengesunkene Gestalt hinunter mit Augen, die beinahe rotglühend waren vor Haß. »Ich fühle es eben, wenn ein Mann mit hochgestelltem Ständer hereinkommt!«

»Wenn Karlsefni nach Hause kommt, werde ich ihn bitten, dir die Freiheit zu schenken, Emma. Es wäre besser, wenn du einige Zeugen für diesen Totschlag finden würdest – ich bleibe hier, damit allen klar wird, was geschehen ist. Außerdem muß ich Snorri beruhigen.«

Das kleine Kindergesicht war vom Weinen dunkelrot, und Gudrid streifte mit ihren Lippen weich über seinen Kopf, bevor sie ihn an die andere Brust legte, damit er zu Ende saugen konnte. Sie war gespannt, was die Zukunft bringen würde, jetzt, da der Deckel von dem sprudelnden Topf gesprungen war.

Snorri Thorbrandsson war der erste, der das Zimmer betrat, gefolgt von Bjarni, Thorhall und einigen anderen.

Bjarni richtete sich in seiner ganzen Größe auf und sagte scharf: »Leute, es ist eine sehr ernste Sache, wenn Karlsefnis Sklavin sich anmaßt, einen von meinen frei geborenen Männern zu töten.«

»Es ist genauso wahrscheinlich, daß *ich* Isleif getötet habe«, sagte Gudrid leise, aber mit fester Stimme. Sie fühlte dieselbe kalte unwirkliche Ruhe wie damals, als sie Bård Dorschtöter erschossen hatte. »Wenn du ihn umdrehst, wirst du mein Messer in seiner Brust finden – ich erstach ihn, als er mich vergewaltigen und Karlsefnis Sohn Schaden zufügen wollte. Ich würde es schätzen, Bjarni, wenn du das Messer herausziehen und saubermachen könntest, damit ich es für das Abendessen gebrauchen kann.«

Bjarni machte keine Anstalten, sich dem Bett zu nähern, aber er sagte verbissen: »Ich habe dich gewarnt, Gudrid, aber du wolltest nicht auf mich hören ...«

»Ja, du hast mich gewarnt und gesagt, daß du deine Männer nicht im Zaum halten könntest. Wenn Karlsefni nach Hause kommt, kannst du ihm auch das erzählen«, sagte Gudrid verächtlich und reichte Snorri Emma. »Mach ihn sauber und zieh ihm trockene Sachen an, Emma – du findest einige Kleidungsstücke im Nebenraum.«

Als Emma gegangen war, legte sich die Aufregung in der Stube ein wenig. Snorri Thorbrandsson machte einen Schritt nach vorn, räusperte sich und sagte feierlich: »Als Thorfinn Karlsefni Thordssons nächster anwesender Verwandter bitte ich alle, Bjarni Grimolfsson dabei zu helfen, seine Leute durch diese schwierige Wartezeit zu leiten. Das wäre Karlsefnis Wunsch gewesen. Zum Glück müssen wir ihm nicht erzählen, daß seine Frau und sein Sohn von einem der unsrigen ernsthaft verletzt wurden. Und jetzt, während die anderen nach dem Bullen suchen, schlage ich vor, daß Bjarni, Thorhall und ich in Leifs Haus beraten.«

Snorri Thorbrandsson war der letzte, der hinausging, und Gudrid rief ihn zu sich ans Herdfeuer. Ihr war plötzlich kalt, auch wenn sie einen dicken Umhang über die blutbefleckten Kleider geworfen hatte.

Sein großes, gutmütiges Gesicht sah besorgt aus, als er sagte: »Ich habe nicht besonders gut auf Thorbjørns Tochter aufgepaßt. Vielleicht solltest du dich hinlegen, Gudrid.«

»Es – es geht mir jetzt wieder einigermaßen. Wenn Thorkatla hereinkommt, werde ich sie bi-bitten, mir einen Kräutertrank zu brauen.«

»Sie rennt doch wohl nicht noch in ihrem Alter herum und sucht nach dem Bullen ...«

Gudrid mußte lächeln. »Nein, sie st-steht am Webstuhl in der Frauenstube. Sie ist ein bißchen schwerhörig geworden – es bedarf m-mehr als Vergewaltigung und Totschlag, um sie, wenn sie durch eine dicke Wand von uns getrennt ist, aus der Ruhe zu bringen.«

Snorri seufzte. »Das Alter holt uns alle ein – früher oder später. Sie ist allerdings noch ein kerniges Weibstück, unsere Thorkatla. Ich sage ihr schnell, daß du sie hier brauchst.«

»I-ich danke dir. Aber zuerst solltest du wissen, daß Arneid und Gunnhild viel Schuld an dem tragen, was hier passiert ist. Karlsefni befürchtete vor seiner Abreise, daß sie die unverheirateten Männer absichtlich reizen könnten. B-Bjarni sagte etwas Ähnliches, und Isleif – es ist jetzt e-egal, was Isleif sagte.«

Sie schauderte und fügte eindringlich hinzu: »S-sag ihnen, wenn sie sich von jetzt an nicht anständig benehmen, wirst du ihren Männern erzählen, was sie getrieben haben. Sie werden doch unmöglich wollen, daß Geir und Kol sich von ihnen scheiden lassen. Und – und geh gleich hin, bevor Geir und Kol ihre Frauen mit anderen Männern finden und noch ein Totschlag passiert.«

»Das waren gute Ratschläge, Gudrid, und ich werde sie befolgen.« Snorri bückte sich und küßte sie auf die Wange, bevor er ging. Seine vierschrötige Gestalt war eine vertrauenerweckende Erinnerung an friedlichere Zeiten.

Alles würde gut werden, wenn nur endlich Karlsefni nach Hause käme, dachte Gudrid. Ihr tat die Ermordung Isleifs nicht leid, aber sie hatte einen ordentlichen Schrecken davongetragen. Und sie konnten es sich nicht leisten, noch mehr Männer zu verlieren, wenn sie das schaffen wollten, was sie sich vorgenommen hatten.

BÖSE MÄCHTE LAUERN

Als ein paar Wochen später das Segel des »Wellenbrechers« draußen in der Öffnung zur Bucht auftauchte, wirkte der Hof wie ein wahres Vorbild an Frieden und Wohlstand. Das Vieh glänzte wohlgenährt in der Morgensonne, unter jedem Dachvorsprung hingen Felle zum Trocknen, und unten am Strand waren die Trockengerüste voll Dorsch und Lachs. Drüben am Bach wuschen Arneid und Gunnhild ihre Wäsche so gewissenhaft, als hätten sie nie etwas anderes im Sinn gehabt, und Bjarni Grimolfsson und Snorri Thorbrandsson holten gerade einen Klumpen Sumpferz aus der Schmelzgrube, als der Ruf schallte, daß Karlsefnis Schiff gesichtet worden sei.

Gudrid war soeben auf dem Weg zum Vorratshaus gewesen, um Wolle zu holen, und hatte einen Moment lang tief eingeatmet vor Freude und Erleichterung. Jetzt eilte sie zurück zum Langhaus, hob Snorri von seiner Decke neben Emmas Füßen und rief mit leuchtenden Augen: »Macht alles zum Festessen bereit. Jetzt kommt Karlsefni endlich nach Hause!«

Sie arbeitete unter Hochdruck, bis sie erfuhr, daß das Schiff Anker geworfen hatte und Karlsefni gerade dabei war, ins Beiboot zu steigen. Schnell zog sie ein Leinenhemd und ein dunkelblaues Kleid an, steckte das Haar ordentlich unter einem Seidentuch hoch und legte sowohl den Armreif an, den ihr der Vater geschenkt hatte, als auch das mit Steinen geschmückte Goldarmband, das Karlsefnis Morgengabe bei ihrer Hochzeit gewesen war. Sie war schon auf dem Weg zur Tür hinaus, als Thorkatla mürrisch bemerkte, sie habe dem Jungen wohl umsonst saubere Kleidung angezogen.

Gudrid lachte, riß Snorri schnell an sich und lief durch die Öffnung der Pfähle unten am Strand, gerade als Karlsefni an Land watete.

Sie fühlte sich plötzlich ungewohnt schüchtern, als er ihr entgegenkam, breitschultrig, langbeinig und mit leuchtenden blauen Augen, die in dem zerfurchten, sonnengebräunten Gesicht blitzten. Während sie Snorri fester an sich drückte, überlegte sie, ob Karlsefni gleich zu ihnen kommen würde oder ob er sich zuerst mit anderen Dingen beschäftigen müßte.

Karlsefni sprang auf das Gras, umarmte Frau und Kind und rief: »Sei gegrüßt, Gudrid. Ich sehe, du hast gut auf Snorri aufgepaßt!«

Der Junge preßte das Gesicht gegen den Hals der Mutter, als er seinen Namen hörte. Sie streichelte den festen kleinen Rükken und lächelte.

»Sei gegrüßt, Thorfinn! Snorri und ich haben dich vermißt – nur weiß er es noch nicht.«

Behutsam überließ sie Snorri den riesigen Händen des Vaters, während sie darauf achtete, daß das Kind sie nicht aus den Augen verlor. Einen Augenblick lang kaute Snorri zurückhaltend und schmatzend auf seiner eigenen Faust, aber er fand schnell heraus, daß sich der Bart und das dicke sonnengebleichte Haar des Vaters viel besser dazu eigneten.

»Er hat einen festen Griff«, bemerkte Karlsefni stolz.

»Ja, und damit kann er auch tüchtig zupacken. Ich werde deine Haare wohl bald etwas kürzer schneiden müssen!«

Bevor sie das Haus erreichten, kam es ihr vor, als wäre Karlsefni nur einen oder zwei Tage verreist gewesen, nicht zwei Monate. Allerdings hatte sie viel zu erzählen und auch viel zu fragen ... Aber sie müßte wohl geduldig sein und bis nach dem Abendessen warten, dann würde Karlsefni allen auf dem Hof von seiner Fahrt berichten.

∞

Gudrid hatte für den Rest des Tages genug damit zu tun, das Fest vorzubereiten. Karlsefni mußte das Löschen der Ladung aus Rundholz und Pelzwerk genau beaufsichtigen, außerdem führte er lange Gespräche mit Snorri Thorbrandsson und Bjarni Grimolfsson. Er wirkte müde und niedergeschlagen, als er hereinkam, um sich für das Abendessen zu waschen und bereitzumachen. Gudrid brachte ihm Wasserschüssel und Handtuch, aber er nahm ihr nur die Sachen ab und zog sie zu sich herunter, ohne etwas zu sagen.

Schließlich faßte sich Gudrid ein Herz. »Hast du etwas erfahren, was dir mißfällt, Thorfinn?«

»Mißfällt ... Dadurch, daß ich dich hier zurückließ, habe ich dich einem Angriff ausgesetzt.«

»Isleif, meinst du ... Wer hat es dir erzählt – Bjarni oder Snorri?«

»Alle beide. Und beide sagten sie, ich hätte mir eine tüchtige Frau ausgesucht.« Er lächelte dünn. »Wer tötete Isleif – du oder Emma?«

»Wir beide!« Sie spürte eine überschäumende Freude darüber, daß Karlsefni es offenbar bereute, sie nicht mitgenommen zu haben. »Mein Messerstich hätte ihm einen langsamen Tod bereitet. Emma erwischte ihn, bevor er Snorri oder mir Schaden zufügen konnte. Ich möchte, daß du Emma die Freiheit schenkst – dann wird auch niemand mehr versuchen, sie zu mißbrauchen ...«

»Da gebe ich dir recht, Gudrid – ich verstehe nur nicht, warum du damit gewartet hast, bis ich nach Hause zurückkehre. Bevor ich wegfuhr, erklärte ich vor Zeugen, daß du und Snorri Thorbrandsson die Vollmacht hättet, während meiner Abwesenheit in meinem Namen zu entscheiden!«

»Ja«, sagte Gudrid zornig. »Aber ich dachte, solange ich mich nicht wie eine Witwe benehmen würde, wäre die Wahrscheinlichkeit geringer, eine zu werden.«

Diesmal lachte er laut und zeigte auf Snorri, der in seiner Wiege bedächtig auf einem Stück Trockenfisch kaute.

»Witwe bist du wahrhaftig nicht, Gudrid! Das werden wir unter Beweis stellen, indem wir die Wiege während der nächsten Jahre immer belegt halten.«

∞

Als die Frauen schließlich die Tische nach der Abendmahlzeit weggeräumt hatten, wurde es in der Stube langsam ruhiger. Herausgeputzt in Festkleidung, mit Goldschmuck und mit frisch gewaschenem Haar und Bart, erhob sich Karlsefni von seinem Ehrensitz und begann mit seiner Ansprache:

»Als wir uns zu dieser Mahlzeit hinsetzten, dankte ich Thor und Christus dafür, daß das Glück noch immer mit uns ist. Bevor ich von der Reise berichte, möchte ich mich auch bei meiner Mannschaft für die gut ausgeführte Arbeit bedanken. Außerdem schulden wir Bjarni Grimolfsson und den anderen Dank, die die Häuser bewacht haben. Ihr seid alle meine Zeugen, wenn ich erkläre, daß Emma künftig die Freiheit besitzt, weil sie Gudrid so treu gedient hat.«

Er erhob die Hand, damit das Murmeln sich legte.

»Sie möchte auch weiterhin Emma heißen, doch Flachnase, dem ich heute ebenfalls die Freiheit schenke, möchte lieber, daß ihr seinen richtigen Namen benutzt, Pekka. Aber er sagt, ihr könnt gern Flachnase hinzufügen, da es nicht schaden kann, einen Beinamen zu tragen – und seine Nase wird genauso flach bleiben wie bisher!«

Als das Lachen sich gelegt hatte, sagte Karlsefni: »Im Namen aller danke ich Gudrid und den anderen Frauen für das gute Essen, das wir gerade genießen durften.«

Einen Augenblick lang hielt er Gudrids Augen mit den seinen gefangen, dann wurde seine Stimme trocken und sachlich.

»Dichter Nebel veranlaßte uns, in westlicher Richtung am Festland entlangzusegeln und nicht den südlichen Kurs einzuschlagen, wie wir ursprünglich vorhatten, um Thorvald Erikssons Grab zu suchen. Das Wetter klärte sich auf, gerade als wir an der Südspitze einer großen, in der Mündung eines riesigen Fjordes gelegenen Insel vorbeisegelten. Åsgrim erinnerte sich, daß Leif Eriksson die Südküste dieses Fjordes erforscht hatte – wegen der seltsamen Landzunge an der Backbordseite sei er leicht zu erkennen. Der Fjord war voll von Fischen, Robben und Vögeln. Die Strömung war stark, genau wie im Sund hier draußen, und der Unterschied zwischen Ebbe und Flut war groß.

Åsgrim sagte, der Fjord sei so riesig, daß wir genau wie Leif das Ende nicht erreichen würden. Im großen und ganzen entdeckten wir ein reiches Land – das beweisen das Rundholz und die Pelze, die wir bei uns haben. Auf der Hinfahrt untersuchten wir die Südküste des Fjordes und auf der Rückfahrt die Nordküste. Die Strömung war so stark, daß alle, die in diese Richtung fahren, viel Zeit für die Heimreise einplanen müssen. Das Weideland wurde besser, je weiter südlich wir kamen, aber nirgendwo fand ich bessere Weiden als hier. Bjarni beabsichtigt, unsere eigene Insel in östlicher und südlicher Richtung zu erforschen – er hofft, mehr Stellen mit gutem Weideland zu finden, die auch eine vertretbare Entfernung nach Grönland haben. Wir hoffen, vor dem Winter entscheiden zu können, wo wir im nächsten Sommer siedeln wollen.«

»Und was ist mit den Weinbeeren?« fragte einer der beiden Grönländer unter Bjarnis Leuten.

»Sie wären nicht reif gewesen, da sogar die Blaubeeren unreif waren«, antwortete Karlsefni. »Wir haben allerdings auch nicht nach ihnen Ausschau gehalten – daran können wir später denken, wenn mehr Leute hier sind und wir auf unseren Höfen einen guten Anfang gemacht haben.«

»Wir haben schon einmal welche gefunden, und wir werden sie wiederfinden«, sagte der Grönländer gutmütig. »Hast du Skrælinge gesehen, die reif genug zum Pflücken waren?«

Karlsefnis Gesicht nahm einen ernsten Ausdruck an. »Im inneren Teil des Fjordes, in dem ein großer Fluß mündet, befanden wir uns gewiß in ihrem Land. Wir schlugen dort einige Tage unsere Zelte auf, um auszuruhen und zu angeln. Eines Morgens wachten wir auf und sahen einige Fellboote mit Skrælingen auf uns zukommen, sie standen aufrecht und winkten mit Stöcken und Schellen – der Krach hatte uns aufgeweckt. Wir drehten die weiße Seite unserer Schilde nach außen und gingen ihnen entgegen. Sie begriffen wohl, daß wir sie nicht zum Kampf herausfordern wollten, schauten sich nur ausgiebig um und ruderten dann weg. Und für uns wurde es Zeit, in Richtung Heimat zu segeln und euch von dem, was wir gefunden hatten, Bericht zu erstatten, so daß auch Bjarni endlich auf Entdeckungsfahrt ziehen kann.«

∞

»Ist dieses Land so groß, wie Leif uns erzählte?« fragte Gudrid, als sie und Karlsefni sich schließlich im Bett ausstrecken konnten, nachdem sie Snorri in den Schlaf gewiegt hatte.

Karlsefni brummte zufrieden und grub die Schultern tief in

die Kissen. »Mm – mm ... ein richtiges Bett! Und dieses hat auch eine Frau zu bieten.« Er zog sie an sich und rieb die Nase gegen ihr Haar. »Ja, dieses Land ist riesig, und es enthält sowohl nutzbare als auch ungeeignete Stellen, deswegen dürfen wir nichts überstürzen, wenn es um die Entscheidung geht, wo wir uns niederlassen wollen.«
»Und – und die Skrælinge?«
»Wir müssen abwarten. Gerade jetzt möchte ich aber an etwas anderes denken!«

∾

Gudrid wollte gerade einschlafen, als Snorri zu weinen anfing. Sie schob sich leise aus dem Bett und hob den nassen Sohn hoch, der gierig nach ihrer Brust suchte, noch bevor sie wieder unter dem Schaffell lag. Karlsefni nahm mehr als die Hälfte des Bettes ein, und es war für Gudrid schwierig, sich mit dem Kind in den Armen hinzulegen. Snorri, der nur zu genau wußte, wie gemütlich es war, in dem geräumigen Bett gestillt und liebkost zu werden, verlieh seinen Forderungen in der einzigen Art und Weise Nachdruck, die er kannte. Karlsefni brummelte ärgerlich wegen der Störung, und Gudrid versuchte, den schreienden Jungen zum Schweigen zu bringen, aber es half nichts.
»Leg ihn wieder zurück in die Wiege, Gudrid!« sagte Karlsefni. »Wir brauchen unseren Schlaf.«
»Aber er hat Hunger!«
»Warum saugt er dann nicht?«
»Das mußt du ihn selber fragen!« murmelte Gudrid empört. An dem Husten, Räuspern und dem Geräusch von sich im Bett umdrehenden Menschen merkte sie, daß viele um sie herum wach lagen und dem zuhörten, was gesagt wurde.
Karlsefni seufzte. »Was machst du, wenn er mitten am Tag schreit?«
»Das macht er so gut wie nie. Nicht, wenn er satt ist und jemand ihn schaukelt.«
»Ich hatte den Eindruck, daß er vollkommen satt war, bevor wir uns hinlegten. Leg ihn zurück, dann werde ich die Wiege schaukeln, ich kann sie von hier aus erreichen.«

Es war nutzlos, noch mehr Einwände vorzubringen. Wieder kletterte Gudrid über Karlsefni und legte den wütenden Sohn zurück in die Wiege, wickelte ihn in ein reines trockenes Tuch und deckte ihn gut zu. Hoffentlich verstand er nicht, daß sie ihn im Stich gelassen hatte, weil es ihr nicht gelang, zwei Herren zu dienen! Als sie das Fell wieder über sich zog, hörte sie das gleichmäßige Knirschen der Wiegenkufe, gemischt mit einem Laut, der dem zornigen Schrei einer Möwe glich, die unfähig war, eine Miesmuschel zu öffnen. Kurz bevor sie einschlief, überlegte sie noch, warum es keiner Zeugen bedurfte, wenn einer Hausfrau nach der Rückkehr ihres Mannes die Entscheidungsgewalt entzogen wurde.

∞

Karlsefnis Autorität war genauso lautlos und unantastbar wie die Kraft, die das Gras aus der Erde zog und aus Blüten Beeren machte. Keiner widersprach seinem Vorschlag, daß Bjarni und seine Männer mit ihrer Fahrt ein paar Tage warten sollten, damit beide Mannschaften gemeinsam einige Weißwale in die seichte Bucht hineintreiben konnten.

Das Wasser war rot vom Schlachten der vielen Wale. Die erfolgreiche Jagd verlieh ihnen einen guten Zuwachs an Fleisch, und der Speck war so süß, daß selbst Snorri einen Streifen davon kaute und sein kleines Gesicht vor Fett und Zufriedenheit leuchtete. Gudrid schnitt Grimassen, als sie den Sohn hochheben wollte, um ihn vor dem abendlichen Saubermachen zu stillen.

»Ich habe ihn erst vor ein paar Tagen gebadet und schau ihn jetzt an – glitschig wie eine Flunder!«

Karlsefni lag im Gras und ruhte sich gemeinsam mit den anderen aus, während sie Speck kauten und der Erinnerung an die Jagd nachhingen. Jetzt sprang er hoch und schnappte sich das Kind.

»Ich werde dir zeigen, wie ein Mann badet, mein Sohn!«

Die riesigen Hände schützend um Snorri gelegt, ging er mit schnellen Schritten zum Wasser hinunter und übersah dabei Gudrid, die halb lief, um mit ihm Schritt zu halten. Genauso geschickt, wie er ihr das Hemd im Brautbett ausgezogen hatte, streifte er ihrem Sohn das Gewand ab und tauchte den kleinen Hintern ins Wasser. Nur einen Augenblick hielt Snorri still, dann fing er an zu planschen und Schlamm und Wasser in alle Richtungen zu spritzen. Karlsefni watete noch einige Schritte weiter hinaus und tauchte dabei das Kind bis zum Hals in das blutige Wasser, während er das Walfett abspülte und auf das hellwache, fragende kleine Gesicht achtete. Dann schritt er ans Land und gab Gudrid Snorri zurück.

»Snorri hat sich wohl gefühlt, weil ich es so wollte«, sagte er stolz. »Und er hat keine Angst – weder vor Blut noch vor Wasser.«

∽

Bjarni und Thorhall zogen mit ihrer ganzen Mannschaft los und nahmen sowohl Arneid als auch Gunnhild mit. Gudrid entwich ein Seufzer der Erleichterung, und sie dachte, für eine Weile könne sie gut nur mit Thorkatlas und Emmas Hilfe zurechtkommen. Eine Gruppe so verschiedener Menschen, wie sie es waren, würde sich wohler fühlen, wenn sie ihre eigenen Höfe hätte und nur an Fest- und Thingtagen zusammenkam, wie es Sitte und Brauch war. Karlsefni wollte ihr aber noch nicht verraten, ob er schon eine passende Stelle für einen eigenen Hof gefunden hatte. Jedesmal, wenn sie mit dem Thema anfing, schaute er nachdenklich vor sich hin und sagte, sie müsse sich gedulden, bis Bjarni und die anderen mit ihrem Bericht zurückkämen.

∽

Ungefähr fünf Wochen nach ihrer Abreise segelten Bjarni und Thorhall an einem kühlen, bewölkten Nachmittag mit starkem Seewind, der nach Herbst roch, in die Bucht herein. Gudrid saß an der Wand vor der Frauenwohnstube und vernahm die Rufe und das Krachen der Segel so deutlich, als wäre sie unten am Strand. Bevor sie Snorri unter ihren Schal nahm, steckte sie den Kopf zur Tür hinein und ordnete an, daß Thorkatla und Emma mit dem Weben aufhören und reichlich Rentierfleisch kochen sollten, dann eilte sie hinunter zum Strand, damit ihr Sohn die ganze Aufregung miterleben konnte. Er war jetzt beinahe fünf Monate alt und nahm regen Anteil an allem, was um ihn herum passierte.

Gudrid schloß sich Karlsefni und den anderen Zuschauern an, die auf das Schiff warteten. Sie machten alle miteinander grimmige Gesichter.

Vorsichtig bemerkte sie: »Sie müssen eine schwere Ladung haben, da sie so tief im Wasser liegen!«

Ohne die Augen von dem Schiff zu nehmen, antwortete Karlsefni: »Entweder das, oder das Boot hat mehr Wasser aufgenommen, als sie ausschöpfen konnten.«

Er erteilte den Befehl, das größte Beiboot zu Wasser zu lassen, und übernahm selbst das Ruder. Diejenigen, die am Strand zurückblieben, sahen gespannt zu, während das »Mondschiff« an den Schären vorbeisegelte und Anker ließ, nachdem es schon auf der ersten Schlammbank festgesessen hatte. Gudrid sah, wie Karlsefni das Fallreep hochkletterte, während Thorbrand Snorrison seinen Platz am Ruder übernahm. Gleich darauf stiegen Arneid und Gunnhild in Karlsefnis Beiboot und wurden weit genug gerudert, um an Land waten zu können.

Die beiden Frauen waren kugelrund, und Gudrid überlegte, ob sie vielleicht schwanger seien, es stellte sich aber heraus, daß die beiden nur die Gelegenheit genutzt hatten, beim Fleisch und Wild tüchtig zuzugreifen, ohne dafür einen Finger krumm machen zu müssen.

»Wenn das Boot auf der Heimreise nicht soviel Wasser aufgenommen hätte, wäre es eine tadellose Reise gewesen«, behauptete Arneid und wrang das Wasser aus dem Rockzipfel. »Aber dann waren die Mannsleute sauer genug, das kann ich dir sagen!«

Sie lobte Snorri und kitzelte ihn unter dem Kinn. »Er ist gut dabei, wie ich sehe. Wer hätte gedacht, daß ein so dünnes Geschöpf wie du genug Milch haben würde, Gudrid!«

Gunnhild kam keuchend nach, schaute Gudrid kritisch an und sagte im gleichen Ton: »Du hast nicht mehr Fett auf den Rippen als bei unserer Abfahrt! Alles kommt wohl dem Kleinen hier zugute. Du mußt dafür sorgen, daß Karlsefni Land für seinen Hof an einer so guten Stelle rodet, wie wir sie gefunden haben – dann könntest du dich auch dick und fett fressen!«

Gudrid befürchtete, die zwei würden ihre runden Formen derart verteidigen, daß sie sich weigern würden, bei der Bewirtung von über sechzig Menschen mitzuhelfen, aber zum Glück erweckte der Anblick von geräumigen Kochgruben und guter saurer Milch ihre hausfraulichen Fertigkeiten wieder zum Leben. Das Essen, das an diesem Abend in Karlsefnis Stube aufgetischt wurde, schmeckte genauso gut wie das, was Gudrid früher im Sommer beim Begrüßungsfest für Karlsefni angeboten hatte. Die Leute bedienten sich noch von den Schüsseln mit Beeren, als Karlsefni Bjarni bat, über die Fahrt zu berichten.

Bjarni bestätigte, was Gunnhild über den guten Baugrund an der Südostküste der Insel gesagt hatte.»Ich selbst und viele meiner Leute würden sehr gerne dort roden. Es gibt genug Wiesen für mehrere Höfe, außerdem weite Strecken mit Strandgerste und im Landesinneren noch genügend nahrhaftes Wild sowie Rundholz zum Handeln. Aber das Meer hat die größten Reichtümer. Nicht einmal vor Snæfellsnes in Island würdet ihr auf so reiche Fischbänke stoßen, wie wir sie hier entlang der Südküste gefunden haben. Und überall gibt es jede Menge Robben, Wale und Vögel.«

»Aber wir haben keine Weinbeeren gefunden«, sagte derselbe Grönländer, der das Thema angeschnitten hatte, als Karlsefni nach Hause zurückgekehrt war.

»Nein, das haben wir nicht«, sagte Bjarni.»Und auch keine Skrælinge. Mir scheint es ziemlich sicher, daß hier auf dieser Insel keine Weinbeeren wachsen. Um sie zu finden, müssen wir wohl auf dem Festland in Richtung Süden fahren, wo einige unserer grönländischen Freunde schon vor uns waren. Aber ich bin derselben Meinung wie Karlsefni – Weinbeeren sind gerade jetzt nicht unbedingt das Wichtigste. Ich bin mir sicher, daß wir uns trotzdem ein gutes Getränk brauen können, genau wie im letzten Jahr. Ich für meinen Teil mache mir die meisten Gedanken um mein Schiff. Es bekam ein Leck, als wir den nördlichen Kurs einschlugen. Karlsefni und ich untersuchten es heute nachmittag gründlich, und er ist ebenfalls der Meinung, daß mehrere Plankengänge ausgetauscht werden müssen. Ich habe vor, morgen das ›Mondschiff‹ an Land zu ziehen und mit der Arbeit zu beginnen.«

Es gab mehr als genug an gutem gelagertem Holz, um Bjarnis Schiff zu reparieren, die Axthiebe hallten in der Luft wider, in der der Duft von frisch gefälltem Holz hing. Während Gudrid am Bach kniend die Wäsche wusch, sog sie die Luft ein und träumte von dem Hof, den Karlsefni und sie bauen würden. In einem so reichen Land könnten sie sicher das ganze Langhaus aus Holz bauen!

Sie blickte über die Schulter zu Klein-Snorri hinüber, er krabbelte auf Händen und Knien hin und her, während er einige schwankende Wollgrasähren beobachtete. Das Leben würde wohl für sie beide schwieriger werden, wenn der Winter und die Zeit im Haus begannen ... Plötzlich sah sie das entstellte Gesicht und die verkrüppelten Hände von einem der Dienstmädchen auf Brattahlid vor sich. Als Kleinkind war es in das Herdfeuer gefallen, und die Mutter hatte sich geweigert, das Kind zu ertränken.

»An so etwas darf man nicht denken«, sagte Gudrid leise und wrang die letzten Leinenstücke aus, bevor sie sie zum Trocknen um die Trockenbretter wickelte. Abgesehen von den üblichen Schnittwunden und Unfällen, von Geschwüren und anderen Hautkrankheiten, die normalerweise die dunkle Jahreszeit begleiteten, waren sie alle von Krankheiten verschont geblieben, seit sie von daheim weggefahren waren. Ihr wurde bei dem Gedanken leichter zumute, daß man auch in diesem Winter von ihren Heilkünsten wenig Gebrauch machen müßte. Ihr unternehmungslustiger Sohn beanspruchte immer mehr von ihrer Zeit; außerdem litt er momentan wegen der ersten Zähne unter Schmerzen und hielt sie nachts oft wach.

Nach einer solchen Frühlingsnacht kamen auch die Skrælinge zurück.

DIE SCHATTEN WERDEN LÄNGER

Diesmal kamen sie auf dem Seeweg und nicht aus dem Hinterhalt, und Karlsefni nahm an, daß sie sicher nur des Handels wegen gekommen seien, auch wenn diesmal bedeutend mehr von ihnen landeten. Er bat die Frauen, den Lodenstoff, den sie im Laufe des Sommers gewebt und gefärbt hatten, bereitzulegen, und bevor die Skrælinge ihre kleinen Fellboote an Land gezogen hatten, lagen geordnete Stapel mit zugeschnittenen Stoffstücken auf dem Grasplatz innerhalb der Pfähle.

Die fünf Frauen beobachteten aus sicherem Abstand, wie die Skrælinge stehenblieben, um sich die Einzäunung genauer anzuschauen. An der Öffnung standen viele der Siedler Wache, mit Speeren in den Händen und Schwertern, Messern und Äxten im Gürtel. Der hochgewachsene, junge Häuptling der Skrælinge trat einen Schritt nach vorn und warf sein Pelzbündel durch die Öffnung. Mit Stoffstücken in den Händen ging ihm Karlsefni entgegen, und schon bald verlief der Handel genauso glatt wie das vorige Mal.

Snorri war hungrig und quengelte, und Gudrid war froh, daß sie einen Vorwand hatte, ins Haus zu gehen, denn sie hatte in den letzten Nächten wenig geschlafen und war todmüde, nicht zuletzt wegen der hektischen Vorbereitungen für den Besuch der Skrælinge. Nachdem sie Snorri gestillt hatte, nahm sie ihr Spinnrad und setzte sich auf einen Schemel in die Türöffnung der Frauenstube, sie genoß die Wärme der Mittagssonne, während sie Snorri in der Wiege mit dem Fuß schaukelte. Gerade kämpfte sie damit, die Augen offenzuhalten, als der Schatten einer blassen, jungen Frau auf den Eingang fiel. Die Frau war kleinwüchsig, hatte riesige Augen, und ihre rotbraunen Haare wurden von einem Band zusammengehalten, außerdem trug sie ein schwarzes, enganliegendes Gewand von der gleichen Art, in der auch Gudrid sich oft kleidete.

Die Fremde sagte weich: »Wie heißt du?«

»Ich heiße Gudrid. Und wie heißt du?«

»Ich heiße Gudrid.«

Als Gudrid dem Gast durch Zeichen anbieten wollte, Platz zu nehmen, hörte sie lautes Getöse, und die Frau verschwand. Vom Abhang vor den Häusern vernahm sie Rufe und Schritte, und als sie um die Ecke stürzte, um zu fragen, was passiert sei, sah sie die Skrælinge in wilder Flucht hinunter zu ihren Booten rennen, außer einem, der mit einem Speer in der Brust neben Åsgrim dem Mageren lag.

Als sie Gudrid erblickte, stürmte Emma aus ihrem Zufluchtsort hinter dem Badehaus hervor und stammelte: »Einer der Skrælinge wollte Åsgrims Messer stehlen.«

»Na, er bekam den Lohn für seine Mühe ...« Gudrid sah dem Schwarm kleiner Fellboote nach, der aus der Bucht hinaus floh, und fügte hinzu: »Ich frage mich, ob sie ihre Frau mitgenommen haben!«

»Welche Frau, Gudrid?«

»Die Frau, die gerade hier war. Hast du sie nicht fortrennen sehen?«

»Nein, das habe ich nicht. Wir müssen Thorkatla fragen.«

Aber weder Thorkatla noch die anderen hatten die fremde Frau gesehen. Sobald sich alle auf dem Hof um Karlsefni und Bjarni versammelt hatten, um über das, was passiert war, zu beraten, beschrieb Gudrid die unbekannte junge Frau und fügte hinzu, wie schläfrig sie selbst gewesen war. Alle waren der Meinung, daß sich die Skrælinge mit Zauberkünsten an ihr versucht hätten. Aus diesem Grund müßten sie den Toten um die Häuser tragen, der Sonne entgegengesetzt, bevor sie ihn unten am Strand, so weit entfernt wie möglich, begruben.

Karlsefni schaute Gudrid und den schlafenden Snorri nachdenklich an und sagte schließlich: »Die Skrælinge werden uns bestimmt ein drittes Mal besuchen, und wir können sicher sein, daß sie als Feinde wiederkommen werden, begleitet von so vielen Leuten, wie sie nur auftreiben können. Hört meinen Plan: Um den Feind in die Irre zu führen, werden zehn Männer auf dem Felsvorsprung im Süden der Bucht stehen. Wenn der Kampf beginnt, haben sie von dort aus einen kurzen Weg zurück zu der ebenen Wiese unterhalb von Leifs Langhaus, wo die Schlacht nach meinem Wunsch stattfinden soll. Während wir auf die Skrælinge warten, müssen wir im Wald ein Versteck für Frauen und Tiere vorbereiten, und wenn die ersten Skrælinge kommen, gehen wir ihnen mit unserem Bullen entgegen, um sie einzuschüchtern und um sie dorthin zu bekommen, wo wir sie haben wollen. Die Hauptsache ist, daß der Kampf hier auf offener Wiese stattfindet, dann können wir die Skrælinge aufs Meer hinaustreiben und verhindern, daß sie wie die Luchse im Wald hin und her schleichen. Und sollten sie uns zurücktreiben, werden wir über den Bach springen und von dem Plateau mit den Steinpyramiden aus weiterkämpfen.«

∽

Die Männer machten sich daran, im Wald eine kleine Lichtung zu roden. Gefällte Baumstämme und Buschwerk wurden als Schutzwall in allen Richtungen aufgehäuft. Die Frauen trugen sämtliche Vorräte an Trockenfleisch und -fisch in den Wald, denn keiner wußte, wie lange sie sich in ihrem Versteck aufhalten müßten, und sie konnten es sich nicht leisten, etwas Eßbares zu verlieren. Jedes Tier, das sie auf die Lichtung führten, wurde festgebunden, und sogar dem kleinsten Schwein wurden die Kiefer zusammengeschnürt, damit es nicht quieken konnte. Anschließend hüllten die Frauen sich in ihre Umhänge, setzten sich an ihre Spinnräder und warteten.

Um Snorri ruhig zu halten, hatte Thorkatla einige in Stoffetzen gewickelte Speckstücke mitgebracht, und Gudrid legte außerdem die Bernsteinkette von Halldis an, da er diese gern in den Mund steckte. Sie fühlte sich gelassen und ruhig wie immer, wenn es darauf ankam – als wäre das Ganze nur ein Traum. Dieser schöne Ort war plötzlich nicht mehr ihr Eigentum, sondern gehörte dem Zauberzirkel einer Schar kleiner, dunkler Männer an, die kein verständliches Wort von sich gaben. Vielleicht war dies ihr Paradies, in dem sie, Karlsefni und die andern unbeabsichtigt gelandet waren ... Sie umarmte Snorri fest und schlug das Kreuzzeichen über sie beide.

Wie Karlsefni vorausgesagt hatte, ließen die Skrælinge nicht lange auf sich warten. Von ihrem Beobachtungsplatz aus konnte Gudrid sehen, wie es in der Bucht von kleinen Fellbooten nur so wimmelte. In vielen von ihnen standen Leute in aufrechter Haltung, klapperten mit ihren Rasselstöcken und johlten wie verrückt. Gudrid zog die Kapuze über die Ohren und preßte den protestierenden Sohn an sich. Gefolgt von nahezu fünfzig gut bewaffneten Männern, trieben Karlsefni und Thorbrand Snorrison den brüllenden Bullen vor sich her und hielten direkt auf die Skrælinge zu, um sie auf die Wiese zu zwingen, die die Siedler für den Kampf gewählt hatten. Die Männer, die draußen auf dem Felsvorsprung gewartet hatten, kamen ebenfalls angelaufen, um sich den anderen anzuschließen.

In dem nun folgenden Lärm hörte Gudrid einen schweren Krach, der gefolgt wurde von einem Augenblick der Stille, dann setzten erneut die Rufe und das Getöse ein. Anschließend gab es einen neuen Krach, und dann noch einen, so daß der Boden unter ihr einen Moment lang zitterte. Noch einmal schaute sie vorsichtig aus ihrem Versteck auf die Wiese nach unten. Die Skrælinge benutzten lange Stäbe mit einer Art aufgesteckten Netztüte, um blaue Kugeln in der Größe von Schafsmägen gegen die Nordmänner zu schleudern. Eine dieser Kugeln hatte anscheinend ihren Bullen getroffen, denn er lag auf der Seite und bewegte nur schwach die Beine.

Die Siedler kämpften verbissen gegen eine Übermacht, die ihnen hoffnungslos groß vorkam. Außer ihren Wurfwaffen gebrauchten die Skrælinge meistens Pfeil und Bogen sowie scharfe Steine, die sie durch die Luft sausen ließen, während die Nordmänner am liebsten Schwert und Axt verwendeten. Sie ließen ihre Pfeile oder Speere nicht oft fliegen. Thorband Snorrison und mehrere andere waren schon über den Bach gesprungen und kämpften von der Anhöhe auf der anderen Seite aus. Immer mehr näherten sie sich dem Versteck der Frauen, und Gudrid überlegte, ob Karlsefnis Plan wohl völlig fehlgeschlagen sei. Ihr Herz hörte beinahe auf zu schlagen, als ein paar Zweige im Wald hinter ihnen zerbrachen.

Arneid sprang auf und schrie: »Skrælinge!«

Sie hechtete von der Lichtung hoch auf einen großen Stein oberhalb der Stelle, wo die Männer kämpften. Gudrid stürzte ihr nach, um sie in Sicherheit zu bringen, aber es war zu spät. Vor den Augen aller kämpfenden Männer riß Arneid Kleid und Hemd auf und entblößte ihre fetten weißen Brüste, während sie schrie: »Die Skrælinge sind überall! Sie quellen aus dem Wald hervor, und ihr Schwächlinge tut nichts! Sagt ihnen, ich werde mit ihnen allen schlafen, wenn sie mich nur nicht töten!«

Karlsefni und seine Männer beachteten nichts außer dem Kampf um sie herum, aber mehrere Skrælinge in Arneids Nähe ließen aus Bestürzung über ihren Anblick sowohl die Waffen als auch die Kiefer herunterfallen. Zwei von ihnen machten einen Schritt auf sie zu, und wahnsinnig vor Angst streckte sie ihre Brüste nach vorn wie ein aufdringlicher Thingfeldkämpfer und schrie so laut, daß ihre kleinen Augen beinahe aus dem Kopf sprangen: »Nehmt mich, nehmt mich – aber laßt mich in Frieden leben!«

Unter den Skrælingen verbreitete sich der Schrecken. Ihr Häuptling rief etwas, und gehorsam wie eine Schar Schnepfen machten sie kehrt und liefen hinunter zu ihren Booten. Jetzt, da weniger Leute auf dem Plateau und auf der Wiese waren, entdeckte Gudrid, daß mehrere Skrælinge und zwei ihrer eigenen Männer unbeweglich auf der Erde lagen.

Einer der gefallenen Siedler war Thorbrand Snorrison. Zwei Skrælinge blieben neben ihm stehen, und der eine hob Thorbrands Axt auf, ahmte die Nordländer nach und schwenkte sie gegen den Kameraden. Der Freund fiel tot um, und der Skrælinghäuptling eilte herbei, hob die Axt auf und warf sie so gewaltsam gegen einen Stein im Bach, daß Wasser, Moos und Steinsplitter flogen. Dann stürzten die zwei Skrælinge den anderen nach, die schon auf dem Weg aus der Bucht waren. Stille senkte sich über die Landschaft.

Gudrid überließ Thorkatla ihren Sohn und lief zu Thorbrand hinunter. Ihr Jugendfreund lag mit einem großen Feuerstein im Schädel auf der Erde, der tote Skræling lag auf ihm. Sie bekreuzigte sich und schaute Karlsefni stumm an.

Snorri Thorbrandsson schloß sich ihnen an, schob den toten

Skræling mit einem Fußtritt zur Seite und sagte mit flacher, müder Stimme: »Jetzt habe ich weder Frau noch Sohn.«

Bevor Karlsefni etwas sagen konnte, kam Arneid mit wichtiger Miene angekeucht, ihre »Waren« stellte sie noch immer voll zur Schau.

Karlsefni hörte ihr einen Moment zu und sagte dann feierlich: »Wahrhaftig, wir sind dir alle zu großem Dank verpflichtet, Arneid. Gudrid wird dir jetzt ein neues Hemd als Ersatz für das geben, das man in Stücke riß.«

Gudrid verstand die Andeutung und legte den Arm um die vollschlanke Taille der anderen, um sie wegzuführen, aber Arneid hatte andere Pläne.

»Danke, aber ich muß erst nachschauen, ob mein Mann unverletzt ist!«

Bei bester Gesundheit stand Geir ein bißchen weiter weg und sprach mit Kol und Gunnhild, aber Arneid fegte noch um das ganze Schlachtfeld herum und ließ sich gnädigst für ihren außergewöhnlichen Mut loben, mit dem sie ein ganzes Heer in die Flucht geschlagen hatte.

∞

Der zweite tote Siedler gehörte Bjarnis Mannschaft an. Er wurde gemeinsam mit Thorbrand am Waldrand beerdigt, denn der Boden dort sollte zum Friedhof geweiht werden, wenn später einmal ein christlicher Priester nach Vinland käme. Um sicherzugehen, daß alles seine Richtigkeit hatte, ritzte Snorri auch ein Runenholz für jeden Toten – die Hölzer sollten bei der ersten Gelegenheit in geweihte Erde auf Snorri Godis Friedhof in Island gelegt werden. Karlsefni ließ dort, wo die zwei Männer gefallen waren, Steinpyramiden errichten, außerdem gab er ein Gedächtnismahl, bei dem sie den Bullen aßen, den sie hatten schlachten müssen.

Nachdem Karlsefni ein Gedenklied gesungen und eine Lobrede auf die beiden Toten gehalten hatte, ließ er den Blick langsam durch die Stube gleiten. Gudrid wartete gespannt, denn sie wußte, was nun folgen würde. Am Tag zuvor hatten Karlsefni und sie lange miteinander gesprochen, während sie Miesmuscheln für das Festmahl sammelten. Sie hatte ihm gesagt, daß sie sich wie eine Gefangene fühle, weil sie nicht frei umhergehen könne, und er hatte in seiner bedachten Art geantwortet, daß sie nur fragen müsse, und sofort würde sie jemand begleiten, wohin auch immer sie wolle. Außerdem hielten sie und die anderen Frauen sich sowieso bei den Häusern auf, so daß ihr Anliegen doch ohnehin nicht so bedeutend sei. Als sie ihm wütend erklärte, wieviel es ihr bedeutete, war er deutlich erschüttert. Für den Rest des Ausflugs schwiegen sie beide, aber sie spürte keine Wut mehr. Für Gudrid war es eine große Erleichterung, ihm mitteilen zu können, wie schlimm es sei, sich unfrei zu fühlen.

Jetzt fuhr Karlsefni mit lauter, fester Stimme fort: »Wir wissen, daß dieses Land riesig und voller Reichtümer ist. Wir wissen auch, daß wir es nicht alleine besitzen. Unsere Vorfahren, die Island aufbauten, und Erik der Rote und seine Siedler auf Grönland fanden menschenleere Länder und brauchten ihre Zeit und Kräfte nicht an äußere Feinde zu verschwenden. Alle hier haben gesehen, daß die Skrælinge in der Überzahl sind und sowohl Zauberei als auch Krieg kennen. Wir wissen nicht, wo sie wohnen, aber sie wissen genau, wo sie uns finden können! Außerdem ist es für uns nicht einfach, Verstärkung von daheim zu bekommen. Nur im Spätsommer verläuft die Fahrt zwischen Grönland und diesem Ort problemlos, und diejenigen, die sich in den wärmeren Gegenden weiter südlich auf dem Festland niederlassen wollen, können die Reise nicht in einem Sommer schaffen und müssen entweder hier oder irgendwo weiter nördlich auf dem Festland überwintern, wo der Winter hart ist. Die See verbindet uns nicht mehr mit unserem Geschlecht, sie trennt uns ...«

Der einzige Laut im Raum war das Knistern der Feuerstelle. Karlsefni hakte die Daumen in seinen Gürtel und fuhr fort.

»Jetzt frage ich euch: Sollen wir in einem Land bleiben, wo unser Vieh vielleicht als Wild gejagt wird? Möchten wir so weit entfernt von unserem eigenen Volk wohnen, daß die Familie nichts mehr bedeutet? Wollen wir, daß unsere Frauen und Kinder ihr Leben aufs Spiel setzen, wenn sie sich von den Häusern entfernen?«

Gudrid versuchte, in dem dunklen Raum Karlsefnis Blick zu begegnen, aber er hielt die Augen fest auf die Wand gegenüber gerichtet, während er sich für das sammelte, was er noch auf dem Herzen hatte.

»Ich habe einen Sohn. Ich möchte, daß er seine Verwandten kennenlernt, und ich möchte für ihn und seine Brüder Reichtümer ansammeln. Wegen der großen Entfernung nach Grönland und wegen der geringen Anzahl der Leute haben wir kaum Hoffnung, mit dem, was das Land abwirft, ordentlich Handel treiben zu können. Bjarni, Thorhall, Snorri und ich haben beraten und sind der Ansicht, daß wir im Frühjahr nach Hause zurückkehren und die Grönländer daran erinnern sollten, daß es nur ein Stück weiter nördlich von dieser Insel reichlich Rundholz und Pelze gibt und die Entfernung dorthin gut zu bewältigen ist. Für eine richtige Besiedlung brauchen wir viel mehr Männer, als wir jetzt bei uns haben, und es bedarf starker Priester, um die Zauberei der Skrælinge zu brechen. Jetzt bitte ich jeden Mann hier, seine Meinung in dieser Sache zu äußern.«

Nur Åsgrim der Magere und die drei anderen Grönländer, die bereits Leif und Thorvald begleitet hatten, brachten Einwände vor. Sie würden am liebsten im neuen Land bleiben und im Frühjahr in Richtung Süden segeln. Einer der Grönländer, ein rauher, mürrischer, alter Jäger aus Bjarnis Mannschaft, murmelte etwas davon, daß er doch einmal im Wein baden möchte, auch wenn es seine letzte Tat wäre – er habe die Schnauze voll von Wasser. Diese Bemerkung brachte viele gutmütige Scherze mit sich, und für den Rest des Abends war die Stimmung fröhlich und entspannt.

※

Am nächsten Morgen war Åsgrim der Magere in Karlsefnis Haus zuerst auf den Beinen. Er sagte munter: »Schiffsführer, es ist an der Zeit, das große Schiff für den Winter an Land zu ziehen, und dann bleiben uns nur noch die Beiboote, in denen wir herumfahren können. Meinst du nicht, ich sollte sie genauestens überprüfen?«

»Unbedingt«, sagte Karlsefni. »Wen möchtest du als Hilfe haben?«

»Bård aus Einarsfjord«, antwortete Åsgrim ohne Zögern. »Er ist der beste Schiffsschmied unter uns.«

Karlsefni warf ihm einen langen Blick zu. »Ja, das ist er – deswegen ist er jetzt auch gerade mit Bjarnis Schiff beschäftigt.«

»Wenn er und die beiden anderen Grönländer mir helfen, werden wir schnell fertig. Wir sind es gewohnt, zusammenzuarbeiten.«

∞

Als Gudrid später am Morgen hinausging, um Trockenfisch zu holen, sah sie die vier Grönländer eifrig damit beschäftigt, Karlsefnis größtes Beiboot zu überholen. Zwei von ihnen suchten gründlich nach Verschleißstellen im Segel, während Bård Wollfasern in die kleinen Risse im Rumpf steckte und Åsgrim neue Rudernägel schnitzte. Die Enttäuschung darüber, nach Grönland zurückkehren zu müssen, schien ihre Arbeitslust nicht zu verringern.

Beim Abendessen waren sowohl Åsgrim als auch Bård in bester Stimmung, und sie aßen so viel, daß Thorkatla anfing, sich zu beklagen. Kurz darauf hüllten sie sich in ihre Umhänge und legten sich schlafen, während die anderen Männer sich mit Brettspielen und Bastelarbeiten beschäftigten.

∞

In dieser Nacht quengelte Snorri viel, und Gudrid hörte im Halbschlaf, wie der Riegel der Eingangstür leise aufgeschoben wurde. Jemand mußte wohl aufs Klo – sie hoffte, daß er Snorri nicht aufwecken würde, wenn er wieder hereinkam.

Aber die Zeit verging, ohne daß jemand zurückkam. Gudrid überlegte, ob sie Karlsefni wecken und ihm erzählen sollte, daß etwas nicht stimmte, aber bevor sie eine Entscheidung treffen konnte, war sie wieder fest eingeschlafen.

Als sie am nächsten Morgen aufstand, um Glut für das Herdfeuer zu holen, warf sie einen schnellen Blick auf die Schlafpritschen. Åsgrim und Bård lagen nicht auf ihren Plätzen – und es kam ihr so vor, als habe sie es die ganze Zeit gewußt. Sie zündete Feuer an und weckte Karlsefni.

»Wenn sie fort sind, ist auch mein Beiboot fort«, sagte Karlsefni unerschütterlich. »Und Bjarni wird ebenfalls zwei Männer vermissen.«

Gudrid starrte ihn mit offenem Mund an, während er sich die Kleider anzog und mit leiser Stimme fortfuhr: »Ich schöpfte schon gestern morgen Verdacht, deswegen ging ich, bevor ich mich hinlegte, in die Speisekammer und entdeckte, daß einige Bretter leer waren. Wenn ich mich nicht irre, sind unsere Grönländer auf dem Weg in den Süden in der Hoffnung, das Land des Überflusses vor dem Winter zu erreichen.«

»Wirst – wirst du nicht versuchen, es zu verhindern?«

»Wie, Gudrid? Und warum? Um sie zu zwingen, gegen ihren Willen hierzubleiben, wenn ich sie überhaupt finden würde? Damit wir überlegen können, welchen Streich sie als nächstes aushecken? Nein, sie sollen ihren Willen haben. Vielleicht werden sie ankommen – wer weiß?«

»Aber unser Beiboot ...«

»Es ist ein preiswerter Kauf, wenn man bedenkt, daß sie uns im Bett hätten töten können, Gudrid«, meinte Karlsefni und band sich die Schuhe zu. »Ich werde nachsehen, ob ich richtig geraten habe.«

Als er zurückkam und der Hausgemeinde erzählte, was passiert war, schien keiner sonderlich überrascht zu sein, aber Eindride Schwanenhals gab zu bedenken, daß es schlimm sei, wenn sie für die Heimfahrt nur ein Beiboot hätten.

»Wir können ein neues bauen«, überlegte Karlsefni. »Wenn Bjarni mit der Reparatur seines Schiffes fertig ist, werde ich ihn bitten, mir einige seiner Leute auszuleihen.«

Bjarni hatte wegen des Fleißes der Grönländer am Vortage keinen Verdacht geschöpft, aber er sagte, er habe das Gefühl, er sei Kieselsteine im Schuh losgeworden.

∞

Karlsefni meinte, sie würden die Skrælinge in diesem Jahr wohl nicht mehr zu sehen bekommen, und da die Siedler sowohl von der Ungewißheit als auch von der ständigen Nörgelei der vier Grönländer befreit waren, konnten sie sich entspannt über den langen, mildem Herbst freuen. Das Wenige, was an Schnee fiel, schmolz schnell, und im Meer gab es noch Dorsch, als die Robben auf ihrer jährlichen Reise in den Süden an ihnen vorbeizogen. Solange das Vieh draußen auf der Weide bleiben konnte, gab es für Karlsefni keinen Grund, es zu schlachten, es sei denn, um eine Extraration Fleisch für Festtage zu haben. Gudrid ertappte sich daher bei dem Gedanken, wie es ihr wohl gefallen würde, wieder an einem Ort zu sein, an dem die Hausfrau sich glücklich schätzen konnte, wenn sie während der Schlachtzeit ausreichend Schlaf fand.

Wie in ihrer Kindheit schien die Zeit ohne Ecken und Enden dahinzufließen, und nur aufgrund der Tatsache, daß ihr Sohn wuchs und sich veränderte, merkte Gudrid, wie die Wochen vergingen. Thorkatla wurde runder und zufriedener denn je, und Emma bekam endlich Gelegenheit, ihre Fingerfertigkeit zu beweisen. Sie brachte Gudrid bei, ein schönes Blattmuster zu weben, und wenn sie draußen sitzen konnten, zeigte sie ihr so viele verschiedene Arten von Stickereien, daß Gudrid sich auf das Leben als reiche Hausfrau auf Karlsefnis Hof daheim in Island freute.

»Daheim in Island.« Als ihre Bindung zu Vinland Stück für Stück lockerer wurde, ertappte Gudrid sich dabei, die Bedeutung dieser drei Worte immer öfter vor ihrem inneren Auge auszukosten. Hier im Unbekannten war sie zufrieden gewesen, aber das kam vermutlich daher, daß sie Karlsefni und ihr Kind hatte und sich unter den ganzen Isländern wohl fühlte. Hier waren sie alle Einwanderer! Aber in Island würde sie immer noch Karlsefni und Snorri und einen eigenen Hof haben und hoffentlich noch mehr Kinder bekommen. In Island hatte sie doch ihre tiefsten Wurzeln. Endlich würde sie nach Hause zurückkehren, nach Hause in ein Land, das mindestens so schön war wie dieses und wo es keine Skrælinge gab.

∞

Arneid und Gunnhild sah sie nicht oft, denn ihre Männer hatten endlich begriffen, daß ihre weiblichen Reize allzu verlockend auf Karlsefnis Leute wirken könnten. Arneid hatte Gudrid diese Neuigkeit mit einem gewissen Stolz erzählt, allerdings auch mit einem kleinen Bedauern. So entspannt wie Gudrid momentan war, konnte sie sich darüber nur amüsieren.

An einem dunklen, stürmischen Nachmittag kurz vor Mariä Lichtmeß saß sie am Langfeuer und spielte Fingerspiele mit Snorri, als die Tür weit aufgerissen wurde und Arneid schluchzend in den Raum taumelte, die Hand vor das eine Auge gepreßt. Emma ergriff eine Öllampe und leuchtete ihr ins Gesicht, während sie sie zwang, das Auge offen zu zeigen – die Wimpern waren fast gänzlich in einer blauroten blutklebrigen Masse verschwunden. Am Kinn und an den Wangen hatte sie häßliche blaue Flecke.

Gudrid setzte Snorri in die Wiege und bekreuzigte sich. »Wer hat dir das angetan, Arneid?«

»Mein Mann«, jammerte die Frau. »Geir wurde so böse, nur weil ich sagte, ich freue mich darauf, meine Kinder auf Grönland wiederzusehen ...«

Gudrid reichte ihr ein Tuch, das Emma ins Wasser getaucht hatte. Arneid bedeckte damit vorsichtig das Auge, sog zitternd Luft ein und jammerte: »Seit Gunnhild anfing, damit anzugeben, daß sie im Spätsommer ein Kind erwartet, ist er sehr wütend. Sie ist nicht jünger als ich, und ihr Mann ist nicht halb so ein Kerl wie Geir!«

Gudrid sagte vorsichtig: »Es muß weh getan haben, die Kinder so zurücklassen zu müssen ...«

»Ihnen ging es gut auf dem Hof meines Onkels – wir zogen alle dorthin, als mein erster Mann ertrank. Und ich dachte, ich würde hier noch mehr Kinder bekommen«, antwortete Arneid schlicht. »Jetzt weiß ich nicht, was aus allem wird. Geir sagt, er will nach Hause und von seinem Teil des hier erworbenen Verdienstes in Island einen Hof kaufen.«

Sie saßen eine Weile schweigend da, die Stille wurde nur von Snorris Plappern unterbrochen. Plötzlich schaute Arneid auf und wendete sich mit ihrer alten Geschäftigkeit an Gudrid: »Gudrid, man sagt, du beherrschst Zauberkünste. Ich möchte, daß du meinen Geir verzauberst, damit er wieder lieb wird.«

Gudrid glaubte, einen Schlag ins Zwerchfell bekommen zu haben, aber sie ließ sich nichts anmerken.

»Ich werde etwas noch Besseres tun – nämlich Karlsefni veranlassen, mit Geir zu reden. Und ich werde einen guten Wickel für dein Auge machen, allerdings ohne Zauberkünste. Ich bin nämlich eine Heilfrau.«

∽

Als Karlsefni von seiner Unterredung mit Geir zurückkam, sah er so belustigt aus, daß Gudrid dachte, sie könne ihn ruhig fragen, wie das Gespräch verlaufen sei. Während sie an einem bewölkten, windstillen Tag ohne Schnee mit Snorri am Waldrand hinter den Häusern saßen – jeder Tümpel und jede Pfütze hatten schon eine milchweiße Kruste bekommen –, zog sie ihn ein bißchen auf: »Ich nehme an, Geir tut genau das, was du möchtest?«

»Das stimmt«, antwortete Karlsefni friedlich und schaukelte seinen mit Pelzen bekleideten Sohn mit dem Fuß. »Ich drohte damit, daß Schiffer die Gewohnheit hätten, streitsüchtige Leute bei der ersten Gelegenheit an Land zu setzen. Wir würden sie ganz einfach nicht mitnehmen, wenn wir zurück nach Grönland segelten. Anschließend fragte ich ihn, wer die Sache am Thing vortragen solle, wenn er Arneid töte. Thorgrim Troll aus Einarsfjord, war die Antwort. Daraufhin entgegnete ich Geir, daß er in dem Fall der erste Mann wäre, der damit angeben könne, eine Schlägerei mit Thorgrim gewonnen zu haben. Während Geir sich *das* durch den Kopf gehen ließ, fragte ich ihn, wieviel Mitgift er zurückzahlen müsse, wenn seine Frau sich von ihm scheiden ließe, außerdem, wer Blutrache für ihn nehme könne, wenn sie *ihn* töte.«

Als Snorri seine Eltern lachen hörte, kreischte er vor Freude, und seine blauen Augen tanzten zwischen den Eltern hin und her.

Karlsefni endete langsam: »Zum Schluß erinnerte ich ihn daran, daß die Leute nur das von dieser Reise erfahren werden, was wir selbst berichten – er solle doch überlegen, was unsere Nachkommen über uns erzählen werden.«

∽

Karlsefni und Bjarni hatten sich darauf geeinigt, alles für die Heimreise vorzubereiten, sobald die Jagd auf die Robbenjungen zu Ende war. Nach den eintönigen Wintermonaten gefiel es Gudrid, daß überall wieder lebhafte Tätigkeit herrschte, und als die Tage länger wurden, freute sie sich darüber, wieder im Freien sein zu können, während Snorri das Laufen lernte. Im Gegensatz zum letzten Winter gab es nur wenig Schnee und Eis, die Sonne wurde deswegen nicht so stark reflektiert und schmerzte auch in den Augen nicht so sehr, so daß Gudrid oft innehielt, um sich die vertraute Landschaft anzuschauen.

»Tut es dir leid, daß wir wegziehen werden, Gudrid?« fragte Karlsefni eines Tages, als er sie ganz in ihre Gedanken vertieft fand.

Sie drehte sich langsam zu ihm um. »Ich war so glücklich hier – so glücklich, daß ich dachte, dies könnte vielleicht das Paradies sein ... Aber an dem Tag, an dem Thorbrand fiel, begann ich zu überlegen, ob wir vielleicht versucht haben, das Paradies der Skrælinge zu übernehmen. Vielleicht verwenden sie Zauberkraft und Waffen, um uns wieder loszuwerden. Was glaubst du, Thorfinn?«

Er sah so aus, als würde er sich amüsieren. »Ich glaube, es wird Zeit, daß wir von hier wegkommen. Und ich fragte, ob es dir leid tue.«

Die Enttäuschung darüber, daß er keinen Kommentar zu den Gedanken abgab, mit denen sie sich so lange beschäftigt hatte, dauerte nur einen Augenblick. Sie lächelte und nahm seine Hand.

»Nicht, wenn ich mit dir zusammen bin! Und mir scheint, wir tun recht daran, den Ort zu verlassen, an dem böse Mächte gegen uns arbeiten. Glaubst du, wir werden je wieder hierher zurückkehren?«

»Alles kommt so, wie es kommen soll. Vielleicht wird der Ort eines schönen Tages blühen und gedeihen, und unser Snorri könnte auf diesem Meer und auf vielen anderen ein mächtiger Kaufmann werden!«

Karlsefni beabsichtigte, früh im Jahr aufzubrechen, noch bevor die Skrælinge anfingen, umherzuziehen und dem Eis zu folgen, das sich nach Norden zurückzog. Auf der Rückfahrt würden sie an Land gehen, um zu jagen und das Land zu erkunden. Gudrid war froh darüber, daß die Reise so gemütlich vonstatten gehen sollte, denn so würde es leichter werden, mit Snorri zu reisen, außerdem mochte sie das Gefühl, das eine Seereise ihr vermittelte – das Gefühl von Niemandsland und Zeit, die außer Kraft gesetzt war.

Aufgrund der zahlreichen Möglichkeiten, auf der Heimreise Fleisch und Fisch zu beschaffen, gab es keinen Grund, die Schafe zu schlachten, und es wurde entschieden, daß sie zurückbleiben und sich selbst überlassen werden sollten. Es hatte keinen Sinn, für sie und ihr Futter im Laderaum Platz zu schaffen. Es gab genügend Weideland, und Gudrid stellte sich vor, wie froh künftige Siedler sein würden, wenn sie fette Schafe auf den Weiden an der Küste vorfänden. Wenn die Skrælinge sie bis dahin nur nicht töten würden! Die anderen Tiere wurden geschlachtet, damit das Fleisch zeitig getrocknet und geräuchert werden konnte.

Jedes freie Plätzchen an Bord der beiden Schiffe wurde mit Pelzen, Eiderdaunen, Walroßzähnen und Rundholz vollgeladen. Karlsefni erteilte den Befehl, die Einzäunung aus Pfählen auseinanderzubauen und auch diese mitzunehmen. Von einem Baum, den Karlsefni und seine Leute auf der Reise in den Süden gefällt hatten, schnitt Snorri Thorbrandsson eine blaßgoldene Scheibe ab, die er Karlsefni mit den folgenden Worten überreichte: »Hier ist ein Stück, das dein Messer verdient, Verwandter!«

Karlsefni nutzte viele Abendstunden dazu, aus dem Stück eine Wetterfahne zu schnitzen, zwischendurch fertigte er noch Spielsachen für Snorri, Ruderblätter oder andere Ausrüstungsgegenstände an. Zu beiden Seiten der Wetterfahne entstanden fein geschnitzte Tiere, die unter Rebenblättern liefen oder krochen, und die Windfahne drehte sich stolz am Mast, als der »Wellenbrecher« endlich in der Bucht vor Anker lag, frisch geölt und gestrichen und überall mit neuen Tauen versehen.

Auch Bjarnis Schiff schien jetzt in einem guten Zustand zu sein, aber Karlsefni hatte ihm trotzdem geraten, den kürzesten Weg zurück nach Grönland zu nehmen.

Gunnhild freute sich darauf, ihr Kind bei ihren weiblichen Verwandten in Havgrimsfjord auf die Welt zu bringen. Am Abend, bevor sie mit der Morgenflut lossegeln wollten, kam Arneid zu Gudrid und flüsterte ihr ins Ohr, daß auch sie ein Kind erwarte, es könnte sogar von Geir sein. Alles deutete auf eine gute Zukunft hin.

∽

Früh am nächsten Morgen schnürten die Männer ihre Ledersäkke und begaben sich nach einer einfachen Mahlzeit hinunter zum Strand. Gudrid scharrte umsichtig die glühenden Kohlen zusammen und legte sie in die Glutkammer, bevor sie das Langfeuer zudeckte, Thorkatla kehrte die Böden, und Emma vergewisserte sich, daß nichts Wertvolles zurückblieb. Von der Türöffnung aus sah Gudrid die beiden zur Bucht hinuntergehen, die Rockzipfel wegen des taunassen Grases hochgerafft. Sie schlug Kreuzzeichen über Snorri und sich selbst, zog die Tür zu und ging mit festen Schritten zum Steg hinunter.

Karlsefni hatte gutes Wetter vorausgesagt. So früh am Morgen wehte es noch frisch vom Land, das in blauroten Dunst gehüllt war, und als Karlsefni ein Abschiedsgebet gesprochen und den Befehl gegeben hatte, Anker zu lichten, glitt der »Wellenbrecher« so leicht aus der Bucht, als ob er auf Rollen liefe.

Tausende von Seevögeln begleiteten in hektischem Chor die munteren Rufe zwischen Karlsefnis und Bjarnis Schiffen. Es gab keinen Grund zu schlechter Laune, denn bevor der Sommer zu Ende wäre, würden sie sich in Grönland wiedersehen. Die beiden Schiffe blieben in Sichtweite, bis am nächsten Tag um die Mittagszeit dichter Nebel von Norden her einbrach.

Der Wind flaute ab, und bei Gegenstrom und viel Eis machte der »Wellenbrecher« kleine Fahrt voraus. Um den unzähligen Schären entlang der Küste zu entgehen, segelte Karlsefni so weit aufs Meer hinaus, wie er es nur wagen konnte, da er nicht außer Hörweite der aufgeregt umherschwirrenden Vögel geraten wollte. Anschließend schlug er einen nördlichen Kurs ein.

Gudrid hatte die richtige Kleidung gegen die Kälte angelegt und war voll und ganz damit beschäftigt, Snorri zu unterhalten und dafür zu sorgen, daß die Männer zu essen bekamen. Zwischendurch plauderte sie am Spinnrad mit Thorkatla und Emma, oder sie machte im Geiste Wortspiele – es war lange her, daß sie das hatte machen können. Wenn Snorri Thorbrandsson oder ein anderer Karlsefni am Ruder ablöste, kam er nach vorn, um sich ein wenig zu ihr zu setzen und mit seinem Sohn zu spielen. Einmal brachte er ein kleines Holzpferd mit, das er für den Jungen geschnitzt hatte, und versprach: »Sobald wir nach Grönland kommen, werde ich ihm einen richtigen Schwanz aus Roßhaar machen. Gudrid, hast du daran gedacht, daß Snorri noch nie ein Pferd gesehen hat? Oder einen Hund oder eine Katze?«

»Doch«, sagte Gudrid. »Aber ich habe ihm Blumen gezeigt, die Kellen und Krügen ähneln, und er hat Mäuse gesehen, die durch die Luft fliegen!«

Karlsefni lachte. »Er wird sich wohl an nichts davon erinnern können, aber wir werden ihm und den anderen erzählen, was wir gesehen haben. Entweder glauben sie, wir erzählen Lügengeschichten, oder sie fahren hierher und schauen selber nach! Sobald sich der Nebel lichtet, werde ich näher ans Land segeln und eine gute Stelle zum Anlegen suchen.«

෴

Als das Wetter sich aufhellte, hatten sie gerade die Landzunge passiert, der Karlsefni den Namen Kielspitze gegeben hatte, und segelten soeben an dem langen, hellen Band eines Sandstrandes vorbei. Gudrid stand an der Reling und schaute aufs Land – auf einmal erinnerte sie sich an das Unbehagen, das an dem wunderschönen sonnigen Tag vor fast drei Jahren über sie gekommen war. Vielleicht würde sie eines Tages jemanden treffen, den sie fragen könnte, ob das ein Zauberzeichen gewesen sei – vielleicht aber sollte es am Eingang zum Paradies so sein, die Leute sagten doch, daß es schwer sei, hineinzukommen. Müßten sich nicht Priester mit solchen Dingen auskennen?

Sie hatten Bjarnis Schiff noch immer nicht gesichtet, aber es gab keinen Grund zur Besorgnis, da Bjarni ein sehr tüchtiger Seemann war. Vom Norden her kam starker Wind auf, und Karlsefni suchte Schutz in einem Fjord, der kurz nach dem Ende des weißen Strandes ins Land ragte. Sie fanden eine günstige Stelle, um Anker zu werfen, und ruderten den kurzen Weg an Land. Es wurden sowohl beim Schiff als auch um ihren Lagerplatz herum Wachen aufgestellt, auch wenn es in dieser stillen Landschaft, wo der dunkle, undurchdringliche Wald bis zum Strand hinunterreichte, keine Anzeichen von Skrælingen gab.

In einem kleinen Fluß in der Nähe legten sie ihre Netze aus und holten bald einen guten Fang mit fettem, zappelndem Saibling ein. Gudrid hatte größte Mühe damit, Snorri bei der Zubereitung des Abendessens vom Feuer fernzuhalten; auch wenn er immer noch danach verlangte, gestillt zu werden, hatte er schon Geschmack am Essen der Erwachsenen gefunden. Als die Mahlzeit fertig war und alle in der frostschwangeren Luft dicht gedrängt ums Feuer saßen, setzte Karlsefni den Sohn zwischen seine Knie und stopfte ihn voll mit zart gebratenen Fischhäuten und großen Fischstücken, aus denen er die Gräten entfernt hatte.

Snorri schlief in einem großen Lederschlafsack zwischen den Eltern, und in der folgenden Nacht rührte er sich kaum. Erst als die letzten Sterne vom Morgenhimmel über den schwarzen, duftenden Baumwipfeln verschwanden, wurde Gudrid wach und fühlte sich so ausgeruht wie seit langem nicht mehr. Auch den anderen gefiel die Abwechslung vom Seemannsleben, und sie beschlossen, noch einige Tage hierzubleiben.

Die Hälfte der Männer ging weiter landeinwärts auf die Jagd, während die restlichen am Lager und am Schiff Wache hielten, und als sie schließlich den Fjord wieder verließen, um ihre Reise fortzusetzen, hatten sie viele neue Pelze an Bord. Ganze vier Bärenfelle hatte der »Wellenbrecher« zur Säuberung im Schlepptau, und überall hingen Felle von Bibern, Edelmardern, Nerzen, Füchsen und Bisamratten zum Trocknen, die die Luft mit dem typischen Landgeruch sättigten – ein deutliches Zeichen dafür, daß das Glück sie begleitete, dachte Gudrid erleichtert.

∽

Mit jeder Woche, die verging, schmolz mehr und mehr Treibeis, und auf dem Land entstand eine Flut von Farben. Gudrid mochte vor allem die großen, leuchtendgelben Mohnblumen, die an Stellen wuchsen, wo man es am wenigsten erwartete, genau wie Haare auf einem sonst kahlen Schädel. Sie konnte nicht mehr zählen, wie oft sie an Land gegangen waren, sei es, um ein Unwetter abzuwarten, sei es, um die Stellen zu erforschen, die Karlsefni besonders vielversprechend erschienen. Ohne Tiere an Bord konnten sie sich soviel Zeit nehmen, wie sie wollten. Jeder Mann an Bord bekam seinen Anteil vom Verdienst, und alle waren sehr zufrieden, die Frauen aber waren froh, wenn sie ihre Beine an Land ausstrecken und saftige Mahlzeiten mit frischem Fisch und Fleisch zubereiten konnten.

Thorkatla sagte belehrend zu Emma: »Soviel Lob für das Essen wirst du nie wieder bekommen. Wenn wir auf unseren Höfen sind, werden die Mannsleute es als selbstverständlich ansehen, daß ihnen eine gute Mahlzeit vorgesetzt wird!«

»Ich bin nur froh, daß ich frei bin«, erwiderte Emma.

»Was willst du denn mit deiner Freiheit anfangen?« fragte Thorkatla.

»Ich hoffe, du bleibst noch eine Weile bei uns«, sagte Gudrid lächelnd. »Du wirst dich in Island sicher wohl fühlen, Emma.«

»Vielleicht«, antwortete diese.

∽

Als sie schließlich doch einen östlichen Kurs nahmen, konnte Gudrid die Jahreszeiten nicht mehr auseinanderhalten, da um sie herum die ganze Zeit Frühling gewesen war. Die ersten schwachen Umrisse der Bäreninsel waren in Sicht, und als sie auf die Küste zurückblickte, von der sie kamen, bemerkte sie, daß milchiger Nebel sie wie eine Luftspiegelung weggewischt hatte. Als sie an der Westküste Grönlands in südliche Richtung segelten, lag die Nebelbank noch bei starkem Gegenstrom in ihrem Rücken. Gudrid dachte, daß es eigentlich keinen Sinn hätte, zurückzublicken, da der größte Teil ihres Lebens noch vor ihr läge. Die Seherin Thorbjørg hatte ihr doch vorhergesagt, daß sie alt werden würde!

Gudrid war enttäuscht, als Karlsefni ihr mitteilte, daß sie auf der Reise nicht in Sandnes haltmachen würden, denn sie hätte so gern Luvas Kind gesehen und Snorri vorgezeigt. Als sie protestierte, entgegnete Karlsefni bestimmt: »Wir müssen Brattahlid erreichen, solange noch Zeit ist, den Leuten mit dem Sammeln der Wintervorräte zu helfen. Ich glaube, wir können uns dessen sicher sein, daß Weiß-Gudbrand und Luva Sandnes gut in Schuß halten, aber es ist möglich, daß auf Brattahlid sowohl Leif als auch Thorkel noch verreist sind.«

∽

Als der »Wellenbrecher« die letzte Biegung des Eriksfjords umrundete und Brattahlid vor ihnen lag, sahen sie Leifs »Meeresstute« schon in dem tiefen Wasser an der Ostseite des Fjordes vor Anker liegen. Gudrid hob Snorri hoch, damit er über die Reling schauen konnte, und flüsterte in sein Ohr: »Dort ist das Schiff, das meinem Vater gehörte, bevor ich es erhielt und an Leif verkaufte. Dort liegt der Hof, den Erik der Rote und Thjodhild bauten. Und jetzt mußt du Karlsefni zuschauen, um zu lernen, wie ein guter Schiffer anlegt!«

Normalerweise drehte Snorri Karlsefni den Kopf zu, wenn jemand nur dessen Namen erwähnte, so groß war seine Bewunderung für den Vater, dem er sich stärker verbunden fühlte als ein Fohlen der Mutter. Jedesmal, wenn sie jemand auf dem Weg fjordeinwärts angepreit hatte, und er den Ruf hörte: »Dies ist Karlsefnis Schiff, das aus Vinland zurückkommt!«, strahlte sein Gesicht. Aber jetzt waren die blauen Augen ernst auf den Strand gerichtet, an dem Männer und Hunde warteten und die ersten Saumpferde erschienen.

Das wohlbekannte Ufer erschien Gudrid wegen der dunklen Schatten des Nachmittags ein wenig fremd und unheimlich. Brattahlid lag nach Osten gerichtet und nicht nach Westen, wo alles von der Sonne belebt wurde wie in ihrem Zuhause in Vinland. Vielleicht war das der Grund ...

Sie stellte Snorri flink aufs Deck und führte ihn an der Hand unter die vordere Lederplane, um ihm trockene, saubere Kleidung anzuziehen und dafür zu sorgen, daß auch sie selbst ordentlich aussah. Noch ehe das Segel abgelassen war und beide Anker über Bord geworfen wurden, stand sie mit Snorri bereit, um gemeinsam mit Karlsefni im Beiboot an Land zu rudern und Leif und die anderen zu begrüßen.

Im Vergleich zu der strahlenden jungen Manneskraft seines Sohnes Thorkel wirkte Leif grau und abgespannt, aber sein Rücken war gerade und der Händedruck, mit dem er sie auf Brattahlid willkommen hieß, war noch immer dazu geeignet, Knochen zu brechen. Er schien so überrascht zu sein, als wären sie von einem Festmahl in Gardar zurückgekehrt. Er begrüßte Klein-Snorri, als ob der Junge ein vielversprechender Welpe sei, und warf einen erfahrenen Blick auf Karlsefnis Schiff.

»Gute Reise gehabt, Thorfinn?«

»Ja, wie du siehst, Leif.«

»Hat jemand von deiner Mannschaft dran glauben müssen?«

»Thorbrand Snorrison. Bjarni und seine Leute haben dir das sicher erzählt.«

»Bjarni? Hast du ihn in Vinland zurückgelassen, damit er auf deine Sachen aufpassen kann, während du verreist bist?«

»Nein, wir sind im Frühjahr gleichzeitig abgereist. Er ist also noch nicht hier angekommen?«

»Hier nicht und auch nicht in Einarsfjord, das hätte ich erfahren. Die einzige Nachricht aus Einarsfjord lautet, daß Thorvard und Freydis vor ungefähr einem Monat nach Vinland gesegelt sind. Viele Leute sind mit ihnen gefahren. Vielleicht ist Bjarni direkt nach Island weitergereist?«

»Vielleicht«, erwiderte Karlsefni, ohne Gudrids Augen zu begegnen. »Ich hoffe, das ist die Erklärung. Es gab viel Nebel auf der Strecke, und wir verloren ihn schnell aus den Augen, deswegen haben wir wohl auch nicht das Schiff deiner Schwester und deines Schwagers gesehen.«

»Sicher haben wir beide viel zu berichten«, stellte Leif zufrieden fest. »Ich rechne fest damit, daß du mir in diesem Winter hier auf Brattahlid Gesellschaft leisten wirst, Thorfinn. In dieser Jahreszeit ist es zu spät, nach Vinland zurückzufahren. Aldis wird froh sein, wieder auf Gudrids Hilfe zählen zu können, und ich selbst kann gut einige zusätzliche Fäuste und etwas Rundholz gebrauchen, da ich hier gerade eine neue Kirche baue. Ich kann die Hälfte deiner Mannschaft beherbergen, und Snorri

Thorbrandsson und die restlichen Männer dürfen sicher bei Thorleif Kimbe wohnen.«

»Ich danke dir, Leif«, entgegnete Karlsefni, ohne den Blick von Klein-Snorri zu nehmen, der sich gegen einen großen Hund wehren mußte, der ihn ablecken wollte. Er hob den Jungen hoch, setzte ihn rittlings auf den Hunderücken und stützte ihn mit der Hand, bevor er verkündete: »Ich werde in absehbarer Zukunft nicht mehr zurück nach Vinland fahren, Leif. Wie du schon festgestellt hast, gibt es manches zu erzählen. Ihr Grönländer könnt vieles da drüben nutzen, aber ich selbst habe vor, auf meinem Hof in Island zu wohnen und wie gewohnt Handel zu betreiben. Im nächsten Sommer werden Gudrid und ich mit unserer Ladung nach Norwegen segeln!«

Gudrid wurde ganz schwach vor Verwunderung. Dies hatte er ihr gegenüber nie geäußert. Aber er war wohl nur zu beschäftigt gewesen, um sich mit ihr zu beraten. Sicher würde es spannend werden, nach Norwegen zu reisen, auch wenn es die Rückkehr nach Island um noch ein Jahr verschob.

Vage erinnerte sie sich daran, einmal von einem Schiff geträumt zu haben, das mit Karlsefni und einem kleinen Jungen an Bord, geführt von Orm und Halldis, nach Brattahlid kam. Karlsefni und der kleine Junge waren wirklich da – und die Toten würden in ihrem Inneren weiterleben, wo auch immer sie war. Konnte sie vielleicht die Wahrheit träumen, genau wie Thorbjørg wahrsagen konnte?

Die Schatten um sie herum wurden länger, und zitternd setzte sie sich auf einen Stein, um ihre Schuhe zuzubinden.

ZWEITER TEIL

DIE KRÄFTE IN KÖNIG OLAFS REICH

Der »Wellenbrecher« wurde sicher und langsam den Raumfluß aufwärts gerudert. Gudrid stand achteraus bei Karlsefni und hielt Snorri fest, während sie sich danach sehnte, den Jungen an Land frei herumlaufen zu lassen. Er war jetzt im dritten Lebensjahr, und sein Körper und sein Gesicht versprachen, daß aus ihm ein langbeiniger, breitschultriger und willensstarker Junge werden würde. Seine Augen waren genauso ernst und von einem intensiven Dunkelblau wie die des Vaters, die Haare glatt und seidenbraun wie ihre, und er war so aufgeweckt, daß Gudrid überlegte, wie sie es jemals mit einem weiteren Kind schaffen sollte, besonders jetzt, da Thorkatla als Snorri Thorbrandssons Frau auf Grönland zurückgeblieben und Emma zu ihren wenigen noch lebenden Verwandten heimgekehrt war.

Emma und Gudrid waren mit Klein-Snorri über den Marktplatz in Tunsberg spaziert, als Emma stehenblieb und so angespannt lauschte, als wittere sie einen Angriff aus dem Hinterhalt. Plötzlich wurde sie ganz weiß im Gesicht, ließ Snorris Hand los und lief zu einem Stapel wackeliger Hühnerkäfige, vor denen zwei ausländische Seeleute einen heftigen Streit ausfochten. Als Gudrid mit dem Jungen nachkam, begriff sie kein einziges Wort von dem, was die Fremden sagten, aber Emma antwortete in derselben Sprache, und ihre Augen leuchteten. Die beiden Männer schwiegen und blickten zunächst von oben herab auf die einfach gekleidete Frau, die vor ihnen stand, dann aber zogen sie den Hut und neigten höflich den Kopf. Kurz darauf sagte Emma den Männern Lebewohl, ergriff Snorris Hand und begleitete Gudrid dorthin, wo sie sich mit Karlsefni verabredet hatten.

Sie murmelte vor sich hin: »Das waren Leute aus meinem Heimatland – sie gehören zur Mannschaft eines Schiffes aus Bremen, das in wenigen Tagen wieder südwärts segeln wird. Als ich meinen Namen sagte, erzählten sie mir, mein Bruder sei vor einigen Jahren der Sklaverei entflohen und habe den Grundbesitz zurückerhalten, der unserer Familie gehörte. Sie glaubten, daß ich zu Hause sicher willkommen sei ...«

»Aber selbstverständlich!« rief Gudrid. »Vielleicht könnten wir dir zu einer Fahrgelegenheit verhelfen, wenn du das gern möchtest.«

»Ich kann nur mit dem wenigen, das ich von meinem Lohn sparen konnte, bezahlen, aber ja, ich möchte nach Hause. Und wenn ihr, du oder die Deinen, in meine Gegend kommt, werde ich euch gebührend empfangen!«

Jetzt riß Gudrid den Blick von den üppigen Bauernhöfen auf beiden Seiten des Flusses los und dachte an das letzte Mal, als sie Emma gesehen hatte. Das Dienstmädchen stand gerade und unbeweglich wie eine geschnitzte Figur an Bord des Bremen-Schiffes, das aus dem Wirrwarr von Booten im Tunsberger Hafen gerudert wurde; an seinem Mast war die Wetterfahne, die Karlsefni aus Vinlandholz geschnitzt hatte, befestigt. Der fremde Schiffer hatte Gefallen an der Windfahne gefunden, als er an Bord des »Wellenbrechers« kam, um über den Preis für Emmas Reise zu verhandeln, nachdem ihr Karlsefni versprochen hatte, dafür zu sorgen, daß sie nach Hause zu ihren Leuten zurückkehren könne.

Nach Hause ... Wenn jemand fragte, wo man zu Hause sei, müßte es eigentlich einfach sein, darauf zu antworten. Aber nachdem Karlsefni in Vågen in Bjørgvin, ihrem ersten Hafen in Norwegen, angelegt und Zoll und Schiffsgebühren an die dortigen Vertreter des Königs bezahlt hatte, entdeckte Gudrid, daß es für sie keine einfache Antwort auf diese Frage gab. Sie hatte zwar sechzehn Winter in Island gewohnt, aber ihr ganzes Erwachsenenleben anderswo verbracht. Sie hatte viele Erinnerungen an Island, und jetzt war es wieder ihre gesetzmäßige Heimat, aber nach einem weiteren Winter auf Grönland und nach den ganzen Reisen überlegte sie, ob sie überhaupt irgendwo hingehörte. Jeder höfliche Satz wie: »So, ihr wohnt in Skagafjord in Island? Ein schöner Ort, sagt man!« verwirrte sie.

Karlsefni lachte nur darüber und meinte, sie brauche überhaupt nichts zu erklären – die Norweger glaubten sowieso immer, sie allein verstünden von allem am meisten. Außerdem würde Skagafjord ja tatsächlich bald für immer ihr Zuhause werden.

Als hätte Karlsefni ihre Gedanken gelesen, zeigte er jetzt auf die stoppeligen Kornäcker und die wohlgenährten Kühe, die zu einem großen Hof am Raumfluß gehörten, und sagte: »Gudrid, wenn dir das da drüben gefällt, dann warte, bis du Skagafjord siehst! Dort haben wir zusätzlich warme Quellen. Die Flüsse in unserem Tal sind zwar wie überall in Island unbefahrbar, aber die Weiden auf Rognestad sind mindestens so prächtig wie diese hier. Nicht selten reift die Gerste an einer geschützten Stelle, und ...«

Gudrid lächelte ihm zu und unterdrückte ein Gähnen. Es war ein langer Tag gewesen. Sie waren im Morgengrauen von Oslo abgereist und hatten bald starken Gegenwind aus dem Süden bekommen. Und sie mußten diesen schmalen Fluß noch ein Stück aufwärts fahren, bis sie ihren Ankerplatz in Skinnerflo erreichten, über den Karlsefni frei verfügen konnte, wenn er sich in diesem südöstlichen Teil Norwegens befand.

∞

Übrigens waren sie überall mit großer Gastfreundschaft empfangen worden. Alte Menschen erinnerten sich noch an Gudrids Vater aus der Zeit seiner Wikingerfahrten und lobten ihn in den höchsten Tönen, aber Karlsefni brauchte nicht Thorbjørns Ruf, damit sich ihm die Türen öffneten. Das feinmaschige Netz der Verwandtschaft schützte ihn bei den vornehmsten Familien in Norwegen ebenso wie in Island, und wenn er Lust verspüren sollte, zu den Orkneyinseln oder den Färöern zu segeln, so hatte er auch dort mächtige Verwandte.

Gudrid war besonders stolz auf den Respekt, den man Karlsefni wegen seiner früheren Handelsreisen nach Norwegen entgegenbrachte. Sogar der stolze und mächtige Erling Skjalgsson in Sola, den sie eine Woche lang besucht hatten, ließ ihn Abend für Abend neben sich im Ehrensitz Platz nehmen, und er hatte nach Karlsefnis Meinung über den norwegischen Handel mit Island und Grönland gefragt: ob er glaube, die Wälder in Markland würden die Preise für norwegisches Rundholz senken, ob er, Erling, seinen Sohn Skjalg dazu ermuntern sollte, mit seinen Waren nach Grönland zu segeln usw. Er wollte außerdem wissen, was Karlsefni davon halte, daß Gissur der Weiße seinem kleinen Sohn den langen Weg von Island nach Westfalen zugemutet hatte, nur damit sie ihm auf der Schule der Nonnen unnütze Sportarten beibringen könnten ...

Nur gut, daß Karlsefni vom Bier nicht streitsüchtig wurde, dachte Gudrid, denn bei Erling Skjalgsson knauserte man weder mit Essen noch mit Getränken.

Kühl, aber gründlich hatte Karlsefni alle Fragen Erlings beantwortet, außer der über Gissurs kleinen Sohn. Dazu äußerte er nur: »Ich wußte nicht, daß Klein-Isleif ins Ausland auf die Schule geschickt worden ist – Gissur nimmt wahrscheinlich an, daß das seine Stellung in Island stärken werde.«

Als Erling Karlsefni und Gudrid seinen riesigen Hof zeigte, berichtete er, daß er sich, kurz bevor sie kamen, recht unwillig mit König Olaf Haraldsson ausgesöhnt habe, und erzählte, was König Olaf in diesem Sommer in Viken im Osten getrieben habe. Der junge König hatte es anscheinend fertiggebracht, daß ihm die Bauern und die Häuptlinge das gleiche Verfügungsrecht über das Land eingeräumt hatten wie zuvor seinen Vorfahren.

»Ich glaube, daß König Olaf sicher einige Monate in Viken bleiben wird«, vermutete Erling, »nicht nur, um das zu festigen, was er schon erreicht hat, sondern auch, um festzustellen, ob er sich mit dem Schwedenkönig über die Grenzgebiete aussöhnen kann. Karlsefni, wenn du vorhast, den Winter dort oben zu verbringen, wirst du Olaf sicher sehen, ob du es willst oder nicht! Er wird nach dir schicken – darauf wette ich meinen prächtigsten Hengst –, und dann weiß er schon mehr über dich und deine Anliegen als deine eigene Mutter. Er besorgt sich Auskünfte und Angaben über die Leute so schnell und einfach, wie eine Frau Federn von einem Kissen in das andere schüttet. Aber über ihn wirst du nicht mehr in Erfahrung bringen als das, was sein Wortführer, Bjørn der Riesige, absichtlich in alle Welt hinausposaunt.«

»Ich habe trotzdem vor, es zu versuchen«, hatte Karlsefni mit einem schwachen Lächeln erwidert. »Ich wurde wütend, als ich sah, wieviel wir diesmal an Zoll und Schiffsgebühren bezahlen mußten und wie der Handel zwischen unseren beiden Ländern noch immer behindert wird. Ich würde das König Olaf gern ins Gesicht sagen! Wenn ich ihn nicht in Viken erreiche, werde ich ihn sicher in Nidaros finden, bevor ich im nächsten Sommer nach Island zurückfahre.«

Erling hatte ihnen sein noch immer schönes Gesicht zugewandt und mit Nachdruck gesagt: »Nimm einen guten Rat von mir an, da du Olaf Haraldsson nicht so gut kennst wie ich. Er kann sich bei weitem nicht mit Olaf Tryggvasson, meinem Schwager, messen. Ich traue diesem Olaf nicht weiter, als ich spucken kann, und er mir auch nicht! Du kannst dir aber sicher sein, daß dieser neue König über unser Land prunksüchtig und rechthaberisch ist. Selbstverständlich wollen alle gern ihren Willen durchsetzen, aber vernünftige Männer müssen ab und zu auch etwas nachgeben. Der König gibt nie nach – er behauptet, daß seine Kraft direkt von Christus komme, dem er dient ... Laß ihn nicht merken, daß du ihn sprechen möchtest, da er sonst annimmt, daß du etwas Bestimmtes erreichen möchtest, und das schätzt er gar nicht. Ob du auf Lunde wohnst oder sonstwo – die Kundschafter des Königs werden deinen Aufenthaltsort ausfindig machen, noch bevor du mit deinem Schiff angelegt hast, und er wird nach dir schicken, sobald es ihm paßt. Bewahre einige von deinen besten Pelzen auf – er ist, wie gesagt, prunksüchtig und gierig.«

Karlsefni lachte laut. »Ich schätze deine Freundschaft, Erling, und ich werde mich nach deinen gutgemeinten Ratschlägen richten. Dann stimmt es also, wenn die Leute behaupten, der König dulde keine Abweichungen von seinem Glauben?«

»Ja, so ist es. Die Jarle Erik und Svein waren so vernünftig, freie Bauern ihren Glauben selbst wählen zu lassen. Du hast sicher auch noch nicht erfahren, daß König Olaf im Frühsommer einem isländischen Schiffer, der von Nidaros nach Hause segelte, eine Botschaft mit seinem Stempel mitgab. Der König will jetzt die Reste des heidnischen Glaubens in Island abschaffen –

es scheint, sein neuer Skalde habe sich darüber ausgelassen, wie heidnisch ihr da drüben noch seid ... Außerdem hat der König Hjalti Skeggjasson gebeten, nach Norwegen zu kommen, damit sie miteinander reden können.«

»Deine eigenen Kundschafter sind anscheinend auch nicht schlecht, Erling! Wenn Hjalti der Christliche den König besucht, solange wir in Norwegen sind, ist es für mich nur von Vorteil, da er die Gunst des Königs genießt und mit meiner Frau verwandt ist.«

»So?« Erling schaute Gudrid prüfend an.

Sie begegnete seinen kritischen blauen Augen, ohne mit der Wimper zu zucken, und bestätigte: »Ja, Hjalti und meine Mutter hatten denselben Urgroßvater – den Enkelsohn von Naddodd dem Wikinger.«

»So! Und dein Verwandter, dieser Hjalti, ist mit der Tochter des alten Schlawiners Gissur der Weiße verheiratet ... Karlsefni, ich befürchte, du und Gudrid werdet in König Olafs Bemühungen, Island zum Christentum zu bekehren, eingebunden werden! Übrigens, wo ist euer Snorri getauft worden?«

»Er ist noch nicht getauft – in Vinland und auf Grönland gab es keine Priester.«

»Hol es nach, Karlsefni – hol es nach! Warte nicht, bis König Olaf seinen Hirdpriester mit der Sache beauftragt – dann mußt du mit einem Geschenk herausrücken, das kein vernünftiger Mann solchen Leuten geben würde.«

»Normalerweise hat die Kaufmannskirche in Oslo einen Priester. Wir haben vor, mit Snorri dorthin zu fahren.«

∞

Es hatte lange gedauert, bis sie Oslo erreichten. Aber nach zahlreichen gewinnbringenden Handelsgeschäften in Tunsberg und gemütlichen Besuchen bei Karlsefnis ortsansässigen Verwandten wurde die Reise mit nördlichem Kurs schließlich fortgesetzt. Gudrid war wie erschlagen, als sie die riesigen Lagerhäuser an dem großen Marktplatz in Oslo erblickte. Der Wächter der Lagerhäuser erkannte Karlsefni, und nach einem schönen Geschenk, bestehend aus Walroßzähnen, schickte er sowohl nach einem Priester als auch nach Schauerleuten. Noch vor dem Abend war alles bezüglich der Ladung des »Wellenbrechers« und der Unterkunft der Mannschaft geregelt, und Snorris Taufe sollte am nächsten Tag stattfinden.

Es machte nichts, daß Snorri zu groß für das Taufbecken war. Er mochte Wasser in allen Formen; während des Aufenthaltes auf Grönland hatte man ihn immer wieder aus dem Eriksfjord herausfischen müssen, und als der Priester mit ihm in den Fluß hinauswatete, leuchtete sein Gesicht wie damals, als Karlsefni ihn in der Bucht in Vinland zum ersten Mal untergetaucht hatte.

∾

Der Junge hatte darauf bestanden, die neue weiße Taufkleidung wieder anlegen zu dürfen, sobald sie getrocknet war, und jetzt trug er sie unter dem warmen Umhang, während sie langsam den schönen, mitten im Reich des Königs Olaf gelegenen Fluß aufwärtssegelten.

Unterwegs hatten Karlsefni und seine Mannschaft oft und freundlich den am Ufer arbeitenden Leuten zugerufen, und jetzt sah Gudrid, daß sich Männer und Pferde auf den Weg hinunter zum Fluß machten. Sie kamen von einem großen Hof auf der anderen Seite von Skinnerflo, dem blanken Binnensee, in den der Fluß mündete. Sie hob Snorri auf den Achtersteven hoch und stützte ihn, während sie sich zu ihrem Mann umdrehte.

»Thorfinn, bist du dir sicher, daß wir alle drei auf Lunde willkommen sind? Du warst unverheiratet, als du das letzte Mal dort warst – vielleicht haben sie eine geeignete Frau für deine Rückkehr bereitgehalten ...«

Ohne die Augen von dem breiten, fruchtbaren Kreis von Höfen, die sich von den bewaldeten Bergrücken abhoben, zu nehmen, sagte Karlsefni: »Ich habe dir schon einmal erzählt, daß Thorkel Lodinsson noch so jung war, als er in der Schlacht bei Svolder fiel, daß er als einzigen Erben den Säugling Erik hinterließ. Seine Frau starb kurz nach ihm. Jetzt bewirtschaftet Erik den Hof Lunde gemeinsam mit dem Bruder der Mutter, Gunnulf. Lodins Töchter mit Königin Astrid sind schon längst erwachsen und mit reichen Bauern in der Gegend verheiratet – und wenn es noch heiratsfähige Mädchen hier geben sollte, ziehen sie sicher einen Mann vor, der fette Äcker und nicht unberechenbare Meere pflügt!«

Das glaubst du! dachte Gudrid und blickte verstohlen auf Karlsefnis markantes Profil, das sich dunkel gegen den blauroten Himmel abhob. Er war jetzt dreiunddreißig Winter alt, und seitdem sie in Norwegen waren, hatte sie nicht übersehen können, daß andere Frauen ihn mit einem einladenden Blick anschauten. Frauen mit zarter, hellgoldener Haut, während sie selbst braun wie eine Haselnuß war. Niemals zuvor hatte sie sich wegen anderer Frauen Gedanken gemacht – sowohl in Vinland als auch auf Brattahlid waren die Männer immer in der Überzahl gewesen. Und wenn Karlsefni sie nur aus dem Grunde gewählt hatte?

Sie verscheuchte den Gedanken und fragte: »Glaubst du, die Leute da drinnen haben dein Schiff schon wiedererkannt?«

»Bevor sie unser Boot sichteten, wußten sie sicher schon lange, daß wir auf dem Weg hierher sind. Hier gibt es überall Beobachtungsposten und Markierungen, auf beiden Seiten des Flusses, die sowohl nach Osten und Süden als auch bis nach Schweden reichen. Und nicht nur König Olaf darf erfahren, wer diesen Weg benutzt.«

Gudrid schaute auf die unebenen grauen Bergkuppen, die zu beiden Seiten die grüne und gelbe Landschaft umschlossen. All die unsichtbaren Augen dort drinnen gaben ihr ein Gefühl des Nacktseins, und sie fröstelte.

∞

Die rundliche Gestalt und das rote Gesicht von Sigrid Thordsdatter, Gunnulfs Frau, vermittelte das Gefühl von Gemütlichkeit und Autorität. Sie zeigte auf eine lange Bank mit Kissen am Feuer und sagte: »Wärm dich erst mal auf, Gudrid Thorbjørnsdatter. In der Erntezeit ist es abends kalt, und ich hörte, daß du schon lange auf dem Wasser bist. Einmal bin ich mit meinem Bruder nach Hedeby gefahren – ich glaube, ich habe in meinem ganzen Leben noch nie so gefroren. Magst du es, im Boot umherzufahren?«

»Ja, ich glaube schon«, antwortete Gudrid verwirrt. Auf der Fahrt von Grönland nach Norwegen hatte sie das Gefühl gehabt, das Schiff würde an den endlosen Tagen, an denen kein Land in Sicht gewesen war, stillstehen. Aber sicher wollte keiner etwas über derartige Gefühle hören. Deswegen fuhr sie ruhig und gemächlich fort: »Die Reise verlief meistens gut. Und die Leute waren sehr gastfreundlich. Ihr habt uns sogar eingeladen, hier den Winter zu verbringen!«

Sigrid lächelte zufrieden. »Der junge Erik sieht es gern, wenn er Gäste wie euch auf seinem Hof hat – und so sehen wir es auch. Es ist jetzt über vier Jahre her, seit Karlsefni das letzte Mal bei uns war, es hat sich vieles ereignet, sowohl bei ihm als auch bei uns! Wie mir zu Ohren gekommen ist, hat er durch dich zwei Höfe und ein Schiff gewonnen, und außerdem hast du ihm einen Sohn geschenkt.«

Sie warf einen erfahrenen Blick auf Snorri, der auf Gudrids Schoß geklettert war, um gestillt zu werden.

»Er gleicht seinem Vater, sehe sich. Aber er frißt dich noch auf – du solltest ihn bald entwöhnen. Hier stillen nur arme Frauen so lange. Snorri wird hier auf dem Hof genug Milch bekommen.«

Gudrid wurde dunkelrot. »Er ist willig genug, mit der Brust aufzuhören, aber solange wir unterwegs waren, schien mir das wenig Sinn zu machen.«

Sigrid nickte und gab einer ihrer Küchenfrauen ein Zeichen, zu ihnen zu kommen. »Aud, hol einige von deinen und meinen Kindern hier herein. Sie sind sicher unten und schauen sich das Schiff an!«

Noch bevor sie mit dem Stillen fertig war und ehe Snorri seine Taufkleider ausgezogen hatte, wimmelte es in der Stube von Kindern. Das Jüngste, ein kleines Mädchen von ungefähr vier Wintern, hieß Alfhild und verbreitete eine so selbstverständliche Autorität, daß sie sofort verriet, wessen Tochter sie war. Sie nahm Snorri an der Hand und begleitete ihn zur Tür hinaus, und die anderen Kinder folgten ihnen auf den Fersen.

Gudrid sah ihren Sohn erst wieder, als eine von Sigrids älteren Töchtern ihn ins Dachgeschoß brachte, wo Karlsefni und Gudrid das eine Bett bekommen hatten und Snorri das andere mit drei Söhnen des Hauses teilen sollte. Karlsefni hatte sich schon für das Begrüßungsgelage umgezogen, und Gudrid befestigte gerade das Seidentuch ihrer Mutter an ihren Schultern, als sie sah, wie sich eine Pfütze um die Füße des Jungen ausbreitete.

Snorri habe nachschauen wollen, ob es in Skinnerflo Krabben gebe, erklärte sein neues Kindermädchen. Gudrid sagte ihr, wo sie trockene Kleidung für den Jungen finden konnte, und fühlte sich plötzlich seltsam unnütz. Dann ging sie mit Karlsefni zusammen hinunter in die Stube.

Der junge Erik Thorkelsson hielt eine Begrüßungsrede für seine Gäste und sagte, wie gut es sei, daß sie gekommen seien, bevor er fort müsse, um seinem Schwager, König Olaf Haraldsson, zu dienen, der den Winter im nahe gelegenen Borg verbringen wolle. Karlsefni müsse unbedingt den König und die dort eingerichtete Handelsstelle, die er gerade an dem großen Wasserfall baue, besuchen, je eher, desto besser.

Alle tranken auf König Olaf, auf Christus und auf den Sieg im Kampf, später tranken sie nur noch. Gudrid hätte gern die Größe von Sigrid Thordsdatters Braukessel gesehen, denn das Bier schien nicht auszugehen.

∞

Am nächsten Tag zeigte ihr Sigrid das Waschhaus, die Milchkammer, das Küchenhaus, das Vorratshaus, den Kleidungsspeicher und die Getreidedarre und berichtete ihr von dem Leben auf dem Hof. Sie hielt es für selbstverständlich, daß Gudrid an die Sitte gewohnt war, den Tag Gottes als Fastentag zu feiern, an dem alle außer den Sklaven und einigen Dienstleuten zur Kirche gingen.

Sobald sie allein war, lief Gudrid hinunter zu den Lagerschuppen am Strand, wo Karlsefni gerade seine Waren und die Ausrüstung einräumte, bevor das Schiff für den Winter an Land gezogen wurde. Sie nahm ihn zur Seite und stieß außer Atem hervor: »Thorfinn – ich brauche den Sattel meiner Mutter. Er muß hier irgendwo sein! Und du mußt den prächtigen Sattel heraussuchen, den du auf dem Markt in Oslo gekauft hast. Für übermorgen ist geplant, daß wir mit dem Rest des Hausstandes zur Kirche reiten!«

»Das weiß ich – das ist zu erwarten von Leuten, die dem König und seiner Aufsicht so nahestehen. Ich habe schon unsere Reitausstattung hochtragen lassen. Nur keine Aufregung, Gudrid – der Priester, den König Olaf den Bauern hier zuteilte, tut keiner Fliege etwas zuleide. Erik sagt, die Mönche, die den alten Egbert irgendwo dort drüben in England erzogen hätten, hätten offenbar vergessen, ihm zu zeigen, wie man ein Schwert richtig hält.«

∞

Priester Egbert war vielleicht alt und gebrechlich und untauglich für den Waffengebrauch, dachte Gudrid, als sie zwei Tage später nach dem kurzen Gottesdienst nach Hause ritt, aber während er predigte, erschien er ihr vier Ellen groß, und seine Stimme war mächtig und tief – völlig anders als das hohe Piepsen, mit dem er die Leute nach dem Gottesdienst begrüßte. Sicher verliehen ihm die heiligen Dinge, die er berührte, eine besondere Kraft.

Gudrid richtete sich im Sattel auf und ließ den Blick auf Karlsefni ruhen, der vor ihr ritt und Snorri bei sich hatte. Vor ihrem inneren Auge sah sie plötzlich Thjodhilds stolzes Gesicht. Thjodhild hätte sich hier unter den stattlich gekleideten Leuten auf dem oft benutzten Reitweg wohl gefühlt, auf dem Weg nach Hause zu einer warmen Mahlzeit, während sich das letzte Glockengeläut in der kühlen Luft über dem Heidekraut verlor. Und sie hätte sicher mehr als Gudrid von dem verstanden, was Priester Egbert über »Sünde« und »Erlösung« gesprochen hatte. Der Gottesdienst war genauso verwirrend wie schön gewesen.

∞

Gleich nach Herbstanfang, als Karlsefni und Gunnulf ihre Schiffe an Land gezogen hatten, ritt einer von Gunnulfs Wachen in den Hof auf Lunde und rief: »Gerade sah ich Bjørn den Riesigen mit zehn Männern des Königs den Weg hierher einschlagen. Ich werde Erik suchen und ihm Bescheid geben.«

Sigrid Thordsdatter hatte eine tiefe Falte auf der Stirn, während sie und Gudrid in aller Eile die Stube für die Ankömmlinge schmückten, und Gudrid ahnte, daß die andere keine ungeteilte Freude über die Gäste empfand. Vielleicht brachten Olafs Boten nicht nur Ruhm und Ehre auf den Hof.

Sie fragte prüfend: »Sigrid, freust du dich nicht darüber, daß die Männer des Königs gekommen sind, um Erik zu holen? Das muß doch eine große Ehre sein.«

Sigrid schnaubte verärgert und sah schnell über die Schulter, bevor sie antwortete: »O ja, es bedeutet Ruhm und Ehre, und Erik kann an nichts anderes denken. Aber wir, die wir seinen Vater so jung für die Sache eines Königs sterben sahen, sehen ungern, daß er selbst jung stirbt für die Sache eines anderen. Er sollte zuerst heiraten und einen Sohn zeugen. Gunnulf und ich würden es wohl schaffen, einen weiteren Erben auf Lunde zu erziehen, auch wenn wir dann noch länger damit warten müßten, uns auf einem unserer eigenen Höfe niederzulassen. Was ich aber nicht mehr schaffe, ist der ganze Streit, der verwickelte Erbsachen begleitet. Ich glaube, der König würde Lunde als seinen rechtmäßigen Besitz ansehen, wenn Erik ohne Erben sterben sollte, deswegen ist mein Gemüt so schwer.«

Der Bote des Königs, der gleichzeitig sein oberster Wortführer war, ging gerade zum Langhaus, als Gudrid mit einer Schüssel saurer Milch aus der Milchkammer kam. Sie sah den energischen Gang des dicken Mannes – den vorgeschobenen Kopf, Arme, die vom Körper abstehend hin und her pendelten, um den fetten Hüften zu entgehen, Füße, die er in weitem Abstand auf die Erde setzte – und sie dachte, daß sie seit ihrer Zeit als junges Mädchen in Island keinen so wohlgenährten Mann gesehen habe. Es müßte wohl stimmen, daß der neue König freigebig mit Essen und Gütern für seine Freunde sei! Jetzt, da sie selbst so viele große Marktplätze und Höfe von reichen Männern besucht hatte, erkannte sie, daß Pferde, Kleidung und Ausstattung von Bjørn dem Riesigen und seinem Gefolge ausschließlich von der trefflichsten Sorte waren.

König Olafs Männer blieben nur eine Nacht, bevor sie mit Erik Thorkelsson und den von ihm auserwählten Männern zurück nach Borg ritten. Es war am besten so, dachte Gudrid, als sie mit Karlsefni und Snorri in der Mittagssonne stand und das festliche Gefolge aus dem Hof reiten sah. Selbst Sigrids Vorratshaus würde nicht auf Dauer einem solchen Angriff standhalten können.

Karlsefni mußte etwas Ähnliches gedacht haben, denn er flüsterte leise: »Man braucht viel, um solche Leute zu ernähren und zu unterhalten – keiner braucht sich darüber zu wundern, daß König Olaf so schnell ist, wenn es darum geht, Steuern einzutreiben! Es ist gut, daß ich einige wertvolle Luchsfelle für meinen Verwandten zurückgelegt habe – weniger würde einem Mann sicher nicht gefallen, der sich alles, wonach ihn gelüstet, zwischen Gardarike und den Hebriden kaufen kann.«

»Wann fährst du hin, um den König zu begrüßen?«

»Wir«, berichtigte er. »Wir sind eingeladen worden, ihn eine Woche nach dem nächsten Vollmond zu besuchen. Der Schnee kommt spät in dieser Gegend, so daß die äußeren Begleitumstände für unsere Reise gut werden könnten, selbst wenn die Tage kürzer sind.«

»Kommt Snorri mit uns?«

»Sicher nicht! Es ist gut, daß du ihn abgestillt hast. Er wäre eine viel zu nützliche Geisel für den Fall, daß König Olaf meint, es gäbe die eine oder andere kleine Sache, die ich für ihn zu Hause in Island erledigen könnte.«

Gudrid sah so entsetzt aus, daß Karlsefni lachte und sie tröstend beruhigte: »Wenn wir unseren Verstand gebrauchen, wird es schon gutgehen. Menschen können nicht kaufen, was andere nicht verkaufen wollen, und auch ein König muß nachdenken, bevor er Gewalt einsetzt.«

∾∾

In den drei darauffolgenden Wochen dachte Gudrid nicht mehr an die Reise nach Borg. Auf einen gewaltigen Sturm folgte unerwartet mildes Wetter, und Gunnulf und Sigrid konnten ihren Gästen die Gegend zeigen. Stolz führte sie ihnen König Tryggve

Olafssons mächtigen Grabhügel vor, alte Bauernburgen, Felszeichnungen und üppiges Bauernland. Gudrid dachte, sie hätten genausogut freiheraus sagen können, daß sich Island und Grönland nicht mit einem Ort messen könnten, an dem Menschen seit ewigen Zeiten gebaut und gewohnt hatten, dann aber schimpfte sie mit sich selbst, weil es so schwierig war, sie zufriedenzustellen. Das kam sicher von dem neuen Leben, das sie in sich trug.

∞

Nachdem Sigrid Thordsdatter Gudrid die Geschichte ihrer zwei Fehlgeburten entlockt hatte, verbot sie ihr, in der Milchkammer etwas Schweres zu heben, und als alle zusammen zum Wintergelage nach Elinhof ritten, lieh sie Gudrid ihre alte friedliche Stute.

Dieser Hof lag südwestlich von Lunde, am Ende einer langen, schmalen Salzwasserbucht, und es schien Gudrid, daß die umliegenden Wälder und Wiesen vor Fruchtbarkeit nahezu barsten. Das Gelage war eigentlich mehr ein Aufgebot an allem, was gut schmeckte. Das Bier floß so reichlich, als würde es aus dem Meer geschöpft, und Gott und Christus wurden gebührend geehrt. Als Gudrid aber am zweiten Tag des Festes mit Snorri einen Spaziergang machte, fand der Junge am Waldrand hinter dem ältesten Haus einen alten Thorsaltar, der mit frischem Blut und Ziegenhaaren verschmiert war.

Es machte sie ängstlich und bedrückt, daß die Leute auf dem Hof anscheinend einen Glauben öffentlich zeigten und einen anderen im verborgenen pflegten. Die alten Götter wurden wie abgenutzte Arbeitskleidung behandelt, die in einer Notlage gerade recht kam. Wenn nun der rachsüchtige Thor sich vernachlässigt fühlte und diesen Hof trotz seines Opfers heimsuchen würde? Noch schlimmer wäre es, wenn sich auch Freyja so mißachtet fühlte, daß die neue Schwangerschaft nicht gut verlaufen würde ...

Karlsefni gegenüber erwähnte Gudrid den Altar nicht, aber sie war froh, als sie die drei Festtage gut überstanden hatten.

Bevor sie heim nach Lunde ritten, wollten sie einen Hof draußen an der Foldenfjordküste besuchen, der Gunnulf und Sigrid gehörte. Auf der einen Seite des Hofes lag ein luftiger Kiefernwald, und der Rest des Besitzes war durch niedrige Hügel und Felsvorsprünge aus hellrotem Granit gut geschützt. Sobald sie im Hof abgestiegen waren, roch Gudrid Salzwasser und Seetang, und sie sog die Luft tief und glücklich ein.

Karlsefni ließ Snorri auf die Erde gleiten. »Nimm Klein-Alfhild mit hinunter an den Strand, mein Sohn!« Zu Gudrid sagte er: »Es gibt einen richtigen Sandstrand hier – eine ganze Bucht mit so feinem Sand, wie man ihn sonst auf dieser Seite des Fjordes weit und breit nicht findet. Gunnulf ist besonders stolz darauf, und wir werden sicher dort essen.«

Das Essen und die Getränke, die Gunnulfs Dienstleute hinunter zum Strand trugen, weckten sogar Gudrids Appetit. Sie saß auf ihrem Umhang zwischen goldenen Ähren und blinzelte gegen die Sonne im Westen, so wie sie es oft in Vinland getan hatte, und träge bemerkte sie, daß offenbar niemand Lust gehabt hatte, die Strandgerste zu ernten. Gegen den Silberschimmer sah sie die nackten Körper von Snorri und den anderen Kindern, die in dem flachen Wasser spielten. Irgendwo hinter ihr pfiff eine Singdrossel ihr trauriges Lied.

Während sie den feinen weißen Sand durch die Finger laufen ließ, sah sie den seltsamen Strand vor sich, an dem sie auf dem Weg nach Vinland an Land gegangen waren. Damals hatte sie ein neues Leben in sich getragen, genau wie jetzt. Dieses neue Kind würde wohl in Island zur Welt kommen, dachte sie plötzlich mit heftiger Sehnsucht. Sie schloß die Augen und wandte das Gesicht gegen die Sonne, während Karlsefni und die anderen um sie herum sich gemütlich unterhielten. Es war, als würde sie selbst weit fortgetragen – so weit wie die fernen Länder, in denen sie offenbar tiefere Wurzeln geschlagen hatte, als sie selbst wahrhaben wollte.

Sie verstand nicht, warum sie sich plötzlich inmitten des ganzen Wohlstands und Wohlbefindens so traurig fühlte. Sie war doch schon lange nicht mehr wie ein Stück Treibholz, das niemandem gehörte, sondern die Frau eines guten und tüchtigen Mannes, mit dem sie ein langes und reiches Leben zusammen verbringen sollte und mit dem sie Kinder zeugen konnte. Das Glück würde sie den ganzen Weg begleiten, und genauso hatte es Thorbjørg die Seherin vorhergesagt.

FREYJA SPIELT

Der Winter brach einige Tage nach ihrer Heimkehr nach Lunde ein. Jeder Zweig der großen nackten Hängebirke im Hof leuchtete weiß, als Gudrid zum Vorratshaus ging, um nachzuschauen, ob einige Enten, die Sigrid dort aufgehängt hatte, schon genießbar waren. Auf dem Rückweg glitt sie auf einer gefrorenen Pfütze aus. Sie stand wieder auf, schnitt eine Grimasse, weil ihr der Fuß weh tat, und eilte zum Langhaus zurück. Es gab noch viel vor ihrer und Karlsefnis Abreise nach Borg zu tun.

Zwei Tage später ritten Karlsefni und zwölf seiner Männer ohne Gudrid aus dem Hof. Sie lag oben im Dachgeschoß im Bett, geschwächt von dem Blutverlust bei der Fehlgeburt ihres neuen Kindes. Sigrid meinte, Gudrid sei außer Gefahr, und Karlsefni folgte widerstrebend Gunnulfs Rat, den König nicht zu verärgern, indem er den Besuch verschob.

Sigrid war selbst keine gute Heilfrau, aber von irgendwoher holte sie ein bitteres Getränk, welches bewirkte, daß Gudrid mehrere Tage im Halbschlaf lag, ohne sich um den Verlust des Kindes und Karlsefnis Sicherheit Gedanken zu machen. Als die Blutungen langsam aufhörten, gab Sigrid ihr kein Getränk mehr, aber sie wollte Gudrid noch nicht aufstehen lassen, so daß diese nur dalag, den vielen Geräuschen auf dem Hof lauschte und versuchte, nicht daran zu denken, was Snorri alles anstellen könnte.

Die Enttäuschung darüber, daß sie den Königshof nicht besuchen durfte, wurde von dem Gedanken, was passieren könnte, wenn Snorri sterben würde und sie keine Kinder mehr bekäme, völlig überschattet. Würde sich Karlsefni dann von ihr scheiden lassen? Würde sie es ertragen, wenn er das täte? Der Gedanke quälte sie, daß der Verlust des Kindes vielleicht Freyjas Werk war, weil Karlsefni und sie den alten Göttern keine Beachtung mehr geschenkt hatten, seitdem sie auf Lunde weilten. Sie hätte mit Freuden mehr als Sigrids Getränk hinuntergeschluckt, nur um nicht ständig daran denken zu müssen.

Als Karlsefni schon zehn Tage fort war, lockerte der Kahlfrost seinen Griff, und dicke Regenschnüre schlugen so laut gegen das Haus, daß Gudrid nicht einmal hörte, wie ihr Mann und sein Gefolge in den Hof ritten. Sie lag gemütlich zusammengekuschelt im Bett oben im dunklen Dachgeschoß, während sie Snorri Fingerreime beibrachte. Er mochte nicht mehr oft bei ihr sitzen und schmusen. Plötzlich hörte sie die Treppe knarren, und Karlsefni erschien mit einer brennenden Öllampe in der Türöffnung. Die durchnäßte Oberbekleidung hatte er schon unten abgelegt, aber das Wasser schwappte in seinen Schuhen, und Haare und Bart kräuselten sich vor Nässe.

Er warf Snorri hoch in die Luft und fing ihn wieder auf, bevor er sich über Gudrid beugte, in ihre glücklich leuchtenden Augen blickte und sie küßte. Gudrid sog den frischen bekannten Geruch ein und begegnete hungrig seinen Lippen.

»Es ist wohl besser, etwas Trockenes an die Füße zu ziehen ...« Er wühlte in seiner Truhe herum, setzte sich wieder aufs Bett und wechselte die Strümpfe, während er von seiner Reise erzählte. Alles sei gutgegangen – keine Unfälle, gute Fähren, ordentliche Reitwege ... Er und sein Gefolge seien würdig empfangen worden, und König Olaf lasse grüßen und wünsche Gudrid Thorbjørnsdatter gute Besserung.

Er band die Schuhe wieder zu, bat Snorri, die nassen Strümpfe zum Trocknen hinunterzutragen und wandte sich wieder an Gudrid. In dem flackernden Licht der Tranlampe sahen seine tiefliegenden Augen müde aus, und das Gesicht war zerfurcht und abgekämpft. Zum ersten Mal sah sie, daß seine Augenbrauen anfingen, wie bei Männern in den mittleren Jahren buschig zu werden.

»Gudrid, du brauchst nicht traurig zu sein, weil du daheim bleiben mußtest. Da König Olaf keine Königin hat, gibt es keinen passenden Ort, an dem Frauen sich auf seinem Hof aufhalten können. Seiner Gefolgschaft fehlt es an nichts, aber ich weiß nicht, womit du dir die Zeit hättest vertreiben sollen – vielleicht hättest du Bischof Grimkel zuhören können, aber er war die ganze Zeit damit beschäftigt, Pläne für den König zu schmieden ... Übrigens war es ein guter Rat, den uns Erling Skjalgsson gab – das erste, was ich gefragt wurde, war, ob alle Mitglieder meines Hausstandes getauft seien! Und sowohl König als auch Bischof wollten unbedingt wissen, wie es um den neuen Glauben auf Grönland bestellt sei. Ich sagte, Leif habe eine prächtige neue Kirche auf Brattahlid bauen lassen, jetzt wäre sicher auch schon ein neuer Priester aus Island gekommen – das war das wenigste, was ich für Leif und Thorkel tun konnte. Als sie in Norwegen waren, hätten sie auf den König großen Eindruck gemacht, deswegen wolle dieser ihnen gern nach bestem Vermögen helfen, sagte er!«

Gudrid lachte, und Karlsefni fuhr trocken fort: »Als die Rede darauf kam, wie lasch die Leute in Island seien, wenn es um den Christenglauben gehe, erinnerte ich ihn daran, daß du mit Hjalti Skeggjasson verwandt bist.«

Verwirrt schaute Gudrid Karlsefni an und fragte: »Ist es dir nicht wichtig, daß sich der neue Glaube in Island durchsetzt, Thorfinn? Du hast mir doch erzählt, daß viele in deiner Familie schon vor langer Zeit Christen geworden sind.«

»Ich möchte, daß der neue Glaube sich verbreitet. Das wird auch geschehen, denn hätte der alte noch Kraft gehabt, würde er sich halten. Aber ich denke wie Leif: Wenn der Norwegerkönig bestimmt, wer bei uns die Ämter von Priestern und Bischöfen übernimmt, wird es nicht lange dauern, bis er bei uns auch Steuern eintreibt. Jetzt, da ich König Olafs neue Befestigungsanlagen und die vielen Pferde, die auf seinen Wiesen weiden, gesehen habe, verspüre ich noch weniger Lust, seinen Ehrgeiz zu finanzieren.«

Er schwieg einen Augenblick, dann rief er böse: »Das erste, was ich daheim tun muß, ist, den Leuten zu erzählen, daß Olaf Haraldsson danach giert, Alleinrecht auf den Handel mit Island zu bekommen. Das darf nie geschehen! Wenn es um den Zoll und die Schiffsgebühren hier geht, können wir nicht viel ändern, aber ich habe dem König gesagt, daß er, wenn er sie weiter erhöht, riskiert, daß Schiffe von Island und Grönland Norwegen meiden und direkt nach Dublin, Jørvik oder Hebedy segeln ...

das wird wohl übrigens einer der Gründe sein, warum er unseren Handel kontrollieren will!«

Diese Heftigkeit sah Karlsefni gar nicht ähnlich, und Gudrid schaute ihn gespannt und ängstlich an. Er lächelte ein bißchen und streichelte ihren Arm.

»Immerhin, etwas Lob kann ich dem König zugestehen: Er begreift, welche Reichtümer in nördlicher und westlicher Richtung im Meer lagern. Wie Erling schon andeutete, weiß er genau, was ich in den letzten Jahren getrieben habe – er ist der einzige Norweger außer Erling, der mich über Vinland ausgefragt hat. Und es fiel ihm gar nicht schwer nachzuvollziehen, daß sechzig weit von ihrer Heimat entfernte Männer keiner feindlichen Übermacht standhalten können. Er hat sicher selbst schon ausgerechnet, wieviel es kosten würde, eine Flotte nach Island oder Grönland zu entsenden ...«

Draußen im Hof wurde das Bockshorn geblasen, um die Hausgemeinschaft zum Abendessen zusammenzurufen. Karlsefni erhob sich, fuhr sich mit einem Kamm durch Haare und Bart und sagte: »Sigrid meinte, wenn du versuchen solltest, aufzustehen, sollte ich dich wieder ins Bett zurückschubsen. Und wenn du und ich im Bett zu gute Freunde würden, bevor du wieder ganz gesund bist, wird sie *mich* die Treppe hinunterschubsen.«

Gudrid fiel keine passende Antwort ein, aber als Karlsefni beinahe schon zur Tür hinaus war, rief sie ihm nach: »Wie gefielen dem König denn die Luchspelze, die du für ihn mitgebracht hattest?«

Mit zwei langen Schritten war Karlsefni wieder bei ihr und fummelte an dem Beutel herum, den er am Gürtel trug. »Fast hätte ich es vergessen – er gab die Pelze weiter, um sie als Futter für einen seiner Umhänge verarbeiten zu lassen, und beim Abschied gab er mir schönes walisisches Zaumzeug und ein paar Silberrasseln für mein Pferd. Dieses Kreuz schickte er Karlsefnis Frau und Hjalti Skeggjassons Verwandter.«

Er reichte ihr ein schweres, flaches Kreuz aus Gold. Eine männliche Gestalt war darin eingeritzt, die mit jeweils einem Arm an den Armen des Kreuzes hing. Gudrid legte es vorsichtig auf die Bettdecke, nahm ihre Halskette mit dem Freyja-Amulett ab und steckte das Kreuz darauf.

»Schau nur! Zusammen müßten sie doch etwas ausrichten können!« sagte Karlsefni munter und verschwand. Gudrid befestigte die Kette wieder an ihrem Hals, ergriff den Kamm, den er fallen lassen hatte, und fing an, ihre Haare zu richten. Ihr war so froh zumute wie seit langem nicht mehr. Das Gewicht der beiden kostbaren Amulette um ihren Hals erinnerte sie an das sichere Gefühl, auf der richtigen Schiffsroute zu segeln. Wenn Karlsefni recht behielt, daß das Christentum siegen und die Macht der alten Götter abbröckeln würde, wäre es wichtig, auf Nummer Sicher zu gehen. Noch wollte sie nicht auf Freyjas Schutz verzichten, denn heute nacht würde sie in den Armen ihres Mannes liegen!

∾

Aber Karlsefni hielt das Versprechen, das er Sigrid gegeben hatte. Er rührte Gudrid im Bett nicht an, weder am ersten Abend nach seiner Heimkehr noch an den darauffolgenden Tagen und Wochen – er küßte sie nur leicht auf die Wange, wenn er ins Bett kam, lange nachdem sie sich schon hingelegt hatte. Gudrid bereitete diese Zurückhaltung Sorgen, obwohl sie wußte, daß sie nicht schwanger werden durfte, bevor ihre Gesundheit wiederhergestellt war. Vielleicht hatte Karlsefni aufgegeben, mehr Kinder mit ihr zeugen zu wollen ...

Weihnachten stand vor der Tür, und Sigrid buk runde Hefekuchen aus feinem englischem Weizen und aus Gerste, die die Kinder auf dem Hof nach der Getreideernte gesammelt hatten. Jeder Kuchen wurde mit einer Tierfigur aus Teig verziert: eine Sau mit Ferkeln, ein Huhn mit Küken oder Eiern. Bevor Sigrid die Kuchen in den Ofen schob, weihte sie nach guter alter Sitte das Feuer, und Gudrid umklammerte mit einer Hand ihr Freyja-Amulett. Freyr und Freyja schauten sicher mit Wohlwollen auf einen Hof, auf dem die alten Gebräuche noch gepflegt wurden. Hier gab es keine Geheimnistuerei wie auf Elinhof. Sie pflegten aber auch anständige christliche Sitten, und Priester Egbert wurde zum Weihnachtsgelage eingeladen.

Am ersten Sonntag nach Weihnachten fiel Schnee, und es schneite mehrere Tage lang. Als die Sonne sich endlich wieder zeigte, klangen die Laute auf dem Hof gedämpft und fern. Sklaven schaufelten zwischen den Häusern Wege, und Sigrid schickte die Kinder hinaus, um den Schnee von den vielen Weihnachtsgarben, die man für die Geister hingestellt hatte, abzubürsten. Sie erzählte Gudrid, daß der Hügelgrab-Bauer unter der großen Birke im Hof die Schüssel mit seinem Weihnachtsbrei leergeleckt habe – das sei ein gutes Zeichen.

Auf der dicken Schneedecke konnten die Pferde schwere Ladungen mit Rundholz, die man schon vorher dafür vorbereitet hatte, nach Hause ziehen, und die Arbeiter waren vom frühen Morgen bis zum späten Abend beschäftigt. Hausierer zogen auf Skiern mit ihren Krämertaschen von Hof zu Hof, husteten und spuckten und boten alles von Rosinen bis zu Schuhriemen zum Verkauf an. Im Schnee verliefen Spuren von allerlei Wild, und beinahe jeden Tag zogen Gunnulf und Karlsefni die Skier an und gingen auf die Jagd.

Gudrid beneidete sie, wenn sie in Richtung Wald loszogen. Niemals zuvor hatte sie soviel Zeit im Haus verbracht. Aber als die jüngeren Kinder auf dem Hof die Hustenkrankheit bekamen, war sie so ausgelastet, daß sie kaum merkte, wo sie war oder wieviel Uhr es war. Zu Anfang verhielt sich die Seuche wie eine normale Erkältung, aber als eines Abends die ersten keuchenden erstickenden Hustenanfälle am Tisch zu hören waren, wußte Gudrid, daß es dieselbe Seuche war, die das erste Kind ihrer Eltern getötet hatte und die sie selbst gerade noch überlebt hatte. Auch Sigrid wußte, was los war, der Keuchhusten hatte ihr zwei ihrer Töchter genommen, als er den Hof vor sechs Wintern heimgesucht hatte, und sie hatte schon erfahren, daß einige Kinder auf den Nachbarhöfen an der Seuche gestorben waren.

Snorri gehörte zu denen, die es am schlimmsten erwischt hatte, und er wurde nach unten verlegt, um das Bett mit Klein-Alfhild und einigen anderen kranken Kindern zu teilen. Die wenigen Stunden, in denen sie keine Heilgetränke braute oder Sigrid nicht half, die Kleinen zu pflegen, schlief Gudrid auf der

Bank neben dem Bett der Kinder. Eines späten Abends, als Gudrid Snorri auf dem Schoß hielt und verzweifelt spürte, wie der abgemagerte Kinderkörper nach Luft rang, sagte Sigrid: »Du bist eine tüchtige Heilfrau, Gudrid.« Sie zögerte ein wenig und fuhr fort: »Man sagt auch, daß du einige kraftvolle Zauberverse und geheime Runen kennst. Jetzt, da dein Snorri so krank ist und Klein-Alfhild mich nicht einmal mehr erkennt, solltest du doch versuchen – wir zwei sind alleine hier ...«

Gudrid mochte nicht einmal fragen, wer solches Gerede über sie verbreitete. Sie legte das Gesicht an die verschwitzten Haare ihres Sohnes und schloß die Augen einen Augenblick, bevor sie antwortete: »Derlei Künste beherrsche ich nicht, Sigrid – du mußt mir glauben. Ich kenne nur die heilenden Zauberverse, die meine Ziehmutter mir beibrachte, und das christliche Gebet für die Seelenerlösung, das mein Vater mich lehrte. Ich habe sie die letzten Tage so oft gesprochen, daß ich mich ganz leer fühle.«

Sigrid nickte langsam. »Ich wollte ja nur fragen.«

Als Gudrid sich endlich etwas hinlegen konnte, flimmerten Traumvisionen an ihr vorbei: Snorris Geburt, die Skrælingfrau, die zu ihr nach Hause kam, Snorri, der in Vinland im Gras krabbelte, Snorri, der Alfhild an der Hand führte und plötzlich alleine stehenblieb, während mehrere Stimmen durcheinander redeten ...

Sie schlug die Augen auf. Priester Egbert stand gemeinsam mit Sigrid und Gunnulf am Bett der Kinder. Der Priester stützte Alfhilds kleinen Körper mit seinem Arm und salbte ihre Stirn mit heiligem Öl. Das Kind hatte schon aufgehört zu atmen.

∞

Snorri und die anderen Kinder auf dem Hof, die die Seuche überlebten, husteten noch viele Wochen, und Priester Egbert sagte, daß dieses Jahr keiner die Fastenzeit einhalten solle – sowohl die Kinder als auch die Erwachsenen müßten sich stärken.

Als Ostern kam, war Gudrid kräftig genug, um mit den anderen zur Kirche zu reiten. Das magere Gesicht des Priesters leuchtete während der heiligen Handlung vor Freude, und bevor er die Kirchenbesucher segnete, trat er ein paar Schritte vor und sagte auf Norwegisch: »Christi finstere Not wurde unser größtes Glück, denn mit seinem Leiden erkaufte er Erlösung für uns alle. Wir feiern diesen Tag zum Andenken an Christi Mut und Gottes Gnade. Wenn ihr hier hinausgeht, hinaus zu Leuten, die noch nicht verstehen, wie herrlich diese Botschaft ist, könnt ihr sie fragen, wem sie lieber dienen wollen – einem tapferen und liebevollen Herrn oder rachsüchtigen alten Göttern.«

Es hörte sich alles so einfach an, dachte Gudrid. Aber warum sollten sich die Leute anstrengen, es Christus recht zu machen, wenn er sowieso nie Rache nahm? Und wenn die rachsüchtigen alten Götter doch noch die Kraft hätten, sich zu rächen? Und woher könnte irgendein Mensch wissen, wer das Schicksal bestimmte?

∞

Der Frühling zeigte sich überall. Es lagen nur einige wenige graue Schneeflecke in der beinahe schwarzen Landschaft, Scharen von Spatzen zwitscherten in den Büschen, und die Kinder hatten Leberblümchen unter dem verwelkten Laub oben am Birkenwäldchen gefunden.

Gunnulf und seine Leute machten sich bereit, in den tiefen, in Richtung Schweden gelegenen Wäldern auf die Jagd zu gehen. Dort sollte es noch Marder, Wölfe, Füchse und Bären in vollem Winterpelz geben, und Karlsefni sagte nicht nein, als Gunnulf ihn bat, mitzukommen.

Gudrid hielt Snorri an der Hand und sah der langen Reihe von Lastpferden, Reitpferden und Hunden nach, die sich aus dem Hof und am Skinnerflo entlang schlängelte. Karlsefni hatte sie zum Abschied so heiß geküßt, daß ihr Herz noch schneller schlug – der Kuß war wie ein Versprechen, daß er sich mit ihr nach seiner Rückkehr im Bett so lange vergnügen würde, bis sie von süßer Wollust fortgerissen würde ...

Während Karlsefni fort war und sie das Bett für sich alleine hatte, schlief sie lange und ohne zwischendurch aufzuwachen. Sie spürte, wie gut ihr das tat. Sie nahm etwas zu, und wenn sie in den Bronzespiegel blickte, sah ihr Gesicht glatt und gesund aus. Sie setzte alle ihre Kräfte im Haus ein und vertraute darauf, daß andere auf dem Hof auf Snorri achtgaben. Wenn Karlsefni nach Hause kam, würde sie ihn fragen, ob er einen tüchtigen Sklaven kaufen wolle, der Snorri erziehen und auf ihn aufpassen konnte, oder ob er lieber ein Kindermädchen anstellen wolle.

Snorri war in der Regel so erschöpft, daß er schon beinahe einschlief, noch bevor Gudrid das Bettfell über ihn breiten konnte. Eines Abends aber setzte er sich im Bett auf und jammerte: »Mein Hengst, Mutter! Mein Brattahlid-Hengst!«

Beinahe überall hatte er das Holzpferd dabei, das Karlsefni ihm auf der Heimreise von Vinland geschnitzt und später mit einem langen Schwanz aus Roßhaaren von Leif Erikssons eigenem Hengst versehen hatte.

Gudrid fragte: »Wo hast du ihn denn vergessen, Snorri?«

»Drüben an der Scheune, an der großen Pfütze! Ich war der Häuptling, der hinunterritt, um Arnkel zu begrüßen, der gerade mit seinem Schiff anlegte, und – und dann blies das Horn, daß wir hereinkommen sollten, es macht immer so einen Krach, daß ...«

»Ich werde dir dein Pferd dieses eine Mal holen, da es ein ganz besonderes Stück ist. Wenn du eingeschlafen bist, werde ich es neben dein Bett stellen.«

※

In dem schummrigen Hof war kein Mensch zu sehen – es war wohl schon später, als sie geglaubt hatte. Sie zog den Schal fester um sich und wartete, bis sich ihre Augen an die Dunkelheit gewöhnt hatten, dann ging sie zur Scheune, wo die Kinder an der warmen Südwand ihren Spielplatz hatten. Dort schauten schon winzige grüne Halme aus dem Boden heraus, während an anderen Stellen das Gras noch gelb und vom Schnee niedergedrückt war. Hungrige, eingezäunte Kühe brüllten in der herben Frühlingsluft – vielleicht konnten sie die ersten grünen Triebe riechen, dachte Gudrid.

Auf halbem Wege zum Stall legte sich eine Männerhand von hinten über ihren Mund, und eine andere umschloß ihre Kehle. Einen Augenblick lang stand sie wie gelähmt da, dann aber wehrte sie sich, stieß mit den Ellenbogen nach hinten und trat, so fest sie konnte, um sich, ohne dabei das Gleichgewicht zu verlieren. Die Schmerzen von dem Griff um ihren Kehlkopf verhinderten jeden klaren Gedanken, und sie fing schon an, das Bewußtsein zu verlieren, als der Mann, der sie überfallen hatte, sie so plötzlich losließ, daß sie zu Boden fiel.

Ein stattlicher Fremder hielt ihn mit eisernem Griff fest und herrschte ihn an: »Na, was kannst du zu deiner Verteidigung vorbringen, Audun? Was, meinst du, soll ich Gunnulf und Erik erzählen?«

»Gunnulf und Erik sind nicht daheim«, entgegnete Audun, der Pferdebursche, mürrisch und warf Gudrid einen Blick zu, der plötzlich Entsetzen ausdrückte: »Du bist nicht ...«

»Wen wolltest du eigentlich erwürgen, Audun?« fragte der Fremde und schüttelte ihn schroff. »Und wen hast du beinahe umgebracht?«

Gudrid bürstete mit abgewandtem Gesicht ihre Kleider.

Audun murmelte verlegen: »Ich dachte, ich hätte diese Hure Thorgunn erwischt. Sie hat mich den ganzen Winter mit dem aalglatten Kerl aus Oprostad hintergangen. Woher sollte ich wissen, daß vornehme Leute so spät am Abend draußen im Hof sind?«

Das Licht des aufgehenden Mondes fiel auf Gudrids Gesicht, und ohne Audun loszulassen, blickte sie der unbekannte Mann an. Seine Augen vergrößerten sich, und unwillkürlich machte ihr Herz einen Sprung in der Brust, als ihr bewußt wurde, daß ihm ihr Anblick gefiel.

»Was soll ich mit diesem Lümmel machen, was meinst du? Hat er dich verletzt?«

»N-nein, ich glaube nicht, und das verdanke ich dir! Laß ihn laufen, wenn er uns versichert, daß er der Kuhmagd Thorgunn nichts zuleide tut.«

Audun wurde mit einer Ohrfeige und einem Fußtritt losgelassen.

Dann widmete der Fremde Gudrid seine Aufmerksamkeit. Er befühlte mit geübter Hand ihren Kehlkopf und bemerkte: »Das wird dir morgen früh Schmerzen bereiten, das kann ich dir versprechen!« Die Falte auf seiner Stirn wurde tiefer, und er fügte hinzu: »Was wolltest du eigentlich um diese Zeit hier draußen erledigen?«

Gudrids Augen blitzten, und sie richtete sich auf. »Mein Mann und ich sind auf dem Hof zu Gast. Ich habe das Recht dazu, über den Hof zu gehen, wann es mir paßt – gerade eben wollte ich das Spielpferd meines Sohnes holen, das er drüben in der Scheune vergessen hat.«

»Warum hast du nicht eins der Dienstmädchen geschickt?«

Sie sah ihn empört an. »Ich habe zu lange an Orten gewohnt, an denen die Leute selbst zurechtkommen müssen. Ein Spielzeug so nahe bei den Häusern zu finden, ist doch von einer erwachsenen Frau nicht zuviel verlangt!«

»Na, gerade hast du selbst gesehen, daß es so spät am Abend keine gute Idee war. Wenn nicht gerade dieser Lümmel Ausschau nach seiner kleinen Hure gehalten hätte, hätte ich dir ja gefährlich werden können!«

Ihr Lachen ging in Schluckauf über und sie spürte, daß sie anfing zu zittern. Ihr Lebensretter berührte ihre Schulter und sagte: »Warte hier. Ich werde das Pferd deines kleinen Jungen holen.«

Als er mit dem Spielzeug zurückgekehrt war, gingen sie gemeinsam zum Langhaus. Zu beiden Seiten des Eingangs waren Fackeln aufgestellt worden, als würde man Gäste erwarten, und plötzlich erinnerte sich Gudrid daran, daß am Morgen ein Bote die Hofleute benachrichtigt hatte, daß Sigrids jüngster Bruder, der Kaufmann Gudmund Thordsson, nur einen Tagesritt entfernt sei. In dem flackernden gelbroten Licht sah sie, daß der Fremde sowohl Sigrids breite Wangenknochen als auch ihre kurze gerade Nase hatte, und seine großen nußbraunen Augen tanzten vor Heiterkeit.

Verwirrt sagte sie: »Es ist wohl Gudmund Thordsson, dem ich zu Dank verpflichtet bin.«

Er blieb auf dem Trampelpfad stehen, nahm die fest anliegende Lederkalotte ab und preßte sie an seine Brust: »Ich wünschte, ich könnte ebensogut Namen erraten!«

Gudrid fühlte, daß sie errötete und antwortete: »Ich heiße Gudrid Thorbjørnsdatter. Mein Mann ist mit Gunnulf und seinen Männern auf der Jagd – sie kommen in wenigen Tagen zurück. Und du weißt wahrscheinlich auch noch nicht, daß Erik zu König Olafs Gefolgschaft gehört!«

»Nein, das habe ich nicht gewußt.«

In der Wohnstube wurde Gudmund von seinen Nichten und Neffen umringt, und Sigrid umarmte ihn freudig. Die Männer in seinem Gefolge hatten schon um das Feuer Platz genommen, nachdem sie die Pferde versorgt hatten, und Gudmund setzte sich zu ihnen und nahm dankbar die Bierschale, die Sigrid ihm reichte.

»Es ist schön, wieder hier zu sein, Schwester. Nur in einer Bierstube in Jørvik herrscht mehr Lärm – das macht dir und deinen Kindern Ehre. Aber es fehlt jemand – ist Klein-Alfhild schon zu Bett gegangen?«

»Alfhild starb in diesem Winter an Keuchhusten«, erwiderte Sigrid. »Wir alle vermissen sie sehr. Priester Egbert meint, der Herr gibt und der Herr nimmt – wo er herkommt, glauben die Leute, daß alles vom Schicksal vorherbestimmt ist.«

Gudmund blickte eine Weile ins Feuer, bevor er sprach: »Ich war mir nicht sicher, ob der Fluß die ganze Strecke bis hinauf zum Skinnerflo eisfrei wäre, deswegen ließ ich mein Schiff ein gutes Stück weiter unten zurück. Wenn ich darf, reite ich in ein paar Tagen dorthin, um es zu holen.«

»Es gibt hier genügend Ankerplätze«, antwortete Sigrid überzeugt. »Vor allem, da weder Gunnulf noch Karlsefni ihre Schiffe zu Wasser gelassen haben.«

Gudmund schaute hoch. »Karlsefni ... Thorfinn aus Skagafjord, meinst du? In Tunsberg erzählen die Leute, daß er mit einer so teuren Last von Vinland und Grönland nach Norwegen gesegelt sei, wie sie bisher noch keiner gesehen habe.«

»Frag Gudrid«, gluckste Sigrid. »Sie ist seine Frau, und sie hat diese Orte mit ihm zusammen besucht.«

Gudmund lächelte.«Ich habe viele Fragen, Gudrid, vielleicht hast du ja Lust, sie alle zu beantworten.«

Gudrid stand auf. Plötzlich zitterten ihre Knie, und ihr Kehlkopf schmerzte.

Höflich sagte sie: »Du solltest lieber alle Fragen, die den

Handel betreffen, meinem Mann stellen. Ich werde jetzt zu Bett gehen – gute Nacht.«

∞

Gudmund verschob die Rückreise zu seinem Schiff um einige Tage. Am ersten Morgen ging er über den Hof zu Gudrid, die gerade Wäsche an einige Holunderbüsche gehängt hatte und jetzt Snorri und die anderen Kinder beobachtete, die drüben an der Scheune spielten. Es amüsierte sie, daß norwegische Kinder Haustiere durch Tannenzapfen ersetzten, wenn sie Bauernhof spielten, genau wie die Kinder in Island und auf Grönland Muscheln verwendet hatten.

Sie war so in die Überlegung vertieft, ob Snorri sich wohl daran erinnern könne, daß er in Vinland unten am Wasser gesessen und mit Tannenzapfen gespielt habe, daß sie nicht hörte, wie sich Gudmund näherte. Sie ließ den Wäschekorb vor Schreck beinahe fallen, als er über ihre Schulter rief: »Es ist leicht zu sehen, welcher deiner ist!«

»M-meinst du? Die meisten Leute sagen, Snorri ähnele seinem Vater.«

»Dazu kann ich nichts sagen, ich habe nur das Holzpferd erkannt.«

Gudrid lachte. Gudmund gehörte offenbar zu den Männern, die Frauen gern mit einem munteren Schwätzchen unterhielten, wenn sie nichts Besseres zu tun hatten. Sie ging in Richtung Waschhaus und sagte gutmütig: »Ich werde Snorri erzählen, wer sein Pferd für ihn holte. Er wird sich sicher bei dir bedanken wollen.«

»Ich habe lediglich seiner Mutter einen Gefallen getan – die übrigens nicht besonders gelehrig ist. Ich dachte, wir hätten uns schon gestern kurz darüber unterhalten, warum man Dienerschaft hat ...«

»Wirklich?«

»Ja. Und jetzt schleppst du deine Wäsche herum, als würdest du auf dieser Welt nicht mehr besitzen als zwei Ziegen und ein kleines Haus.«

»Unsere eigenen Dienstboten sind allesamt Männer. Sollte

ich einem von ihnen ein Waschbrett geben und ihn bitten, loszulegen? Oder sollte ich die Dienstmädchen deiner Schwester so behandeln, als wären sie die meinen?«

Sein Gesicht verlor den neckischen Ausdruck, aber er entgegnete hartnäckig: »Dann ist es dein Mann, der nicht berücksichtigt, was sich für seine Frau gehört.«

Gudrid erwiderte erbost: »Mein Mann weiß, was richtig ist. Ich behaupte nur, daß es vielerorts wichtiger ist, die Arbeit zu erledigen, als sich darüber Gedanken zu machen, wer sie ausführt. Auch auf Grönland und in Vinland hatten wir Dienstleute, aber es wäre uns nicht eingefallen, sie bei ihrer Arbeit zu stören und sie darum zu bitten, für uns Dinge zu tun, die wir genausogut selbst erledigen können. Gerade jetzt, wo wir weit weg von daheim sind, werde ich mich um meine Familie kümmern, auch wenn du der Ansicht bist, daß sich das nicht ziemt. Du bist aber nicht mein Mann!«

»Nein«, antwortete Gudmund, »das bin ich nicht. Und das bedauere ich, denn du bist die erste Frau, der ich begegnet bin, mit der man wirklich reden kann.«

Gudrid verstand, daß sie das Gespräch zurück auf sicheren Boden führen müsse. »Du – du hast also noch keine Frau, Gudmund?«

»Nein«, murmelte er kurz. »Ich bin dreiunddreißig Winter alt, und noch einmal so viele werden wohl vergehen, bis ich es ertragen kann, mir den ganzen Tag Klagen über Nachbarn und Buttermachen anzuhören.«

»Nicht nur Frauen klagen«, giftete Gudrid und verschwand im Waschhaus.

Er suchte sie später am Tag wieder auf, fragte sie dann aber ausschließlich über Vinland, Grönland und das, was sie noch über Island wußte, aus. Er war selbst weit herumgekommen und kannte sich von Aldeigjuburg im Osten bis Dublin im Westen bestens aus, auch hatte er die ganze Küste Norwegens bis hoch nach Hålogaland bereist, ohne jemals den Versuch unternommen zu haben, mit Island Handel zu betreiben.

Als Gudrid am Spinnrad saß und Gudmund und der mindestens ebenso neugierigen Sigrid die drei Länder beschrieb, sah sie die Orte vor ihrem inneren Auge aufsteigen. Sie konnte sich lebhaft an ihre Häuser in Vinland erinnern und blickte in Gedanken von Brattahlid hinüber nach Stokkanes. Sogar die Erinnerungen an Island zogen in farbigen Bildern an ihr vorbei. Es war ihr, als würde sie Wandteppiche aus einer Truhe nehmen. »Es ist leichter, Island zu bereisen als Norwegen«, erzählte sie. »Unsere Bäume stehen nicht so dicht und sind auch nicht so hoch, deswegen kannst du schon von weitem sehen, wo du hinfährst. Hier habe ich immer Angst, mich zu verirren. Ich bin so oft zur Kirche geritten, aber ich weiß nicht, ob ich den Weg allein wiederfinden würde!«

Kaum hatte sie die Worte ausgesprochen, verspürte sie eine tiefe Sehnsucht danach, wieder ihren eigenen Hof zu haben. Eine Ewigkeit schien vergangen zu sein, seit sie selbst hatte freie Entscheidungen treffen können – reiten und gehen können, wohin sie wollte, entscheiden können, was getan werden sollte – und seit sie nicht in jeder Stunde, in der sie wach war, auf Snorri hatte achtgeben müssen.

∞

Gudrid erzählte Snorri, daß Gudmund Thordsson seinen Brattahlid-Hengst gefunden habe, und am nächsten Morgen ging der Junge zu Gudmund hin und blieb während des Essens neben ihm stehen.

Dann streckte er ihm die Hand mit zwei großen Tannenzapfen entgegen und sagte ernst: »Ich danke dir dafür, daß du meinen Hengst gesucht hast, Gudmund Thordsson. Du erhältst diese als Gegenleistung.«

Gudmund nahm die Tannenzapfen, schüttelte Snorri die Hand und erwiderte mit dem gleichen Ernst: »So riesige Tannenzapfen habe ich seit meiner Kindheit nicht mehr besessen. Ich danke dir, Snorri, mein Freund. Ich hoffe, das Glück wird deinen Hengst begleiten.«

Unglücklicherweise ahnten weder Gudrid noch Gudmund, wie groß Snorris Bewunderung für Gudmund eigentlich war. Für die Leute auf dem Hof, die beobachteten, daß Snorri Gudmund hinunter zum Strand folgte, war es selbstverständlich, daß der

Mann von der Begleitung des Jungen wüßte. Aber wie Gudmund später sagte, war er nicht daran gewöhnt, auf Menschenbrut aufzupassen. Er hatte sich gerade nach Gunnulfs Gerät für das Fischen von Hechten umgeschaut, als er ein Platschen und einen Kinderschrei hörte, und als er aus dem Bootshaus hinauslief und Snorri neben einem gekenterten Boot im eiskalten Wasser erblickte, sprang er gleich hinterher und zog den Jungen an Land.

Völlig verlegen schaute Gudrid in Gudmunds ledriges, grimmiges Gesicht mit den neckischen braunen Augen und bat: »Du selbst mußt auch trockene Kleider anziehen, Gudmund. Ich kann dir nicht genug danken – ich verstehe nicht, wo Snorri seine Gedanken hatte.«

Hinter ihr saß Snorri, eingepackt in warme Decken und in sicherem Abstand zum Feuer. Auf einmal hörte man eine geduldige Kinderstimme: »Ich wollte nur das Beiboot für Gudmund Thordsson bereitmachen, denn ich bin sein Gefolgsmann. Und ich wußte, daß er hinausrudern wollte, um Fische zu fangen.«

»Das hätte schnell die kürzeste Dienstzeit werden können, die wir bisher auf dem Hof gehabt haben«, brummte Sigrid und legte dem Bruder ein Bündel trockener Kleidung hin. »Schau her, diese Sachen von Gunnulf passen dir bestimmt. Ich weiß ja, daß der größte Teil deiner Ausstattung an Bord des Schiffes liegt. Du hast also Snorri erzählt, daß du fischen wolltest?«

»Ich habe ihm überhaupt nichts erzählt! Ich dachte, er spielt noch mit deinen kleinen Lausbuben.«

Gudrid sah ihren Sohn prüfend an. Sie hoffte, daß er nicht in die Zukunft blicken konnte – zuviel Kummer und eine zu große Verantwortung würden eine solche Fähigkeit begleiten.

∞

Gudrid bat Sigrid, sich selbst um Gudmunds nasse Kleidungsstücke kümmern zu dürfen, schließlich sei es Snorris Schuld, daß Gudmund ins Wasser springen mußte. Als die Kleider am nächsten Tag sauber und trocken waren, flickte sie ein paar kleine Risse, legte sie ordentlich zusammen und ging über den Hof, um sie in das Dachzimmer eines der Häuser zu legen, das Gudmund mit seinen Leuten teilte. Sie hatte ihn am Morgen sagen hören, daß er draußen Tierfallen aufstellen wolle, deswegen ging sie ohne weiteres in den Dachraum hinein und wollte gerade die Kleidungsstücke aufs Bett legen, als sie vom anderen Ende des Raumes ein leises Lachen hörte.

Schnell wirbelte sie herum. Das Licht von der Dachluke fiel direkt auf Gudmund Thordsson, der splitternackt im Zimmer stand, einen Lappen in der einen Hand und eine Waschschüssel mit rotem Wasser in der anderen. Gudrid starrte auf einen blutigen Schnitt, der sich von der Leiste bis zur Taille hochzog, und bemerkte dabei, daß sein Glied aufgerichtet war.

Verdutzt drehte sie sich wieder zum Bett und stammelte: »Hier – hier sind deine Kleider, Gudmund – wieder in Ordnung, hoffe ich.«

Jetzt lachte Gudmund laut. »Hier auf dem Hof braucht man wohl um nichts zu bitten – sobald ich Gunnulfs Kleider zerrissen habe, landen meine eigenen heil und trocken hier auf dem Bett, und die Botin ist diejenige, an die ich gerade gedacht habe!«

Während er sprach, war er ans Bett gekommen, ergriff seine Hose und zog sie an. Unter der weichen Wolle war das aufgerichtete Glied noch deutlich zu sehen, und Gudrid spürte, wie in ihr heiße Begierde aufstieg, die sie schwindeln ließ. Sie holte tief Luft und richtete den Blick auf sein Gesicht.

»Ich sehe, daß du verletzt bist, Gudmund – wenn du möchtest, habe ich eine gute Wundsalbe für dich, die auch derjenige verwenden kann, mit dem du gekämpft hast ...«

Die braunen Augen wurden dunkler, behielten aber den neckischen Blick. »Dem Zweig, mit dem ich kämpfte, fehlt nichts, danke – er wollte nur nicht für die Fuchsfalle, die Halvor aufstellen wollte, zurechtgebogen werden, und ich stand zufällig im Weg, als er nach oben schnellte. Sicher hast du aber schon erraten, welche Salbe für mich die beste wäre.«

Er war ihr nun so nahe, daß Gudrid die Wärme seines Körpers spürte, und jetzt ergriff er ihre Hand und legte sie gegen seine Brust. Sie riß sie zurück, als hätte sie sich verbrannt, während die Gedanken in ihrem Kopf herumwirbelten: Gudrun Osvivsdatter, Turid Sonnenschein – auch Isleif der Schöne und Harald Roßhaar – über sie alle hatte die Lust nur Unheil gebracht! Und wenn sie jetzt ihrer eigenen Begierde nachgab, würde ebenfalls nur Unglück folgen.

Es gab genügend verheiratete Frauen, die mitnahmen, worauf sie Lust hatten, nicht umsonst gab es so strenge Gesetze wegen Ehebruchs. Die Männer aber konnten ins Bett gehen, mit wem sie wollten, solange sie sich nicht an freigeborenen Frauen vergriffen, die Väter und Brüder hatten, die sie schützen konnten, oder gar an den Ehefrauen anderer Männer. Sie hatte es als selbstverständlich betrachtet, daß sie sich in dieser Beziehung keine Gedanken zu machen brauchte. Seit sie verheiratet waren, hatten ihr Mann und sie mit Freude Tag und Nacht miteinander geteilt. Sie liebte Karlsefni doch, dachte sie verwirrt – schließlich genoß sie seinen Körper, sehnte sich nach seiner Berührung und nach seiner Stimme.

Als Gudmunds neckischer, hungriger Blick auf ihr ruhte, verstand sie plötzlich, daß sie, wäre sie nie mit einem anderen Mann als Thorstein Eriksson verheiratet gewesen, nie gewußt hätte, wie sich ein Bach bei der Schneeschmelze fühlen mußte, nie Gudmunds Anziehungskraft und Begierde so stark hätte spüren können wie jetzt. Und er – vielleicht fühlte er, daß sie wußte, wie es war, sich in Leidenschaft zu verlieren – mit dem Mund über einen warmen, starken Männerkörper zu streifen ...

Sie schluckte und sagte mit fester Stimme: »Ich glaube, der Zweig hat dich auch am Kopf getroffen, Gudmund! Ich werde unten meine Salbe für dich aufwärmen. Bring mir auch die Kleider, die du zerrissen hast, ich werde sie dir flicken.«

Gutmütiges Lachen begleitete sie, als sie zur Tür hinausging.

⚘

An dem Tag, an dem Gudmund mit seinem Gefolge zum Schiff reiten wollte, hörten sie, daß Gunnulf mit Karlsefni und den anderen den Heimweg angetreten hatte. Gudmund reichte Gudrid zum Abschied die Hand und flüsterte: »Es trifft sich gut, daß ich einige Tage fort bleiben werde. Ich weiß nicht, was mich mehr stören würde – zu sehen, daß dich dein Mann gleichgültig behandelt, oder zu wissen, daß er dich bei sich im Bett hat.«

Gudrid war erleichtert, als sie Gudmund aus dem Hof reiten

sah. Als sie ihm mit Sigrid und den anderen zum Abschied winkte, flogen ihre Gedanken zu Karlsefni, der sie seit Monaten im Bett nicht mehr angerührt hatte.

In dieser Nacht träumte sie, daß ihr Oberschenkel auf der Innenseite juckte. Als sie im Traum den Rock hochhob, um nachzusehen, was sie gestochen hatte, fand sie ein strotzendes frisches Löffelkraut, das aus der weichen Haut herauswuchs. Die Pflanze stand in voller Blüte und hatte einen schwach lila Schimmer in den ansonsten weißen Kelchen, und die Wurzeln waren zu einem kleinen Ring zusammengezogen, der sich an ihrem Körper festsaugte. Sie zog daran und war darauf vorbereitet, daß es weh tun würde. Die Pflanze bewegte sich nicht – es überkam sie lediglich ein wollüstiger Schauer. Als sie am nächsten Morgen erwachte, war ihr der Traum noch so deutlich in Erinnerung, daß sie vor dem Aufstehen ihren Schenkel untersuchte. Er war glatt und weiß und fest, nicht einmal ein Flohstich konnte eine Erklärung für den Traum liefern. Auf der Brust aber entdeckte sie ein dunkelrotes Zeichen von dem Freyja-Amulett.

∞

Die Jäger waren nach der erfolgreichen Jagd in bester Stimmung und voller Appetit auf deftige Bauernkost, es war daher schon spät, als Karlsefni und Gudrid am Abend hinaufgingen. Ihre Dachkammer roch wie ein Schiff im Sommer nach von der Sonne gewärmtem Teer, die Fensterläden für das kleine Fenster standen noch offen und ließen die Geräusche der Nacht mit der kühlen, süßen Luft hereinströmen. Gudrid fühlte sich jung, berauscht und erregt, als sie unter das Bettfell in Karlsefnis wartende Arme glitt.

Im Morgengrauen träumte sie noch einmal, daß das Löffelkraut aus ihrem Körper wachse. Diesmal sah die Pflanze jedoch schlapp und verwelkt aus, und als sie noch im Traum leicht daran zog, ließ sich der Wurzelring sofort ablösen und hinterließ ein schwaches rotes Kußzeichen am Oberschenkel.

DER KUCKUCK LOCKT IM HOFBAUM

Das Vieh war schon auf der Weide, als Gudmund Thordsson mit seinem Schiff zurückkehrte, und die blökenden Töne der Lämmer und Kälber vermischten sich mit den Rufen der Leute, die unten am Strand Gudmunds Mannschaft in Empfang nahmen.

Er kam mit Karlsefni gut aus. Beide kannten den guten Ruf des anderen, der jeden von ihnen als rechtschaffenen und tüchtigen Seemann auszeichnete, und so erkundigten sie sich interessiert nach gemeinsamen Freunden und nach Orten, die bislang nur einer von ihnen bereist hatte.

»Auf meiner ersten langen Reise war ich in Jørvik«, sagte Karlsefni und trank zufrieden aus der Bierschale, die Gudrid ihm reichte. »Aber da ich damals erst dreizehn Winter alt war, kannte ich mich mit Preisen noch nicht besonders gut aus. Wenn ich das nächste Mal von Island komme, werde ich wahrscheinlich an der Stelle vor Anker gehen, von der du mir gerade erzählt hast.«

»Nirgendwo kannst du Glasperlen und fertig verarbeitetes Silber günstiger kaufen«, berichtete Gudmund. »Außerdem wurden dort in letzter Zeit nur wenige Seeräuber gesichtet, ich habe lediglich ein paar Leute aus meiner Mannschaft verloren, aber nichts von der Ladung.«

Gudrid lächelte, als sie hinausging, um eine Schüssel mit gekochtem Dorsch zu holen. Karlsefnis Pläne für ihre nächste Auslandsreise verstärkten die Freude, die sie seit seiner Rückkehr von der Jagd verspürte, noch mehr. Das innige Verhältnis zwischen ihnen war für sie wie warmes Öl auf trockenem Holz. Sie war zu allem bereit – besonders für die Heimreise nach Island, die für diesen Sommer geplant war.

Nach der Zeit im Winterhafen lag der »Wellenbrecher« überholt und reisefertig im Wasser.

Als die Männer sich eines Abends unterhielten, sagte Karlsefni: »Nichts macht ein Schiff so dicht wie Teer und Pech. Gut, daß du mir so viele Fässer von beidem verkauft hast, Gudmund – für den Rest werde ich zu Hause in Skagafjord einen guten Preis erzielen. Viele Schiffe dort sind stärker abgenutzt als meins. Ich habe übrigens vor, auf meiner nächsten Reise ein neues und größeres Schiff zu kaufen ...«

»Wann, glaubst du, wird das sein?« fragte Gudmund.

»Vielleicht in drei Jahren – es kommt darauf an, wie es zu Hause in Skagafjord aussieht.«

»Dann werden wir uns sicher nach nicht allzu langer Zeit wiedersehen – vielleicht hier in Norwegen oder in Jørvik oder in Hedeby. Falls ich einen guten Lotsen finde, kann es auch gut sein, daß ich eines Tages nach Island segle.«

»Das dürfte nicht schwierig sein«, meinte Karlsefni. »Viele isländische Kaufleute schließen ein Bündnis mit norwegischen Schiffern, weil zum einen ihre eigenen Schiffe abgenutzt sind und weil zum anderen die Norweger, die in Island Handel betreiben, weitaus weniger behindert werden als wir Isländer hier.«

»In diesem Fall werde ich vielleicht eines Tages in deinen Hof reiten«, sagte Gudmund leichthin.

»Und du wirst gut empfangen werden«, erwiderte Karlsefni.

Gudrid dachte, daß es vortrefflich wäre, wenn sie eines Tages Gudmund bei sich zu Hause willkommen heißen könnte. Da er mittlerweile anscheinend nicht mehr der Ansicht war, daß sie nicht gut genug verheiratet sei, konnte sie unbesorgt seine Freundschaft genießen und war dankbar für die sittsame Bewunderung, die er ihr gegenüber an den Tag legte. Auch brauchte sie nicht länger die Begierde zu fürchten, die in ihr an dem Morgen im Dachgeschoß aufgeflammt war, denn sie wußte, daß sie und Karlsefni am Abend vor Wollust zerfließen würden.

∞

Gudmunds Abreise stand vor der Tür. Gudrid kehrte soeben mit einigen runden Käsen, die sie auf Sigrids Bitte hin für seinen Proviant ausgesucht hatte, aus dem Vorratshaus zurück, als er auf einmal unerwartet neben ihr stand und so gleichgültig, als wolle er das Wetter vorhersagen, verkündete: »Wenn ich erfahre, daß du wieder in Norwegen bist, werde ich dir so lange nachsegeln, bis wir uns treffen ... Ich weiß nicht, wann ich nach Island komme, aber ich werde dorthin fahren. Und zwar, um dich zu besuchen, nicht um Meeresluft zu schnuppern, das kann ich nämlich überall. Nur weil ich Karlsefni so hoch schätze, wünsche ich ihm nichts Schlechtes.«

Er nahm ihr den Käse ab und ging ihr voran zum Langhaus zurück.

∞

Nach der ganzen Aufregung, die mit den Vorbereitungen für Gudmunds Abreise verbunden war, wirkte der Hof still und leer, auch wenn die Frauen alle Hände voll zu tun hatten. Da Karlsefni Pekka Flachnase mit Snorris Erziehung beauftragt und ihn gebeten hatte, darauf zu achten, daß er nicht in noch mehr Zwischenfälle verwickelt würde, konnte Gudrid sich darauf konzentrieren, den anderen Frauen bei der Arbeit behilflich zu sein. Eines Tages, als sie zusammen in der Milchkammer arbeiteten, neckte sie Sigrid Thordsdatter: »Es ist fast wie Zauberei, Gudrid, daß du immer genau weißt, wann wir die Käsemasse eingießen müssen!«

»Es ist reine Glückssache«, antwortete Gudrid. Ihre Brust zog sich zusammen. Seit dem Abend, an dem Alfhild gestorben war, hatte niemand mehr auf ihre vermeintlichen Zauberkünste angespielt, dennoch befürchtete sie, daß Klatsch und Tratsch wie Boote auf einem stetig fließenden Fluß weitergetragen werden könnten. Es wäre schlecht, wenn derartiges Gerede Karlsefni zu Ohren käme. Immer, wenn von Zauberei die Rede war, sagte er böse, daß aus dem Glauben der Leute, ihren Willen mit Hilfe finsterer, überall lauernder Mächte durchsetzen zu können, nichts Gutes hervorgehen könne.

Sie füllte eine Käseform und betonte, um Sigrid abzulenken: »Ich glaube nicht, daß ich jemals mit einer fetteren Milch oder in einer besseren Milchkammer gearbeitet habe.«

»Das freut mich«, erwiderte Sigrid zufrieden. Plötzlich hörte sie auf, Butter zu kneten, und hob die eine Hand. »Lausch! Der Kuckuck sitzt im Hofbaum!«

Die anderen Frauen verharrten ebenfalls, als eine heisere, zögernde Stimme durch die Türöffnung hereindrang: »Kuckuck! Kuckuck!«

Sigrid ritzte ein Kreuz in die weiche Butter und schlug das Kreuzzeichen über sich selbst, bevor sie flüsterte: »Der Hügelgrab-Bauer wird froh sein, daß sein Vogel zurückgekommen ist. Gudrid, du mußt versuchen, dich unter seinen Baum zu stellen, ohne den Kuckuck zu stören. Dann kannst du dir etwas wünschen, und der Wunsch wird in Erfüllung gehen.«

Die anderen nickten und schoben Gudrid lächelnd zur Tür hinaus. Sie blinzelte im strahlenden Sonnenschein und ging langsam hinüber zu der riesigen Birke. Sie war noch nicht grün, aber die Kätzchen an den dünnen, schwingenden Zweigen dufteten würzig. In dem rotbraunen Geäst konnte man erneut den Vogel hören.

Gudrid ließ die Hand an dem weißen Baumstamm ruhen und lenkte mit geschlossenen Augen ihre ganze Aufmerksamkeit auf das kleine Samenkorn in ihrem Innern, aus dem vielleicht ein Mensch wachsen würde.

»Ich wünsche – ich wünsche mir, daß ich ein Kind unter dem Herzen trage – und daß es am Leben bleibt.«

Als hätte ihr der Vogel geduldig bis zum Ende zugehört, blieb er noch ein Weilchen sitzen, ließ ein letztes »Kuckuck« ertönen und flog dann dicht über den Hühnerstall hinweg, wo sich der Hahn schrecklich aufspielte. Gudrid war sich sicher, daß der Lockruf des Kuckucks und das Krähen des Hahnes zu ihren wichtigsten Erinnerungen an Norwegen zählen würden. Die Sehnsucht nach all den wohlbekannten Tönen, die hier auf Lunde fehlten, überwältigte sie, und sie dachte an den Chor der unzähligen Eiderenten, das aufgeregte Geschrei der Austernfischer und der Kronschnepfen ... Weder sie noch diese Vögel waren auf diesen Süßwasserhöfen mit ihren fetten Wiesen zu Hause.

∽

Am nächsten Tag ritt der junge Erik Thorkelsson zusammen mit zwei weiteren gutgekleideten Männern auf seinen Hof, von einer großen Dienerschaft begleitet. Trotz des Hundegebells und des Lärms der Pferdehufe, die auf den Steinplatten vor dem Eingang klapperten, hörte Gudrid, wie jemand zu Sigrid sagte: »Einer von Eriks Gästen muß Hjalti Skeggjasson sein – ich habe erfahren, daß sein Schiff in Borg liegt. Und der schwarzhaarige junge Mann ist vermutlich Sigvat Thordsson, einer der Skalden des Königs.«

Sigrid ordnete an, drei Ferkel zu schlachten und in einem Stück zu braten, die Kinder wurden losgeschickt, um jungen Sauerampfer und andere Frühlingspflanzen zu sammeln. Dies sollte ein Festmahl werden, an das König Olafs Freunde lange zurückdenken würden.

Viele nahmen sich so reichlich von dem Essen und den Getränken, daß sie am nächsten Tag nur schwer aus den Betten kamen. Gudrid hatte schon lange draußen gesessen und ein Hemd für ihren Sohn genäht, als sich auch Karlsefni und Hjalti neben sie ins Gras setzten.

Hjalti lobte: »Das ist aber ein lebhaftes Kerlchen, Gudrid! Sein Ziehvater hat wahrhaftig alle Hände voll zu tun mit ihm.«

»Ja, sicher, das hat er!« antwortete Gudrid. »Aber es scheint ihm nicht zu mißfallen.«

»Mein ältester Sohn begleitet mich auf dieser Reise«, sagte Hjalti. »Er und viele meiner Männer sind schon weitergesegelt, um unsere Ladung zu verkaufen – die Äbtissin Godesti, die die Schule leitet, die Klein-Isleif, mein Schwager, besucht, möchte das Schulgeld nämlich am liebsten in Silber abgewogen oder in Form von Walroßzähnen in Empfang nehmen.«

»Und was wird Isleif einmal mit seinem Wissen anfangen können?« wollte Gudrid wissen und fragte sich, ob Gissurs Frau wohl ein Wörtchen hatte mitreden dürfen, als die Entscheidung getroffen wurde, den kleinen Jungen so weit fortzuschicken.

»Wenn er wieder nach Hause kommt, wird er hoffentlich so gelehrt sein wie die heiligen Männer, die nach Island kamen, um uns von Christus zu predigen«, sagte Hjalti stolz. »Der Junge lernt, die lateinische Sprache so leicht zu verstehen und zu schreiben, wie ich Runen deuten und ritzen kann.«

»Das wird König Olaf sicher freuen«, meinte Karlsefni. »Er wünscht sich, daß viele gelehrte Männer nach Island kommen.«

Er zögerte ein wenig und fragte dann: »Warum hat der König nach dir geschickt, Hjalti?«

Hjalti blickte ihn schnell von der Seite an, bevor er antwortete: »Er will, daß ich mit Bjørn dem Riesigen nach Osten reite, um den Schwedenkönig zu einem Vergleich wegen der Grenzgebiete zu überreden. Die Bauern dort haben die Nase voll von all dem Streit und der Unsicherheit, wem sie letztendlich Steuern schulden.«

»Ja, ich kann mir gut vorstellen, daß auch Olaf Haraldsson Klarheit in diese Angelegenheit bringen möchte«, entgegnete Karlsefni trocken und fügte hinzu: »Hjalti, man hält dich für einen ehrenwerten und vernünftigen Mann. Ich hoffe, daß du auf der Seite der Isländer stehst, wenn es um Steuern und Handelsbedingungen geht.«

Hjalti lächelte ein bißchen. »König Olaf erzählte mir, daß du der Meinung seist, die Isländer, die vom Kurs abkämen und hier landeten, ohne überhaupt die Absicht gehabt zu haben, Norwegen anzulaufen, sollten von allen Abgaben befreit werden. Der König hält sie allerdings nicht für die besten Seeleute ...«

»Frag Gudrid nach ihrer und Thorbjørns Fahrt nach Grönland«, sagte Karlsefni mit so ungewohnter Schärfe, daß Gudrid von ihrer Näharbeit aufschaute.

»Das ist nicht nötig«, erwiderte Hjalti. »Als ich Nidaros besuchte, hörte ich eine sonderbare Geschichte. Auf dem Markt erzählte mir eines Tages ein Mann aus Dublin die Abenteuer eines alten Isländers, der gerade eine Fahrgelegenheit in die Heimat ergattert hatte, nachdem er mit einigen anderen Männern vor zwei Jahren mit einem kleinen Beiboot in Irland gestrandet war.«

Gudrid schnappte nach Luft und schaute Karlsefni an. Langsam fragte dieser: »Und wie lautete die Geschichte?«

»Thorhall Gamlason, so hieß der Alte, berichtete, daß er mit den anderen Insassen des Beiboots an Bord des Schiffes eines gewissen Bjarni Grimolfsson gewesen sei, das nach einem fehlgeschlagenen Siedlungsversuch in Vinland unter der Leitung eines Mannes namens Karlsefni auf der langen Reise zurück nach Grönland war. Bjarnis Schiff wurde draußen im Irischen Meer von Seewürmern aufgefressen ... Mit dem Beiboot waren die

Seewürmer nicht fertig geworden, aber nur die Hälfte der Mannschaft fand darin Platz. Unter denjenigen, die an Bord des Beiboots gingen, waren auch zwei Frauen – sie starben mit einigen anderen vor Kälte und Hunger. Bjarni aber blieb auf seinem Schiff und behielt ungefähr zehn, zwölf Männer bei sich.«

Gudrid ließ die Näharbeit fallen und bekreuzigte sich, und beide Männer schauten auf ihre Hände.

Endlich sagte Karlsefni: »Wir befürchteten, daß sich Bjarnis Schiff trotz der gründlichen Ausbesserung in Vinland nicht viele Wochen auf See halten würde. Sein Schicksal lag mir schwer auf der Seele, da wir uns in Grönland nicht wiedertrafen. Bjarni war ein guter Seemann und ein zuverlässiger Kerl. Das gleiche gilt für Thorhall – ich hoffe, daß er jetzt in Ruhe und Frieden bei seinem Sohn zu Hause in Island wohnen darf.«

Hjalti hob eine buschige Augenbraue und strich sich über seinen umsichtig gestutzten Bart. »In Ruhe und Frieden, sagst du? Keiner, der auch nur in entferntester Verbindung zu Gretti dem Starken steht, darf in Ruhe und Frieden leben. Oder hast du vielleicht nicht gewußt, daß Gretti wieder in Island ist?«

»O doch, sein Halbbruder erzählte es uns, als wir ihn letzten Sommer in Tunsberg besuchten«, erwiderte Karlsefni kurz. »Bekam Gretti zu Hause einen gebührenden Empfang?«

»Soweit ich gehört habe, nicht. Wer Gretti jetzt tötet, darf eine hohe Belohnung erwarten.«

»Wer zählt denn zu Hause in Island zu Grettis Freunden?« fragte Gudrid.

»Abgesehen von seinen nächsten Verwandten? Ja, Snorri Godi – aber er wird auch langsam alt und will sicher ungern einem Geächteten Unterkunft gewähren.«

»Snorri Godi war immer ein treuer Freund meines Vaters«, sagte Gudrid.

»Er ist auch der Schwiegervater von Ingvill, deiner Base«, berichtete Hjalti. »Oder wußtest du das nicht?«

Erinnerungen an Ingvill, Snæfellsnes und Schneefried kamen in Gudrid hoch. Wie durch einen Nebel hörte sie Hjalti fortfahren: »Natürlich war es eine christliche Hochzeitsfeier – ohne jegliche Art von Blutsopfern, und zwei Priester waren zugegen.«

»Selbstverständlich«, bekräftigte Karlsefni. »Schließlich sind das Leute, die wissen, was sich gehört.«
Einen Augenblick lang versank Hjalti in Schweigen, dann erhob er sich schnell. »Karlsefni, ich möchte, daß du einige Botschaften mit nach Island nimmst. Wann beabsichtigst du, aufzubrechen?«
»Ich hatte geplant, das Mittsommerfest in Tunsberg zu feiern – ich möchte, daß Gudrid und Snorri die vielen nächtlichen Feuer am Foldenfjord sehen. Sonst hoffte ich, die Heimreise so bald wie möglich anzutreten! Ich werde zwar nicht rechtzeitig zum Althing heimkehren, aber ich werde dafür sorgen, daß deine Botschaft trotzdem ankommt.«

⁂

Am Mittsommerabend saß Gudrid bei einer großen, festlichen Gesellschaft und aß Miesmuscheln, während sie die lodernden Feuer, die sich im blanken Foldenfjord spiegelten, bewunderte. Die Feuer brannten sowohl entlang der Küste als auch draußen auf den Inseln und Schären, und sie ehrten die Sonne, die unter dem Nordhimmel glühte. Verwirrt versuchte sie, an die letzten drei Wochen auf Lunde zurückzudenken und sich an das vorzügliche Abschiedsgelage für sie und Karlsefni zu erinnern, aber jetzt, da sie wieder mitten in Reisevorbereitungen steckte, hatte sie jegliches Zeitgefühl verloren.

Sie war froh, als sie endlich Nidaros erreichten. Während Karlsefni die letzte Ladung an Bord brachte, machten Gudrid und Snorri einen Spaziergang in der näheren Umgebung des Marktplatzes. Sie hielt ihn fest an der Hand und bemühte sich, all seine Fragen zu beantworten. Nein, der komische Junge da drüben, der an einen Pfahl gekettet war und mit dem Mund Blasen machte, sei nicht zu verkaufen – vermutlich hatte ihn jemand bei seiner Geburt verzaubert und ihm dadurch den Verstand geraubt, und jetzt finde keiner Zeit, den ganzen Tag auf ihn aufzupassen. Doch, die Kätzchen im Körbchen könne man kaufen, aber es gebe wohl genug Katzen auf ihrem Hof in Skagafjord.

Gudrid war erleichtert, als sie endlich auf den Weg kamen,

der hinter den vielen neuen Häusern am Nidfluß entlangführte. Vor ihnen lag die neue Kirche, die König Olaf Haraldsson zu Ehren von St. Clement hatte errichten lassen. Wie durch eine plötzliche Eingebung erklomm sie die Rundholztreppe zur Kirchentür, und als sie keinen Laut von innen hörte, schlüpfte sie in die kühle Dunkelheit und zog Snorri hinter sich her.

Der Raum war durch zwei am Altar befestigte Kerzen schwach erleuchtet. Gudrid fand den Behälter mit Weihwasser am Eingang, tauchte die Finger hinein und schlug das Kreuzzeichen über sich und ihren Sohn mit der neugewonnenen Selbstverständlichkeit, die sie sich in ihrer Zeit auf Lunde angeeignet hatte. Nachdem sie kniend ein *Paternoster* gesprochen hatte und sich gerade wieder aufrichten wollte, hörte sie, wie eine Stimme in norwegischer Sprache, aber mit starkem ausländischem Akzent hinter ihr fragte: »Möchtest du das Kreuz küssen, Frau?«

Sie drehte sich rasch um. Ein großer, dünner, junger Mönch sah sie ernst an und reichte Snorri die Hand. »Komm mit mir, kleiner Junge – Christus liebt die Kinder besonders.«

Snorri schaute den Mönch entsetzt an und vergrub das Gesicht im Rock der Mutter.

»Mein Sohn hat dich offenbar so verstanden, als würde Christus Kinder *essen*«, erklärte Gudrid nach einer peinlichen Pause.

Der Mönch schaute sie ungläubig an. »Wie kann das Kind einer christlichen Mutter so etwas denken? Erziehst du ihn nicht im richtigen Glauben?«

»Ich tue, was ich kann, aber ich selbst wurde auch nicht richtig christlich erzogen. Ich weiß nicht einmal, warum die Leute sagen, das Christentum mache uns fröhlich.«

»Sprich deine Gebete und prüfe deine Seele, dann wirst du schließlich erlöst!«

»Erlöst wovon?«

»Erlöst von dem Bösen, von der Sünde ...«

»Ich verstehe, was ›böse‹ bedeutet, aber was ist ›Sünde‹?« Priester Egbert hatte eine Vorliebe für dieses Wort gehabt, aber er hatte es nie erklärt, und Gudrid hatte sich geschämt, ihn danach zu fragen.

Der junge Mönch seufzte. »Kannst du morgen wieder hierherkommen?«

»Nein, das kann ich nicht«, erwiderte Gudrid mit echtem Bedauern. »Heute nachmittag hissen wir die Segel nach Island.«

»Du bist Isländerin? Na, das erklärt, warum du selbst für eine Frau so unwissend bist.«

»Unwissend ist ein Wort, das ich kenne«, sagte Gudrid ruhig. »Komm, Snorri, wir müssen nachschauen, ob sie schon mit dem Beladen unseres Schiffes fertig sind.«

⚮

Der »Wellenbrecher« war so schwer beladen wie nie zuvor. Als sie aus dem Nidarosfjord hinaussteuerten, machte sich das Gewicht noch nicht so stark bemerkbar, aber als sie auf offener See mit kräftigem südwestlichem Wind in Richtung Süden segelten, ritt das Schiff mit kurzen, harten Stößen auf den Wellen. Gudrid saß mit Snorri zwischen den Knien gut eingepackt auf dem Achterdeck und freute sich über den zufriedenen Ausdruck in Karlsefnis Gesicht. Sie war anscheinend nicht die einzige, die Heimweh nach Island hatte!

Das gezackte Land an der Backbordseite hob sich schwarz von dem grauen Himmel ab, an dem die blasse Sonnenscheibe wie ein im warmen Brei zerfließendes Butterauge wirkte. Für Gudrid war die leichte Bewölkung eine Erleichterung, denn auf der Fahrt nordwärts hatte das dunkelblaue weißfleckige Meer den strahlenden Sonnenschein so stark widergespiegelt, daß allen an Bord die Augen schmerzten. Wenn kein Nebel aufkam, würde diese verschleierte Sonne auch nachts im Westen und im Norden glühen und ihnen den Weg nach Hause weisen.

Snorri drehte sich zwischen Gudrids Knien um und wandte ihr das Gesicht zu. »Mutter, müssen wir wieder am Weib vorbei?«

»Weib ... ach, du meinst, wo der Berg sich am Westkap ins Meer schiebt?«

»Ja, wo eine riesige, alte Hexe sitzt und das ganze Wasser im Meer zum Kochen bringt. Eindride Schwanenhals sagte, sie frißt so viele kleine Jungen, wie sie nur kann.« Snorri kroch noch näher an die Mutter heran.

»Ich kann mir vorstellen, daß sie nur kleine Jungen frißt, die ungehorsam sind und über Bord fallen«, tröstete Gudrid ihn mit einem Lächeln und ließ die Finger durch Snorris braunes seidiges Haar gleiten. Er war ein so gesundes und schönes Kind – es war schwer zu begreifen, daß er aus demselben dunklen Ort gekommen war wie die kleinen unfertigen Klumpen. Aber da sie es geschafft hatte, Snorri zu gebären, würde hoffentlich auch das neue Kind, das sie jetzt ganz sicher in sich trug, gesund zur Welt kommen.

Sie bekreuzigte sich, zog den Umhang wegen der Gischt fester um sie beide und schloß zufrieden die Augen. Hier gehörte alles ihr, Karlsefni und seinen Männern. Hier war ihr Zuhause.

∽

Als der »Wellenbrecher« nördlich vom Westkap die norwegische Küste endlich hinter sich gelassen hatte und das Segel ausgebreitet war, um den stetigen Mitwind einzufangen, fand Pekka Flachnase Zeit, sich um Snorri zu kümmern. Gudrid reichte Trockenfisch und Bier herum, und Karlsefni sagte besorgt: »Du darfst nicht so viel tragen, daß du dich nicht abstützen kannst, falls du ausrutschst ...«

Sie legte die Hand leicht auf den Bauch. »Er ist noch kein großes Kerlchen, wie du siehst – ich spüre ihn fast nicht.«

»Bist du sicher, daß es ein Junge wird?« fragte er neckisch.

Mit einem schnellen Seitenblick antwortete sie: »Nein, aber das möchtest du doch am liebsten, oder?«

Der Ernst kehrte in Karlsefnis Augen zurück, und er erwiderte langsam: »Es ist gut, starke Söhne zu haben, wenn sie sich nicht gegen ihren Vater oder gegeneinander wenden. Aber Männer brauchen Frauen – und von irgendwoher müssen sie ja kommen. Ich glaube nicht, daß einer von uns beiden eine Tochter ablehnen würde, Gudrid.«

Wie in einer Luftspiegelung sah Gudrid den Spätsommernachmittag auf Stokkanes vor sich, als sie ihm von der zu früh geborenen Tochter auf Sandnes erzählt hatte. Die Sehnsucht nach einem Mädchen blühte erneut in ihr auf, einem Mädchen, das seiner Mutter folgte und von ihr lernen wollte. Zögernd fragte sie: »Deine Mutter, Thorunn, ist sie auch Töchtern gegenüber freundlich gesinnt?«

»Sie hat keine meiner Schwestern ausgesetzt, wenn du das meinst – sie starben noch vor meiner Geburt an Keuchhusten.«

»Ja, das hast du mir schon erzählt. Aber glaubst du auch, daß ich willkommen sein werde?«

»Wenn sie noch lebt, wird sie dich begrüßen oder die Begrüßung verweigern, gerade wie es ihr paßt. Aber wenn ich auf meinen Hof reite, bestimme ich. Habe ich dir jemals einen Grund gegeben, dich nicht willkommen zu fühlen?«

»Nein«, antwortete Gudrid. »Nein – ich würde gern die Frau sehen, die noch zufriedener ist als ich.«

»Zufrieden« war ein blasses Wort für das, was sie empfand. Mit Karlsefni an ihrer Seite wirkten alle Orte sicher und überschaubar. Ein brodelndes Meer, ein heulender Wind oder ein gefährlicher Schärengürtel waren für ihn keine unüberwindlichen Hindernisse, und Worte, die jemand mit böser Absicht fallenließ, konnte er so abwenden, daß sie kraftlos zu Boden glitten.

Als sie am Spinnrad saß, versuchte sie, sich die neue Schwiegermutter vorzustellen. Vielleicht war sie genauso breit und behäbig wie ihr Bruder Snorri Thorbrandsson ... Egal welche Gesinnung Thorunn ihr gegenüber zeigen sollte, Gudrid ging davon aus, daß sie sich über die Heimkehr des Sohnes freuen würde und auch darüber, einen gesunden Enkelsohn zu haben.

∞

Nach sieben Tagen auf See erwachte Gudrid von dem fernen zitternden Geräusch der Brandung, die gegen eine Küste donnerte. Sie blieb noch eine Weile liegen und zögerte den Augenblick hinaus, an dem sie sehen würde, wie sich Island vor ihnen aus dem Meer erhob. Sie glaubte, ihr Herz müsse vor Freude zerspringen.

EIN GESPRÄCH UNTER VIER AUGEN

Ein eiskalter starker Wind aus dem Norden blies über den »Wellenbrecher«, als das Schiff an den Ostfjorden Islands Richtung Norden segelte. Karlsefni beriet sich mit der Mannschaft, und alle meinten, daß es gefährlicher sei, an dieser unwirtlichen Küste einen Hafen zu suchen, als die Segel zu reffen und die Reise nach Norden fortzusetzen. Aus diesem Grund hielten sie einen möglichst großen Abstand zum Land und kämpften gegen den Wind und die riesigen Wellen an.

Snorri verstand, daß es gefährlich war, auf dem Deck herumzulaufen, und er murrte nicht, als seine Mutter ein Seil um seine Taille schlang und ihn an sich fesselte. Um ihn zu unterhalten, erzählte Gudrid ihm von den Orten, wo er »als kleiner Junge« gewesen war, von den Skrælingen und von dem schönen, reichen, unbebauten Land weit im Westen. Sie sah die leuchtenden Augen des Jungen und dachte zufrieden, daß sie wahrhaftig nicht wenig erlebt habe, seitdem sie Karlsefni geheiratet hatte.

Jedesmal, wenn die Männer zu Gudrid hinüberschauten, lächelten sie, zwinkerten mit den Augen und drohten mit den Fäusten, als wäre dieser Sturm über alle Maßen lustig. Die Männer, die schöpfen mußten, johlten Lieder, die Gudrid an Land bestimmt nie hören würde, und das Schiff benahm sich wie ein Pferd, das gegen eine steile Steigung kämpfte, weil es unbedingt nach Hause wollte.

Am dritten Morgen flaute der Wind ab. Ein Freudengeschrei begleitete den Befehl, das Segel ganz zu hissen. Nachdem Karlsefni sich vergewissert hatte, daß das Segel gesichert war, überließ er Eindride das Ruder und stakste steifbeinig auf Gudrid und Snorri zu. Er legte den Kopf in ihren Schoß, und sie suchte ihren feinzackigen Kamm heraus und fing an, sich durch sein ergrautes, vom Salz verfilztes Haar zu arbeiten.

»M-mm ...« Er sah zu ihr hoch mit vor Müdigkeit geröteten Augen und lächelte schwach, bevor er sich ausstreckte und die Augen gegen die Sonne schloß.

»Es ist schön, alle bei guter Laune zu sehen«, stellte Gudrid fest und löste etwas von dem Haargewirr mit ihren Fingern.

»Du weißt doch, was die Leute über einen Gaul auf dem Nachhauseweg sagen! Ich kenne diese Küste wie meine eigene Hauswiese, und das tun die anderen auch. Als Lausbuben gingen wir hier auf Fischfang, lange bevor wir Händler wurden. Der nächste Fjord ist Vopnafjord, dann folgen Bakkeflo und Langenes, danach kommt Tistelfjord, wo ein Stammvater deiner Mutter sich ansiedelte ...«

Karlsefnis abgehärtetes, mageres Gesicht entspannte sich, und er wurde schläfrig. Gudrid überlegte träge, was die Zuckungen in ihrem Bauch bedeuten könnten. Ob das neue Kind sich gegen den schweren Kopf des Vaters in ihrem Schoß wehrte? Doch dann bemerkte sie plötzlich, daß Snorri offenbar genug von Erwachsenen hatte, die sich nicht ausreichend um ihn kümmerten, denn er rief nach Pekka Flachnase, der auf dem Weg zu ihnen war und gerade über einen Teil der aufgestapelten Deckladung kletterte. Gudrid wollte ihm zuwinken, als sie sah, daß sich die Befestigung der Sprietstange unter der Reling löste.

»Die Sprietstange ist locker – paß auf, Pekka!« schrie sie.

Karlsefni setzte sich gerade noch rechtzeitig auf, um sehen und hören zu können, wie die schwere Sprietstange Pekka Flachnase über Bord warf, der gerade auf einem großen, wackligen Ballen gestanden hatte. Dann begann die Stange, mit ihrem lebensgefährlichen Gewicht hin und her zu pendeln.

Sofort drehte Eindride das Schiff gegen den Wind, und einigen Männern gelang es, die Sprietstange unter Kontrolle zu bringen, jedoch nicht, bevor sich einer aus der Mannschaft den Arm gebrochen hatte. Karlsefni übernahm das Ruder und segelte im Kreis um die Stelle des aufgewühlten dunkelgrünen Meeres herum, das seinen freigelassenen Sklaven verschlungen hatte. Aber er entdeckte kein Lebenszeichen von Pekka. Schließlich sprach Karlsefni ein Gebet für den toten Mann und nahm Kurs auf eine lange niedrige Landzunge, deren Umrisse im Nordwesten zu erkennen waren.

∽

Der »Wellenbrecher« war gerade durch die breite Öffnung des Skagafjords gesegelt, als ihnen auch schon Fahrzeuge aller Art entgegenkamen, um sie zu begrüßen. Die Rufe zwischen den kleineren Booten und dem großen Schiff schallten an dem stillen Sommernachmittag über das Wasser, und an Land kündigten Schafe und Hunde an, daß etwas Besonderes vor sich gehe. Als Karlsefni gerade an einer steil abfallenden Insel namens Drangøy vorbeisegelte, knatterte das Segel so stark, daß das Blöken der aufgeschreckten Schafe auf der Insel eine ganze Schar von Meeresvögeln in die Flucht schlug.

»Wie in aller Welt schafft man die Schafe auf diese Insel und später wieder nach Hause?« fragte Gudrid und beobachtete den steilen, dunklen Klippensockel, auf dem das Weideland ruhte. Um die Insel herum schwappte das Wasser in unheimlichen Strudeln.

»Man zieht sie als Lämmer hoch und holt sie meistens als geschlachtete Tiere wieder ab«, erklärte Karlsefni. »Und sie werden fette Schafe – einige der mächtigsten Bauern dieser Gegend besitzen das gemeinsame Weiderecht, und sie wissen es gut zu hüten.«

Er deutete auf das Ende des Fjordes. »Jetzt kannst du ganz bis zum Ende blicken – Skagafjord ist geradewegs von Norden nach Süden ausgerichtet. Um die Mittsommerzeit kannst du draußen in der Fjordmündung die Mitternachtssonne sehen, und im Winter spielt dort das Nordlicht. Von dieser Seite des Fjordes aus erkennt man den Dampf von den warmen Quellen auf Røyker – tiefer im Talinneren liegen weitere warme Quellen. Und dort drüben auf der anderen Seite liegt der Hof, auf dem mein Verwandter Halldor wohnt. Unseren eigenen Hof kannst du noch nicht sehen, denn er wird durch einen Höhenzug vom Fjord getrennt.«

Die Wolken warfen ihre Schatten über die Ostseite des Fjordes und spielten mit den schneebedeckten Berggipfeln Versteck, die das breite Tal am Ende des Fjordes umrahmten. Überall wuchs der Birkenwald, und hier und da standen große Gruppen von Vogelbeerbäumen und leuchteten in grellem Gelbrot auf den grünen Wiesen. Es war ein behagliches, fruchtbares Land.

Karlsefni bereitete alles für den Landgang vor, und Gudrid hob Snorri an Deck auf einige Ballen, damit er ein Reitergefolge beobachten konnte, das gleichmäßig an der Küste entlangtrabte. Geschirr und Waffen blitzten in den schrägen Sonnenstrahlen. Nach so langer Zeit auf See war Gudrid von den neuen Sinneseindrücken völlig überwältigt.

Während Karlsefni das Beiboot abfierte, kam ein Sechsriemenboot in leuchtenden Farben auf den »Wellenbrecher« zugerudert, und ein kräftig gebauter Mann in den mittleren Jahren rief Karlsefni beim Namen.

»Ottar Vemundsson!« strahlte Karlsefni. »Jetzt begreife ich, daß ich zu Hause bin. Gudrid, dies ist der Aufseher auf Rognestad, er hat mir alles beigebracht, was ich über die Landwirtschaft weiß, aber noch längst nicht alles, was er selbst weiß.«

Ottar lüftete den weichen Filzhut zum Gruß, aber Karlsefnis Lob hatte den düsteren Ausdruck in seinem Gesicht nicht fortwischen können.

»Heraus damit, Mann«, sagte Karlsefni. »Bist du nicht gesund? Oder gibt es schlechte Nachrichten von meiner Mutter oder meinem Hof?«

»Danke, Thorfinn, ich bin bei bester Gesundheit, und auf Rognestad ist alles wie früher. Thorunn Thorbrandsdatter hat mich geschickt, um dich willkommen zu heißen, sie läßt fragen, ob sie mit dir unter vier Augen sprechen darf.«

»Wirklich? Ja, das darf sie«, rief Karlsefni gut gelaunt. »Aber zuerst soll sie Gudrid und unseren Sohn kennenlernen. Gudrid, seid ihr fertig zum Mitkommen? Eindride, leg Gudrids Sattel zusammen mit dem Zaumzeug und den Rasseln, die König Olaf mir schenkte, ins Beiboot.«

Unter den Reitpferden, die an Land für sie bereitstanden, wählte Karlsefni eine hellbraune Stute für Gudrid aus, die er selbst sattelte, bevor er seinen eigenen Hengst umarmte und sattelte. Seine gute Laune verriet ein so tiefempfundenes Glück, daß Gudrid die merkwürdige Botschaft seiner Mutter vergaß. Der Aufseher Ottar half ihr in den Sattel, und sie lächelte ihm zu, während sie ihren Umhang in Ordnung brachte.

»Dies ist ein schöner Empfang, Ottar. Noch nie bekam ich einen besseren.«

»Hoffentlich geht es auch weiter so«, antwortete er und reichte ihr die Zügel.

Karlsefni ritt an erster Stelle im Gefolge und trug den Sohn vor sich im Sattel. Aus den Höfen traten Leute, um ihnen zu winken und sie zu begrüßen, und Gudrid winkte zurück. Fettes Vieh weidete in der üppigen Landschaft auf beiden Seiten des Reitwegs, und an einer Stelle strömte ihnen ein so herrlicher Geruch von gekochtem Fleisch entgegen, daß Gudrid beim bloßen Gedanken an warmes Essen das Wasser im Munde zusammenlief. Da ihre neue Schwiegermutter anscheinend gut über ihre Ankunft unterrichtet war, hatte sie sicher eine ordentliche Begrüßung für ihren einzigen Sohn vorbereitet.

Eine großgewachsene weißhaarige Frau, die ganz in Schwarz gekleidet war und keinerlei Schmuck außer einer wertvollen, mit Steinen besetzten Kette für Nähsachen und Messer trug, stand gerade und reglos wie ein Pfahl vor dem Haupteingang, als das Gefolge in den Hof von Rognestad ritt. Karlsefni hob Snorri vom Pferd und überließ seinen Hengst einem der Hofjungen. Dann ging er zu Gudrid und half ihr so würdevoll vom Pferd herunter, als wäre sie eine Königstochter. Anschließend führte er sie und seinen Sohn zu der alten Frau, die er umarmte und küßte. Sie war beinahe ebenso groß wie er.

»Mutter, dies ist meine Ehefrau, Gudrid Thorbjørnsdatter, und dies ist unser Sohn Snorri.«

»Was du nicht sagst! Und wo hast du die zwei gefunden?« fragte Thorunn eiskalt, nachdem sie die Wange des Sohnes mit den Lippen gestreift hatte.

Gudrid machte einen Schritt rückwärts, als hätte Thorunn sie geschlagen, aber Karlsefni ergriff fest ihre Hand und hob Snorri mit dem anderen Arm hoch.

»Gib deiner Großmutter einen Kuß, Snorri.«

Snorri beugte sich gehorsam nach vorne und drückte einen

Kuß auf die alte, flache Wange. Dann schoß seine braune Faust nach vorne, um Thorunns prachtvolle Kette anzufassen, und er sagte todernst: »Dafür hättest du in Nidaros viele kleine Kätzchen bekommen, Großmutter.«

Es zuckte ein wenig um Thorunns schmalen Mund, und sie winkte einer rundlichen jungen Frau mit einem vernarbten Gesicht zu.

»Wenn du Kätzchen magst, Snorri, gehst du am besten mit Aud der Dicken, um dir die anzuschauen, die wir in der Wollkammer haben.«

Snorri ging bereitwillig mit Aud, und eine Schar von Kindern folgte ihnen.

Karlsefni sagte: »Es gibt viele Neuigkeiten, die wir austauschen müssen, Mutter. Du hast doch sicherlich meine Botschaft erhalten, daß Gudrid und ich auf Brattahlid auf Grönland geheiratet haben?«

»Ich erhielt die Nachricht, daß mein Sohn die Nachfahrin eines Sklaven geheiratet habe, deren Name weder von Reichtum noch von Glanz geschmückt ist. Ist sie das?«

Karlsefnis Augen blitzten unter den schweren Brauen, und der Griff um Gudrids Hand wurde fester, aber seine Stimme war genauso ruhig wie vorher, als er antwortete: »Gudrid ist Snorris Mutter und bald die Mutter deines zweiten Enkelkindes. Meine Heirat hat mir nur Gewinn gebracht, aber darüber werde ich dir später bei einer passenden Gelegenheit berichten. Du sollst wissen, daß Gudrid über alle Fähigkeiten verfügt, die nötig sind, um diesen Hof als Hausfrau zu übernehmen.«

Gudrid faßte sich ein Herz, sah Thorunn direkt in die Augen und sagte leise, aber mit fester Stimme: »Wenn das Glück uns hold ist, wirst du noch lange der Arbeit hier auf dem Hof vorstehen. In der Zwischenzeit darfst du über meine Kenntnisse verfügen.«

»Hmm«, sagte Thorunn, den Blick auf eine Stelle hinter Gudrids Kopf gerichtet. »Hier auf dem Hof ist es nicht Sitte, Gäste arbeiten zu lassen.«

Das Festmahl, das Thorunn auftischte, konnte sich mit allem messen, was Gudrid aus Norwegen kannte, aber das fette Essen und die guten Getränke, die ihr angeboten wurden, schienen ihr irgendwie im Halse steckenzubleiben. Sie hatte den Ehrenplatz rechts neben Karlsefni, und Thorunn saß zu seiner Linken, aber während der ganzen Mahlzeit spürte Gudrid die Wut und Verachtung, die ihr die alte Frau entgegenbrachte. Auch als Karlsefni über all ihre gemeinsamen Reisen berichtete, hätte sie am liebsten geweint – oder sie hätte sich lieber in der Bettkammer, die für sie und Karlsefni vorbereitet war, hingelegt, um nur zu schlafen, schlafen, schlafen ...

Als hätte Gudrid den Wunsch laut geäußert, wurde sie am nächsten Morgen von niemandem geweckt. Während sie in dem dunklen Schrankbett langsam wach wurde, versuchte sie, sich daran zu erinnern, wo sie war, und sie wußte auch nicht, wie spät am Tag es sein könnte. Die Mulde von Karlsefnis Körper im Bett war kalt, und aus der Wohnstube drang keine morgendliche Betriebsamkeit, die darauf hindeutete, daß die Dienstleute das Feuer angemacht und die Töpfe für die Morgengrütze aufgestellt hatten. Sie wollte gerade die Beine über die Bettkante schwingen, als sie direkt neben sich Thorunns trockene Stimme durch die Wand dringen hörte.

»Du willst mir also erzählen, Thorfinn, daß du, ein Nachfahre von Königin Aud der Tiefsinnigen, mit dem Sprößling eines Mannes verheiratet bist, der als einer von Auds Sklaven nach Island kam? Du hättest jede reiche Bauerntochter in Island haben können! Es bricht mir fast das Herz, wenn ich an die vielen Höfe denke, die alleine hier in der Gegend in den Jahren deiner Abwesenheit als Mitgift weggegeben wurden.«

Karlsefni antwortete ruhig: »Mütterlicherseits ist Gudrid mit den besten Familien in Island und auf Grönland verwandt. Und man sagt, daß der Sklave Vifil in England von vornehmer Herkunft war. Seine Nachkommen waren sehr erfolgreich – als wir in Norwegen waren, wurde der Name von Gudrids Vater von vielen in Ehren gehalten. Außerdem waren deine eigenen Brüder der Ansicht, daß er ein hervorragender Mann sei.«

»Ich habe nie viel von dem gehalten, was meine Brüder sagten und meinten«, antwortete Thorunn kurz. »Ich wette, Thorleif Kimbe ist noch immer ein hitzköpfiger Dummkopf, und Snorri hat es nie geschafft, Reichtum zu erlangen.«

»Der Sohn von Snorri Godi ist mit Gudrids Base verheiratet. Bist du auch der Meinung, daß Snorri Godi ein Dummkopf ist? Außerdem sollst du wissen, daß ich zwei gute Höfe und die Kaufsumme für ein Schiff als Gudrids Mitgift bekam.«

»Und wo sind die Höfe jetzt? Was nützen sie dir hier?«

»Wir verkauften den Rest von Gudrids Besitz an Leif Eriksson, bevor wir Grönland verließen. Vieles von dem Reichtum an Bord des ›Wellenbrechers‹ gehört ihr, und gemeinsam werden wir entscheiden, wie wir ihn am besten nutzen können.«

Gudrid hatte sich während des Wortwechsels schnell angezogen, und jetzt stand sie mit todblassem Gesicht mitten in der Stube. Aber ihre Stimme war fest, als sie sagte: »Ich habe nicht gewußt, daß du meinetwegen so viele Fragen hast, Thorunn, sonst hätte ich mich angeboten, sie selbst zu beantworten.«

Thorunn erhob sich steif und würdig. »Jetzt weiß ich, was ich wissen muß.«

Karlsefni wartete, bis sich die Tür hinter seiner Mutter geschlossen hatte, bevor er sich Gudrid zuwandte. Er sah müde und ungeduldig aus.

»Ich werde Eindride nach Hov schicken, um nachzufragen, ob Halldor damit einverstanden ist, Mutter zu Besuch zu bekommen. Er schuldet mir seit der Zeit, als ich ihm half, das volle Erbteil seiner Frau von ihren Brüdern zu bekommen, einen Gefallen, und Mutter ist stets gut mit ihm und Thordis ausgekommen.«

»Zum ersten Mal hegt jemand Abneigung gegen mich«, sagte Gudrid langsam. »Das ist kein gutes Omen für unser Leben hier.«

»Mutter ist, wie sie ist«, erwiderte Karlsefni. »Das hat nichts mit dir oder mit sonst jemandem zu tun. Ich möchte lediglich Streit in meinem Haus vermeiden – Zänkerei ist das letzte, was ich jetzt brauchen kann. Der Handel mit unseren Gütern aus Norwegen wird viel Zeit in Anspruch nehmen, und es gibt mehr als genug hier auf Rognestad zu tun. Wenn Thorunn einsieht, daß der Hof genügend Platz für uns alle bietet, darf sie wieder zurückkehren, in der Zwischenzeit wirst du den Haushalt führen – gute Dienstleute werden dir dabei helfen.«

Es geschah, wie Karlsefni es bestimmt hatte. Er schlug der Mutter die Regelung so geschickt vor, daß sie zu guter Letzt glaubte, der Gedanke sei ihr eigener, und sie zog mit Dienstleuten, Pferden und Geschenken nach Hov. Gudrid sah dem kleinen Gefolge bis zur ersten Furt nach und fühlte sich eher traurig als erleichtert.

༄

Snorri hatte noch keinen neuen Ziehvater bekommen, aber Aud die Dicke paßte auf ihn auf, und die Leute auf dem Hof wußten, daß der Junge keine Angst vor dem Wasser hatte. Die meisten Sklaven und Dienstleute arbeiteten schon lange auf dem Hof und kannten ihre Arbeit so genau, wie es Karlsefni gesagt hatte. Die Haushälterin Elfried akzeptierte ihre neue Herrin ohne weiteres und überließ ihr willig die Schlüssel, die Thorunn ihr als stummen Widerspruch gegen Gudrids Stellung als Karlsefnis Frau überreicht hatte.

»Es ist gut, eine flinke, junge Hausfrau zu Hilfe zu bekommen!« freute sich Elfried. »Wir werden genug zu tun haben – die ersten Landstreicher kommen normalerweise um diese Jahreszeit den Vatnskard herunter, denn jetzt gibt es auf den umliegenden Höfen reichlich saure Milch und Molke.«

Ein paar Tage später sah Gudrid einige Menschen am Fluß entlangwandern, die Kurs auf Rognestad nahmen. Auch wenn sie ein solches Grüppchen seit ihrer Kindheit nicht mehr gesehen hatte, fiel es ihr nicht schwer, die zerschlissenen Bündel und das entschlossene Trotten wiederzuerkennen. Im Kopf hörte sie den Rat ihrer Ziehmutter: »Solche Leute haben sowohl Läuse als auch Flöhe, deswegen darfst du sie niemals im Haus schlafen lassen. Sorge dafür, daß sie in der Scheune eine gute Schlafstelle bekommen – und stelle Nachtwachen auf, damit sie kein Feuer machen oder etwas aus den Vorratshäusern stehlen können. Tisch reichlich für sie im Küchenhaus auf und versuche, alle Neuigkeiten, die sie mitbringen, aus ihnen herauszulocken, ohne etwas zusätzlich zu bezahlen ...«

Elfried beherrschte vortrefflich die Kunst, ihre Gäste zum Reden zu bringen und dazu, Neuigkeiten weiterzutratschen, die sie in der Gegend verbreiten wollte. Sie stellte zuvorkommend eine Schüssel Moosbrei mit Gerste vor sechs Paar hungrige Augen und bemerkte lächelnd, das sei das übliche Essen hier auf dem Hof; der Bauer sei gerade erst aus fremden Orten und Ländern, wo die meisten Leute noch nie gewesen seien, zurückgekehrt und habe sich mit Handel Reichtümer verdient.

Ein magerer Mann mit blauen Lippen, der sich anscheinend für den Anführer der Schar hielt, stopfte sich ein Stück Trockenfisch mit Butter in den Mund und nuschelte: »Ich bin ganz bis nach Ljåwald gelaufen, seit du mich das letzte Mal hier in Skagafjord gesehen hast, Elfried! Es gibt so viele, die die Türen auf Ljåwald einrennen – Leute wie wir sind dort nur der Tropfen auf den heißen Stein, so wahr ich hier sitze. Der Unruhestifter Gretti Åsmundsson kann immer damit rechnen, dort Essen und Unterkunft zu bekommen, und Thorkel Øyolfsson wohnte immer wieder dort, bis er schließlich Gudrun Osvivsdatter vom Helgefell heiratete ...«

»Hast du vielleicht Gretti unterwegs getroffen?«

»Nein«, sagte der Alte und spießte ein Stück geräucherten Papageientaucher mit dem Messer auf. »Und das ist gut so. Ich bin ganz allein bis nach Schweinsee gegangen und war froh, keinen Geächteten zu begegnen, die sich das nehmen, was sie haben wollen. Die Bauern in Vatnstal konnten Gretti übrigens gefangennehmen und wollten ihn gerade aufhängen, als Thorbjörg die Riesige erschien und veranlaßte, daß sie ihn laufenließen, weil er Gudruns Verwandter sei. Da siehst du, wie es kommen kann, wenn ein Bauer seine Weibsleute nicht im Zaum halten kann.«

Er schüttelte mit erfahrener Miene den Kopf und nahm ein fettes Stück Forelle aus der Schüssel, die Gudrid ihm reichte. Anschließend reichte sie die Schüssel einer schweigsamen einarmigen Frau – sie hieß Helga, und man konnte trotz der krätzigen Haut erkennen, daß sie noch jung war. Elfried hatte erzählt, daß ihr Verlobter ihr den Arm versehentlich abgehackt hatte, als sie versuchte, eine Schlägerei zu verhindern. Er wurde bei dem Kampf getötet, und seitdem hatten ihr die Bauern ihres Dorfes jeden Winter Unterkunft gewährt. Gudrid dachte, daß sie in Helgas Situation nicht gewußt hätte, von wem sie Hilfe erwarten könnte.

༶

Als Gudrid und Karlsefni sich am Abend zu Bett legten und sie ihm die Neuigkeiten erzählte, die die Herumstreifenden mitgebracht hatten, lachte er und sagte: »Du hast sicher mehr von diesem Lumpenhaufen erfahren, als ich auf dem Herbstthing in Hegernes vorige Woche herausgefunden habe. Ich hätte gern gesehen, wie Thorbjørg die Riesige die Bauern um Gretti betrog. Wäre Kjartan seiner Schwester ähnlicher gewesen, wäre er vielleicht jetzt noch am Leben ... Aber du mußt vorsichtig sein und nicht jeden auf den Hof lassen, Gudrid – jeder Mann ist verdächtig, der allein umherstreift. Er könnte Gretti oder ein anderer Geächteter sein. Wenn jemand Arbeit sucht, mußt du ihn direkt zu Ottar oder zu mir schicken.«

Gudrid nickte gehorsam und versuchte, eine gemütliche Stellung im Bett zu finden. Dieses Kind würde ein großes werden – es quälte sie jetzt schon, zu lange am Webstuhl zu stehen. Karlsefni nahm sie in den Arm, und sie gab ihm nach und vergaß, wie müde sie war. Sie hatte ihn selten gesehen, seit sie nach Island gekommen waren, und jetzt, da er einige Leute zum Dorschfang nach Øyafjord schicken mußte und andere ins Gebirge, um die Schafe zusammenzutreiben, würde er wohl noch beschäftigter sein.

༶

Als der Sonnenuntergang immer südlicher zog, wurden die Tage schnell kürzer. Am Ende des Fjordes warfen die Gipfelstuhlberge riesige Schatten, und Leute, die unterwegs waren, klagten über Schnee und Kälte im Gebirge. Der »Wellenbrecher« wurde für den Winter an Land gezogen, noch bevor Karlsefni und Gudrid zur Kreuzmeßfeier nach Hov ritten, weil Halldor den dünnen, blassen Bauernsohn präsentieren wollte, den er als Hauspriester in Dienst genommen hatte.

Frost lag in der Luft, als sie morgens mit ihrem Gefolge loszogen, aber nach und nach wurde der Tag so sonnig und schön, daß Gudrid sich völlig Freude hingab, auf dem Pferderücken zu sitzen und an keinerlei Arbeit denken zu müssen. Sie vergaß darüber sogar, daß sie zum ersten Mal, seit Thorunn den Hof verlassen hatte, der Schwiegermutter gegenüberstehen würde.

Gudrid hatte sich an die vielen großen Häuser auf Rognestad gewöhnt, so daß sie sich von Hov nicht blenden ließ, auch wenn man vom Hof aus einen beeindruckenden Blick auf den Fjord hatte. Alles, von den umsichtig angebrachten Torflagen in den Hauswänden angefangen bis hin zu den schön geschnitzten Dachfirsten, deutete auf Halldors Stellung als Häuptling hin. Die alte Thorunn stand neben Halldors Frau in der festlich geschmückten Halle und hieß sie willkommen. Unter den angesehenen Verwandten fühlte sie sich anscheinend wohl, denn sie nickte Gudrid gnädig zu und erkundigte sich nach Snorri.

»Snorri braucht eine Großmutter«, sagte Gudrid.

⚜

Drei Tage lang blieben sie auf Hov. Der frisch geweihte Priester verrichtete still und verlegen die christlichen Zeremonien, und Gudrid dachte, daß sie sich nach einem Jahr in Norwegen besser mit diesen Dingen auskannte als er. Meistens ließ sie während der Gottesdienste ihren Gedanken freien Lauf.

Halldors Kirche war nicht viel größer als Thjodhilds und roch nach Neubau, das Priesterkleid war aus grobem Loden, nicht aus feinem schwarzem Stoff wie das vom alten Egbert. Das blasse, ängstliche, junge Gesicht da vorne konnte sich auch nicht mit den mageren, nachdenklichen Zügen Priester Egberts messen. Sie überlegte, wie in aller Welt dieser Priester Fragen über Sünden und ähnliches beantworten könnte. Aber sie selbst würde wohl überhaupt keine Zeit finden, sich um diese Dinge zu kümmern. Auch mit vielen Haushaltshilfen würde sie mit dem neuen Kind alle Hände voll zu tun haben …

Während der Priester murmelte und psalmodierte, liebkoste sie in Gedanken die kleinen Glieder, die in ihr zappelten, und ihre Hand tastete ständig nach dem Kreuz und dem Freyja-Amulett. Die geheimnisvolle Schwere der Schmuckstücke, die gegen ihre schmerzenden Brüste drückten, gab ihr den Trost und die Ruhe, die sie in der Kirche am liebsten empfand.

Sie wußte, daß die Schwangerschaft sie sowohl blühend als auch würdig aussehen ließ, und sie sonnte sich in der Freundlichkeit, die ihr von den anderen Gästen und von den Gastgebern selbst entgegengebracht wurde. Nur die alte Thorunn richtete kein Wort an sie und äußerte weder Lob noch Tadel.

∞

Als die Abreise bevorstand, küßte Halldors Frau Gudrid herzlich und scherzte: »Du kannst wohl die Gedanken der Leute lesen, du weißt immer, wie ich die Dinge gemacht haben will!«

»Ich freue mich, wenn ich dir etwas helfen konnte«, erwiderte Gudrid froh und drehte sich um, um der Schwiegermutter einen gesitteten Abschiedskuß zu geben.

Statt ihr erwartungsgemäß die Wange hinzuhalten und kühl an ihr vorbeizuschauen, küßte Thorunn sie, gab ihr ein sorgfältig gefaltetes Kleidungsstück und sagte: »Wenn Snorri so schnell wächst wie sein Vater in dem Alter, wird er dieses bald gebrauchen können.«

Gudrid hielt das Geschenk gegen das Licht der Türöffnung und sah ein rotes Jungengewand aus dünner, feiner Wolle, das mit Seide und Gold oben am Hals und unten an den Ärmeln bestickt war. Es anzufertigen mußte Thorunns alten Augen ungemein viel Mühe bereitet haben.

»Eine derart sorgfältig angefertigte Handarbeit habe ich nicht oft gesehen, Thorunn. Ich wünschte, du könntest Snorris Gesicht sehen, wenn ich ihm dies gebe und ihm verrate, von wem es ist«, rief Gudrid.

»Gierige kleine Jungen sind mir nicht fremd«, entgegnete Thorunn und bot Gudrid ihre Wange, die sie herzlich küßte.

∞

»Warum kommt deine Mutter jetzt nicht mit uns nach Hause?« fragte Gudrid Karlsefni, als ihre Pferde nebeneinander die Böschung hinunter zur ersten Furt trabten.

»Ich weiß es nicht, und ich habe sie auch nicht gefragt. Einige

Menschen sollte man nicht drängen, wenn man nicht denselben Kampf zweimal kämpfen möchte.«

Sie ritten schweigend weiter und genossen den Anblick des breiten, flachen Tales mit den gepflegten Höfen und den Gruppen flammender Vogelbeerbäume. Sowohl Groß- als auch Kleinvieh weidete jetzt nach der Erntezeit im Flachland. Bald würden viele Tiere geschlachtet werden, andere müßten für den Winter ins Haus gebracht werden – hier auf dem Heimweg bemerkte Gudrid überall eine Menge Arbeit, die große Verantwortung erforderte.

Der leichte Morgendunst wich der milden Herbstsonne, die endlich über die Hügel im Osten kletterte, und der Dampf von den warmen Quellen unten im Tal war deutlich zu erkennen. Mit Sehnsucht in der Stimme sagte Gudrid: »Ich wünschte, die warmen Quellen wären etwas näher bei Rognestad. Man könnte dann viel Arbeit mit der Wäsche sparen, und es ist ein Genuß, selbst eine Weile im warmen Wasser zu liegen ...«

»Ja, sicher«, gab ihr Karlsefni todernst recht. »Ich dachte, wir könnten jetzt auf dem Weg an einer davon haltmachen.«

Er lachte sich ins Fäustchen, und die Augen, die tief in Gudrids blickten, funkelten froh und geheimnisvoll. Als hätte das Kind in ihr gespürt, daß ihr Herz schneller schlug, strampelte es so fröhlich und kräftig, daß Gudrid einen Augenblick lang die Zügel losließ, um beide Hände auf den Bauch zu legen, und ihre Stute hielt gehorsam an. Als Karlsefni zurückschaute, um zu sehen, wo sie blieb, rief sie fröhlich: »Wenn ich gewußt hätte, daß wir zuerst bei den warmen Quellen anhalten würden, hätte ich ein anderes Hemd angezogen und nicht das, was ich jetzt anhabe.«

Er wartete, bis sie wieder neben ihm ritt, dann sagte er: »Gudrid, kümmere dich nicht um ein Hemd – wir werden uns einen Hof anschauen. Während Halldors Gelage habe ich erfahren, daß die Witwe auf Glaumbær vorhat, ihren Hof zu verkaufen und zu Verwandten in Midfjord zu ziehen – alle ihre Kinder sind gestorben. Ich glaube, der Hof wäre ein guter Kauf für unser Geld, aber ich möchte, daß du den Ort siehst und deine Meinung darüber äußerst.«

»Werden wir dort selbst wohnen?«

»Wenn du möchtest. Dann wärst du jedenfalls näher bei den warmen Quellen und hättest einen besseren Schutz gegen den Meereswind. Außerdem liegt die nördlichste Wiese auf Glaumbær neben unserem Hof Rognestad, so daß der Kauf einen großen zusammenhängenden Besitz ergeben würde. Als ich Glaumbær kurz vor meiner Reise ins Ausland zum letzten Mal besuchte, herrschten dort gute Verhältnisse, aber ich weiß nicht, in welchem Zustand sich die Häuser jetzt befinden – wir müssen die Augen offenhalten. Ich kann nicht versprechen, jedem unserer Nachkommen einen Hof zu kaufen, aber bisher hätten wir auf jeden Fall einen Hof als Erbschaft für jedes Kind ...«

»Ja!« rief Gudrid mit strahlenden Augen. »Und wenn wir auf Glaumbær wohnen, könnte deine Mutter nach Rognestad zurückkehren und würde sich dort sicherlich viel wohler fühlen.«

»Dieser Kauf könnte tatsächlich für uns alle von Vorteil sein«, überlegte Karlsefni.

Die Witwe auf Glaumbær freute sich, sie zu sehen. Arnkel, ihr Aufseher, ein kräftig gebauter, kluger Mann in Karlsefnis Alter, führte sie herum und beantwortete ihre Fragen, vor allem aber betonte er die Vorzüge des Hofes. Soweit Gudrid sehen konnte, gab es viele fruchtbare Wiesen, die durch eine gutdurchdachte Entwässerung noch besser werden könnten, und der Viehbestand war groß und gut im Futter. Die Häuser waren kleiner als auf Rognestad, und die Torfwände des Langhauses sahen aus, als könnten sie eine baldige Erneuerung gebrauchen, aber alle Wirtschaftsgebäude waren sinnvoll angelegt und stabil gebaut. Karlsefni behauptete sogar, daß die Schmiede besser sei als die auf dem Hof seines Vaters.

Bevor sie in die Stube hineingingen, um eine Mahlzeit einzunehmen, zu der die Witwe sie überredet hatte, blieb Gudrid einen Augenblick stehen, um sich die weich wogenden Wiesen anzusehen, die bis hinunter zum nahe gelegenen Fluß reichten, der in der Sonne glitzerte. Jenseits eines anderen Flusses erstreckten sich grüne Abhänge, hinter denen dunkle Berge mit flachen Rücken und Neuschnee darauf in die Höhe ragten. Kräftige Birkenbäume schützten den Hof auch nach dem Laubfall vor dem Nordwind, aber ansonsten war die Aussicht nach allen Seiten frei, so daß es schwierig wäre, die Hofbewohner zu überraschen.

Nach dem Essen setzte Karlsefni unter Zeugen die Bedingungen für den Kauf fest. Der Aufseher schlug einige Veränderungen zum Vorteil der Witwe vor, und das Abkommen wurde vorgelesen und beglaubigt. Karlsefni und Gudrid würden den Hof während der Umzugstage im kommenden Frühjahr übernehmen.

Sie kehrten nach Rognestad zurück, als gerade einige Landstreicher auf den Hof wanderten. Die Nachricht über den Kauf von Glaumbær verbreitete sich schneller, als die Haushälterin Elfried Brei für die Gäste kochen konnte, und Gudrid dachte, daß es wohl nicht lange dauern würde, bis Thorunn auf Hov über all diese Dinge Bescheid wußte.

∞

Kurze Tage und lange Abende machten Klein-Snorri hungrig nach Geschichten. Während sie die Wolle kämmte oder am Spinnrad saß, erzählte Gudrid von ihrer gemeinsam mit dem Vater unternommenen Reise nach Grönland. Der Junge wollte unbedingt wissen, was mit Schneefrieds Fohlen passiert war. Warum hatte sie Thorfinna nicht behalten? War sie verhungert?

»Nein«, antwortete Gudrid leise. »Nein, Thorfinna wurde getötet, damit die Seherin Thorbjørg ihr Herz essen konnte.«

Elfried, die Haushälterin, rief: »Dann ist es also wahr, was ich über dich und die Seherin von Herjolfsnes gehört habe!«

»Ich sang die Zauberlieder für Thorbjørg, weil kein anderer dort sie konnte«, erwiderte Gudrid kurz. »Ich werde die Geschichte bei Gelegenheit erzählen, aber jetzt bin ich müde.«

Das Gerede über die Zauberei klebte an ihr wie Schlamm, den sie nicht abwaschen konnte.

∞

Am Abend nach der Wintersonnenwende eilte Karlsefni zu Gudrid, als diese sich gerade vor dem Zubettgehen ausziehen wollte. Es ging ihr langsam von der Hand, denn ihre Finger waren geschwollen, und sie war zu müde gewesen, die Lampe am Bett anzuzünden. Sie blickte Karlsefni an und hoffte, daß sie nicht so alt, krank und häßlich aussah, wie sie sich fühlte.

»Gudrid, wirf deinen Umhang um und komm mit hinaus!« Seine Stimme klang aufgeregt und jung.

Sie nickte und lächelte, kam aber nicht auf die Beine. Schnell legte er seinen eigenen Umhang um sie, zog sie hoch, und sie folgte ihm stumm wie ein gehorsames Kind.

Draußen bedeckte der Schnee die Landschaft wie eine ebene Decke und ließ nur die Stellen frei, an denen sich der Fluß und die nackten Bäume von der Dunkelheit abhoben, und über dem ganzen Tal glitzerte der schwarze Himmel. Über dem Fjord zitterte das kalte Regenbogengeflimmer des Nordlichts genauso ungestüm wie an dem Abend auf Brattahlid, als ihr das Leben nicht mehr lebenswert erschien.

Genau wie damals Thorstein fragte jetzt Karlsefni: »Hast du irgendwo schon einmal ein schöneres Nordlicht gesehen, Gudrid?«

Ruckartig kam sie zu sich. »Nein«, flüsterte sie.

Er drückte ihre Hand so fest, daß sie sich gewehrt hätte, wäre da nicht die Riesenfaust gewesen, die ihr Kreuz und Becken wie in einer Greifklaue festhielt. Als die Beklemmung in ihrem Inneren nachließ, sagte sie so ruhig, wie sie konnte: »Dieses Nordlicht will sicher unser neues Kind willkommen heißen. Ich gehe jetzt am besten wieder rein.«

Sie wäre zusammengesunken, wenn Karlsefni sie nicht festgehalten hätte. Er trug sie hinein, legte sie aufs Bett, brüllte nach Elfried und schickte nach den Frauen auf den großen Höfen im Tal. Gudrid blieb liegen, wo Karlsefni sie hingelegt hatte, und war außerstande, sich zu rühren. Es war ihr egal, wer ihr half, solange sie das Ganze nicht selbst regeln mußte. Sie war schon lange Zeit so müde gewesen, daß ihr jetzt der Schmerz die wenigen Kräfte nahm, die sie noch besaß.

Keiner versuchte, sie an einen für eine Geburt besser geeigneten Ort zu bringen. Feste, erfahrene Hände betasteten sie und halfen ihr. Sie wußte nicht, wem sie gehörten, denn jedesmal, wenn sie die Augen öffnete, sah sie vor lauter Schmerzen nur einen roten Nebel, und sie konnte die Worte, die um sie herumschwirrten, nicht verstehen.

Später war sie sich sicher, daß ihr jemand ein Getränk eingeflößt hatte, das sie betäubte, bis der neue Sohn an ihrer Brust lag. Noch halb benommen spürte sie die zarten Glieder und den runden kleinen Körper, der in warmen Lodenstoff eingewickelt war, fühlte, wie sich der gierige kleine Mund um die Brustwarze schloß. War das wirklich ihr Kind? Zwei Frauen waren gerade dabei, ihre Knie anzuheben, um trockenes Moos unter sie zu streuen.

»Sie hatte einen gefährlichen Blutverlust«, sagte eine Stimme, die Gudrid nicht kannte.

»Die Nachgeburt war ganz. Sie wird schon durchkommen, wenn sie ruhig liegenbleibt.« Diese Stimme war rauh, trocken und gebieterisch – beinahe wie die Stimme der alten Thorunn, dachte Gudrid und schloß die Augen vor dem Leuchten der in der Nähe stehenden Öllampe.

Die rauhe Stimme fuhr fort: »Es wird Zeit, daß mein Sohn seinem Sohn einen Namen gibt.«

Jemand nahm Gudrid das Kind weg, und Karlsefni sagte: »Gudrid, du bist an der Reihe, einen Namen für unseren Sohn auszuwählen.«

Sie zwang sich, die Augen zu öffnen, und begegnete Karlsefnis besorgtem Blick. Sie befeuchete die Lippen und flüsterte leise, aber deutlich: »Thorbjørn, wie mein Vater.«

Karlsefni nahm seinen zweiten Sohn genauso stolz an wie seinen Erstgeborenen, aber für Gudrid lagen die beiden Begebenheiten zeitlich und räumlich so weit auseinander, als hätten sie nichts miteinander zu tun. Als Klein-Thorbjørn in ihre Arme zurückgelegt wurde, sah sie auf und erblickte die alte Thorunn, die sich über sie beugte und ihre Bettdecke glättete. Bevor sie einschlief, hörte sie Thorunn brummen: »Ich hätte doch Thord vorgezogen – nach meinem Mann.«

Das ist mir egal, dachte Gudrid. Das einzige, was zählt, ist, daß ich Karlsefni noch einen Sohn geschenkt habe.

DIE BEGEGNUNG MIT GUDRUN OSVIVSDATTER

Zwischen Gudrid und ihrer Schwiegermutter herrschte nun Freundschaft. Thorunn hätte gern eine Amme für Klein-Thorbjørn gesucht und ihn auf Rognestad großgezogen, aber Gudrid lehnte das Angebot ab, das Karlsefni ihr vortrug. Es war ihr bisher gelungen, den Sohn selbst zu stillen, und die Bande, die sie an Thorbjørn knüpften, waren genauso stark wie diejenigen, die sie noch immer mit Snorri verbanden. Sie wollte ihn bei sich auf Glaumbær haben.

Karlsefni widersprach ihr nicht und meinte, es hätte keine Eile damit, Zieheltern für die Söhne zu finden oder Thorbjørn taufen zu lassen. Sie könnten auch den Bischof selbst, Bernhard den Gelehrten, bitten, den Sohn zu taufen, wenn er im Sommer in den Norden käme, um Kirchen und Priester zu weihen – diese Bohnenstange von einem Priester, die Halldor auf Hov diente, sah nicht so aus, als hätte sie die Kraft, eine Mücke zu segnen.

Gudrid fuhr nicht mit zum Althing, denn Karlsefni hatte Angst, daß sie nach Thorbjørns Geburt noch nicht stark genug wäre. Bevor er mit seinem Gefolge losritt, ernannte er den Aufseher Arnkel zum Ziehvater für seinen ältesten Sohn, außerdem schenkte er dem Jungen einen Hundewelpen. Snorri merkte kaum, daß der Vater fortritt, so beschäftigt war er mit dem kleinen Tier.

»Ich brauche etwas Wasser, damit ich ihm den Namen Gudmund geben kann«, verkündete er.

»Gudmund?« fragte Gudrid verwirrt.

»Ja«, erläuterte Snorri mit seiner geduldigsten Karlsefnistimme. »Vater sagt, daß Gudmund Thordsson mich vor dem Ertrinken gerettet hat, und jetzt werde ich achtgeben, daß dieser Gudmund nicht ertrinkt.«

Als sie sich auf den Weg zurück ins Langhaus machte, um Thorbjørn in die Wiege zu legen, dachte Gudrid schuldbewußt, daß sie während des ganzen letzten Jahres nicht einen einzigen Gedanken an Gudmund Thordsson verschwendet hatte, obwohl er ihren Sohn gerettet und sie selbst dazu gebracht hatte, sich schön und wertvoll zu fühlen ... Jetzt erinnerte sie sich nicht nur an das, was im Dachgeschoß passiert war, sondern auch an seine Abschiedsworte, und ihr Gesicht erglühte. Sie wußte nur zu gut, warum sie ihn aus ihren Gedanken verbannt hatte. Er hatte sie dazu gebracht, zu erkennen, daß etwas Wildes, Erschreckendes, etwas so Unberechenbares wie Freyja selbst in ihrem Inneren lauerte.

∞

Karlsefni und sein Gefolge kehrten ohne Unfälle und mit vielen Neuigkeiten vom Althing zurück.

»Hast du etwas Neues über Grönland erfahren?« fragte Gudrid.

»Einiges. Keiner weiß genau, was passierte, als Freydis und Thorvard in Vinland waren. Soweit ich verstanden habe, kamen sie mit weitaus weniger Leuten, als sie mitgenommen hatten, nach Hause zurück, und es war die Rede von Zauberei und Streit, Mord und Feuer. Die Grönländer glauben fest daran, daß die Skrælinge in Vinland Zauberei betreiben, weswegen keiner zu unseren Häusern dort drüben fahren möchte – Leif wird jedesmal wütend, wenn jemand darüber spricht!«

Gudrids Gedanken flogen zurück zu den Häusern, die sie und die anderen Frauen in so gutem Zustand verlassen hatten. Es war, als hätte sie gerade dabei zugeschaut, daß jemand Mist in alle Betten warf.

Karlsefni fuhr fort: »Ein Schiffer erzählte mir auch, daß Thorkatla, als sie im Frühjahr wieder Witwe wurde, nach ihm geschickt und ihn gebeten habe, sie mit nach Island zu nehmen, damit sie hier bei uns wohnen könne, aber er meinte, sie sei zu alt für die lange Reise.«

»Ja, Grönland ist weit fort«, bestätigte Gudrid nachdenklich. Es tat weh zu wissen, daß sie Torkatla jetzt nicht helfen konnte ... Dann fügte sie hinzu: »Vielleicht sollte Gretti der Starke dorthin fahren!«

»In dem Fall bedaure ich unsere Freunde auf Grönland! Gretti ist mutig und stark und denen treu, die er liebt, aber davon gibt es nur wenige. Übrigens traf ich Grettis Freund und Schwager, den Sohn von Thorhall Gamlason, auf dem Althing. Er sagte, Thorhall wohne bei ihm auf Melar, aber Seele und Körper seien nach dem Schiffbruch und der Zeit in Irland so geschwächt, daß man nicht wissen könne, ob das, was er über Vinland und seine Reisen erzählt, der Wahrheit entspreche.«

»Glauben die Leute *dir*, wenn du ihnen von der Zeit erzählst, die wir in Vinland verbrachten?« fragte Gudrid.

»Selbstverständlich!« antwortete Karlsefni und ließ die Hand prüfend über den groben Samt gleiten, der die Langhauswand zierte. »Wenn wir diesen Torf auswechseln müssen, habe ich vor, wieder nach Norwegen zu fahren, um Rundholz für einen Anbau und für neue Holzverkleidungen im Haus zu holen.«

Gudrid sah Karlsefni mit leuchtenden Augen an. Der Gedanke an eine neue Reise ließ sie vergessen, daß sie mittlerweile dreißig Winter alt war.

»Wozu ist der ›Wellenbrecher‹ sonst auch gut!« rief sie.

∞

Mit der großen Hauswiese, dem geschützten Gerstenacker und den vielen hohen Bäumen war Glaumbær ein vortrefflicher Hof. Obwohl es in der Gegend nur wenig Steine gab, waren Viehpfad und Hof mit Steinplatten belegt, außerdem waren alle Zäune in Ordnung. Als Bischof Bernhard in den Hof ritt, schaute er sich mit einem anerkennenden Blick um und sprach mit klangvoller Stimme: »Mögen der Vater, der Sohn und der Heilige Geist diesen gepflegten Hof segnen!«

Gudrid, die mit ihren beiden Söhnen draußen auf dem Hof stand, um den heiligen Mann willkommen zu heißen, ließ Snorris Hand los, um sich zu bekreuzigen. Karlsefni selbst hielt des Bischofs Pferd am Zaumzeug, und Snorri rannte zu ihm und stellte sich neben ihn.

Als Bischof Bernhard sich geschmeidig aus dem Sattel schwang und auf den Boden sprang, schlich Snorri näher an ihn heran und sagte mit gekränkter Miene: »Vater behauptet, daß du ein Kleid tragen würdest, genau wie der Priester, der mich in Oslo taufte, nur schöner!«

Der Bischof klopfte den Staub von seinem gewöhnlichen schwarzen Lodenanzug und antwortete in klarer nordischer Sprache: »Wenn du durch Island reist, mußt du dich wie ein Isländer kleiden, Junge – der Herr kennt meinen geringen Wert, ob ich nun ein Meßhemd trage oder nicht. Aber wenn du und dein Vater mir zeigen würdet, wo ich mich umziehen und waschen kann, werde ich meine Arbeitskleidung anlegen.«

Der Bischof hielt Wort und trug sein Meßhemd an den Tagen, die er auf Glaumbær verbrachte. Bevor er Thorbjørn taufte, weihte er zwei neue Priester, die einige reiche Bauern weiter im Talinnern in Dienst genommen hatten, außerdem weihte er die Glocke, die Halldor auf Hov für seine Kirche gekauft hatte.

Als die ersten Glockentöne mit dem Wind hinüber nach Glaumbær getragen wurden, sah Gudrid von ihrer Arbeit auf und lauschte der langsamen, sehnsüchtigen Botschaft: »Hörmich! Komm-her! Ding-dong!« Mit der Zeit müßten sie auch auf Glaumbær ihre eigene Kirche errichten, dachte sie. Dann könnte sie, genau wie einst Thjodhild, in die Kirche gehen, wann immer sie Lust dazu verspürte, und Glaumbær würde noch mehr als bislang zum Mittelpunkt für die umliegenden Höfe werden. Und ihre künftigen Kinder könnten daheim kirchlich getauft werden!

∞

Thorbjørn schrie, als Bernhard der Gelehrte seinen runden Körper in Gudrids schönsten bronzebeschlagenen Eimer tauchte, aber die geübten Hände des Bischofs hielten ihn fest, und Thorbjørn starrte in sein freundliches glattrasiertes Gesicht und hörte auf zu brüllen.

Als der Bischof psalmodiert hatte, zog Gudrid dem Sohn trockene, feine Wollkleidung an. Unerwartet konnte sie schemenhaft einen weißen Schwan flüchtig erahnen, und sie verspürte eine tiefe innere Ruhe. Bischof Bernhard hatte anscheinend doch die richtige Kraft! Jetzt, da Thorbjørn durch die Taufe außer Gefahr war, konnte sie ihr goldenes Kreuz wieder um den

Hals hängen und mußte es nicht mehr unter seinem Kissen in der Wiege liegenlassen.

Viele Leute waren zum Taufgelage gekommen, und Gudrid war so beschäftigt damit, der Haushälterin Bart-Thora bei den Essensvorbereitungen zu helfen, daß sie keine Zeit hatte, mit dem Bischof mehr als die dem Anlaß entsprechenden Höflichkeitsfloskeln auszutauschen. Sie war daher sowohl erfreut als auch überrascht, als er an dem Morgen, an dem er nach Øyafjord weiterreiten wollte, zu ihr in die Frauenstube kam. Sie hatte sich hingesetzt, um in Ruhe Thorbjørn stillen zu können.

Der Bischof setzte sich neben sie, und es war klar, daß er nicht nur gekommen war, um Lebewohl zu sagen. Er fing an: »Danke für die gute Betreuung, die meinem Gefolge und mir hier auf dem Hof zuteil wurde, Gudrid.«

Gudrid blickte in seine freundlichen grauen Augen und antwortete: »Du hast uns mit deinem Besuch und mit der Taufe unseres Kindes eine große Ehre erwiesen.«

»Überhaupt nicht – ich hatte schon seit langem eine Reise in den Norden geplant, und ich nehme gerne eine neue Seele in Gottes Haushalt auf. Ich glaubte, daß ich hier in der Gegend noch mehr Kinder taufen würde, aber es scheint mittlerweile genügend Priester zu geben, die sowohl bei Taufen als auch bei Beerdigungen ihren Dienst verrichten können ...«

Er schwieg einen Augenblick. Als Gudrid nichts erwiderte, fuhr er fort: »Gudrid, ich wundere mich darüber, daß Thorbjørn nicht von dem Priester drüben auf Hov getauft wurde. Euer kleiner Junge wurde einer großen Gefahr ausgesetzt, weil er so lange von Christus ferngehalten wurde.«

»O nein«, versicherte ihm Gudrid. »Das wurde er nicht. Wir schlugen bei seiner Geburt und an jedem folgenden Tag Kreuzzeichen über ihm und legten ihm außerdem ein goldenes Kreuz und ein Messer ohne Scheide in die Wiege. Jetzt bin ich nur froh, daß wir gewartet haben, bis du mit deiner Kraft zu uns kamst.«

»Der Priester auf Hov hat genau dieselbe Kraft, wie ich sie habe, wenn es darum geht, die heiligen Zeremonien zu verrichten, Gudrid.«

Gudrid legte Thorbjørn an die andere Brust, bevor sie antwortete: »Das glaube ich nicht. Alle können den Unterschied zwischen euch beiden sehen.«

»Glaub mir, Gott sieht keinen Unterschied. Jeder ordentlich geweihte Priester, egal wie klein sein Verstand und wie verkrüppelt sein Körper sein mag, hat Gottes Kraft, dich von der Sünde zu reinigen.«

»Vielleicht würde ich das besser verstehen, wenn ich wüßte, was ›Sünde‹ bedeutet«, sagte Gudrid leise.

Ihre Wangen waren heiß und rot vor Verlegenheit, aber sie wollte wahrhaftig nicht eine solche Lerngelegenheit vergeuden!

»Sünde«, erklärte der Priester langsam, »Sünde bedeutet, daß die Menschen Gottes Gesetze brechen.«

»Es kann uns sicher ins Unglück stürzen, wenn wir die Gesetze übertreten«, gab Gudrid zu, »besonders wenn wir keine mächtigen Freunde haben. Aber die Leute sind sich nicht immer darüber im klaren, was die Gesetze besagen wollen.«

»Gott hat uns die Zehn Gebote gegeben und Christus ausgesandt, um uns zu lehren, nach ihnen zu leben«, erläuterte der Bischof und schloß seine Hand fester um das kleine Buch, das er immer bei sich trug. »Aber es fällt uns offenbar so schwer, diese einfachen Regeln einzuhalten, daß Christus sterben mußte, um uns Vergebung und ewiges Leben zu erkaufen.«

Gudrid schien einen Zusammenhang zwischen Priester Egberts Osterbotschaft und Bischof Bernhards Erläuterungen zu entdecken.

Wenn der Bischof diese Gesetze jetzt aufzählen könnte, bekäme sie vielleicht endlich die Erklärung dafür, was »Sünde« bedeutete ...

»Sind – sind diese Gesetze lang?«

»Nein. Und die meisten kennst du schon. Das oberste Gebot besagt, daß du nur einen Gott haben sollst. Deswegen ist es eine Sünde, die alten Götter anzubeten, genauso wie es eine Sünde ist, zu töten, die Ehe zu brechen, nach dem Besitz und dem Gold eines anderen zu trachten und noch vieles mehr, dessen Verzicht den Menschen schwerfällt. Wir haben also guten Grund, darüber froh zu sein, daß wir durch Christus Gnade erkaufen können.«

Gudrid dachte an Bård Dorschtöter, den sie erschossen hatte, an Isleif, den sie erstochen hatte, an die Begierde, die sie für Gudmund Thordsson verspürt hatte, an die Gebete an Freyr und Freyja ... Es kam ihr so vor, als hätte der Bischof die Gabe, in ihr Inneres zu sehen, und beschuldigte sie, besonders sündig zu sein. Sie errötete und fragte vorsichtig:
»Fällt es dir auch schwer, nach diesen Geboten zu leben?«
»Ich bin genauso sündig wie alle anderen Männer und Frauen«, antwortete der Bischof mit einem kleinen Lächeln. »Ich brauche Gottes Gnade genauso dringend, wie ein schmutziges Hemd gewaschen werden muß.«

Gudrid mußte plötzlich an einen reichen Bauern denken, der sich über Geldmangel beklagte. Mutig sagte sie mit lauter Stimme: »Trotzdem behaupten die Leute, daß du ein heiliger Mann bist. Wie kommt das?«

»Du stellst kluge Fragen, Gudrid. Ich bin nicht heilig – aber mein Amt ist heilig. Und ich bin von heiligen Dingen umgeben.« Er hielt das Buch hoch. »Weißt du, was dies ist?«

»Ja – es ist ein Buch. Ich habe ein paar in Norwegen gesehen.«

»In diesem Buch stehen einige der schönsten Psalmen König Davids geschrieben. Ich habe sie selbst ausgewählt, und sie wurden mit der feinsten Handschrift in Kanterburg niedergeschrieben.«

Er öffnete das Buch und hielt es so, daß Gudrid die seltsame runde Schrift auf dem feinen weißen Pergament sehen konnte. An einigen Stellen leuchteten die schönsten Farben.

»Du bist ja nur eine Hausfrau«, sagte der Bischof gütig, »aber du hast zwei brave Söhne und genügend Reichtum. Dein Snorri wird bald alt genug sein, um nach England oder Deutschland fahren zu können, wo er lernen kann, solche Bücher wie dieses zu lesen.«

Gudrid erwiderte nichts. Entsetzt drückte sie Thorbjørn eng an sich und sog den süßen Geruch der seidenweichen Kinderhaut ein. Der Bischof bekreuzigte sich und klappte das Buch zu, bevor er sich erhob und Gudrid die Hand reichte, damit sie seinen Ring küssen konnte. Dann verschwand er zur Tür hinaus.

༄

Gemeinsam mit Karlsefni stand Gudrid im Hof und sah das Gefolge des Bischofs in Richtung Süden zum Reitweg durch die Ochsentalheide reiten. Ihr Blick ruhte auf der Staubwolke, die hinter den Reisenden immer größer wurde, und sie sagte langsam: »Bischof Bernhard meint, wir sollten Snorri nach England oder Deutschland reisen lassen, damit er sich Buchwissen aneignen kann, genau wie Gissurs kleiner Isleif ...«

»Nein«, entschied Karlsefni kurz.

»Was ist an Buchwissen denn so falsch?« fragte Gudrid mit einer solchen Erleichterung, daß sie wie ein Vogel hätte fliegen können.

»Wenn wir hier Buchwissen brauchen, sollten wir es auch hier lernen. Dann bekommen wir vielleicht auch Bischöfe, die unsere Sitten kennen.«

Gudrid nickte stumm und war völlig einverstanden. Sie hatte keine Eile damit, ihre Kinder fortzuschicken, nur damit diese dieselbe Entwurzelung erleben könnten, die sie selbst nur allzu gut kannte. Und sie dachte, daß es offenbar wenig half, wenn Bischof Bernhard sich wie ein Isländer kleidete und ihre Sprache beherrschte; er wußte trotzdem nichts von der Tätigkeit einer Hausfrau eines großen Hofes.

∞

Der Sommer, der so gut angefangen hatte, spielte völlig verrückt. Tagelang fegten eiskalte Böen vom Meer herein, und es lag schon viel Schnee im Gebirge, als Karlsefni zum Herbstthing nach Hegernes fuhr. Es war unmöglich, das restliche Heu zu trocknen, und viele Bauern folgten Karlsefnis Beispiel, das nasse Heu in zugedeckten Gräben zu verbuddeln, damit es gären konnte und nicht verfaulte. Es würde einen langen Winter mit wenig Futter geben, so daß die Kühe frühzeitig ihre Milchproduktion einstellen würden, deswegen war Gudrid froh, daß sie noch genügend Muttermilch für Klein-Thorbjørn hatte.

Der Mangel an Nahrung für Volk und Vieh brachte Krankheiten mit sich. Thorunn auf Rognestad wurde eines der ersten Opfer der Schweiß- und Hustenseuche in Skagafjord, eine Seuche, die in diesem langen Winter in einem weiten Umkreis wütete und an der der alte Osviv, der Vater von Gudrun auf Helgefell, dem Hörensagen nach vor Weihnachten gestorben war. Gudrid nahm Thorbjørn mit nach Rognestad, um Thorunn zu pflegen. Die Schwiegermutter konnte nichts essen, und auch die stärksten Gebräue, die Gudrid herstellen konnte, linderten ihren schlimmen Husten nicht. Eines Nachmittags, als Gudrid mit Thorbjørn an der Brust neben ihrem Bett saß, bat Thorunn plötzlich: »Laß meinen Sohn kommen, Gudrid, damit ich von ihm Abschied nehmen kann. Und leg eine gestickte Decke auf mein Kissen, damit ich ordentlich aussehe.«

Der Aufseher Ottar ritt selbst nach Glaumbær und kam schnell mit Karlsefni und Snorri zurück. Als Karlsefni am Bett der Mutter stand, dachte Gudrid, daß er vor dem Widerschein des Feuers und mit den im Schatten liegenden Augen riesig und abschreckend wirkte – fast wie ein Fremder. Was wußte sie überhaupt von seinen Gedanken? Einige Male erzählte er ihr, worüber er grübelte, andere Male nicht; einige Male beriet er sich mit ihr, andere Male nicht ...

Schließlich räusperte er sich und sagte: »Eine angesehene und ehrenwerte Familie ist das beste Erbe eines Mannes. Deswegen fühle ich mich reich.«

Der alte Kopf, der auf der gestickten Decke ruhte, rührte sich nicht, aber Thorunn fuchtelte mit den Händen, als würde sie etwas suchen. Dann flüsterte sie: »Deine Söhne werden dasselbe sagen können. Bitte sie, mich zu küssen.«

Karlsefni hob nacheinander seine Söhne hoch, dann gab er Gudrid durch Zeichen zu verstehen, daß sie an der Reihe sei, Thorunn zu küssen. Zum Schluß küßte er beide Wangen der Mutter und schloß ihre Augen, die jetzt zu starrem Glas geworden waren. Im selben Augenblick schrie ein Rabe vor der Hauswand, und Gudrid bekreuzigte sich.

Thorunn wurde auf dem Friedhof von Hov beerdigt, wo Halldor vor dem Bodenfrost einige Gräber hatte ausheben lassen. Gudrid und Karlsefni gaben auf Glaumbær ein vortreffliches Gedächtnisgelage, aber viele konnten nicht teilnehmen, da es ihnen schlechtging. Weil Bart-Thora und einige Dienstleute und Sklaven ebenfalls krank waren, tat es Gudrid nicht leid, daß nur wenige Gäste kamen, besonders da sie sich selbst heiß und schwindelig fühlte.

Sie hielt sich auf den Füßen, bis der letzte Gast vom Hof geritten war, aber dann waren ihre gesamten Kräfte verbraucht. Snorri war ebenfalls krank, und sie legte ihn zu sich ins Bett. Sie spürte seinen dünnen, kleinen Jungenkörper genausowenig wie Thorbjørns unruhige, runde Gestalt, wenn ihn jemand zum Saugen brachte.

Eines Morgens, als sich Gudrid sehnsüchtig wünschte, daß der stechende Schmerz in ihrem Ohr nachlassen würde, öffnete sie langsam die Augen und sah Karlsefni an ihrem Bett stehen, der ein grimmiges Gesicht machte und wuchtige Winterkleidung trug.

»Gudrid, Elfried hat mir gerade die Botschaft zukommen lassen, daß eines der Dienstmädchen auf Rognestad gestern seinen Säugling verlor und prall vor Milch sei. Hier hungert unser Thorbjørn, während er dich gleichzeitig auffrißt – ich habe vor, ihn mit nach Rognestad zu nehmen, sowohl seinetwegen als auch deinetwegen.«

Gudrid wußte, daß Karlsefni recht hatte, aber es gelang ihr nicht, die heißen Tränen zurückzuhalten, die unter den wunden Augenlidern hervorquollen.

»Ich bin sicher, daß es mir bald wieder gutgehen wird …«

»Selbstverständlich wird es das, und noch schneller wird es gehen, wenn du kein Kind durchfüttern mußt.«

∞

Direkt nach Frühlingsanfang ritt Gudrid nach Rognestad, um Thorbjørn zum ersten Mal nach sechs Wochen zu besuchen. Es roch überall nach Frühjahr, und der tiefblaue Himmel vibrierte vor Spatzengezwitscher.

Thorbjørn konnte schon laufen. Als Gudrid in die Stube kam, wackelte er auf unsicheren Beinen zu seiner Amme und versteckte das Gesicht in ihren Röcken. Diese streichelte ihm zerstreut mit ihrer großen verarbeiteten Hand über den Kopf und fuhr fort, Trockenfisch zu klopfen, während Gudrid sich neben sie setzte und geduldig wartete, als wäre der Sohn ein schreckhafter Welpe. Thorbjørn blickte sie ein paarmal verstohlen an und kletterte schließlich auf ihren Schoß.

Sie strich durch sein dickes, helles Haar, das anfing, sich so unbezähmbar zu locken wie Karlsefnis, und große Tränen tropften auf ihre Hände herab. Thorunns letzter Wunsch war doch in Erfüllung gegangen – Thorbjørn würde auf Rognestad aufwachsen. Am Vorabend hatte Karlsefni ihr erzählt, daß Ottar um Erlaubnis gebeten habe, den Jungen erziehen zu dürfen. Wie oft auch immer sie und Karlsefni von jetzt an Thorbjørn besuchen würden, wie oft auch immer er Glaumbær besuchte, der Keil war zwischen sie getrieben worden, ohne daß sie ein Mitspracherecht gehabt hätte.

∽

Snorri und sein Hund Gudmund legten im Frühsommer oft den Weg zwischen Rognestad und Glaumbær zurück, um nach Thorbjørn zu sehen und einige von Elfrieds Leckerbissen zu ergattern. Bart-Thora ließ sich nicht so schnell überreden – sie überwachte die Essensvorräte auf Glaumbær mit noch größerem Eifer als Gudrid selbst, denn sie war alt genug, um die Hungersnot, die die Isländer vor Gudrids Geburt heimgesucht hatte, in frischer Erinnerung zu haben.

Wie die meisten Bauern der Gegend verlor auch Karlsefni einige Tiere wegen Futtermangels, aber als die neuen Lämmer und Kälber auf der Welt waren, waren die Verluste und das Mißjahr schnell vergessen. Wie in jedem Jahr zog die Jugend ins Gebirge, um Moos und Flechten für den Winter zu sammeln, und die Bauern striegelten ihre Pferde und putzten das Pferdegeschirr vor der Reise zum Althing.

Eines Tages, als Gudrid beim Nähen draußen saß, kam Karlsefni zu ihr und fragte: »Nähst du dir ein neues Hemd für den Althing-Besuch, Gudrid?«

Gudrid sah hoch, errötete ein wenig und antwortete: »Ich habe schon gute Kleidung für solche Gelegenheiten ... Nimmst du mich mit?«

»Kannst du einen Grund sehen, daß ich es nicht sollte?«

»Nein«, jubelte Gudrid. »Nein, das kann ich wahrhaftig nicht!«

Oheim Thorgeir war tot, und Arnora, die Schwester ihrer Mutter, war von Gliederschmerzen so geplagt, daß sie den Hof nicht mehr verlassen konnte ... Aber Ingvill würde mit ihrem Mann wahrscheinlich zum Althing kommen. Und vielleicht käme sie auf Schneefried geritten!

Als Gudrid Karlsefni gegenüber diese Möglichkeit erwähnte, lachte er gutmütig. »Oh, habe ich dir das nie erzählt? Schneefried wurde an einen Bauern nördlich bei Hvamm verkauft, denn nachdem du von Island weggezogen warst, konnte keine Macht sie dazu bringen, so weit östlich wie nach Budir zu gehen. Am letzten Hügel stemmte sie alle vier Beine fest in den Boden, und weder Peitsche noch gute Worte halfen. Aber sie war ein zu vorzügliches Pferd, um geschlachtet zu werden.«

»Das war sie«, erwiderte Gudrid leise. Sie konnte beinahe den Knall hören, mit dem ein weiteres Band ihrer Jugend zerbarst.

༄

Als Gudrid vor vierzehn Wintern mit Thorbjørn zum Althing geritten war, hatten sie die meiste Zeit Ausblick auf das Meer oder auf grüne Heiden, aber wenn die Leute von Skagafjord zum Thing ritten, mußten sie die wilde Gebirgsebene um den Hovsgletscher im Inneren des Landes durchqueren und dann hinunter an Støng vorbei in das fruchtbare Thorsådal reiten, bevor sie das letzte Stück in westliche Richtung zurücklegten. Kein Wunder, daß so viele Leute gemeinsam ritten, dachte Gudrid und erinnerte sich an das große Gefolge, das vorbeigezogen war, als sie und Karlsefni einander das erste Mal erblickten. Es kam ihr vor, als hätte sie in der Zwischenzeit mehrere Leben gelebt.

Unterwegs schliefen sie ohne Zelt unter dem hohen, blassen Mittsommerhimmel. Jeder Abend mit Karlsefni im Schlafsack war wie eine Hochzeitsnacht, jetzt, wo keine Kinder zwischen ihnen lagen. Karlsefni hatte zum ersten Mal wieder unbegrenzt Zeit und sprach mit ihr über dieses und jenes, und Gudrid hatte sich seit langem nicht so fröhlich und angeregt gefühlt. Wie hatte sie nur so dumm sein können, zu glauben, daß er sich nicht länger mit ihr über Dinge beraten wollte, die sie beide etwas angingen!

Auch wenn sie sich diesmal Thingvellir vom Osten näherten, hatte sie keine Probleme damit, die Gegend zu erkennen. Mit den tiefen, breiten Rissen, dem weiten Weideland, den großen Waldstücken und dem endlosen Geglitzer des Wassers sah Thingvellir immer noch so aus, als wäre es bis zum Zerreißen gedehnt und gestreckt worden. Das einzig Neue in der Landschaft war die stattliche Holzkirche, gebaut aus König Olafs Rundholz, die im Birkenwald jenseits der Brücke stand.

Als wäre sie jeden Sommer mit zum Althing gewesen, ging Gudrid mit Feuerstahl und Brennholz ans Werk, sobald Karlsefnis Leute das Segeltuch über ihre Behausung gezogen hatten. Sie hatte zwei Dienstmädchen und viel gutes Essen bei sich und beabsichtigte, für ordentliche Mahlzeiten zu sorgen, solange das Thing dauerte.

Während der Eröffnungsfeier sah sie Bischof Bernhard zusammen mit mehreren Priestern und Gesetzessprechern der Häuptlingsprozession voranschreiten. Als die Männer aus dem Norden vorbeigingen, hatte sie nur Augen für Karlsefni, der sich sowohl aufgrund seiner Kleidung als auch in der Art seines Benehmens voll in diesem vornehmen Gefolge behaupten konnte. Der Gürtel ruhte so locker auf den schlanken Hüften und dem flachen Bauch wie damals vor vierzehn Jahren, und sein Gesicht war ihr jetzt, da er ihr Mann geworden war, der sie nachts in den Armen hielt, noch unendlich mehr ans Herz gewachsen. Zwei brave Söhne hatten sie zusammen gezeugt, und sicher würden noch weitere folgen ...

Plötzlich überwältigte sie eine so große Trauer, daß sie sich völlig hilflos fühlte. Obwohl die Sonne warm von dem blauen, unendlichen Himmelsgewölbe schien, zog sie die Kapuze ihres Umhangs hoch, um ihr tränennasses Gesicht gegen neugierige Blicke abzuschirmen. Sie war von Frauen umgeben, die sie nicht kannte – die restlichen Frauen aus Skagafjord waren langsam zu Fuß und arbeiteten sich noch die Böschung zum Gesetzesberg hoch.

Sie spürte eine Hand auf dem Arm und hörte eine leise, klare Stimme: »Fühlst du dich nicht wohl, Gudrid Thorbjørnsdatter?«

Gudrid schaute zur Seite und erblickte eine vornehm gekleidete Frau, die wesentlich älter zu sein schien als sie selbst, und die sie mit einem bekümmerten Ausdruck in den tiefblauen, unter fein gewölbten Brauen liegenden Augen betrachtete. Ihre Haut war vom Alter bräunlich getönt, aber die schönen Augen und die feinen Gesichtszüge waren dieselben wie vor vierzehn Jahren.

»Danke für deine Fürsorge, Gudrun Osvivsdatter«, sagte Gudrid höflich. »Es ist wohl die Sonne – es ist so warm ...«

»So, du kennst noch meinen Namen«, stellte Gudrun fest. »Ich war auf dem Weg, um mit dir zu sprechen, als ich sah, daß du dich nicht wohl fühlst.«

Gudrid trocknete sich schnell mit den Fingern die Wangen, bevor sie ihre Kapuze zurückschlug und ihr Gegenüber anstarrte: »Du wolltest mit mir reden? Warum denn? Das heißt – ich fühle mich natürlich geehrt ...«

»Ich werde es dir erzählen, wenn du mir zuerst sagst, was dich gerade so bedrückte«, versprach Gudrun mit einem Lächeln. »Wir suchen uns eine Stelle, wo wir uns hinsetzen und miteinander sprechen können, während die Männer ihre Reden beenden.« Sie zeigte auf ein paar große Steine, die mitten in einem Teppich aus Wiesenblumen lagen. »Dort drüben!«

Gudrid zog ihren Umhang aus und setzte sich, dann glättete sie ihr Kleid und sagte mit einem Blick auf die andere Frau: »Ich war nur ein wenig traurig, aber deswegen mußt du dir keine Gedanken machen. Ich dachte gerade daran, wie gern ich meinem Vater erzählt hätte, daß ich gut verheiratet und als Mutter von zwei Söhnen nach Island zurückgekehrt bin. Er hätte sich darüber gefreut.«

»Die Leute sagen, daß du lange von Island fort warst. Wieso bist du eigentlich so froh darüber, wieder hier zu sein?« fragte Gudrun Osvivsdatter unerwartet heftig. »Ich bin gekommen, um dich zu fragen, wie es ist, wenn man so herumreisen kann, wie du es getan hast – das muß vortrefflich gewesen sein.«

»O ja, das war es«, bestätigte Gudrid schlicht. »Aber als ich Island zum ersten Mal verließ, geschah es nicht aus freien Stükken, und am Anfang sehnte ich mich oft nach Hause zurück. Ich war vierzehn Winter lang fort.«

»Wenn du so lange fort warst, mußt du schon als Kind weggefahren sein«, stellte Gudrun langsam fest. »Deswegen weißt du sicher nicht mehr über mich als meinen Namen.«

»Im letzten Sommer, den ich in Island verbrachte, war ich auf dem Althing, damals war ich fünfzehn Winter alt. Und ich kann mich gut an dich erinnern.«

»Als *ich* fünfzehn Winter alt war, habe ich zum ersten Mal geheiratet – einen Mann, den ich nicht ausstehen konnte. Hast du das gewußt?«

»Ja«, erwiderte Gudrid. »Aber du hast später anscheinend mehr Glück gehabt – die Leute sagen, Thorkel Øyolfsson sei ein guter Mann.«

Gudrun lachte. »Ja, das Glück stand mir bei, als ich Thorkel bekam – er hat mir großen Reichtum gebracht. Und wir haben einen kühnen Sohn. Dies ist das erste Mal, daß Gelli mit dem Vater und den Halbbrüdern zum Althing reitet, deswegen hatte ich auch Lust, mitzukommen. Und wenn du schon so viel über mich weißt, dann weißt du vielleicht auch, daß ich einmal Kjartan Olafsson liebte und er mich ... Als er kam und verkündete, daß er ins Ausland wolle, bettelte ich darum, mitkommen zu dürfen. Mehr als alles andere wünschte ich mir, mit ihm zusammen an Bord eines Schiffes zu sein, weit weg von hier! Aber er – er sagte, ich müsse hierbleiben und mich um meinen Vater und meine Brüder kümmern, die immer Unfrieden stifteten. Ich war so wütend auf ihn, weil er nein sagte und wegen des anderen Grundes, den er mir gab, daß ich ihm niemals verzieh. Denk daran, wenn du das nächste Mal hörst, wie schlecht die Leute über mich reden.«

Gudrid begann zu protestieren, aber Gudrun fegte alle Einwände mit ihrer braunen, wohlgeformten Hand beiseite und fuhr fort: »Ich machte den Fehler, meiner Ziehmutter davon zu berichten, und sie erzählte die Geschichte bereitwillig weiter als Beispiel dafür, wie gut und fürsorglich Kjartan doch sei. Na ja, ich blieb daheim und war auf jeden Fall eine gute Tochter! Ich wäre nicht zum Althing gekommen, wenn Vater noch am Leben gewesen wäre und mich gebraucht hätte.«

»Ja, wir haben erfahren, daß Osviv im Winter verstarb«, sagte

Gudrid. »Genau wie meine Schwiegermutter. Wurdest du nicht von der Seuche angesteckt?«

»Ich? Nein. Ich bin nie krank.«

»Warum fährst du nicht mit deinem Mann ins Ausland, wenn er das nächste Mal verreisen will?« fragte Gudrid eifrig.

»Wenn deine Kinder erwachsen sind und du dich nicht mehr um deinen Vater kümmern mußt, gibt es doch keinen Grund, nicht zu fahren?«

»Ich trage noch für so manches die Verantwortung«, erklärte Gudrun mit einem schwachen Lächeln.

»Du kannst sicher auch nicht mehr reisen, da du doch nun für vieles Sorge tragen mußt?«

»O doch«, erwiderte Gudrid fröhlich. »Wir fahren nächsten Sommer ins Ausland.«

»Zurück nach Vinland?«

»Nein, nach Norwegen – vielleicht auch nach England oder Irland ...«

»Einige haben eben mehr Glück als andere«, stellte Gudrun fest. »Erzähl mir zuerst von Vinland. Und dann mußt du mir berichten, wie die Frauen in Norwegen und auf Grönland leben – und damit meine ich nicht, ob sie fettere Butter machen als wir. Sag mir, ob sie lieben können, aber gleichzeitig auch ihre Pflichten erfüllen.«

»Darüber habe ich nie nachgedacht«, zögerte Gudrid. »Aber es ist sicher möglich, wenn das Glück ihnen hold ist.«

Zum ersten Mal seit vielen Monaten erinnerte sie sich an Thorbjørgs Weissagung. Wenn diese ihr ein Schicksal wie das von Gudrun Osvivsdatter vorausgesagt hätte, hätte sie es vorher nicht wissen mögen.

VERSTÜMMELUNG

Im Frühsommer des dritten Jahres ihrer Rückkehr nach Island begann Gudrid, die Kleidung für die Auslandsreise herzurichten. An einem sonnigen Tag zu Beginn der Zeit, in der die Schafe ihre Lämmer bekamen, ritt sie in nördlicher Richtung zum Strand, wo Karlsefni damit beschäftigt war, ihr Schiff instand zu setzen.

Sie wollte gerade ihre Stute an einen Busch binden, als Karlsefni fröhlich und zufrieden zu ihr kam.

»Wie lange dauert es, bis wir segeln?« fragte Gudrid munter.

»Eh – wir?« Karlsefni sah verwirrt aus, und sie durchlief ein kalter Schauer.

Er fuhr fort: »Du meinst doch wohl nicht ernsthaft, daß du deiner Verantwortung hier den Rücken kehren könntest, jetzt, da Mutter nicht mehr da ist, um alles zu regeln? Wir haben zwei Höfe, zwei Haushaltungen, zwei Söhne – unbändige Kinder, die nicht alt genug sind, um an Bord behilflich zu sein ...«

Thjodhilds Worte hallten in Gudrids Kopf wider. »Wer versteht am meisten von der Landwirtschaft – was glaubst du? Eine Frau, die dem Haushalt daheim jahrelang vorstand, während ihr Mann zur See war, oder der Mann, der einen Boden vorzieht, der sich unter seinen Füßen bewegt?«

Sie erinnerte sich sowohl an den Abend, als Thorstein ihr verbot, mit nach Vinland zu kommen, als auch an den Tag, an dem Karlsefni ihr sagte, sie müsse daheimbleiben, während er und seine Leute Vinland weiter südlich erforschten. Er konnte doch unmöglich vergessen haben, daß sie während seiner Abwesenheit von Isleif dem Schönen überfallen worden war, und trotzdem hatte er bestimmt, daß sie jetzt zu Hause bleiben mußte!

Aber auch diesmal würde kein Protest nutzen, das hörte sie an seiner Stimme. Sie drehte sich wieder zu ihrem Pferd um, und nachdem Karlsefni ihr in den Sattel geholfen hatte, sagte er: »Wenn Klein-Thorbjørn und Snorri etwas passieren sollte oder wenn sie wie in diesem Winter schwer krank würden, hättest du doch auch nicht gewollt, daß sich andere um sie kümmern.«

»Nein«, antwortete Gudrid tonlos. Sie hatte nicht nur ihre eigenen Söhne gepflegt, als diese vor Weihnachten im Flußeis einbrachen, sondern sowohl Großbauern als auch Kleinbauern geholfen, die nach ihr schickten, wenn sie eine Heilfrau brauchten.

Sie wendete die Stute in die andere Richtung und ritt langsam heimwärts, während sie an einen Traum dachte, den sie in einer der Nächte gehabt hatte, in denen sie über ihre kranken Söhne wachte. Sie war kurz eingeschlafen, und in ihrem unruhigen Schlaf schien es ihr, als höre sie irgendwo im Wald das zufriedene Schmatzen eines Kindes. Der Laut kam näher, und im Traum stieß sie auf eine Eichhörnchenmutter, die auf dem Rücken lag und unter ihren saugenden, schnurrenden Jungen beinahe verschwand. Aber die Jungen saugten nicht genüßlich an den Zitzen – die Mutter war der Länge nach aufgeschlitzt und nach außen gefaltet, so daß die Nieren wie Steinchen an jeder Seite des Rückgrates blitzten und die Kinder gierig die blutigen Innereien der Mutter fressen konnten.

Sie vergaß, bei Rognestad eine kurze Rast einzulegen, und sie ritt beinahe an Glaumbær vorbei. Aber die Stute wußte es besser und trabte hoch zum Stall, vor dem ein Hofjunge wartete. Gudrid dankte ihm und ging, in Gedanken versunken, über den Hof. Es kam ihr so vor, als bedrängten sie die umstehenden Häuser und versuchten, ihr den Atem zu nehmen.

Sie wünschte, daß es nicht so weit bis Helgefell wäre. Gudrun Osvivsdatter hätte sicher verstanden, wie verraten sie sich jetzt fühlte. Aber Gudrun hätte sicher auch gelacht, wenn sie vorhin dabeigewesen wäre und sehen hätte können, wie Gudrids Übermut vom Althing wie eine Kerze ausgeblasen worden war!

Ihre Freundschaft war wie ein Silberschatz, der durch einen zufälligen Spatenstich an den Tag gekommen war. Gudrun war so launisch wie der isländische Himmel und so neugierig wie ein Kind, und ihre unermüdlichen Fragen veranlaßten Gudrid dazu, ihre eigenen Erfahrungen in einem neuen Licht zu betrachten.

∞

Gudrid verriet Karlsefni ihre Enttäuschung nicht, sie ging ruhig umher, bereitete das Essen für die Fahrt vor und machte seine Kleider fertig. Sie legte den fettesten Käse und die größten Trockenfische für die Versorgung an Bord zur Seite – er sollte keinen Grund haben, zu glauben, daß sie nachtragend sei.

In der Nacht vor seiner Abreise war Karlsefni im Bett besonders zärtlich zu ihr, und bevor er am Morgen aufstand, drückte er sie ganz fest an sich und flüsterte: »Ich werde diesmal nur nach Nidaros und Hålogaland fahren. Dann könnte ich im Frühsommer zurück in Island sein, und wir könnten zusammen zum Althing fahren.«

Sie lächelte, küßte ihn und versicherte ihm, daß sie sich darauf freue. Aber sie spürte, daß sich etwas in ihr zusammengezogen hatte. Nie wieder würde sie sich sicher sein können, daß das, was Karlsefni für sie bestimmte, tatsächlich zu ihrem eigenen Besten wäre.

∞

Gudrid bat Arnkel, mit ihr zum Vatnskard hochzureiten und Snorri hinten aufs Pferd zu nehmen, damit der Sohn sehen könnte, wie der »Wellenbrecher« aus dem Fjord hinaussegelte. Nachdem der Aufseher dem Jungen das rote und blaue Segel, das weit draußen im Fjord schwamm, gezeigt hatte, erklärte er: »Gudrid, Snorri hat schon lange Beine, es wird Zeit, daß er sein eigenes Pferd bekommt. Karlsefni hat den Vorschlag gemacht, bevor er abreiste.«

Snorris Niedergeschlagenheit verschwand wie Tau in der Sonne, und auf dem Nachhauseweg schwätzte er froh und zufrieden. Gudrid dachte, daß sie selbst sich auf jeden Fall auf ein ruhigeres Jahr auf dem Hof freuen könnte – jetzt, da Karlsefni verreist war, würde niemand Einladungen von ihr erwarten. Dann fände sie sicher auch Zeit, Snorri das Rechnen und auch das Ritzen und Deuten von Runen beizubringen. Arnkel lehrte ihn schon das Bogenschießen und das Segeln in einem kleinen Boot, so daß der Junge bald zu beschäftigt sein würde für die Fertigkeiten, die sie ihm zeigen konnte.

∞

An dem Tag, an dem Snorri das Wort »Gudrid« deuten konnte, das Arne Schmied in ihr Webgewicht und ihren Bogen geritzt hatte, wußte sie, daß der Junge den Gedanken, der hinter den Runen steckte, verstand. Langsam, aber sicher würde er sich ihre Bedeutung aneignen.

Sie überlegte, wie man wohl das Wissen aus Büchern erlernen konnte, und sie wünschte, sie würde jemanden kennen, den sie über solche Sachen befragen könnte. Gudrun Osvivsdatter hatte geäußert, daß sie ebenfalls gern lernen würde, die Buchschrift zu verstehen, aber weder Bischof Bernhard noch seine englischen Priester hatten Lust, ihre Zeit mit Unterrichten zu vergeuden. Der Priester auf Hov konnte nicht einmal Buchstaben deuten, so daß es nutzlos wäre, ihn zu bitten, Snorri und ihr das Lesen beizubringen.

An einem schönen Herbsttag saß Gudrid draußen und nähte, während Snorri mit ihrem Bogen herumspielte und Arne Schmieds zierliche Runen auswendig lernte. Plötzlich sah er von seiner Beschäftigung auf und fragte: »Mutter, warum steht dort: ›Thor helfe Gudrid zu töten, nicht zu verstümmeln‹? Was bedeutet ›verstümmeln‹?«

»Oh«, sagte Gudrid und wählte die folgenden Worte mit Sorgfalt: »Es bedeutet, jemandem einen so schlimmen Schaden zuzufügen, daß er nicht mehr wie andere Männer leben kann – ihm die Beine abzuhacken, zum Beispiel, oder die Zunge ...«

»Lieber würde ich sterben!« erwiderte Snorri heftig und erhob sich, den Bogen noch immer in der Hand haltend. Die dunkelblauen Jungenaugen loderten in tiefen Höhlen – Karlsefnis Augen und Augenhöhlen.

»Das würden wohl die meisten«, stellte Gudrid trocken fest. Auf alle Fälle aber Arne Schmied! fügte sie in Gedanken hinzu. Ein jeder könnte versucht sein, zu sterben, wenn die Seele zu sehr schmerzte, aber ihr Sohn war zu jung, um das zu verstehen.

Snorri ließ die Hand über das blankpolierte Holz gleiten. »Würdest du mir den mal zum Schießen leihen, Mutter? Vater hat erzählt, daß du einst auf Grönland einen Mann damit erschossen hast, vielleicht verfügt er über geheimnisvolle Kräfte?«
»Es ist hier vom *Können* die Rede!« ereiferte sich Gudrid. »Der Bogen ist gewiß gut gebaut, aber ich konnte auch gut schießen, als ich jung war – und ich erhielt hervorragenden Unterricht. Du darfst meinen Bogen zum Üben benutzen, wenn er dir nicht zu groß ist.«

Sie blickte ihrem Sohn nach, der mit dem Bogen in der Hand davonlief, um ihn dem Ziehvater zu zeigen. Sie wußte nur zu gut, daß sie ungern an die zwei Männer erinnert wurde, die ihr Leben ihretwegen hatten lassen müssen. Töten war Sünde, das hatte Bischof Bernhard gesagt, und sie bemühte sich redlich, die hohen Mächte zufriedenzustellen.

∞

Gudrid feierte Ostern gemeinsam mit ihren beiden Söhnen auf Hov. Halldors kleine Kirche war von Lampen mit brennendem Grönlandhaitran schwach erleuchtet, und die Leute, die am Ostermorgen zusammengepfercht in dem kleinen Innenraum standen, rochen nach nasser Wolle, Robbenfell und Schweiß. Während der Priester sich mit der Verrichtung des Gottesdienstes abplagte, überlegte Gudrid, ob sie wohl schon zu alt wäre, um Kinder zu gebären. Karlsefni war noch nicht lange fort gewesen, als sie mit Sicherheit wußte, daß er diesmal seinen Samen nicht in ihr zurückgelassen hatte.

Sie hatte ihm schon längst verziehen, daß er ohne sie abgereist war, sie sehnte sich nur nach seiner Umarmung. Es spielte für sie keine Rolle, ob das nächste Kind ein Junge oder ein Mädchen werden würde. An einigen Orten passierte es nicht selten, daß eine neugeborene Tochter nicht einmal einen Tag alt wurde, oft flehten die Eltern aber auch die Geburtshelferinnen und alle guten Mächte an, dafür zu sorgen, daß der Winzling überlebte, egal, ob das Kind nun ein Junge oder ein Mädchen war – wie neulich auf dem kleinen Hof Helgestad ...

Das Kind saß trotz Gudrids bester Bauchsalbe und Kraftversen quer. Eine der Geburtshelferinnen hatte vorgeschlagen, nach der alten Ingunn zu schicken, die zu ihrer Zeit Freyja gedient habe und etwas Zauberei beherrsche.

Gudrid hatte den Vorschlag zornig abgelehnt und angeordnet, die Wöchnerin in einen Raum mit frisch angezündetem Feuer zu verlegen, dann mußten diejenigen, die es beherrschten, das *Paternoster* dreimal gemeinsam aufsagen. Das Kind kam zur Welt, als sie das Gebet zum dritten Mal vorgetragen hatten, aber es schrie und atmete nicht. Gudrid hatte sich die Kette mit dem goldenen Kreuz und dem Freyja-Amulett vom Hals gerissen und auf das Kind gelegt, während sie ihren eigenen Atem so lange in das Neugeborene blies, bis unter ihren Händen das Leben erwachte.

Noch während sie in Halldors Kirche stand und mit der Gemeinde ein *Paternoster* betete, lächelte Gudrid bei dem Gedanken an die Rettung des Kindes. Das kirchliche Gebet gab viel Kraft, und Karlsefni hatte völlig recht gehabt, als er meinte, das Kreuz und das Freyja-Amulett würden zusammen gewiß wirkungsvoll sein. Sie selbst hatte schon zwei lebende Kinder geboren, und sicher würden es noch mehr werden.

∞

Gudrid stand zusammen mit Arnkel im Lämmerpferch und dachte, wie zufrieden Karlsefni wäre, wenn er sehen würde, wie viele Zwillingslämmer diesmal dabei waren, als von Rognestad die Botschaft kam, daß einige Männer, die an den steilen Gebirgshängen auf Drangøy Eier sammelten, den »Wellenbrecher« gesichtet hätten.

Sie ließ die Söhne benachrichtigen und ging ins Haus, um die Kleidung zu wechseln und das Haar lose unter einem reich geschmückten Kopftuch hochzustecken. Mit dem Bronzespiegel in der Hand ging sie zu der Giebelwand, in die ein dünnes Häutchen als Fenster eingesetzt war. Im Halbdunkel starrten ihr ihre eigenen Augen mit großen Pupillen entgegen. Ein Fächer aus Runzeln breitete sich an beiden Schläfen aus, und sie entdeckte Falten auf der Stirn, die Wangen aber waren noch glatt und schön gerundet, das breite Kinn war fest und straff, und ihre

Zähne waren genauso weiß und stark wie Karlsefnis. Sie bekam plötzlich ein heißes Gesicht, und die Ungeduld wallte in ihr auf, als sie sich fertigmachte und hinauseilte.

Thorbjørn war jetzt alt genug, um Spaß daran zu haben, ein Meeresschiff anlegen zu sehen, und Snorri fütterte ihn mit Seemannskenntnissen, die ihm Arnkel vor kurzem beigebracht hatte. Gudrid hörte nur mit halbem Ohr auf das Geschwätz ihrer Söhne und strengte sich an, die Leute an Bord zu erkennen. Karlsefni stand am Ruder – er winkte ihr zu –, jetzt verschwand er wieder hinter dem wohlbekannten blau-roten Segel. Sie wunderte sich, warum er kein neues Schiff gekauft hatte, und hoffte, daß dies kein Zeichen für einen schlechten Verdienst sei.

Sobald er seinen Fuß an Land gesetzt hatte, kam Karlsefni auf sie zu und begrüßte sie so selbstverständlich, als wäre er nur im Nachbarsfjord zum Fischen gewesen. Gut gelaunt sagte er, daß sie nicht die einzige sei, die Fragen über seine Reise hätte – er würde sie beantworten, nachdem er und seine Mannschaft eine ordentliche Mahlzeit bekommen hätten.

∽

Klein-Thorbjørn schlief schon fest, und Snorri bemühte sich, die Augen offenzuhalten, als Karlsefni sich schließlich vom Ehrensitz erhob, den Blick durch seine Halle schweifen ließ und berichtete: »Das Glück begleitete uns und half uns wieder nach Hause, wo Gudrid bei unserer Rückkehr für eine vorzügliche Mahlzeit gesorgt hat. Ich grüße und danke Christus dafür, daß wir immer noch das Glück auf unserer Seite haben, und ich bete darum, daß es so bleiben wird.«

Er nahm einen Zug aus der Schüssel mit dem norwegischen Bier, reichte sie an Gudrid weiter und fuhr fort: »Wie ihr seht, sind wir mit dem ›Wellenbrecher‹ zurückgekommen. Zur Zeit ist König Olaf so sehr damit beschäftigt, die Leute in Nidaros und Hålogaland zum Gehorsam zu zwingen, daß es dort schwierig ist, einen freien Schiffsbauer zu finden. Hårek auf Tjøtta, bei dem wir überwinterten, riet uns, sobald wir eine ordentliche Ladung an Bord hätten, Norwegen so schnell wie möglich zu verlassen. Als Freund und Gefolgsmann des Königs weiß der alte Hårek über alles, was vorgeht, gut Bescheid, und so befolgten wir seinen Rat. Es war gut, von Nidaros wegzukommen, denn Thorgrim Troll aus Einarsfjord lag dort vor Anker und stiftete wie gewöhnlich Unfrieden! Aus Grönland haben wir übrigens erfahren, daß es um Leif Eriksson so schlecht steht, daß Thorkel wohl bald Häuptling auf Brattahlid wird. Er wird genug zu tun bekommen, denn Thorunn auf Herjolfsnes plant Rache an den Mördern ihres Mannes.«

Karlsefni legte erneut eine Pause ein, ergriff die Bierschüssel, die eine weitere Runde gemacht hatte, und sagte fest: »Jetzt müssen wir zur Erinnerung an Øyolf und Grim trinken – sie ertranken letzten Winter beim Fischfang in Hålogaland, zusammen mit einigen von Håreks Männern. Øyolfs und Grims Witwen werden ihren vollen Anteil an unserem Verdienst bekommen, und das wird nicht wenig sein. Die Kornpreise hier werden wahrscheinlich ansteigen, denn der Herbst im nördlichen Teil Norwegens war im vergangenen Jahr schlecht. Aber die Leute in Nidaros hatten große Lagerbestände, und mit Hilfe einiger guter Freunde konnte ich kaufen, was ich brauchte. Außerdem habe ich eine große Holzladung mitgebracht. Die Hälfte davon werde ich für Ausbesserungen hier auf dem Hof verwenden.«

∽

Die Arbeit mit dem Anbau des Langhauses war bald in vollem Gange, und Gudrid freute sich darauf, dem Durcheinander und der Unruhe für eine Zeitlang zu entkommen, wenn sie und Karlsefni auf dem Althing wären. Aber eines Morgens kurz vor ihrer Abreise wurde sie von Übelkeit überwältigt, als sie sich über eine Molketonne bückte, um einige eingemachte Robbenflossen herauszuholen. Auch am nächsten Morgen mußte sie sich übergeben, und am übernächsten ebenso. Karlsefni mußte ohne sie losreiten. Auch wenn sie Gudrun Osvivsdatter sehr gern gesprochen hätte, machte es ihr nichts aus, zu Hause zu bleiben, da sie jetzt mit Gewißheit wußte, daß sie doch noch einmal schwanger geworden war.

Die Übelkeit ließ für gewöhnlich im Laufe des Tages nach, und an den langen hellen Abenden ritt sie oft zusammen mit

Snorri und Arnkel nach Rognestad, um Thorbjørn abzuholen, und anschließend ritten sie weiter an der Westküste des Fjordes hinaus. Der Duft der Wiesenblumen schwächte den salzigen Geruch der Luft ab, die von der Fjordmündung draußen bei Drangøy hereinwehte, und Gudrid mußte an den Tag vor beinahe vier Jahren denken, als sie in Skagafjord an Land ging und Thorbjørn unter ihrem Gürtel trug. Sie verspürte jetzt die gleiche Erwartung wie damals und auch die gleiche Freude darüber, daß sie das Glück ein langes Leben hindurch begleiten würde – das müßte doch bedeuten, daß Karlsefni ein ebenso langes und reiches Leben vor sich hatte!

Wie üblich kam dieser mit kleinen und großen Neuigkeiten vom Althing zurück, die er Gudrid an einem klaren und stillen Abend erzählte, als sie gemütlich draußen vor dem Langhaus saßen. Von Norwegen aus ließ König Olaf alle seine Freunde grüßen und gleichzeitig wissen, welche Regeln für den Handel zwischen Norwegen und Island einzuhalten wären.

Karlsefni lachte böse und fügte hinzu: »Diese neue Vereinbarung taugt genausoviel wie die Männer, die sie bezeugten; nichts wurde schriftlich festgehalten, weder in lateinischer Schrift noch in Runen.«

»Letzten Winter habe ich Snorri beigebracht, Runen zu ritzen und zu deuten«, sagte Gudrid stolz und lehnte sich gegen den Stapel mit geschnittenem Torf, der für die Wände ihres Hauses bereitstand.

Karlsefni antwortete, daß das für Snorri nur von Vorteil wäre, außerdem müßte er wohl früher oder später auch die lateinische Schrift lernen. Aber Bischof Bernhard würde noch in diesem Sommer zurück nach Norwegen fahren, so daß er als Lehrer für den Sohn nicht in Frage käme.

Im selben Augenblick wehte in der duftenden milden Abendbrise ein schwaches Glockengeläut von der Kirche auf Hov zu ihnen herüber. »Hör-mich! Komm-her! Ding-dong!«

Der Laut kam so unerwartet, daß Gudrid sich bekreuzigte und Karlsefni fragend anschaute. Er lachte und erklärte: »Halldor kaufte einen prächtig geschnitzten Runenkalender auf dem Althing – ich könnte mir vorstellen, daß sein Pfarrer einen neuen Heiligen ausfindig gemacht hat, den er feiern kann, um zu beweisen, daß er seinen Lohn wert ist.«

Um Thjodhild zu ehren, hatte Gudrid die Sitte eingeführt, St. Sunnivas Tag zu heiligen, aber sie wollte gar nicht erst nachschauen, ob es vielleicht noch mehr kirchliche Feiertage gäbe, die sie einhalten mußte! Außerdem brauchte sie all ihre Kräfte für das neue Kind. Es tat gut, an diesem Abend einfach draußen zu sitzen und andere Leute mit dem Christentum und der Arbeit schalten und walten zu lassen.

∞

Während Karlsefni auf dem Herbstthing in Hegernes war, verlor Gudrid das neue Kind. Als sie regungslos dalag, damit die Blutungen aufhörten, prüfte sie ihr Gedächtnis. Hatte sie sich vielleicht in irgendeiner Art und Weise versündigt? Sie hatte bei ihrer täglichen Arbeit die alten Sitten gepflegt, angefangen mit dem Anzünden des Feuers am Morgen bis hin zu dem Schutzspruch gegen Schwarze Kunst und Hexerei, wenn sie eine fertige Webarbeit vom Webstuhl nahm. Das helle Licht des Mondes hatte sie im Schlaf nicht treffen dürfen, der Hügelgrab-Bauer bekam so viel zu essen und zu trinken, wie er nach Bart-Thoras Aussage erwartete; jeden Tag sprach sie mindestens ein *Paternoster*, und jedes Sieb und jeder Holztrog trugen ein Kreuzzeichen.

Aber Karlsefni hatte bei den letzten Feiern Freyja nicht gegrüßt, und sie selbst war mit so vielen anderen Dingen beschäftigt gewesen. Sie ließ die Hand unter das Hemd gleiten. Das Freyja-Amulett fühlte sich kalt und tot an, und sie merkte, daß sie fror. Als Bart-Thora kam, um nach ihr zu schauen, bat Gudrid sie, noch ein paar Schaffelle auf das Bett zu legen, aber es half wenig. Ihre Zähne klapperten so laut, daß es in ihrem Kopf widerhallte. Sie hatte sich nicht mehr so kalt und hilflos gefühlt, seitdem sie auf dem Schiff des Vaters im unbekannten Meer vor Grönland herumgetrieben war.

Als er vom Althing zurückkehrte, nahm Karlsefni die Nachricht von der Fehlgeburt mit finsterer Miene auf. An den ersten Tagen war Gudrid zu schwach, um viele Worte zu machen, aber eines Abends, als sie noch wach lag, während er sich auszog, legte sie die Hand auf seinen Rücken und sagte, indem sie zu lachen versuchte: »Nimm es nicht so schwer, Thorfinn – das nächste Mal wird es bessergehen. Es sieht so aus, als könnte ich *ein* lebendes Kind gebären, nachdem ich zwei verloren habe ...«

Ohne sich umzudrehen, antwortete er: »Das ist nicht das einzige, was mich bedrückt, Gudrid. Auf dem Herbstthing hörte ich, wie die Leute darüber redeten, daß du, während ich in Norwegen war, Schwarze Kunst benutzt hättest, um ein neugeborenes Kind auf Helgestad zum Leben zu erwecken. Ich dachte, du wolltest mit solchen Sachen nichts zu tun haben.«

Gudrid brach vor Angst und Verwirrung der Schweiß aus, und gerade noch konnte sie herausbekommen: »W – wie können die Leute so etwas behaupten? Ich habe Schwarze Kunst gerade noch verhindern können – die anderen wollten nach der alten Ingunn schicken, als die Lage aussichtslos wurde, und ich habe es verboten!«

»Was ich zu hören bekam, war, daß das Kind tot geboren worden sei, du aber hättest es mit Schwarzer Kunst zum Leben erwecken können.«

Die Wut kam in Gudrid hoch und erhitzte sie. »Die Erlösung kam nach drei *Paternoster*. Nennst du das Schwarze Kunst? Und das Kind war nicht tot, es atmete nur nicht, deswegen blies ich Leben in den Jungen, als wäre er ein Lamm oder ein Kalb, das nicht hinaus ins Leben wollte. War das so schlimm?«

Karlsefni zog die Tür vor ihrem Bett zu und kroch unter das Fell. Seine Stimme klang müde und schwer, als er antwortete: »Nein. Die Eltern waren sicher froh. Aber ich finde es schlimm, daß die Leute über dich reden.« Er legte seine Hand auf die ihre, bald darauf schlief er fest.

༄

Karlsefni wurde im Laufe des Winters immer schwermütiger. Als er eines Tages Snorri und Thorbjørn dabei erwischte, daß sie mit den kleinen Gewichten spielten, die er als Händler benutzte, um Silber und Gold abzuwiegen, wurde er so wütend, daß Gudrid Angst bekam. Die Gewichte sahen aus wie kleine Pferde, waren handlich in Größe und Gewicht, und sie waren Snorris liebstes Spielzeug gewesen, als er so klein war wie Thorbjørn jetzt. Ängstlich erinnerte sie Karlsefni daran, daß er den Söhnen nie direkt verboten hatte, mit den Gewichten zu spielen, ohne vorher zu fragen. Aber bevor sie zu Ende sprechen konnte, gab er jedem Jungen eine Ohrfeige und stürzte hinaus.

Stumm streichelte sie den Söhnen über den Kopf. In diesem Moment haßte sie ihren Mann, und sie verabscheute sich selbst, weil sie sich nie richtig zur Wehr setzen konnte.

Snorri schaute zu ihr hoch und sagte: »Mutter, Thorbjørn hat gefragt, ob er mit ihnen spielen dürfe, deswegen habe ich sie heruntergeholt ...«

»Ja«, erwiderte Gudrid verbissen, »aber du *mußtest* sie nicht holen. Laß mich nie, nie wieder hören, daß du deinem Bruder die Schuld gibst. Wenn Brüder sich nicht gegenseitig verteidigen, wem sollen sie dann vertrauen?«

Und wenn Mann und Frau sich nicht gegenseitig verteidigten und einander nicht vertrauten, wäre das Leben nicht länger lebenswert.

∞

Karlsefni unternahm noch keinen Versuch, sich ihr im Bett zu nähern. Eine Zeitlang war Gudrid dankbar wegen der Rücksicht, die er ihr entgegenbrachte, denn sie brauchte Zeit, um wieder zu Kräften zu kommen. Aber das Frühjahr kam und ging, Kälber und Lämmer wurden abgestillt und bekamen Ohrmarken, und Karlsefni machte noch immer keine weiteren Annäherungsversuche außer einem freundschaftlichen Kuß auf die Wange, bevor er sich auf die Seite drehte und einschlief, so daß Gudrid begann, den Mut zu verlieren.

Er schien seine Schwermut überwunden zu haben, und er sprach wie früher mit ihr über die alltäglichen Angelegenheiten. Trotzdem kam es Gudrid so vor, als würde die Kluft zwischen ihnen immer größer. Sie überlegte, ob er vielleicht noch wegen des Geredes grollte, das er auf dem Hegernesthing über sie gehört hatte, aber sie wagte nicht, ihn danach zu fragen, denn dann müßte sie zunächst bekennen, daß sie sich vernachlässigt und schlecht behandelt fühlte. Das durfte sie aber nicht, denn er verhielt sich ihr gegenüber sowohl lieb als auch rücksichtsvoll. Außerdem fehlte ihr der Mut, herauszufinden, ob er eine Geliebte hatte, denn sie würde nicht ertragen können, wenn die Antwort ja wäre. Jetzt verstand sie, warum Gudrun Osvivsdatter Revnas kostbares Kopftuch gestohlen hatte und immer noch Wut auf Kjartan empfand.

∞

Karlsefni ritt ohne Gudrid zum Thing; er sagte, sie solle ihre Kräfte noch schonen.

In der ersten Zeit seiner Abwesenheit arbeitete sie noch am Webstuhl, lange nachdem die anderen ins Bett gegangen waren, und am nächsten Morgen war sie die erste, die aus dem Bett sprang. Selbst wenn sie keine Kinder mehr bekäme, würde sie auf jeden Fall für ein bestmögliches Erbe für die beiden Söhne sorgen, die sie hatte.

»Gudrid«, sagte Bart-Thora eines Tages, »du solltest dich ein bißchen schonen. Oder versuchst du, dich zu Tode zu schuften, damit dein Mann sich eine neue Frau suchen muß?«

»Wohl kaum«, antwortete Gudrid und lächelte ruhig, aber Thoras Worte schwirrten in ihrem Kopf herum, noch lange nachdem sie am Abend ins Bett gegangen war. Plötzlich setzte sie sich im Bett auf. Karlsefni mit einer neuen Frau! Eine andere Frau würde ihm über das Haar streichen und mit ihm schlafen, hier in diesem Bett! Eine andere Frau würde vielleicht ihren Schmuck tragen, ihre Töpfe und Käseformen benutzen, noch bevor sie im Grab richtig kalt geworden wäre! Der Gedanke war nicht auszuhalten!

∞

Am nächsten Tag trug sie Bart-Thora auf, die Arbeit in der Milchkammer alleine zu erledigen, anschließend nahm sie mehrere Ellen dünnen roten Wollstoff, den sie im Jahr zuvor gefärbt hatte, mit nach draußen. Sie schneiderte und nähte zwei ganze Tage, bis sie ein langes, enganliegendes Kleid fertig hatte, das sie mit einer schwarzgestickten Borte unten am Rocksaum und oben am Ausschnitt verzierte. Sie wusch und plättete ihr bestes

Hemd und ging danach zu den warmen Quellen, um zu baden, die Haare spülte sie mit Schafgarbenlauge aus.

Als die Skagafjord-Männer vom Althing nach Hause zurückkehrten, entdeckte sie Snorri, der jetzt immer öfter mit seinem Ziehvater und Gudmund, dem Hund, unterwegs war. Er eilte nach Hause, um seiner Mutter die Ankunft zu melden, und als Karlsefni in den Hof ritt, empfing ihn Gudrid in ihrem neuen Kleid, wohl wissend, daß es die rote Farbe ihrer Wangen und ihre noch schlanke Taille betonte. Sie hatte ihr Haar gebürstet und gekämmt, bis es wie Seide glänzte, und sie hatte es zu einem losen Zopf geflochten, der über ihren Rücken fiel, ohne von einem Tuch verdeckt zu sein. Als sie das Gesicht nach oben streckte, um Karlsefnis Kuß zu empfangen, sah sie durch die halb geschlossenen Augen, daß er sie noch begehrenswert fand. Wie zufällig ließ er seine Lippen hinunter zu ihren Lippen gleiten, nachdem er ihr gesittet einen Kuß auf die Wange gegeben hatte, und sie atmete schneller bei dem Gedanken an die kommende Nacht.

∞

Am Abend saßen die Leute auf dem Hof noch lange am Feuer und tauschten Neuigkeiten und den letzten Klatsch aus. Schließlich hüllten sie sich nach und nach in ihre Umhänge, und Bart-Thora legte die letzten glühenden Kohlestückchen in die Glutkammer und wünschte eine gute Nacht. Gudrid setzte sich auf das Bett und öffnete ihre Schuhe, aber Karlsefni blieb stehen und fummelte an seinem Gürtel herum.

»Gudrid, ich glaube, ich sollte hinunter zum Strand reiten und nach den Trockengerüsten für unseren Fisch schauen.«

Sie schluckte schwer und konnte schließlich fragen: »Heute abend? Ist das wirklich nötig?«

»Ich bleibe nicht lange fort – ich nehme ein ausgeruhtes Pferd.«

Er nahm den Umhang vom Haken, beugte sich über sie und küßte sie leicht, dann verschwand er, bevor sie noch etwas sagen konnte.

Als er wieder nach Hause kam, hatte Gudrid ihre Tränen getrocknet und stellte sich schlafend, aber sie spürte mit jeder

Faser ihres Körpers, wie er ins Bett stieg und sich leise neben sie legte, und ihr verwundetes Herz war genauso erschöpft wie ihr unnützer Körper.

Am nächsten Morgen streichelte er ihre Wange, bevor er energisch aus dem Bett stieg, und bei den Mahlzeiten war er ruhig und höflich wie immer. Als es Zeit war, ins Bett zu gehen, gab es etwas Neues zu erledigen, was er angeblich nicht hinausschieben konnte, und sie hörte ihn aus dem Hof klappern und so schnell zurückkehren, daß er nicht weiter als nach Rognestad und zurück hatte reiten können. Anschließend glitt er neben sie ins Bett und gab sich große Mühe, sie nicht zu stören.

In den nächsten beiden Wochen erfand Karlsefni jeden Abend ähnliche Ausreden, aber tagsüber blieb er weiterhin gleich freundlich, und Gudrid wußte nicht, was sie glauben sollte. Sie war offenbar sehr dumm gewesen, als sie geglaubt hatte, Karlsefnis Begierde zu neuem Leben erwecken zu können. Viele Frauen hatten solche abgekühlten Gefühle ertragen müssen – sie wollten nur nicht darüber reden! Gudrun Osvivsdatter zum Beispiel – ein einziges Kind hatte sie mit ihrem jetzigen Mann bekommen, das war alles. Aber es gab auch Frauen, die weiterhin Kinder bekamen, auch wenn sie selbst schon Großmütter waren und der Mann eine Geliebte oder zwei hatte. Und dann gab es noch Frauen wie Thjodhild, die es satt hatten, mit ihrem Mann zu schlafen ...

Ein neuer Gedanke erfaßte sie. Gesetzt den Fall, Karlsefni hätte noch mehr bösartigen Klatsch über sie auf dem Althing gehört, vielleicht wollte er deswegen nicht mehr mit ihr schlafen? Nach der Geschichte auf Helgestad war sie nicht mehr sicher, ob die Isländer besser als die Grönländer zwischen Schwarzer Kunst und Heilkunst unterscheiden konnten.

Beim nächsten Treffen mit Gudrun würde sie viele Fragen haben.

∽

Im darauffolgenden Sommer ritt sie zusammen mit Karlsefni zum Althing und amüsierte sich recht gut, auch wenn Gudrun Osvivsdatter daheim bei ihrer Familie bleiben mußte. Sie und

Karlsefni gingen oft Hand in Hand, und Gudrid wußte, daß sie wie ein vorbildliches reiches und sittsames Ehepaar wirkten. Und das waren sie wahrhaftig, sagte sie böse zu sich selbst, als sie eines Tages Karlsefni bei Gericht reden hörte. Seine breiten Schultern unter dem leichten Sommerumhang wirkten jetzt ein wenig runder, seine Nase schien etwas krummer geworden zu sein und zeigte spitz nach vorne, aber er war noch so stattlich anzusehen, daß Gudrid die Lust, sich ihm im Bett hinzugeben, viele bittere Stunden bereitete, auch wenn sie schon längst die Hoffnung aufgegeben hatte, daß er noch einmal Lust auf sie verspüren könnte. Sie mußte wohl froh darüber sein, daß sie ordentlich zusammenleben konnten und sich nicht zankten wie so viele andere Eheleute.

Kurz nach ihrer Rückkehr vom Althing wurde erzählt, daß Gretti der Starke vorhabe, sich in Nordisland niederzulassen, er habe bei Gudmund dem Reichen auf Mødrevoll schon Rat eingeholt. Karlsefni ritt los, um mit Gudmund zu reden, und sah grimmig aus, als er von diesem zurückkehrte, aber er sprach nicht mit Gudrid darüber – er stürzte sich nur in die Arbeit auf seinen beiden Höfen und war damit beschäftigt, eine Mannschaft für den im Frühherbst geplanten Dorschfischfang in Øyafjord zu versammeln.

Diesmal war Karlsefni selbst Schiffer an Bord, und er nahm Snorri mit. Der Junge war jetzt neun Winter alt. Gudrid versorgte ihn mit warmen Hosen und einer Jacke aus Robbenfell, und Karlsefni mußte versprechen, keine unnötigen Risiken einzugehen, falls das Wetter nicht mitspielte. Nachdem sie im kalten graublauen Morgenlicht den Fischern unten am Strand Lebewohl gesagt hatte, setzte sie Thorbjørn vor sich in den Sattel und ritt langsam mit ihm zurück nach Rognestad.

Sie ritten gerade am Zaun neben der Hauswiese entlang, als er sich umdrehte und sagte: »Mutter, ich muß Runen lernen, so wie Snorri. Wie kann ich Häuptling werden, wenn ich nichts davon verstehe?«

»Da hast du recht!« erwiderte Gudrid. »Aber dann mußt du während der Unterrichtszeit bei mir auf Glaumbær bleiben – ich kann dich jetzt mitnehmen, während die anderen verreist sind und ich etwas mehr Zeit habe, bevor wir mit dem Schlachten anfangen.«

In den nächsten Wochen nutzte sie jede freie Minute dazu, Thorbjørn sowohl Runen als auch Fingerreime und Geschichten über Karlsefnis und ihre Familie beizubringen. Sie machte sich Vorwürfe, weil sie ihm diese Sachen nicht schon früher beigebracht hatte, aber er war nicht immer an Ort und Stelle gewesen wie Snorri. Es erfüllte sie mit Wärme, daß der jüngste Sohn sie brauchte. Es war eine Art Ausgleich dafür, daß Karlsefni im Bett nicht mehr zärtlich sein wollte. Was hatte sie nur Böses getan? Ihres Wissens hatte sie niemals etwas gegen den Willen ihres Mannes getan, und sie hatte ihm ihre ganze Liebe geschenkt.

༄༅

Schwere Wolken hingen an diesen kühlen Herbsttagen dunkel und drohend über dem Tal. Eines Morgens während des Schafezählens sog Gudrid vorsichtig die Herbstluft ein und sagte zu Bart-Thora: »Es gibt ein Unwetter. Wir verschwenden nur unsere Zeit, wenn wir heute Kleider waschen! Einer der Männer muß nachschauen, ob die Steine auf dem Dach des Langhauses richtig liegen – Karlsefni vergaß es, bevor er lossegelte. Ich hoffe nur, daß er nicht vergißt, was er mir versprochen hat, nämlich an Land zu gehen, sobald ein Unwetter aufzieht!«

Bart-Thoras dunkelfarbiges Gesicht mit den abstehenden Borsten leuchtete auf. »Karlsefni versucht immer, es dir recht zu machen, das weißt du doch!«

Pah! dachte Gudrid aufrührerisch und nahm Webschiffchen und Webschwert von der Wand. Weben half immer gegen Ruhelosigkeit.

Als Thorbjørn und sie sich am Abend im Bett zusammenkuschelten, heulte der Wind um die Hausecken und riß die Blätter von Birken und Vogelbeerbäumen. Es dauerte lange, bis sie einschlief. Alte Erinnerungen an Snæfellsnes und Grönland, Vinland und Norwegen flatterten heran, aber am meisten träumte sie von ihrem Vater. Noch einmal saß sie an seinem Sterbebett und hörte ihn flüstern:

Christus führt
Freunde zueinander
In das ewige Leben ...

Mit klopfendem Herzen wachte sie auf, weil etwas Schweres auf ihren Füßen landete. Auch als sie entdeckte, daß es nur der Hund Gudmund war, der sich verbotene Freuden beschaffen wollte, pochte ihr Herz noch eine Zeitlang – es war lange her, daß sie den Vater so lebendig vor sich gesehen hatte. Bevor er gestorben war, hatte er ihr erzählt, daß ihn die Leere nach Hallveigs Tod und die Hoffnung, sie im Paradies wiederzusehen, zum christlichen Glauben bekehrt habe. Ob seine Liebe wohl auch so lange angehalten hätte, wenn Hallveig nicht so jung gestorben wäre? fragte sich Gudrid mürrisch.

Noch einmal träumte sie. Sie spürte einen leichten Druck gegen den Schenkel – da war wieder das Büschel mit Löffelkraut, grün, strotzend und mit hellen lilafarbenen Blüten. Der zierliche Kreis der Wurzeln drückte ein kleines Grübchen in ihre Haut. Im Traum zog sie an der Pflanze. Sie ließ sich nicht bewegen, aber der Druck hielt an und verpflanzte sich weiter auf die Innenseite ihrer zitternden Schenkel, und plötzlich verging sie im Traum in heftiger Wollust.

Am nächsten Abend hatte sie nach einem weiteren dunklen und stürmischen Tag genau denselben Traum. Als sie der Traum auch in der dritten Nacht einholte, begann sie schon, sich auf das gute Gefühl der sinnlichen Befriedigung zu freuen, als sie bemerkte, wie sich die Pflanze, an der sie gezogen hatte, von ihr löste und welk und kraftlos in ihrer Hand lag. Es pochte laut in ihren Ohren. Verwirrt und enttäuscht tastete sie in der Dunkelheit umher, während sie langsam aufwachte.

Jemand hämmerte gegen die Tür ihres Schrankbettes und rief: »Gudrid! Wach auf! Jemand hat im Fjord Schiffbruch erlitten, und wir haben mehrere schwerverletzte Männer auf Rognestad! Wach auf, Gudrid!«

Gudrid war sich sicher, daß Karlsefni und Snorri Schiffbruch erlitten hatten, deswegen machte die Erleichterung sie so unerschütterlich wie eine brütende Eiderente, als sie erfuhr, daß ein großes norwegisches Handelsschiff gegen die Unterwasserfelsen draußen in Skagafjord gestoßen war und viele Männer in den Tod gerissen hatte. Sie erteilte den Befehl, ihre Stute zu satteln und ihren Sack mit Tüchern, und was sie sonst noch zum Blutstillen brauchte, zu füllen, dann zog sie sich sorgfältig an.

Der Sturm war im Begriff abzuflauen, als sie und ihr Gefolge nordwärts ritten. Im Osten leuchteten gelbgrüne Risse unheimlich durch die dunklen Wolken. Als Gudrid die Wohnstube auf Rognestad betrat, war Elfried schon damit beschäftigt, den klatschnassen Männern, die im Raum saßen oder lagen, warmen Morgenbrei zu reichen. Der Aufseher Ottar grüßte sie ernst und zeigte stumm auf den Alkoven. Dort lagen drei Männer mit Kieselsteinen auf den Augenlidern und Wollbüscheln in den Nasenlöchern auf dem Boden, und im Bett waren zwei Männer, die Gudrid erkannte, auch wenn ihre Gesichter vor Schmerzen verzerrt waren.

Gudrid spürte, daß sie, wenn sie jetzt den Mund öffnete, nur würde heulen können wie damals Gelle, als Harald Roßhaar getötet wurde. Sie stellte sich mit dem Rücken zum Bett, füllte Wasser in einen Topf und gab noch eine Handvoll wertvollen Bärlapp dazu. Während sie das Gebräu langsam umrührte und die Bläschen, die an der Innenseite des Topfes emporblubberten, im Auge behielt, bekam sie ihre Gefühle soweit in den Griff, daß sie den Mann, der vorne im Bett lag, fragen konnte: »Was kannst du über deinen Schiffer berichten, Olaf?«

»Gudmund Thordsson, er – er ist da draußen geblieben, Gudrid. Aber er wollte *dich* besuchen, nicht das, was unten in deinem Fjord liegt.«

»Alles geschieht, wie es bestimmt ist«, flüsterte Gudrid. Ihr Gesicht war wie versteinert, und ihr war kalt bis hoch zu den Lippen. »Wenn dieses Gebräu fertig ist, werde ich deine gebrochenen Knochenstümpfe zusammenflicken, Olaf, und deinem Freund helfen, so gut ich kann.«

»Er ist mein jüngster Bruder«, sagte Olaf. »Diese Reise hier ist seine erste Auslandsreise ...«

»Wenn ihr wollt, könnt ihr auf Glaumbær bleiben, bis ihr gesund seid und die Heimreise antreten könnt«, bot ihm Gudrid an. »Und wir werden dafür sorgen, daß diese drei und diejenigen, die an Land treiben werden, eine anständige Beerdigung bekommen.«

Sie drehte sich um und rührte weiter in dem Topf herum. Eindringlich und stumm betete sie: Vater unser, wenn du im Himmel bist, dann hilf mir jetzt. Einige Male tötest du, Herr, und andere Male verstümmelst du. Und es gibt Wunden, für die es keine Umschläge gibt. Was bin ich nur für eine Frau, ich freue mich darüber, daß derjenige, der mich nicht mehr liebt, in Sicherheit ist, während derjenige den Tod gefunden hat, der mich gewiß noch begehrte ...

Sie bekreuzigte sich schnell und dachte verwirrt, daß sie Gudmunds Drängen nachgegeben hätte, wenn er die Fahrt überlebt hätte und mit ihr nach Glaumbær gekommen wäre, nur, um die Wollust aus dem Traum noch einmal zu erleben, bevor sie alt wurde.

EINE EITERBEULE PLATZT

Im Sommer nach seinem dreizehnten Winter durfte Snorri mit dem Vater ins Ausland fahren.

»Wäre es nicht besser, damit zu warten, bis er etwas älter ist?« fragte Gudrid in dem ruhigen Ton, den Karlsefni und sie benutzten, wenn sie miteinander redeten. »Außerdem könntest du dann auch Thorbjørn mitnehmen.«

Er vermied es, sie anzusehen, als er antwortete: »Keiner kennt sein eigenes Schicksal. Mein Vater starb, bevor er mich mit ins Ausland nehmen konnte, und ich möchte nicht, daß Snorri eine solche Enttäuschung erlebt.«

»Nein, aber du bist nicht alt – zweiundvierzig Winter!« Wenn Karlsefni ein junge Frau hätte, könnte er mit ihr noch jahrelang Kinder zeugen, dachte Gudrid. Ein gutes Beispiel war Snorri Godi – gut sechzig Winter alt und von Kleinkindern umgeben, die ihm seine dritte Frau geboren hatte. Ob sie selbst zu alt war, um noch Kinder zu gebären, würde sie wohl nie erfahren.

Während der Hochzeit, die Snorri Godi auf Tangen für seine Tochter Thordis und Gudrun Osvivsdatters Sohn Bolli ausgerichtet hatte, bemerkte Gudrid, wie respektvoll die jungen Leute sie bei dem Gelage behandelten, was sie gleichzeitig sowohl amüsierte als auch erschreckte. Für jene war sie eine weise, ältliche Frau, die sich keine Sorgen über Säuglinge, Leidenschaft und Unerfahrenheit machen mußte. Auch der gerade angekommene Bischof Kol hatte ihr einen solchen Respekt erwiesen, daß sie ihre Unwissenheit nicht damit verraten wollte, ihm Fragen über den neuen Glauben zu stellen.

Gudrun Osvivsdatter hatte während des Festes zuviel zu tun gehabt, um sich hinsetzen zu können und mit Gudrid längere Zeit zu reden, aber sie hatten einander zugelächelt und zugezwinkert, sobald sich eine Gelegenheit ergab. Nachdem Bischof Kol dem Brautpaar einen langen lateinischen Segen gegeben und etwas in lateinischer Sprache aus einem Buch, das er bei sich trug, vorgelesen hatte, suchten Gudruns dunkelblaue, glitzernde Augen die Augen Gudrids, und später, als sie beide in der Nähe des schmächtigen Bischofs standen, sagte Gudrun sanft: »Es ist wirklich schlimm, eine unwissende Ehefrau zu sein, Gudrid. Gerade eben habe ich überlegt, was ein Mann zuerst lernen sollte – Lateinisch oder die Handschrift. Es müßte trefflich sein, beides zu können, besonders wenn alle anderen nichts von beidem verstehen.«

Gudrid mußte noch heute jedesmal lachen, wenn sie an den Gesichtsausdruck des Bischofs dachte.

Jetzt hatte sie Gudrun seit fast zwei Jahren nicht mehr gesehen, aber kurz vor seiner Reise erzählte Karlsefni, Gudruns Mann sei ertrunken, außerdem habe sie vor kurzem zwei Enkelkinder bekommen. Sie habe vor, die kleine Tochter von Bolli und Thordis bei sich auf Helgefell zu erziehen, während Bolli im Ausland sei.

»Das wird für Gudrun schön sein, da sie selbst nur fünf Söhne bekam«, sagte Gudrid.

Karlsefni sah sie forschend an, bevor er fortging. Während Gudrid ihm nachschaute, überlegte sie, ob auch er es bedauerte, daß sie nie eine Tochter bekommen hatten. Keine Frau konnte allein Kinder zeugen, dachte sie bitter. Wenn Karlsefni zu Hause war und das Bett mit ihr teilte, forderte er nicht mehr von ihr als ein Hund, der eine gemütliche Stelle zum Schlafen brauchte, aber es war für Gudrid auch nicht besser, wenn er auf Reisen war.

Sie hatte das Gefühl, als hätte sie eine Eiterbeule tief in ihrem Inneren – einen glühendheißen, schmerzenden Klumpen, den sie nicht anrühren durfte, ohne auf noch mehr Schmerzen vorbereitet zu sein. In der Regel vermied sie es, daran zu denken, daß Karlsefni vielleicht anderen Frauen das gab, was er ihr nicht mehr geben wollte.

∽

Als sie mit Thorbjørn zum Vatnskard hochritt und den »Wellenbrecher« mit Karlsefni und Snorri aus dem Fjord segeln sah, meinte Thorbjørn: »Vater versprach, wenn man in Dublin noch so gut einkaufen kann, wird er mich dorthin mitnehmen, wenn ich alt genug bin. Er sagte, ich kann schon zwischen gutem Silber und wertlosem Kram unterscheiden!«

»Ich weiß, daß du sehr gelehrig bist, mein Junge«, erwiderte Gudrid.

Ein beißender Schmerz verbreitete sich in ihrer Seele. Dublin – dort gab es ein Haus mit Frauen, die man kaufen konnte, solche wie Emma. Und dort warfen gewiß die gutaussehenden Töchter der Silberschmiede lange Blicke nach den stattlichen isländischen Kaufmännern und ihren jungen Söhnen. Oh, es gab überall andere Frauen. Sie wäre nur dumm, wenn sie etwas anderes glauben würde. Aber es schmerzte, es schmerzte so sehr!

Sie räusperte sich und fuhr, ohne Thorbjørn anzuschauen, mit gleichgültiger Stimme fort: »Dein Vater hat Olaf versprochen, zuerst mit ihm und seinem Bruder nach Norwegen zu segeln, aber mit günstigem Fahrtwind wird das Schiff Dublin sicher vor dem Winter erreichen.«

∽

Aus den beiden genesenen Überlebenden aus Gudmund Thordssons Mannschaft waren tüchtige und fleißige Dienstleute auf Glaumbær geworden, und Gudrid war traurig, als sie wieder fort wollten. Bevor er lossegelte und die beiden mitnahm, hatte Karlsefni zwei junge Männer angestellt, die sich Bård Bartlos und Øyolf Blauzahn nannten. Arnkel, der Verwalter, meinte, die Neuen seien stark und arbeitswillig, aber Gudrid hatte das Gefühl, man könne sich nicht auf sie verlassen, und sie mochte den Ton nicht, in dem sie über ihren letzten Häuptling sprachen, der mittlerweile vor gut einem Jahr gestorben war. Wenn die Hausgemeinde nach dem Abendessen in der Halle saß, erzählten sie gern die eine oder andere Geschichte, die diesen Mann oder seine Familie lächerlich erscheinen ließ.

Eines Abends stand Gudrid während ihres Berichts so plötzlich auf, daß ihr Spinnrad im Langfeuer landete, und sie spuckte die Worte förmlich aus: »Auf meinem und Karlsefnis Hof darf keiner in diesem Ton über ehrbare Leute sprechen, egal, ob sie noch leben oder schon gestorben sind. Niemals!«

Sie suchte ein neues Spinnrad, setzte sich und fing wieder an zu spinnen. Um sie herum herrschte Totenstille. Sie fühlte sich, als wäre ein unbekannter, aber wichtiger Teil von ihr wieder dort, wo er hingehörte, und plötzlich sah sie die gebieterischen Gesichter von Thjodhild und Thorunn, die ihr aus der Ecke neben der Kochgrube zulächelten und -nickten.

Solange der Bruder und der Vater auf Reisen waren, übernachtete Thorbjørn oft auf Glaumbær. Als sie eines Abends am Langfeuer saßen, bat er: »Ich vermisse Vaters Geschichten aus Vinland. Kannst du nicht ein bißchen von damals erzählen, Mutter?«

Ermuntert durch das beipflichtende Murmeln um sie herum, schaute Gudrid auf und lächelte: »Ich habe kein Schiff gesteuert, und ich habe nicht mit Skrælingen gekämpft. Aber ich habe als einzige eine Skrælingfrau gesehen. Wenn ihr Lust habt, die Geschichte zu hören ...«

So gleichmäßig, wie sie die Wolle spann, die durch ihre Finger glitt, erzählte sie von dem sonderbaren Gast in ihrem Heim in Vinland. Während ihres Berichts spürte sie von neuem die Wärme der Sonne, und sie erinnerte sich, wie sie mit dem Schlaf gekämpft hatte, der sie zu überwältigen drohte.

Sie schloß ihre Erzählung mit der Beschreibung der Skrælingfrau, die das Haus in wilder Flucht verließ, dann erhob sie sich und sagte: »Es sieht so aus, als wäre ihre Schwarze Kunst noch immer vorhanden, auch nach so vielen Jahren – ich kann mich kaum noch wach halten. Thora, würdest du dich bitte um das Feuer kümmern?«

Später erzählte sie oft von Vinland und Grönland. Als ihre Erinnerungen an das Leben dort im Westen und an ihre beiden Ehen allmählich Gestalt annahmen, spürte sie in ihrem Inneren einen Frieden, den sie nur als Kind gekannt hatte. Aber sie sprach ungern über Norwegen, dann nämlich erschien ihr Gudmund Thordsson in nächtlichen Träumen, so wie er damals im Dachgeschoß vor ihr gestanden hatte. An dem Tag hatte sie gelernt, daß Leidenschaft und Versuchung nur aus dem eigenen Inneren heraus entstehen können – andere Menschen können dafür nicht verantwortlich gemacht werden.

Eines schönen Frühlingstages, als sie nach Rognestad ritt, um nach dem Rechten zu schauen, wurde ihr plötzlich klar, daß diese neue innere Ruhe dem Frieden einer Witwe glich, die sich mit ihrem Verlust abgefunden hat. Erschreckt und völlig verwirrt richtete sie sich im Sattel auf und schaute auf die Landschaft, die langsam wieder zum Leben erwachte. Sie war *keine* Witwe, und sie mußte achtgeben, das Schicksal mit diesen Gedanken und Handlungen nicht herauszufordern.

Sie wußte nicht, warum sie sich so sicher war, daß ihr seefahrender Mann nicht verunglückt war. Solange er noch in ihrem Herzen lebendig war, wußte sie genau, daß er noch lebte, irgendwo da draußen auf dem Meer im Osten oder im Süden. Und bald würde er nach Hause kommen. Die Hoffnung und die Freude in ihr wuchsen im Wettlauf mit dem Gras.

∞

Der »Wellenbrecher« hatte grün-weiß gestreifte Segel bekommen, und als die Leute ihn in den Fjord fahren sahen, glaubten sie zuerst, es handle sich um ein fremdes Schiff. Dann aber kamen die ersten Boote, die in den Skagafjord hinausgesegelt waren, um es anzupreien, mit der Nachricht zurück, Karlsefni und sein Sohn seien zurückgekehrt.

Als Gudrid mit Männern und Pferden unten am Strand angelangt war, galoppierte auf einem schweißnassen Pferd ein Bote Halldors auf Hov mit der Nachricht zu ihnen, daß Karlsefni für den Fall, daß er mit den Skagafjord-Männern zum Althing wolle, schon früh am nächsten Morgen bereit sein müsse.

Halldors Bote wartete, bis Karlsefni seine Frau und den jüngsten Sohn gebührend begrüßt hatte, bevor er sein Anliegen vorbrachte. Gudrid schaute besorgt auf Karlsefnis erschöpftes Gesicht und bettelte stumm: Bleib zu Hause, Mann! Bezahl das Bußgeld und fahr nicht zum Althing – fahr nicht!

Karlsefni richtete sich auf, umfaßte mit der einen Hand gewohnheitsgemäß leicht den Gürtel und verkündete: »Gudrid wird die Wegzehrung morgen früh bereit haben. Während ich verreist bin, müssen sich meine Leute um die Waren kümmern. Ich lasse Halldor grüßen und danke ihm für seine Nachricht.«

Sobald der Bote wieder fortgeritten war, kamen Ottar und

Thorbjørn mit Gudrids Stute und mit Pferden für Karlsefni und Snorri.

»Vielen Dank«, sagte Snorri mit einer neuen, tiefen Stimme. »Ich komme nach, sobald ich hier alles Nötige erledigt habe.«

Mit einem abwesenden Ausdruck in den Augen half Karlsefni Gudrid in den Sattel, bevor er sich auf seinen Hengst setzte. Auf dem Nachhauseweg trabten sie gleichmäßig nebeneinander. Gudrid starrte vor sich hin. Weil sich die Dinge so unerwartet entwickelt hatten, war sie zu aufgeregt, um etwas sagen zu können.

An der Abzweigung des Reitwegs nach Rognestad wurden beide Pferde langsamer, und Karlsefni rief plötzlich lachend: »Unsere Pferde wundern sich sicher darüber, warum ein Mann nicht zuerst auf seinen Höfen nach dem Rechten schaut, wenn er von einer langen Reise nach Hause kommt! Ich hätte mit Freuden das Bußgeld bezahlt, damit ich diesmal daheimbleiben könnte, Gudrid, wenn ich nicht wichtige Neuigkeiten gehört hätte, die ich an Skapte Gesetzessprecher, Snorri Godi und die anderen auf dem Althing weitergeben muß. Vieles gärt unter der Oberfläche, nicht nur in Norwegen, sondern auch in Dänemark und England – es sieht so aus, als könnte König Knut darauf hoffen, König Olaf zu entmachten und seinen Anspruch auf Norwegen geltend zu machen. Viele meinen, das würde den Streichen, die die Norweger uns Isländern spielen, ein für allemal ein Ende bereiten, aber ich glaube nicht, daß es so einfach ist.«

»Habt – habt ihr, du und Snorri, viel Streit gesehen?« fragte Gudrid.

»Nein – aber Snorri hatte oft genug Lust darauf! Er hätte sich mit Freuden dem alten Hårek auf Tjøtta oder Erling Skjalgsson auf Sola angeschlossen und auch anderen alten Freunden oder Verwandten, die sich gegen König Olaf erheben. Aber er durfte sich zumindest in allen möglichen Arten von Kampfspielen behaupten, als wir in Dublin waren, und manch junge Frau in der Stadt ließ ihn spüren, daß er willkommen sei ...« Karlsefni lachte leise und fügte hinzu: »Er ist jetzt erwachsen, und ich kann nicht dafür garantieren, daß er jede Nacht da schlief, wo er schlafen sollte. Aber ich weiß, daß er seine Freizeit oft bei einem der Priester in Dublin verbrachte, um aus Büchern zu lernen. Ich hoffe, er bringt das, was er davon begriffen hat, seinem Bruder bei, auch wenn es danach aussieht, daß wir hier weiterhin Runen benutzen werden.«

»Thorbjørn ritzt jetzt recht schöne Runen«, erzählte Gudrid. »Er freut sich bestimmt darüber, wenn ihr, Snorri und du, ihm etwas beibringen wollt, er geht bald in seinen zehnten Winter, und er will lieber ins Ausland reisen, als mit mir zusammen am Langfeuer zu sitzen. Es werden nicht viele Jahre vergehen, dann wirst du auch ihn zu den Frauen in Dublin mitnehmen können.«

Sie konnte den schneidenden Unterton in ihrer Stimme nicht zurückhalten. Karlsefni warf ihr einen schnellen Blick zu und gebrauchte die Peitsche.

»Ich darf nicht so langsam reiten, Gudrid – es gibt viel zu tun vor dem morgigen Tag.«

∽

Als Karlsefni müder und erschöpfter denn je vom Althing zurückkehrte, gaben sie ein großes Begrüßungsgelage mit allem, was es auf dem Hof gab, und reichten dazu außerdem die mitgebrachten Leckereien.

Als Gudrid am Abend ihre Festkleidung anlegen wollte, fand sie ihren Mann auf dem Bett liegend. Sie befühlte mit der Hand seine Stirn. »Bist du krank, Thorfinn?«

Er griff nach ihrer Hand und hielt sie einen Augenblick fest, bevor er sie losließ. »Nein. Nur müde. Und ich freue mich auf eine gute Mahlzeit – ich roch so mancherlei angenehme Düfte, während ich hier ruhte!«

Sie lächelte zufrieden und löste die Bronzespange ihres einfachen Wollkleides. Die Kette mit den eingewirkten Steinen, die sie von Karlsefnis Mutter geerbt hatte, war ihr dabei im Wege. Sie legte sie ab und aufs Bett, dann zog sie ein Seidenhemd über den Kopf und befestigte das bestickte Kleid, das sie darüber trug, mit prunkvollen Spangen.

Karlsefni blieb auf dem Bett liegen und betrachtete sie eine Weile wortlos, dann griff er nach seinem Beutel am Gürtel und fragte: »Trägst du immer noch das goldene Kreuz, das König Olaf dir schenkte, Gudrid?«

»Ja, natürlich.« Sie zog die Halskette mit dem Kreuz und mit dem Freyja-Amulett hervor und wurde plötzlich dunkelrot im Gesicht.

Karlsefni ließ sich nichts anmerken und reichte ihr seine Hand, in der Gold glitzerte. »Ich habe dir in Dublin ein neues Kreuz gekauft, Gudrid. Leg das alte fort – König Olafs Glück könnte sich wenden, und ich möchte nicht, daß du in irgendeiner Art und Weise Schaden nimmst.«

Das Kreuz, das er ihr gab, war groß, aber nicht sehr schwer, denn es war eine besonders fein durchwirkte Goldschmiedearbeit.

Bevor sie ihm in ihrer Verwirrung danken konnte, fuhr er fort: »Du könntest es vielleicht offen tragen, so wie es die Leute in Dublin und an vielen anderen Orten tun, um zu zeigen, daß sie Christen sind. Leg auch bitte das Freyja-Amulett fort – es hat bewirkt, was es sollte.«

»Wa – was meinst du?« flüsterte Gudrid mit weißen Lippen.

Er versuchte zu lachen und sagte: »Wir haben zwei tüchtige Söhne, Gudrid. Was können wir uns noch mehr wünschen?«

»Nein, wohl nichts mehr«, antwortete Gudrid und dachte, daß kein Tod schlimmer sein könne als das klamme Gefühl, das sie jetzt ergriff. »Ich habe alles, was eine Frau sich nur wünschen kann, und ich danke dir für das schöne Kreuz.«

Ruhig und gefaßt legte sie das Kreuz und das Freyja-Amulett in ihre Truhe, machte sich fertig und bat Karlsefni, Bescheid zu geben, wenn er ausgeruht und zum Essen bereit sei.

※

Das Essen und die Getränke gaben Karlsefni anscheinend seine Kräfte zurück, und als die Tische fortgeräumt waren, erhob er sich von seinem Ehrensitz, dankte Gudrid für die Mahlzeit und berichtete lebhaft von seiner Auslandsreise. Sie hatten trotz der unruhigen Zeiten und der unberechenbaren Ernten in Norwegen und England gute Einnahmen gemacht, und er meinte, jeder Kaufmann, der eine Fahrt nach Dublin unternehmen wolle, solle Waffen und Schmuck als Tauschmittel entgegennehmen.

Viele Köpfe drehten sich, um Gudrids wertvolles Kreuz und die fränkischen Schwerter mit den Silbergiffen zu bewundern, die er seinen beiden Söhnen gekauft hatte.

Er fuhr fort: »Ihr, die ihr jetzt mit mir auf dem Althing wart, wißt, daß wir hier in der Gegend offenbar schwierigen Zeiten entgegensehen. Seit vielen Jahren ist mein Verwandter, Gretti der Starke, wie ein hungriger Fuchs, der sich an Eiderenten und Wildgänsen vergreift, ohne von jemandem gesehen zu werden. Aber mittlerweile ist seine Stellung so sehr ins Wanken geraten, daß keiner weiß, was er aus Verzweiflung darüber anstellen könnte. Gebt sofort Bescheid, wenn ihr einen riesigen Kerl seht, der alleine umherzieht!«

Der Duft von frisch gemähtem Heu und das müde Zwitschern der brütenden Vögel strömte durch die Türöffnung und ließ Gudrids Kopf schwer werden. Sie war schon vorher, nach der emsigen Essenszubereitung, müde gewesen, und ihre Seele war wie zerrissen, nachdem Karlsefni den letzten Funken Hoffnung zerstört hatte, daß er vielleicht doch wieder mit ihr schlafen würde. In den Augen der anderen war das irische Goldkreuz ein Zeichen dafür, wie hoch Karlsefni seine Frau schätzte. Für sie selbst war dieses Kreuz wie eine Mahnung, nicht weiterhin Gefühle und Erinnerungen mit sich herumzutragen, die der Jugend vorbehalten waren ...

Sie schloß die Augen, lehnte sich an die neue geschnitzte Holzverkleidung hinter dem Ehrensitz und dachte über das ewige Angstgeschwätz wegen Gretti nach – jahraus, jahrein. Es war auf jeden Fall wenig wahrscheinlich, daß er ihr und ihrer Familie etwas antun würde, wenn er in ihre Gegend käme. Von jetzt an würde ihr Leben so langsam und würdevoll vorwärts gleiten, wie der »Wellenbrecher« einen ruhigen norwegischen Fluß hochgesegelt war, während die Luft abgekühlt war und die Farbe gewechselt hatte. Aber damals war sie glücklich gewesen.

Kurz vor der Wintersonnenwende ritt Thorbjørn in den Hof auf Glaumbær und rief laut nach dem Vater, ohne vom Pferd zu steigen. Gudrid riß ihren Umhang vom Türhaken und lief hinaus.

»Ist auf Rognestad irgendein Unglück passiert, Thorbjørn?«

»Nein – aber es gibt große Aufregung draußen am Strand. Hjalti Thordsson und sein Bruder ruderten gerade hinaus nach Drangøy, um einige Schafe zu holen, die sie da draußen weiden lassen, und entdeckten, daß Gretti der Starke, sein Bruder und noch ein weiterer Mann auf der Insel wohnen und die Leiter hochgezogen haben! Jetzt kann keiner an Land, um die Schafe abzuholen. Ich dachte, ich müßte Vater Bescheid geben, denn ich glaube, daß wir viel Ärger zu erwarten haben«, berichtete Thorbjørn mit erwachsener Stimme.

Karlsefni kam gerade aus der Schmiede am äußersten Rand des Hofes, in der er jetzt viel Zeit verbrachte. Er eilte zu Thorbjørn und lauschte grimmig den Worten des Sohnes.

»Was wirst du tun, Vater?« fragte Thorbjørn.

»Ich werde hierbleiben, damit die Leute mich finden, wenn sie sich mit mir beraten wollen«, antwortete Karlsefni. »Es ist gut, daß du die Nachricht so schnell überbracht hast, mein Sohn. Wenn du wieder auf Rognestad bist, mußt du Ottar mitnehmen. Ihr zwei müßt nachschauen, ob unsere Vorratshäuser an der Küste fest verschlossen sind. Ich ziehe es vor, meine Gäste selbst einzuladen.«

⚬⚬⚬

Die Aufregung über Gretti legte sich, bis im nächsten Frühjahr erneut das Problem auftauchte, wie die Bauern auf Drangøy an Land gehen könnten. Gerüchte gingen um, daß Gretti an mehreren Orten an Land gesehen worden sei, und bald begannen Bart-Thora auf Glaumbær und Elfried auf Rognestad, sich darüber zu beschweren, daß jemand Nahrungsmittel aus ihren Vorratshäusern stahl – sicher sei Gretti wieder unterwegs! Gudrid leitete die Beschwerde an Karlsefni weiter, und er versprach, neue Schlösser zu schmieden, sobald er vom Frühlingsthing auf Hegernes nach Hause zurückkehrte.

Snorri würde zum ersten Mal mit zum Frühlingsthing reiten. Gudrid packte ruhig Kleidung und Wegzehrung für die Reisenden ein und winkte zum Abschied wie schon so viele Male zuvor. Es war eine Erleichterung, daß sie diese Dinge schon so oft gemacht hatte, es ersparte ihr, dabei viel nachzudenken. Sie war genauso eingefahren in ihren Gewohnheiten wie die Landstreicher, die jetzt wieder auf der Wanderschaft waren.

In der Nacht, in der die Männer mit neuen Geschichten über Gretti nach Hause gekommen waren, wurde Gudrid im Schlaf durch eine kalte, unklare Vorahnung gestört, daß etwas Böses auf sie zukommen würde. Sie versuchte, das Gefühl abzuschütteln, daß sie am liebsten nichts mehr über die Zukunft wissen wollte. Am nächsten Morgen erfuhr sie, daß in der Nacht viele wertvolle Nahrungsmittel aus den Vorratshäusern auf Rognestad und Glaumbær gestohlen worden waren. Sobald er gegessen hatte, ritt Karlsefni zur Schmiede, um neue Schlösser anzufertigen.

Gudrids Gefühl, daß ein Unglück unmittelbar bevorstehen würde, war aber noch nicht verschwunden.

Sie wollte gerade die Molke nach dem Mittagessen wegstellen, als ihr einfiel, daß Karlsefni seit dem frühen Morgen weder etwas zu trinken noch zu essen bekommen hatte. Schnell legte sie einige Stücke gekochten Lachs in eine Schüssel, streute kleingehackten Sauerampfer darüber und legte einige Scheiben von ihrem besten Käse daneben. Sie bedeckte die Schale mit Molke mit einem sauberen Tuch und trug diese und die Schüssel hinüber zur Schmiede, wo ein rhythmisches Klopfen sowohl Schlösser als auch Schlüssel versprach.

Sie betrat das warme kleine Haus und ging schnell aus der Türöffnung, damit sie nicht im Licht stand.

»Es ist Gudrid!« meldete der halbwüchsige Sklave, den Karlsefni als Hilfe dabei hatte. Karlsefni schaute mit müden Augen, die rot gerändert vom vielen Rauch waren, auf. Sein Gesicht erhellte sich vor Freude und Überraschung, und er legte rasch seine Arbeit zur Seite, damit er ihr die zugedeckte Schale abnehmen konnte.

»Hast du etwas dagegen, wenn ich mich mit diesem Tuch zuerst im Bach wasche, Gudrid?« Über die Schulter rief er dem Sklaven zu: »Das Feuer muß weiterbrennen, Ulf – du bist mit dem Essen an der Reihe, sobald ich satt bin und übernehmen kann.«

Gudrid setzte sich neben Karlsefni in das weiche Gras am Bach. Sie hatte vergessen, wie vornehm er aß – er gehörte nicht zu denjenigen, die große Stücke hinunterschlangen und mit hervorstehenden Augen und schwellenden Backen kauten. Plötzlich mußte sie laut lachen.

Karlsefni schaute hoch und fragte: »Warum lachst du, Gudrid? Es ist nicht leicht, dich zur Zeit aufzumuntern ...«

»Ich habe nur überlegt, wieviel lieber ich dir als irgendeinem anderen Mann beim Essen zuschaue«, antwortete Gudrid wahrheitsgemäß.

»Damit muß ich wohl zufrieden sein. Und ich möchte lieber dich als irgendeine andere Frau anschauen.«

Karlsefni stellte die Schüssel ab und griff nach der Schale mit Molke, während Gudrids Gedanken sich schnell im Kreis drehten, genau wie die Spielsachen, die Karlsefni den Söhnen früher gebastelt hatte. Sie schlug die Hände vors Gesicht, um die Fassung wiederzugewinnen, aber ehe sie sich versah, wurde sie von einem heftigen Schluchzen geschüttelt. Die Tränen quollen ihr aus den Augen und bahnten sich ihren Weg durch die Finger, Licht und Laut ertranken darin.

Karlsefni legte den Arm um sie, und sie vergrub das Gesicht an seinem Hals, bis das Weinen langsam nachließ. Sie sog den bekannten Geruch ein und spürte plötzlich, wie dünn er geworden war. Als sie ein wenig von ihm abrückte, sah sie, wie scharf seine Nase aus dem hageren Gesicht hervortrat. Seine Haare und sein Bart waren fast silbern, und die Sehnen, die am Halsbündchen unter dem Wollhemd zu erkennen waren, schienen stramm und trocken.

»Thorfinn, ich hätte dir öfter etwas zu essen bringen müssen. Du bist so dünn geworden.«

Er zuckte mit den Schultern und schaute über den glitzernden Fluß auf ihr weites grünes Tal. Dann drehte er sich wieder zu ihr hin, nahm ihre Hand in die seine und streichelte der Reihe nach ihre dünnen braunen Finger, als wäre jeder von ihnen ein Stück Holz, das er schnitzen könnte.

»Treu hast du für mich gearbeitet, Gudrid. Es war lieb von dir, mir jetzt Essen zu bringen. Nun muß ich aber dafür sorgen, daß ich mit dem neuen Schloß und mit dem Schlüssel für Rognestad fertig werde – ich wüßte nur zu gern, wie es Gretti schafft, von Drangøy bis zum Festland und wieder zurück zu gelangen.«

»Vielleicht auf Adlerschwingen!« Gudrid versuchte zu lächeln.

Karlsefni schaute sie an, als hätte sie ihn geschlagen, aber dann entspannte er sich und lächelte ein bißchen. »Ich bin mir nie sicher, wieviel du weißt, Gudrid, und wie weit du in die Zukunft sehen kannst. Ich sehe jeden Abend vor dem Einschlafen einen Adler neben mir sitzen, und da du jetzt gerade einen Adler erwähnt hast, muß ich einsehen, daß ich nicht versuchen sollte, etwas vor dir zu verheimlichen.«

»Verheimlichen – was verheimlichen?«

»Gudrid, ich glaube nicht, daß ich noch lange leben werde. Dieser Adler muß mein Schutzgeist sein. Ich bin schon drei Winter älter, als mein Vater es war, als er an Brustkrampf starb. Ich habe nur ab und zu Schmerzen, aber sie kommen jetzt öfter. Ich habe niemals gehört, daß es für diese Krankheit eine Heilung gibt.«

Gudrid schüttelte den Kopf, während sie seine Augen mit den ihren festhielt, und er fuhr fort: »Ich habe es dir schon lange sagen wollen, Gudrid, aber du hattest ja deine eigene Last zu tragen.«

»Eine Last!« flüsterte Gudrid mit heiserer Stimme und schaute weg. »Ja, ich hatte eine Last zu tragen – und einen Augenblick lang dachte ich, du würdest diese Last vielleicht mit mir teilen.«

Er reichte ihr die Hand und zwang sie, ihn anzusehen. »Sag mir, welche Last du trägst, dann werde ich dir sagen, ob ich sie mit dir geteilt habe.«

Sie näßte die Lippen, aber sie wußte nicht, wo sie anfangen sollte. Beinahe böse stellte Karlsefni fest: »Keiner würde glauben, daß wir beide so viele Jahre Tisch und Bett, Träume und Sorgen miteinander geteilt haben. Nie habe ich Geheimnisse vor dir gehabt.«

»Nie?« Es kostete sie so viel Mühe zu sprechen, daß sie zitterte. »Nicht – nicht einmal über Kinder irgendwo, die eines Tages hier auftauchen könnten, um das Erbe mit unseren Söhnen zu teilen?«

»Wenn jemand so etwas tun sollte, wäre es eine Lüge«, erwiderte Karlsefni so besonnen, als würde er über den Preis für Lodenstoffe sprechen. »Du weißt genausogut wie ich, wie viele Kinder ich gezeugt habe.«

Gudrid hielt es nicht mehr aus. Sie stand auf, ergriff die Schüssel und die Schale und wollte fortgehen.

Karlsefni hielt sie am Rock fest und sagte trocken: »Ulf sieht es nicht gern, wenn du ihm sein Essen und Trinken wegnimmst. Und ich selbst sehe es am liebsten, wenn wir diesen Acker endlich fertig pflügen. Setz dich, Gudrid – so nahe, wie du anstandshalber kannst – nein, lieber so, daß ich dir in die Augen schauen kann ...«

Als seine nackten Füße leicht die ihren berührten, schlang er die Arme um die Knie und fragte: »Erinnerst du dich noch an Vinland, Gudrid?«

»Wie könnte ich das vergessen!«

»Meinst du, wir hätten dort bleiben sollen?«

»Nein, Thorfinn, ich war immer der Meinung, es sei richtig, wieder fortzuziehen, auch wenn ich nie bereut habe, daß wir versuchten, dort zu siedeln. Aber es wäre unverantwortlich gewesen, dort zu bleiben, nachdem wir die Skrælinge und ihre Schwarze Kunst kennengelernt hatten ...«

»Dann glaube ich, daß du auch begreifst, warum wir keine Kinder mehr haben durften. Du hättest dabei sterben können.«

»Du – hast meinetwegen Angst gehabt?« Gudrid wunderte sich. »Ich dachte, du wärest meiner überdrüssig und vielleicht böse, weil du das Gerede darüber gehört hattest, daß ich Schwarze Kunst betreiben würde.«

»Ja, natürlich war ich damals böse, als die Leute schlecht von dir sprachen – du bist ja das Liebste, das ich besitze! Aber du hast doch wohl nie gedacht, daß ich mit dir grollen würde – oder daß ich deiner überdrüssig wäre? Ich dachte, du könntest verstehen ... Wir haben doch gut zusammen gelebt!«

Gudrid schluckte schwer. »Wir brauchen mehr Zeit zusammen, du und ich.«

»Ja. Aber wir werden morgen früh noch eine Tonne Lachs vermissen, wenn ich nicht bald fertig werde!« entgegnete Karlsefni und stand auf. Er küßte sie auf die Wange, nahm die Schüssel und die Schale und ging zurück zur Schmiede.

Auf dem Rückweg zu den Häusern hielt Gudrid einen Augenblick an, um dem blubbernden Warnruf einer brütenden Uferschnepfe zuzuhören, die sie im Vorbeigehen gestört hatte. Es war, als hätte sie das Gehör wiedererlangt, nachdem sie viele Jahre taub gewesen war. Weiter oben in der Heide pfiffen ein paar Goldregenpfeifer, und auch Gudrids Herz trällerte ein Lied vor Freude über die Gewißheit, daß Karlsefni sie nie betrogen hatte. Jetzt galt es nur noch, Heilung für seine Krankheit zu finden, damit sie zusammen wieder frei und froh sein konnten.

※

Karlsefni gab gerade den Schlüsseln für das neue Schloß den letzten Schliff, als Gudrid und er nach dem Abendessen draußen vor der Hauswand saßen. Sie redeten leise und benutzten jeden Vorwand, um einander zu berühren. Er steckte die Schlüssel in das Schloß, stand auf, streckte sich und sagte:

»Es ist noch hell genug, um vor dem Zubettgehen zum Vorratshaus zu reiten und das Schloß auszutauschen. Ich werde besser schlafen, wenn ich weiß, daß das erledigt ist. Eindride nehme ich mit.«

Gudrid küßte ihn zum Abschied innig und sah ihn mit Eindride Schwanenhals nordwärts reiten, bevor sie wieder hineinging. Thorbjørn und Snorri spielten Brettspiele, und ein paar der Arbeitsleute waren schon auf den Holzbänken eingeschlafen, aber ansonsten sah es ganz danach aus, daß die Hausgemeinde den schönen Abend draußen verbringen würde. Sie setzte sich eine Weile ans Spinnrad und wechselte das eine oder andere Wort mit ihren Söhnen, dann ging sie wieder hinaus, gerade als sich die Sonne draußen in der Fjordmündung auf ihre kurze Reise ins Meer begab. An diesem kühlen blaßroten Abend schien es, als wäre alles Lebendige verstummt, selbst die Vögel schwiegen. Gudrid wäre gern draußen geblieben, um den neuen Sonnenaufgang in dieser Sommernacht bewundern zu können, aber sie war zu erschöpft von den vielen Gemütsbewegungen.

∽

Sie wußte nicht, wie lange sie schon geschlafen hatte, als Karlsefni sich neben sie legte. Sie umfaßte seinen Kopf, drückte ihn an ihre Brust und flüsterte in sein Haar: »Warum hat es so lange gedauert?«

Er zögerte einen Augenblick, bevor er mit rauher Stimme antwortete: »Es – war nicht Gretti, der unser Essen gestohlen hat. Wir überraschten die zwei – Bård Bartlos und Øyolf Blauzahn – und gaben ihnen eine Tracht Prügel ... Bis morgen früh sind sie sicher über alle Berge ...«

Ein leises Stöhnen begleitete die letzten Worte, und Gudrid spürte die Schweißperlen auf seiner Stirn, als sie sie mit den Lippen streifte.

»Deine Schmerzen, Liebster – sind deine Schmerzen wieder da?«

»Ja ... Halt mich fest, Gudrid – es geht wieder vorbei ...«

Gudrid zog ihn fester an sich, als könnte sie ihn vor dem Adler im Schatten des Querbalkens beschützen, der durch einen goldenen Augenschlitz geduldig ihr Bett beobachtete, und sie rieb seinen Rücken und seine Schultern, bis sie spürte, wie die Muskeln sich entspannten. Er hatte im Schlaf stets leicht und leise geatmet, und so bemerkte sie nicht, daß das Leben ihn verließ.

Als sie am nächsten Morgen aufwachte, entdeckte sie, daß ihr liebster Freund tot war. Und nirgendwo konnte sie Trost für die vergeudeten Jahre finden. Vergeudet, weil sie selbst zu feige gewesen war, Fragen zu stellen, solange noch Zeit war, zu feige, die Mißverständnisse zu klären, die sie selbst erschaffen hatte.

DER TRAUM VOM WIEDERSEHEN

Eine Woche nach Karlsefnis Leichenschmaus ritt Gudrid von vier bewaffneten Männern begleitet nach Westen. Sie würde bei Gudrun Osvivsdatter auf Helgefell zu Gast sein. Snorri Godi, der mit einigen Söhnen zum Begräbnis gekommen war, war der Ansicht, daß ein solcher Besuch seiner Verwandten guttäte, denn Gudrun sei nach dem Verlust ihres Ehemannes noch sehr niedergeschlagen und gehe nirgendwo anders hin als in die Kirche. Die einzige große Freude in ihrem Leben sei jetzt ihre kleine Enkeltocher Herdis.

Viele Menschen waren zum Althing geritten, deswegen waren nur wenig Leute auf den Reitwegen, bis Gudrid auf die andere Seite der Laksådalsheide kam und am Hof von Olaf Pfau auf Hjardarholt vorbeiritt. Hier wurde sie mit ihren Männern genau wie auf den anderen Höfen, auf denen sie und Karlsefni früher zu Gast gewesen waren, freundlich empfangen.

Nur einmal während der Reise fiel Schnee, und als sie an der geschützten, waldbewachsenen Südküste des Hvammsfjordes ankamen, setzte sich die Sommerwärme durch. Der Duft, den das Land verströmte, und das Glitzern der Sonne auf den großen Wasserflächen, die sich gegen Westen erstreckten, weckten in Gudrid eine Fülle von Erinnerungen. Keiner brauchte ihr zu erklären, daß sie sich auf der Nordseite vom Snæfellsnes befand.

Noch lag Schnee in Binnenland und Gebirge, aber der Reitweg führte durch üppige, zwischen niedrigen Gebirgsrücken gelegene Weiden, die gerade durch die Schneefläche zu erkennen waren und wie die Rücken einer Walherde aussahen. Auch Helgefell erinnerte Gudrid an einen Wal – einen gestrandeten Wal, der den Kopf nach Westen gerichtet hatte.

Gudruns Hof lag am Fuße des Berges und war gut gegen den eiskalten Wind vom Bredefjord geschützt. In der Nähe lag ein kleiner See.

Gudruns Sohn Thord stand draußen auf dem Hof, als sie ankamen. Ein paar Stallknechte nahmen sich ihrer Pferde an, und er fragte, ob Gudrid und ihr Gefolge in der Stube warten wollten, bis man einen Boten in die Kirche zu Gudrun geschickt habe.

»Ich danke dir, Thord«, antwortete Gudrid mit einem Lächeln. »Ich glaube, ich werde lieber hier draußen warten und mir währenddessen diesen schönen Hof ansehen.«

Sie hatte gehört, daß Gudruns letzter Mann an nichts gespart habe, als er seinen Hof ausbessern und die größte Kirche Islands errichten ließ. Seit ihrem Besuch in Norwegen hatte sie nur zwei Langhäuser aus Rundholz gesehen – auf Hjardarholt und hier auf Helgefell. Als sie sich wieder umdrehte, um den schönen geschnitzten Dachgiebel der nächsten Scheune zu bewundern, sah sie Gudrun Osvivsdatter um die Ecke kommen, an jeder Hand ein Kind und von einer jungen Frau begleitet.

Gudrun war seit ihrem letzten Treffen mit Gudrid sichtlich gealtert, aber sie war noch immer schlank und rank. Ihre Augen glitzerten vor Freudentränen, als Gudrid und sie sich gegenseitig küßten.

»Willkommen hier auf meinem Hof, Gudrid. Gott hat auf jeden Fall eines meiner Gebete erhört! Man hat mir erzählt, daß du unterwegs wärest, deshalb habe ich im Dachgeschoß meines Langhauses alles für dich vorbereitet. Du wirst das Bett mit Thordis, meiner Schwiegertochter, teilen, wenn sie hier ist, um ihre kleine Herdis zu besuchen.« Gudrun deutete auf das kleine Mädchen an ihrer Seite. »Herdis schläft neben mir, genau wie Stuv, wenn er und Thord auf Helgefell sind.«

Der kleine Junge wandte sein Gesicht Gudrun zu, als er seinen Namen hörte. Gudrid schätzte Stuv auf ungefähr vier Winter, und sie sah, daß er unter den fein gebogenen Wimpern blind war. Aber seine Worte klangen deutlich und klug, als er bat: »Großmutter, du versprachst, daß du mir erzählen würdest, wie dein Gast aussieht. Hat er stattliche Kleidung? Ist er so alt wie du? Und hat er ein wertvolles Pferd?«

»Das Pferd von Gudrid Thorbjørnsdatter steht drüben am Stall, denn das ist so Sitte hier auf dem Hof«, erklärte Gudrun gutmütig. »Sie ist nicht so alt wie ich, und das wird sie auch nie werden, denn ich wurde siebzehn Winter vor ihr geboren. Ihr Reiseumhang ist mit Pelz gefüttert, und wenn du ein braver Junge bist, darfst du ihn vielleicht streicheln und die feine Kette befühlen, an der ihre Nähsachen und ihr Messer hängen. Aber wenn du das goldene Kreuz, das sie trägt, berühren möchtest, mußt du daran denken, dich so zu bekreuzigen, wie ich es dir beigebracht habe.«

Stuv ließ Gudruns Hand los und bekreuzigte sich gehorsam, das Gesicht noch gespannt auf die Großmutter gerichtet.

»Glaubst du, sie läßt mich ihr Gesicht abtasten?«

»Das muß Gudrid selbst beantworten.«

»Das darfst du«, erwiderte Gudrid, »aber es ist vielleicht besser, damit zu warten, bis wir uns hingesetzt haben.«

Als sie in der Stube saßen und sich mit Molke und frisch gepflücktem Engelwurz erfrischten, bemerkte Gudrid die tiefen Furchen im Gesicht der anderen, und sie überlegte, ob Gudrun sich innerlich so verletzt fühlte, daß es eine Strafe für sie war, weiterzuleben. Vielleicht fühlte sie sich wie sie selbst an dem Morgen, an dem sie Karlsefnis Leiche versorgen und für die Beerdigung vorbereiten mußte.

Sie zuckte zusammen, als eine kleine Hand vorsichtig ihre Wange berührte. Sie hatte nicht bemerkt, daß Stuv sich entschlossen an den Wandbänken entlang zu ihr hingetastet hatte.

Jetzt fragte er höflich: »Gudrid, darf ich nun dein Gesicht befühlen?«

»Das darfst du, wenn ich dein Haar berühren darf!« Gudrid strich schnell über die widerspenstigen Locken des Jungen, als er auf die Bank kletterte und sich neben sie kniete. Seine Fingerkuppen glitten langsam an beiden Seiten ihres Gesichtes herab, und die federleichte Berührung verriet ihr mehr über ihr eigenes Aussehen als jeder Bronzespiegel. Ihr Gesicht war eine Landschaft, die neununddreißig Sommer und Winter geformt hatten – die Wangen und das Kinn waren abgerundete Heiden, die Nase war eine Bergspitze, die Lippen und die Augen Häuser, die das Leben in ihrem Inneren schützten. Und die Furchen, die Stuv ausgiebig betastete, waren ausgetrocknete Flußbetten, die auf Tränen warteten.

»Sie fühlt sich lieb an«, verkündete Stuv. »Ich möchte ihr Freund werden.«

»Danke«, sagte Gudrid. »Wir zwei werden ganz sicher Freunde werden.«

∽

Gudrid paßte sich schnell dem ruhigen Leben auf Helgefell an. Gudruns jüngster Sohn führte die Oberaufsicht auf dem Hof, ihre Haushälterin und viele Dienstmädchen und Sklaven waren für den Haushalt verantwortlich. Gudrun war eine fleißige Weberin, und wenn sie sich setzte, dann stets ans Spinnrad, aber ihr Augenlicht war mittlerweile so schlecht, daß sie nicht mehr nähen konnte. Sie ging mehrmals am Tag in die Kirche, und Gudrid begleitete sie oft. Während sie neben der Freundin in der geteerten Holzkirche niederkniete, betete sie das *Paternoster* und ließ die Gedanken friedlich umherschweifen.

Auf dem Weg zurück ins Langhaus blieben sie oft eine Weile auf dem Friechof stehen, auf dem so viele, die Gudrun nahegestanden hatten, ruhten und auf dem ein flacher grüner Stein auf die Stelle hinwies, an der die sterblichen Überreste von Gudrids Mutter Hallveig lagen.

Gudrid wußte, daß der Vater den Stein von Hellisvellir über den Berg geschafft hatte, als er seine Ehefrau und den kleinen Sohn auf Helgefell beerdigte, als Snorri Godi dort noch der Besitzer war. Erst jetzt, da Gudrid den heftigen Schmerz der Trauer selbst kennengelernt hatte, erkannte sie, was den Vater zu dieser Kraftanstrengung getrieben hatte.

Als Skuv und sein Vater wieder abreisten, hob Gudrid den kleinen Jungen zum Abschiedskuß hoch. Seine Hände glitten wie so oft zu dem goldenen irischen Kreuz, das ihr Karlsefni geschenkt hatte, und er stellte nachdenklich fest: »Dieses Kreuz ist schöner als das, das Großmutter unter ihrem Hemd trägt, und es ist auch nicht so schwer.«

Verwundert sah Gudrid, daß Gudruns Hand so schnell an ihren Ausschnitt fuhr, als hätte sie jemand geschlagen. Sie hatte sich schon darüber gewundert, daß die reiche Gudrun kein Kreuz als Schmuckstück trug, vermutete aber, daß es unter ihrer Kleidung versteckt war, wie ihr eigenes Freyja-Amulett und König Olafs goldenes Kreuz.

Als die Reisenden aus dem Hof geritten waren, gingen Gudrid und Gudrun in die Kirche, während Thordis mit ihrer Tochter auf die Wiese lief, um der Kleinen einen Blumenkranz zu binden. Der Tag war in der Frühe so heiß und drückend gewesen, daß die Hofhunde kläfften und Klein-Herdis quengelte, aber jetzt, am Nachmittag, hatte der Wind gedreht und blies kalt und frisch vom Bredefjord herein.

Die beiden Frauen bekreuzigten sich mit Weihwasser und knieten vor dem geschnitzten Kreuz nieder. Es war nicht nötig, eine Lampe anzuzünden, denn das Tageslicht sickerte noch durch die kreuzförmigen Ritzen in den Holzwänden herein. Gudrun Osvivsdatter sagte kein Wort, nicht einmal ein *Paternoster* – sie starrte lediglich mit einem fernen Ausdruck in den Augen vor sich hin.

Gudrid schloß die Augen in der kühlen halbdunklen Stille. Es sei eine Sünde, andere Götter als Christus anzubeten, hatte Bischof Bernhard gesagt. Wenn sie richtig nachdachte, war das auch begreiflich. Jedesmal, wenn Karlsefni oder die Söhne sie in verschiedene Richtungen hatten ziehen wollen, hatte sie gespürt, daß man nicht gleichzeitig zwei Herren dienen konnte. Und Christus hatte Erlösung von der Sünde und von dem Bösen für sie alle erkauft – das müßte doch heißen, auch für sie ...

Sie versuchte, die Gedanken aus ihrem Kopf zu verdrängen und mehr Raum für ihren Geist zu schaffen. Vielleicht würde Christus hier in seinem eigenen Haus zu ihr sprechen! Sie wollte endlich erfahren, ob er von ihrer Existenz überhaupt Kenntnis hatte und ob sie Karlsefni im Paradies der Christen wiedersehen würde.

Immer dunkler und immer tiefer wurde die Leere in ihrem Inneren, wie damals, als sie für die Seherin Thorbjørg gesungen hatte. Ihre Seele klammerte sich an einen einzigen Gedanken: Christus, zeig mir, was ich machen muß ...

Schließlich schlich sich ein schmaler Streifen Licht in das Dunkel – wärmte sie, streichelte sie, schien in jede Ecke, bevor er langsam wieder verschwand und Gudrid mit einem merkwürdigen Gefühl des Trostes zurückließ. Sie hielt die Augen noch eine Weile geschlossen und überlegte, ob sich das Erlebnis vielleicht wiederholen würde, aber es geschah nichts mehr. Trotzdem spürte sie, daß sie jetzt die Kraft gewonnen hatte, an die Zukunft zu denken – wie eine Quelle würde das Licht dort auf sie warten, bis sie es das nächste Mal benötigte. Es war, als hätte dieser leuchtende klare Schein ihr das Augenlicht wiedergegeben, und sie wußte jetzt, daß sie für Christus existierte. Nie mehr würde sie versucht sein, andere Götter anzubeten.

Schnell blickte sie zu Gudrun hinüber, die immer noch vor sich hin starrte und lautlos die Lippen bewegte. Als diese spürte, daß Gudrids Augen auf ihr ruhten, bekreuzigte sie sich und wendete sich der Freundin mit einem wundersamen Ausdruck im Gesicht zu.

»Komm, Gudrid, es wird Zeit, daß wir meinen heiligen Berg besteigen.«

Sie schwieg, bis sie schließlich das Ende vom Helgefell erreicht hatten und den Pfad betraten, der sich bis zu einer Grasebene ein paar hundert Ellen über ihren Köpfen emporschlängelte. Gudrun schlug Kreuzzeichen über sie beide und flüsterte mit leiser Stimme, als habe sie Angst, ein schlafendes Kind zu wecken: »Im Gebirge wohnen viele Geister – die Vorväter von Snorri Godi wurden hier in Hügelgräbern beerdigt ... Ab und zu kommen sie heraus, um nachzuschauen, wer ihren Berg besteigt, aber sie mögen es nicht, selbst gesehen zu werden, und sie werden einen Fluch auf dich werfen, wenn du zurückschaust. Deswegen mußt du immer geradeaus schauen, wenn du den Berg emporsteigst, und du darfst einen geheimen Wunsch äußern, wenn du oben angekommen bist. Dann könnte es gut sein, daß die Geister dort im Gebirge dich mit der Erfüllung deines Wunsches belohnen.«

Der kalte salzige Wind wehte belebend um Gudrids Wangen. Aus den Augenwinkeln heraus konnte sie erkennen, daß sie schon bald hoch genug waren, um eine weite Aussicht in alle Richtungen zu haben, aber keine Macht auf Erden hätte sie dazu bewegen können, den Kopf zu drehen, um den Geist zu erblicken, der vielleicht gerade hinter ihr tanzte. Als der Pfad oben in die flache, mit Gras bewachsene Bergkuppe mündete, blieb Gudrun stehen und sprach: »Jetzt mußt du dir etwas wünschen, Gudrid, und dann kannst du dich umschauen!«

Gudrid sog den Atem tief ein und bat aus tiefster Seele: Ich hoffe, daß Vater die Wahrheit sagte, als er vom Paradies sprach – er behauptete, daß die Menschen dort diejenigen wiedersehen würden, die sie liebten, um in aller Ewigkeit mit ihnen zusammenzubleiben. Ich wünsche – ich wünsche mir zu wissen, was ich tun muß, damit das für Karlsefni und mich in Erfüllung gehen kann.

Sie ging mit Gudrun zum anderen Ende der kleinen Wiese, wo die Bergseite steil nach unten abfiel. Von hier aus konnten sie nicht nur die dünnen Wasserfinger vom Schwanenfjord und Speerfjord sowie die Schaumgipfel der Riffe um die vielen Inseln draußen im Bredefjord sehen, sondern auch die üppigen Weiden im Landesinneren – und das dunkle Rückgrat vom Snæfellsnes.

Gudrun deutete auf ein kleines Kreuz aus Kieselsteinen, das in den Torf eingeklopft war, und sprach: »Dies hier ist mein heiligster Ort – noch heiliger als meine Kirche. Dies ist der richtige Ort für das, was ich dir zu sagen habe.«

Ihre mit Ringen geschmückte Hand nestelte an etwas unter ihrem Hemd herum, bevor sie fortfuhr: »Ich kann die Inseln und die Höfe da draußen nicht mehr deutlich erkennen. Wenn ich noch viele Jahre leben sollte, werde ich vielleicht meine Umgebung überhaupt nicht mehr sehen können. Bischof Kol sagte, das mache nichts, denn Gottes Reich sei in mir – und jetzt weiß ich, daß er recht hatte ... Er sagte auch, daß der Papst in Rom der Aufseher Christi hier auf Erden sei, er trage einen großen Schlüssel, den Gott selbst ihm gegeben habe. Ich habe immer gedacht, daß ich eines Tages nach Rom fahren würde, um unseren Heiligen Vater zu sehen und seine Vergebung für all meine Sünden zu erhalten. Aber bald werde ich wohl wie der kleine Stuv sein und mich hier aufhalten müssen, wo ich mich auskenne, mit Leuten, die mich herumführen können ...«

»Ich habe Bischof Bernhard so verstanden, daß auch ein gewöhnlicher Priester die Kraft hat, uns unsere Sünden zu vergeben – und deine werden wohl nicht schlimmer sein als die anderer Leute!« überlegte Gudrid, entsetzt über die Tränen, die in freiem Lauf über Gudruns Wangen flossen.

»O doch, Gudrid, das sind sie sicherlich. Und ich muß die Gewißheit haben, ins Paradies zu kommen – die *Gewißheit*, hörst du! –, denn dort ist Kjartan. Das hat Bischof Kol gesagt. Kjartan war so ehrenhaft, daß er nicht einmal mit mir schlafen wollte, als er und Revna unsere Gäste waren, auch wenn ich ihn über alle Maßen dazu aufforderte ... Ich war so außer mir, daß ich Dinge tat, die ich später immer bereut habe. Aber wenn ich ins Paradies komme, werde ich Kjartan um Vergebung bitten und endlich meinen Frieden finden. Gudrid, du – du mußt für mich zum Heiligen Vater fahren! Du bist jünger und stärker als ich, und auch ans Reisen gewöhnt ...«

Gudrid schwieg und ließ die Worte auf sich wirken. Der Wind trug Möwengeschrei und Tierlaute zu ihnen hoch, aber keine menschlichen Stimmen konnten sie erreichen, und die Seebrise spielte mit ihrem Haar und ließ ihre Lippen so salzig schmekken, als wäre sie an Bord eines Schiffes. Ihr Herz überschlug sich fast, bevor es anfing, schnell zu klopfen. Endlich könnte sie wieder eine lange Reise machen – den Papst in Rom besuchen und dabei lernen, wie sie Karlsefni im Paradies wiedersehen würde! Hier war ja schon die Antwort auf ihre Gebete ...

Sie wendete sich Gudrun zu und antwortete mit fester Stimme: »Ja, ich werde reisen, sobald Snorri eine Frau gefunden hat, die daheim meine Verantwortung übernehmen kann.«

Langsam zog Gudrun ein großes, grob geschmiedetes goldenes Kreuz, das sie unter ihrer Kleidung trug, hervor und sagte: »Ich möchte, daß du unserem Heiligen Vater dieses von mir gibst. Ich habe diese Last nun lange genug getragen. Acht englische Unzen Gold waren in Revnas Kopftuch gewebt!«

»Es ist tatsächlich sehr schwer.« Gudrid wog das Kreuz in der Hand, bevor sie es um ihren eigenen Hals legte und unter ihrem Hemd verbarg. Sie spürte das Gold auf ihrer Haut – es war, als würde eine Erinnerung aufgedeckt, und sie fühlte noch einmal, wie das Freyja-Amulett vor langer, langer Zeit zwischen ihre Brüste fiel.

Eine weitere Erinnerung drängte sich auf, und sie sah Gunnhilds rotes, aufgeregtes Gesicht, als sie in Gudrids und Karlsefnis neuer Wohnstube in Vinland saß und der Erzählung von Revnas mit Gold gewebtem Kopftuch lauschte. Damals hatte Karlsefni alle wichtigen Entscheidungen in Gudrids Leben getroffen, so wie Thorbjørn und Thorstein es vor ihm getan hatten. Von jetzt an müßte sie ihre eigenen Entschlüsse fassen, aber sie war sich der Hilfe der neuen Kraftquelle gewiß, die sie gerade erst in sich entdeckt hatte. Alles, was sie erlebt hatte, alle Länder, in denen sie gewohnt hatte, alle Reisen, die sie überlebt hatte – sie waren nur eine Kraftprobe gewesen für dieses eine Ziel, das sie noch erreichen wollte: Karlsefni in der Ewigkeit wiederzusehen.

»Bischof Kol wußte, wie er mich dazu bringen konnte, mich an meine Sünden zu erinnern«, stellte Gudrun mit einem kurzen Lachen fest. »Dann starb er und wurde in der Kirche von Gissur dem Weißen auf Skålholt beerdigt. Ich wünschte, ich hätte ihn hier unter meinem eigenen Kirchenboden! Außerdem brauchen wir einen neuen Bischof, der Priester weihen kann – ich habe mir in diesem Jahr Snorri Godis Hauspriester ausleihen müssen, weil mein eigener gestorben ist.«

»W-wie kam es dazu, daß du mit Bischof Kol so viel sprechen durftest?«

»Er kam hierher nach Helgefell, um mich zu trösten, nachdem Thorkel ertrunken war. Da er unsere Sprache fließend beherrschte, war es leicht, mit ihm zu reden – das ist mehr, als du von einigen anderen behaupten kannst! Er lehrte mich, wie Christus all das Böse, das wir getan haben, wiedergutmachen kann, und er erzählte mir, daß es in anderen Ländern nicht nur heilige Männer, sondern auch heilige Frauen gibt, die ihre Zeit dazu nutzen, zu beten und danach zu streben, Gottes Willen zu verrichten. Du mußt viel wissen, um eine solche heilige Frau zu werden. Übrigens brachte mir Kol vor seinem Tod einige Psalmen Davids sowohl in lateinischer als auch in nordischer Sprache bei. Hör nur:

    Ich rufe mit meiner Stimme zum Herrn,
    so erhört er mich von seinem heiligen Berge.

Ich liege und schlafe und erwache;
denn der Herr hält mich.
Ich fürchte mich nicht vor vielen Tausenden ...

Ob dies vielleicht Gottes heiliger Berg ist, Gudrid?«
»Das kann schon sein«, erwiderte Gudrid leise. Denn woher käme sonst der Frieden, der sie jetzt von allen Seiten umgab? Er erfüllte das Innerste ihrer Seele mit Dankbarkeit, weil sie nicht die Geliebte von Gudmund Thordsson geworden war – sie hatte damals Gottes Gebot nicht gebrochen, und sie hatte keinen Treubruch Karlsefni gegenüber zu verantworten. Auch er hatte die Treue nicht gebrochen, und er war immer der Meinung gewesen, daß die Zukunft Christus gehöre, deswegen würde Gott ihn sicher im Paradies auf sie warten lassen. Vielleicht hatte Karlsefni schon ihre Eltern gefunden!

Sie saßen lange, ohne etwas zu sagen, bis Gudrun in dem scharfen Wind fröstelte und nach Westen zeigte, wo der Reitweg in einer dunklen Lavaebene verschwand. Ruhig sagte sie: »Dort führt der Weg hin zu deinem ersten Zuhause, Gudrid. Hast du vor, Laugarbrekka zu besuchen, bevor du wieder heimkehrst?«

Gudrid mußte daran denken, wie oft sie mit dem Ziehvater quer über das zwischen Frodå und Arnastape gelegene Snæfellsnes geritten war. Es war so schön, am Ende des riesigen Gletschers entlangzureiten und zu riechen, wie der kalte Lufthauch sich mit dem Geruch der Gebirgsweiden vermischte, oder plötzlich das Meer zwischen den dunklen Lavaspitzen zu entdecken! Sie dachte an Ingvill, die sich ganz besonders freuen würde, sie wiederzusehen und mit ihr über die Vergangenheit reden und nach Hellisvellir hinüberreiten zu können ...

»Ich werde eines Tages sicher dorthin reiten, Gudrun, aber jetzt, da ich wieder anfange, mich stark zu fühlen, warten so viele Aufgaben auf mich. Ich habe sicher noch genug Zeit zur Verfügung, denn eine Seherin sagte mir einst voraus, daß die Nornen einen langen Faden für mein Leben gesponnen hätten! Sie hat auf jeden Fall für mein sonstiges Schicksal die Wahrheit vorhergesagt. Zweimal wurde ich gut verheiratet ...«

Ihre Stimme zitterte, und ein Tränenschleier versperrte ihr die Sicht, als sie versuchte, den Blick auf den windgepeitschten Bredefjord zu richten.

Sie preßte die Hände in ihrem Schoß zusammen und sagte mit neugefundener Kraft:

»... und weit werde ich gereist sein, wenn ich schließlich meinen letzten Mann wiedersehe.«

Nachwort der Autorin

Gudrid Thorbjørnsdatter ist eine Person aus der Geschichte. Mehreren glaubwürdigen Quellen zufolge wurde sie vor ungefähr tausend Jahren in Island geboren, landete aber ganz jung auf Grönland, weil ihr Vater zu Hause in Island über seine Verhältnisse gelebt hatte. Hochseesegeln schreckte sie anscheinend nicht ab, denn sie nahm an der späteren Brattahlid-Expedition teil, die versuchte, »Vinland« zu kolonisieren, und sie gebar ihr erstes Kind in Nordamerika. Daß sie ein Jahr mit Mann und Kind in Norwegen verbrachte, bevor sie sich endgültig in Island niederließ, ist geschichtlich erwiesen, genau wie die Tatsache, daß sie die Witwe von Thorstein, dem Sohn Eriks des Roten, war, als sie den Isländer Thorfinn (Karlsefni) Thordsson heiratete.

Dank alter Handschriften und unermüdlicher moderner Forschungsarbeit ist der äußere Rahmen um Gudrids ereignisreiches Leben verhältnismäßig leicht zugänglich, über Gudrid selbst wissen wir aber nur, daß sie ein besonders attraktiver, mutiger und umgänglicher Mensch gewesen sein muß. Die wenigen Auskünfte, die uns vorliegen, wurden den sogenannten »Vinlandsagas« entnommen – der *Saga der Grönländer* und der *Saga Eriks des Roten* –, und in ihnen wird vor allem die Welt der Männer geschildert.

Die *Saga Eriks des Roten* bemüht sich mehr als die *Saga der Grönländer*, Gudrids Herkunft, ihre Jugend und die Auswanderung nach Grönland aufzuzeigen. Moderne Geschichtswissenschaftler sind sich größtenteils darüber einig, daß man in diesen Sagas auf lokalen isländischen Quellen aufbaut, dennoch gibt es große Lücken in der Genealogie. Ich nehme an, daß Gudrids Vater Thorbjørn hieß und laut der Saga ein erfolgreicher Mann war. Möglicherweise war sein Stammvater in Island der Sklave

Vifil, der mit Aud der Tiefsinnigen (einer von Karlsefnis mächtigen Stammüttern) kurz vor dem Jahr 915 ins Land kam. In dem Fall müßte Vifil nicht Thorbjørns Vater, sondern sein Großvater oder Urgroßvater gewesen sein, denn es ist doch sehr unwahrscheinlich, daß Vifil noch in den 980er Jahren einen jungen Draufgänger zum Sohn hatte, der für Erik den Roten kämpfte. Die Familienregister in den *Sagas der Bischöfe* besagen zwar, daß Gudrids Vater Thorbjørn der Sohn von Vifil Ketilsson war, warum aber sollte dieser Ketil seinen Sohn Vifil genannt haben, wenn dieser Name normalerweise nur Sklaven vorbehalten war? Mir scheint es daher weitaus wahrscheinlicher, daß Thorbjørn der Sohn von Ketil Vifilsson war.

In der *Saga Eriks des Roten* steht weiter, daß Leif Eriksson den Norwegerkönig Olaf Tryggvasson besuchte, der Leif dazu überredete, sich taufen zu lassen und einen Priester mit zurück nach Grönland zu nehmen, um den neuen Glauben dort zu verbreiten. Es ist erwiesen, daß diese »Auskunft« von dem isländischen Mönch Gunnlaug Leifsson stammt, der sich gegen Ende des 12. Jahrhunderts darum bemühte, Olaf Tryggvassons Biographie in ein besseres Licht zu rücken. Aus diesem Grund bestreiten die Gelehrten der neueren Zeit, daß Leif überhaupt nach Norwegen gereist sei, eine These, die jedoch eher unwahrscheinlich klingt. Leifs Vinlandreise zeigt, daß er sehr erfahren im Navigieren und Organisieren war, deswegen muß er vorher vermutlich sogar mehrmals sowohl nach Island als auch nach Norwegen gesegelt sein; wahrscheinlich, um den vielen isländischen Häuptlingssöhnen ebenbürtig zu sein, die um die Gunst der Machthaber in Norwegen warben.

Die beiden Vinlandsagas weichen auch in der Beschreibung Gudrids und der Seherin Thorbjørg von Herjolfsnes voneinander ab: Nur die *Saga Eriks des Roten* erwähnt die Prophezeiungsepisode, in der Gudrid die Seherin mit altem Liedgut unterstützt. Einige Forscher halten das Mißverhältnis zwischen Gudrids makelloser Darbietung der heidnischen Zauberlieder und ihrer viele Jahre später erfolgten Pilgerfahrt nach Rom, von der die *Saga der Grönländer* berichtet, für zu groß. Ich halte die beiden Aussagen für zwei Seiten derselben Münze: Die Verfasser beider Sagas überbrückten lediglich die durchgreifenden religiösen Veränderungen, die Gudrid aus nächster Nähe miterlebte, als das Christentum im Norden Einzug hielt und sowohl Einfluß nahm auf den Glauben selbst als auch auf seinen Mißbrauch durch die Machthaber, denen er nicht selten als Werkzeug zur Durchsetzung ihrer eigenen Interessen diente.

Die *Saga der Grönländer* erzählt, daß Gudrid nach Karlsefnis Tod den Hof Glaumbær mit Hilfe ihres Sohnes Snorri bewirtschaftete. Als dieser heiratete, unternahm sie eine Pilgerfahrt nach Rom und kehrte wohlbehalten nach Island zurück. Während ihrer Abwesenheit erbaute Snorri eine Kirche auf Glaumbær, und Gudrid verbrachte den Rest ihres Lebens als Einsiedlernonne auf dem Hof, der ihr und Karlsefni gemeinsam gehört hatte. Beide Söhne wurden Stammväter für Bischöfe und andere wichtige Persönlichkeiten in Island.

Wenn wir bei der *Laksdølasaga* weitermachen, erfahren wir, daß die trauernde Gudrun Osvivsdatter sehr viele Jahre als erste Einsiedlernonne Islands in Helgefell wohnte und daß, so die Saga, »einige sagen, sie erblindete«. Sie verstarb um 1060 im Alter von ungefähr 87 Jahren. Ihr Enkelsohn, Stuv der Blinde, war ein bekannter Skalde. Ihr jüngster Sohn, Gelli Thorkelsson, unternahm im Alter ebenfalls eine Pilgerfahrt nach Rom und starb auf der Heimreise in Dänemark. Er wurde 1073 in Roskilde beerdigt.

König Olaf Haraldsson fand laut der *Saga Olafs des Heiligen* am 29. Juli 1030 in der Schlacht bei Stiklestad den Tod. Er wurde ein Jahr später heiliggesprochen.

Grettis Saga berichtet, auf welch haarsträubende Weise Gretti 1031 von seinen Gegnern auf Drangøy überlistet wurde – genau in dem Jahr, in dem Snorri Godi verstarb.

Isleif Gissurson, dem kleinen Schuljungen in Deutschland, erging es besser. Er kehrte nach Island zurück und heiratete eine reiche Bauerntochter, die ihm drei tapfere Söhne schenkte. 1056 wurde er der erste in Island geborene Bischof, ein Mensch unter geistigen Schafsköpfen, die über das Christentum noch viel zu lernen hatten – genau wie ihre Zeitgenossen in Norwegen.

Chronologie

Das kursiv Gedruckte ist Fiktion; die restlichen Daten sind geschichtlich erwiesen.

ca. 963	Geburt von Snorri Godi.
ca. 970	Geburt von Kjartan Olafsson.
ca. 973	Geburt von Gudrun Osvivsdatter.
981 oder 982	Erik der Rote verläßt Island, um Grönland zu erforschen.
ca. 985	*Geburt von Thorfinn Karlsefni Thordsson.*
985/986	Erik der Rote organisiert die Auswanderung nach Grönland.
ca.990	*Geburt von Gudrid Thorbjørnsdatter.*
995	Olaf Tryggvasson wird König Norwegens.
999/1000	Konvertieren der Isländer zum Christentum; Tod von König Olaf Tryggvasson in Norwegen.
1006	*Gudrid reitet mit ihrem Vater Thorbjørn zum Althing.*
ca. 1007	Gudrun Osvivsdatter gebärt Bolli Bollason. *Sommer: Leif Eriksson fährt von Brattahlid aus nach Vinland.*
1007	*Gudrid wandert gemeinsam mit ihrem Vater Thorbjørn nach Grönland aus.*
1008	*Gudrid und Thorbjørn ziehen im Frühjahr nach Brattahlid. Leif Eriksson kehrt im Spätsommer aus Vinland zurück. Erik stirbt im Spätherbst.*
1009	*Gudrid und Thorbjørn ziehen im Frühjahr nach Stokkanes. Thorvald Eriksson fährt im*

ca. 1009	Sommer nach Vinland; im Herbst werden Gudrid und Thorstein Eriksson verlobt. Gudrun Osvivsdatter gebärt Gelli Thorkelsson.
1010	Gudrid und Thorstein heiraten im Herbst.
1011	Gudrid und Thorstein ziehen im Sommer nach Sandnes.
1012	Im Frühjahr kehrt Thorvald Erikssons Mannschaft ohne Thorvald nach Sandnes zurück. Thorstein Eriksson unternimmt später im Sommer den erfolglosen Versuch, Vinland zu erreichen; er stirbt auf Sandnes im Spätherbst.
1013	Spät in diesem Jahr heiraten Gudrid und Karlsefni auf Brattahlid.
1014	Gudrid und Karlsefni leiten einen Siedlungsversuch in Vinland.
1015	Snorri, Sohn von Gudrid und Karlsefni, wird im Frühjahr geboren.
1016	Die Vinlandsiedler geben auf und fahren zurück nach Grönland.
1017	Gudrid und Karlsefni segeln von Grönland nach Norwegen.
1018	Sommer: Gudrid und Karlsefni kehren aus Norwegen nach Island zurück.
1018	Spät im Jahr Geburt von Gudrids und Karlsefnis Sohn Thorbjørn.
1021	Karlsefni fährt ohne Gudrid nach Norwegen.
1022	Karlsefni kehrt im Frühsommer von Norwegen nach Island zurück. Gudrid hat im Herbst desselben Jahres eine Fehlgeburt.
1023	Karlsefni fährt ohne Gudrid zum Althing.
1024	Im Sommer fährt Gudrid mit Karlsefni zum Althing.
1024	Gudmund Thordsson erleidet Schiffbruch in Skagafjord.
ca. 1025	Bolli Bollason heiratet Thordis, die Tochter von Snorri Godi.

ca. 1025	Gudrun Osvivsdatters Enkelsohn, Stuv der Blinde, wird geboren.
1025	Gudmund der Reiche stirbt auf Mødrevoll.
ca. 1026	Geburt von Gudruns Enkeltochter Herdis.
1026	Thorkel Øyolfsson, Gudruns vierter Ehemann, ertrinkt im Frühjahr.
1027	*Karlsefni reist mit seinem Sohn Snorri ins Ausland.*
1027	*Karlsefni und Snorri kehren nach Island zurück. Karlsefni reitet zum Althing.*
1028	König Olaf Haraldsson verliert die Macht in Norwegen und flieht nach Rußland.
1029	*Karlsefni stirbt im Frühsommer.*
1030	König Olaf Haraldsson fällt in der Schlacht bei Stiklestad.
1030	Skapte Thordsson, Gesetzsprecher in Island, stirbt.
1031	Snorri Godi stirbt. Gretti Åsmundsson wird getötet.
ca. 1060	Gudrun Osvivsdatter stirbt.

Die folgende Städte heißen heute:

Bjørgvin – Bergen
Miklagard – Byzanz
Nidaros – Trondheim
Tunsberg – Tønsberg

SUE HARRISON
DER GESANG DES FLUSSES

*Aus dem Amerikanischen
von Margarete Längsfeld und Martina Tichy
768 Seiten, gebunden*

Sue Harrison entführt den Leser auf eine spannende, poetische Reise in eine magische Welt, zu den Ureinwohnern Amerikas. Einfühlsam beschreibt sie, wie die Vorfahren der Eskimos und der Indianer auf den Alëuten und in Alaska vor etwa 8500 Jahren gelebt haben, wie sie mit den Naturgewalten und Tabus, aber auch mit ihren Vorurteilen und Begierden ringen, um zu überleben. Dabei werden diese fernen Menschen so lebendig, daß wir mit ihnen die Mächte der Erde und des Himmels fürchten.

Über Sue Harrisons ersten prähistorischen Roman *Vater Himmel, Mutter Erde* schrieb die Presse:

»*Was den Wert von Harrisons Schilderungen ausmacht, ist die Anschaulichkeit, die Detailfreude in der Beschreibung von Lebensart und Daseinsnot auf den rauhen Inseln. Sue Harrison hat neun Jahre recherchiert, um auch vor kritischen Lesern zu bestehen ... sie hat Beeindruckendes geleistet.*«
Süddeutsche Zeitung

»*Das Bild ist so farbig, daß die ferne Zeit mit ihren Mythen, Legenden und ihrem Alltag dem Leser glaubhaft nahegerückt wird.*« Welt am Sonntag

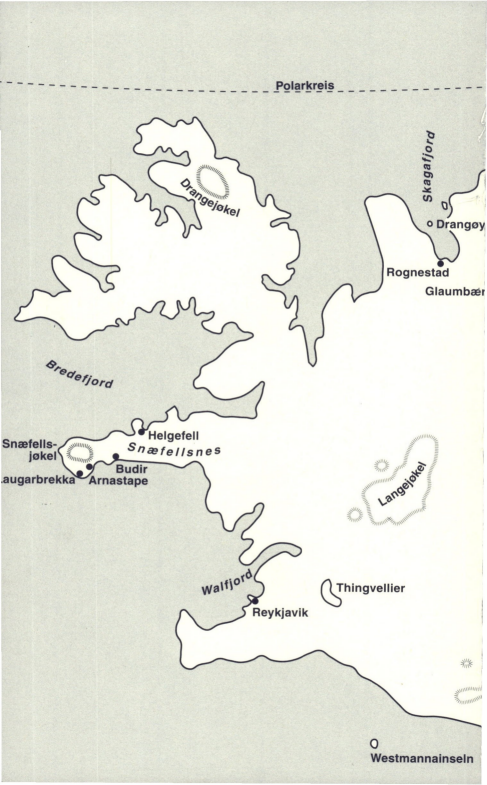